教育部人文社会科学重点研究基地重大项目"'一带一路'不同类型国家教育制度与政策研究"（课题编号：17JJD880006）

教育部人文社会科学重点研究基地北京师范大学国际与比较教育研究院资助出版

"一带一路"不同类型国家教育制度与政策研究 主编◎顾明远

印度教育制度与政策研究

杨 洪 车金恒◎著

人民出版社

总　序

2013 年 9 月和 10 月，习近平主席分别提出建设"新丝绸之路经济带"和"21 世纪海上丝绸之路"的合作倡议（简称"一带一路"倡议），强调加强沿线国家间的政策沟通、道路联通、贸易畅通、货币流通和民心相通。这一倡议是习近平"人类命运共同体"思想的具体体现。与沿线国家共创、共建、共赢，推动沿线各国经济繁荣、人民友好、和谐共处，维护世界和平；同时提升我国在世界经济体系中的地位，提高我国在国际社会、政治舞台上的话语权。要达成这些目标，单方面的物质投入是不够的，需要进一步加强人文交流，做到民心相通。而教育对于促进沿线地区和国家间的文化交流，加强彼此间的理解与认识，缓解因文化、民族等差异而引发的矛盾和冲突有着不可替代的作用。

2016 年 7 月，我国教育部牵头制订了《推进共建"一带一路"教育行动》，将开展教育互联互通合作作为首要合作重点，提出要开展"一带一路"教育法律、政策协同研究，构建沿线各国教育政策信息交流通报机制，为沿线各国政府推进教育政策互通提供决策建议，为沿线各国学校和社会力量开展教育合作交流提供政策咨询。中共中央、国务院 2019 年印发的《中国教育现代化 2035》再次提出要扎实推进"一带一路"教育行动。"一带一路"沿线国家国情不一，文化多元，要实现互联互通，首先要加强对这些国家教育制度与政策的了解。

改革开放以后，为了尽快恢复教育秩序，赶上发达国家的教育现代化步伐，我国比较教育研究的对象主要是西方发达国家。虽然 21 世纪以来我们开始关注非洲、拉丁美洲诸国的教育，但对许多"一带一路"沿线国家的教育研究得甚少，而这些基础性的研究恰恰是有效推进"一带一路"行动的必要依据。在这一背景下，我主持了教育部人文社科学重点研究基地 2017—2020 年重大项目"'一带一路'不同类型国家教育制度与政策研究"。本套丛书便是这一课题的主要研究成果。

由于各种现实条件的限制，我们难以对所有"一带一路"沿线国家开展研究。在综合考虑文明类型、地缘政治地位以及和我国的交流合作基础等因素后，我们遴选了俄罗斯、新加坡、泰国、印度、哈萨克斯坦和伊朗这六个有一定典型性和代表性的沿线国家开展国别研究，形成了本丛书。丛书着重论述了六个国家的教育文化传统、教育基本制度、最新教育政策以及对外开放形势。另外，丛书还重点分析了这六个国家与我国教育交流合作的进展、经验，以及当前面临的问题和挑战，以期为我国下一步的战略选择提供参考。

丛书由我担任主编，是多校科研团队通力合作的成果。各分册作者如下：《俄罗斯教育制度与政策研究》由北京师范大学国际与比较教育研究院肖甦、朋腾负责；《新加坡教育制度与政策研究》由北京师范大学国际与比较教育研究院丁瑞常、康云菲负责；《泰国教育制度与政策研究》由浙江大学阚阅、徐冰娜负责；《印度教育制度与政策研究》由贵州财经大学杨洪、车金恒负责；《哈斯克斯坦教育制度与政策研究》由新疆师范大学阿依提拉·阿布都热依木、北京师范大学国际与比较教育研究院朋腾负责；《伊朗教育制度与政策研究》由宁夏大学王锋、王丽莹负责。

本丛书覆盖的国别还非常有限，而且主要偏于对各国教育基本情况的介绍，研究广度和深度还有待进一步拓展。由于时间紧、任务重，丛书难免存在疏漏、错误等情况，我在此恳请读者批评指正，也诚邀学界同仁加入"一带一路"教育研究队伍中来。

是为序。

2020 年 9 月 22 日

目　录

前　言

2017 年 9 月，有幸参加了顾明远老师主持的教育部北京师范大学人文社会科学重点研究基地政治学与区域国别重大研究项目"'一带一路'不同类型国家教育制度与政策研究（17JJD880006）"，顾老师要我承担"印度教育制度与教育政策"子项目的研究工作。

接到任务后，马上组织有关教师和研究生商讨如何开展研究工作，形成了书籍的编写大纲。成员们根据各自的任务分组收集大量的中英文资料。汉语文献中涉及印度教育制度与政策的文献主要有：王长纯老师 2000 年出版的《印度教育》，收集了大量中外文资料，耗费了大量人力、物力和精力编写，是一本不可多得的百科全书式的横贯古今的印度教育巨著，为热心研究印度教育的学者提供了参考数据和研究引导！曾向东老师 1987 年出版的《印度现代高等教育》也是一本不可多得的百科全书式的高等教育著作，可为学者们提供数据和深入研究的引导作用。赵中建老师 1991 年选编出版的《印度、埃及、巴西教育改革》荟萃了不少涉及印度教育制度和政策方面的教育译文，是一本研究印度教育的重要参考书籍；其 1992 年出版的《战后印度教育研究》和 2007 年出版的《印度基础教育》著作，体现了作者对战后印度各级各类教育的系统深入研究，对印度基础教育的研究更是如此，具有重要的参考价值和引领价值。马加力老师 1994 年出版的《当今印度教育概览》也是一本具有引领价值的参考书。安双宏老师 2001 年出版的《印度高等教育：问题与动态》是作者多年来悉心研究印度高等教育的重要成果，很有参考价值；其 2013 年出版的《印度教育战略研究》和 2016 年出版的《印度教育公平战略及其实施成效研究》，对印度教育制度、政策和规划，尤其是印度教育公平问题做了深入的研究，很有参考价值。此外，沈有禄老师 2011 年出版的《中国、印度基础教育比较研究》为关注印度教育的学者提供了比较方法和研究思路上的参考。本人 2011 年出版的《印度弱势群体：教育与政策》，系统深入研究印度弱势群体的教育发展与政策效果，可为关注弱势群体教育研究的学者提供参考。宋鸿雁老师 2010 年出版的《印度私立高等教育发展研究》，从政府、市场和学校三个角度，系统深入论述印度私立高等教育的产生和发展以及存在的问题，可为关注私立高等教育研究的学者提供参考。在涉及印度教育制度和政策的论文方面，马骥雄老师、王英杰老师、曲恒昌老师等众多学者的研究成果为我们系统、客观、正确把握印度教育的研究做了重要的铺垫和引领工作。根据印度教育制度与政策研究的主题，本书作者全文翻译了《2009 年儿童免费与义务教育法》《2010 年外国教育机构（入境与办学管理）法》和《2016 年国家教育政策推进委员会报告》。《2009 年儿童免费与义务教育法》又称《受教育权利法》，是印度第一部义务教育法，尽管来得有点晚，毕竟颁布了；该法规定印度所有公私立学校都必须承担 6—14 岁儿童（包含残疾儿童）的免费义务教育；公立学校由政府拨款，私立学校由政府补助，不得收取学生人头费，不得择优录取；还对弱势群体儿童的录取配额，学校的办学规格和标准，尤其是第一次以法律的形式为减轻教师非教学工作负担、对来自政府各类强制安排的教师非教学工作量作出了详细规定。《2010 年外国教育机构（入境与办学管理）法》规定任何进入印度境内办学的外国高校应具有 20 年的办学历史，提供 5 亿卢比的保证金，在印度培养学生的质量应与该外国高校所在国家主校园学生的培养质量具有可比性，外国高校的办学不得损害印度的国家主权和完整、国家安全等等；该法还对其他方面的处罚做了详细的规定。《2016 年国家教育政策推进委员会报告》全面系统深入描述了印度教育制度和教育政策的历史沿革，大胆揭露印度教育中存在的问题，并提出了今后的改革建议，是一个十分难得的全面深入了解和把握印度教育全貌的教育报告。另外，从印度人力资源发展部的年度报告、印度计划委员会的五年计划、印度大学拨款委员会的报告、印度大学协会的报告、印度教育研究与培训委员会的报告、印度中央教育咨询委员会的报告、印度中央中学教育委员会的报告、印度少数民族委员会的报告、印度社会公正与权益保护部的报告、印度部落委员会的报告、印度妇女儿童委员会的报告、印度教师教育委员会的报告、全印医学教育委员会的报告、全印技术教育委员会的报告以及印度文化交流协会的报告中也收集到不少有价值的文献。

我们项目小组一边收集资料一边开展文献综述工作，在 2019 年 3 月形成了初稿，2019 年底完成了第二次修改，2020 年初完成了第三次修改，2020 年 5 月完成了第四次修改。

近 20 年来，中国和印度都在迅速崛起，中国发展成为世界第二大经济体，印度发展成为第五大经济体。两国抓住经济全球化的机会，大力发展生产力和科学技术，同时迅猛发展各级各类教育，尤其是建立健全法律、制度、政策和措施等保障体系，全方位保障弱势群体受教育的权利，提升他们的社会地位，使其有能力参与社会经济发展，助力大国崛起。那么，印度是如何保障弱势群体受教育权利的？特点和侧重是什么？它们对社会经济发展产生了什么影响？有无可资借鉴之处？为此，开展印度教育制度和政策的研究，理清其教育制度和政策的侧重点及其产生的社会影响、把其作为一面镜子反观我们自己，很有意义！

有人说，印度历史有两个神秘之处，一是有考古发现，却没有文字记载；另一是有文字记载却没有考古发现。哈拉巴文化遗址的意外发现把印度历史向前延伸了一千多年。雅利安人的入侵有文字记载却无考古发现。翻开印度历史就是一部战争史，印度今日的版图、复杂的社会状况、不平等的种姓制度、文化多样性、人种多样性、宗教信仰多样性、语言丰富性以及教育制度都与战争，尤其是外族入侵有关。从其教育制度中可以看到婆罗门教的痕迹、伊斯兰教的痕迹、基督教的痕迹，尤其是英国的痕迹，甚至美国的痕迹。

本书系统梳理了印度各级各类教育制度和教育政策，尤其是印度弱势群体教育发展和教育政策。第一章印度教育的历史与传统由颉琛编写，车金恒审校；第二章印度教育制度由吴小宇和李瑶编写，车金恒审校；第三章印度学前教育由钟静远和靳景编写，车金恒审校；第四章印度中小学教育由王娜和廖亚南编写，车金恒审校；第五章印度高等教育由常黎明和刘奥林编写，车金恒审校；第六章印度职业教育由陈琢和李平编写，车金恒审校；第七章印度师范教育由张秀敏编写，车金恒审校；第八章印度成人教育由葛岩和曾鸣编写，车金恒审校；第九章印度弱势群体教育由杨洪编写，车金恒审校；第十章印度与中国教育合作的基础、经验与挑战由郑钰和霍莹莹编写，车金恒审校。全书由车金恒负责审校，杨洪做最后的修订。

由于作者的能力有限，书中肯定有不少错漏和不妥之处，也难免挂一漏万，恳请读者批评和斧正。全书参考和采用了很多中外学者的研究成果，在这里向他们表示最诚挚的谢意！

杨　洪

2020 年 5 月 31 日于贵阳枫林小区

第一章　印度教育的历史与传统

第一节　印度教育历史沿革

印度教育的历史悠久，几乎和印度历史一样久远。印度传统教育属于农耕文明教育系统，近代殖民主义者的入侵，把为工业服务的现代教育系统和西方的科学文化带入印度，印度教育开始由传统向现代过渡。随着殖民主义统治的巩固，殖民者对教育干预的加深，印度教育进入西方化时期。殖民主义教育虽然给印度教育注入了现代性因素，但他们的主观目的并不是为了改造印度教育，而是为了加强他们的政治统治，并为其经济利益服务。随着殖民统治的巩固，殖民者对印度教育的促进作用越来越小，加上殖民者为了自身利益推行的奴化教育也严重阻碍了印度教育的正常发展，因此遭到民族主义者的抵制。

1947年独立后，印度政府虽然对教育进行改革，但在许多方面仍沿用殖民地时期的教育模式，并且深受殖民地时期教育的影响，如印度大学的附属制、考试制度、教学语言问题等，了解殖民地时期的教育情况无疑有助于我们正确认识今天的印度教育。事实上，今天印度教育存在的许多问题早在殖民地时期就已经存在，甚至有些问题由殖民统治所造成。因此我们只有从纵向角度对印度教育的历史有一定了解，才能对印度教育的发展形成正确的认识，只有看到古印度教育的僵化与衰落及存在的种种问题，才能对英印殖民地时期的教育作出正确的评价，既要看到殖民主义对印度教育现代化的消极阻碍作用，又要看到它客观上促进了印度教育的发展。西方殖民者的入侵摧毁了印度传统的、为农业服务的教育体系，废除了与之相适应的落后习俗，给印度带来了西方的教育模式、现代教育思想和教育内容。

在独立后的 70 年中，虽然印度已经取得了很大的成就，但是印度人仍然真切感到印度在国际社会上并未获得应有的地位。在独立之初，印度有健全的体制基础和令发展中国家羡慕的管理体制；即使如此，印度似乎失去了它的优势地位，主要是因为教育和卫生标准不高，这既是构成现状的原因，也是受其影响的结果。事实上，在联合国建立之时，印度就坚定地主张教育是人的一项基本权利。印度 1986 年以及 1986 年至 1992 年的国家教育政策均把教育作为国家发展的先决条件，并在这些国家政策中确定了三个关键性问题——公平、可获得和质量。在独立之后，印度政府和各邦一直对教育给予越来越多的重视，把它看作是民族进步和国家安全的一个极为重要的因素；对重建教育的问题及各委员会的建议曾专门进行了审议，主要对大学教育委员会（1948—1949）和中等教育委员会（1952—1953）的建议，采取了一些措施；由于在尼赫鲁领导下通过了科学政策决议，科学、技术和科学研究的发展受到了特别的重视。到第三个五年计划快要结束时，人们感到有必要对教育制度作一番全面的审查，以便为重建教育作出全新的和更为坚定的努力；于是任命了教育委员会（1964—1966），就"全国的教育模式和各级各类教育发展的总原则和总政策"向政府提出建议。随后又对教育委员会的报告进行了广泛的讨论和评论，可喜的是，在这些讨论过程中，印度国民对国家的教育政策形成了普遍的一致意见。

在印度社会中，教育一向占有一席崇高的地位。印度自由运动的领袖们认识到教育的重要作用，并在争取国家独立的斗争过程中，始终强调教育对于民族发展所特有的伟大意义。甘地制定了教育基础计划，试图使脑力劳动和体力劳动协调一致起来。这一计划在使教育同人民的生活直接发生关系方面迈出了一大步。其他的许多民族领袖也同样对独立之前的教育作出了重要贡献。印度政府确信，根据教育委员会建议的大致轮廓彻底重建教育，对国家的经济和文化发展、对国家的一体化及实现社会主义类型的社会这一理想，都是必不可少的。重建教育包括：改革教育制度使其同人民的生活更加密切地联系起来；继续努力，扩大教育机会；持续提高各级教育质量；重视发展科学技术；培养道德观和社会价值观念。教育制度必须致力于培养出有个性、有能力、献身于国家和民族发展的青年男女。只有这样，教育才能在促进国家进步、创造一种共同的公民意识和文化意识以及在加强国家一体化方面发挥其重要的作用。如果印度要在国际社会中获得与它伟大的文化遗产和特有的潜力相符的地位，上述种种重建教育的措施都是有必要的。

在印度，人们很早就认识到教育在国家建设、进步、安全和社会经济发展中的奠基性作用。即使在独立之前，圣雄甘地就构建了基础教育的愿景，力求智力和体力劳动相结合。随后，大学教育委员会（1948—1949 年的拉达克里希南委员会）和中等教育委员会（1952—1953）以及其他委员会仔细研究了有关教育重建的议题。《1958 年科学政策决议》特别强调了科学、技术以及教育科学研究的重要性。1968 年的《国家教育政策》旨在促进国家进步、公民归属感和文化发展，加强国家凝聚力。强调要根本重建教育体制，提高各阶段教育质量，特别重视科学和技术的发展，培养道德价值，密切教育与人民生活的联系。然而，1968 年教育政策条例中并没有规定详细的实施策略，没有落实具体责任，也没有明确财政和组织支持。因此，随着时间的推移，人们认为需要就该政策中有关入学、质量、公平、效果和经费等问题进行全面评估。1986 年 5 月，议会通过了新的《国家教育政策》。该政策是由拉马穆蒂委员会（1990—1992）和贾纳德哈纳·雷迪委员会（1991—1992）修订的。经过中央咨询委员会审议后，《1986 年国家教育政策》（修订版）于 1992 年提交给议会。1992 年修订的《1986 国家教育政策》重申了把全民教育作为实现国家目标的中心、作为全面实现物质和精神发展、体现民族凝聚力和民族自立的必要条件。1986—1992 年的国家教育政策确定了所有学生不分种姓、信仰、地区或性别差异，均可接受教育质量有可比性且达到一定水平的国家教育。该政策围绕共同核心建构了一个共同的教育架构和国家课程框架，国家课程框架还包含灵活的且面向职业和就业需求的其他组成规定。

共同核心包括印度自由运动史，宪法规定的义务和加强国家认同的必要内容。这些内容横跨诸多主题，旨在强调印度共同文化遗产、平等主义、民主主义、世俗主义、男女平等、保护环境、消除社会阻碍、遵守家庭规范、陶冶科学素养、培养以和平共处、国家间相互理解以及世界一家亲为特征的国际视野。1986 年和 1992 年的国家教育政策强调终身教育，普遍识字，以及为青年、家庭主妇、工农业劳动者和专业人员提供机会，让他们通过开放教育和远程教育，以适合他们的学习进度继续他们选择的教育。1986 年和 1992 年的国家教育政策还阐明了 1976 年第 42 次宪法修正案条款中规定的联邦政府与各邦之间的权限和责任分工，该修正案将教育纳入宪法的共责条目里。各邦的作用和责任基本保持不变，但联邦政府将负有更大的责任来加强教育的国家化和一体化，保证教育质量和标准（包括各级教学专业人员的质量和标准），研究和监测全国人力资源开发的教育需求，满足研究和进修的需要，做好教育、文化和人才培养的国际交流，总之，就是把全国各级各类象牙塔的教育推向卓越。1986 年和 1992 年的国家教育政策特别强调消除差距和特定弱势群体的教育机会均等化，包括妇女扫盲，通过非正规和成人教育计划来开展表列种姓和表列部落、少数民族、残疾人和半文盲的教育。

由于社会、性别和地区差异，存在若干不平衡现象，这些差异可以通过实施适当的干预和重点战略加以弥补。只有社会各阶层都有平等的机会，才能实现一个国家的可持续发展。因此需要采取多管齐下、包容性强的措施，如提供教育便利设施、学生奖励和资助、补习辅导、不同残疾人群的特殊设施等。当今印度大约有 65% 的人口年龄不到 35 岁。如果印度教育改革创新，这将是巨大的人口红利，否则将会给国家带来严重后果。印度儿童要具有必要的智力和潜能，他们需要的是获得优质教育的机会。教育是一个伟大的平衡器，它为缩小差距提供了唯一可持续的路径。过去，虽只有一小部分印度人能够接受高质量教育，但即便如此，许多印度人依然努力在学术界脱颖而出。如果印度决心为儿童提供高质量的教育和卫生保健，那么，国家就有巨大潜力成为数个领域的世界领先者。

引用辨喜的话，"教育不是将堆积的信息植入人的大脑中未经消化地终生疯长。我们必须充满生命力地、人性化地和个性化地同化思想。如果你同化了五种思想并将其变成你的生命和品格，那么你就比任何一个记住整个图书馆的人获得了更多的教育……如果教育等同于信息，那么图书馆就成为世界上最伟大的圣人、百科全书就成为世界上最伟大的哲人。"[①] 辨喜的思想相对于互联网的出现、甚至数字连接水平的扩大都具有更为重要的意义。

在未来，教育的核心目标应该包含四个必要组成部分，即建构价值观、意识、知识和技能。虽然知识和技能必然与学习目标有关，但很大程度上仍然取决于未来就业或职业诉求等因素，意识和价值观在本质上是普适的，理应由全民共享。教育的目的应该是培养印度自豪感和作为印度人的自豪感。教育理应是减少区域和社会差距、使个人有能力选择和自由地过上富有成效的生活，并参与国家发展的强有力的途径。价值取向是一个全局性和综合性的领域，需要有意识地与每个阶段的普通教育融合。熟悉印度继承多样性遗产、文化和历史的这一传统，有助于社会凝聚力和宗教和睦，应据此制定教育的内容和过程，特别是学校教育。

一、吠陀教育时期

印度现代教育制度是由古印度的"吠陀制度"演变而来。教育的重要性在古印度已经得到公认，"Swadeshe pujyate raja, vidwan sarvatra pujyate."，意为"国王仅在自己国家得到尊重，而有学问的人却能得到全世界的敬仰"。古印度教育的终极目标不是为了获得现世或来世的生活作

[①] *National Policy on Education 2016—Report of the Committee for Evolution of the New Education Policy*，http://www.cbgaindia.org/policy-update/national-policy-on-education-2016-report-of-the-committee-For-evolution-of-the-new-education-policy/p.4.

准备的知识，而是为了圆满的自我实现。古鲁库尔制（寄宿制）孕育了教师和弟子之间的从属关系，成为一个以教师为中心的制度，学生服从教师并接受严格的规训。建于公元前 4 世纪的纳兰达大学为古印度教育的伟大成就作出卓越贡献。科学与技术在古代和中世纪印度涵盖了人类知识和活动的所有主要分支。印度学者（如医祖遮罗迦和妙闻，数学家天文学家阿耶波多和巴卡拉萨雅，政治家哲学家考底利耶，圣哲瑜伽鼻祖帕坦伽利，哲学家性学家瓦特雅雅纳以及其他学者）在众多学术领域（如数学、天文学、物理学、化学、医学和外科学、艺术学、机械和生产技术、土木工程与建筑、造船和航海、运动与比赛等）都对世界知识的发展作出过开创性的贡献。印度的教育制度有助于保存古代文化，促进文化统一，注入责任感和社会价值观。

早在公元前 3000 年左右的吠陀时期，印度人就认识到教育的重要性，印度语中的"吠陀"一词来源于"Vid"，意思是"去认识"；它的复数"Veda"（吠陀）则意味着各种知识。因此，在远古时代，印度语中就有了知识一词。称这一时期为吠陀时期是因为当时作为印度古典文学的吠陀文学非常盛行，最主要的吠陀经典有四部：《梨俱吠陀》《耶柔吠陀》《萨摩吠陀》和《阿达婆吠陀》①。在吠陀时期，宗教占据突出地位，教育基本是以培养宗教意识和维系种姓制度为主要目的。诵读吠陀经典是教学的主要内容。教育是私人的事，学校并不受政府的控制或影响，学生们离开家，在教师家中接受知识。教师对待学生像自己的孩子一样，为其提供食宿，毫无保留地传授自己的知识，因材施教，注重培养学生的独立思考和判断

---

① 《梨俱吠陀》是印度古代经典"四吠陀"中最重要的一部作品，内容包括神话传说、对自然现象和社会现象的描绘与解释，以及与祭祀有关的内容，是印度现存最重要、最古老的诗集，也最有文学价值。《夜柔吠陀》是祭祀用书，夜柔的意思就是祭祀。《娑摩吠陀》是四大吠陀经之第二部，共两卷，基本上是集第一卷《梨俱吠陀》的颂而成。《阿达婆吠陀》是诗集，大部分诗是婆罗门作为巫师时用作咒语，也有些是求吉利的祝福的诗；另有一些是治病和驱邪的诗。在作为咒语的诗中，有不少还带有上古人民的幼稚和朴素的情调，虽然用意只是祈求或诅咒，但它的构思和语言清新朴实，富有民间风味，可能是巫师们取自民间创作。

能力，注重学生性格的塑造和个性的全面发展，帮助学生养成自学和独立思考的好习惯。学生也对教师尽一定的义务，如帮助教师做一些家务活。在当时，教师地位很高，受到人们的尊敬，学生对老师非常忠诚，师生关系很密切。这一时期虽然以宗教教育为主，但并不排斥实用知识的学习，农业、动物饲养、艺术和商业知识也被传授给学生。另外，教师还对学生进行道德品质教育，帮助学生养成良好的学习习惯，当学生完成学业，将要回家时，教师叮嘱学生不要说谎、要像对待上帝一样对待父母、要坚持自学等，由此可以看到，在这一时期，已经有终身教育的思想。按照婆罗门教教义，把人分为婆罗门、刹帝利、吠舍和首陀罗四种种姓的金字塔形结构，四种等级，永生不变。R.塔帕尔认为，种姓的实际结构不是把社会分成四大群的一次形式上的划分。前三个种姓大概是婆罗门推演出来的一种理论结构，他们系统地把种种职业排列其间，在较后面的种姓中，合并或置换是不可避免的，并且解释为其根源在于种姓的血缘混杂。然而，第四种姓似乎是以种姓和职业为基础的。后来，不可接触者的出现也是这般情况，他们的地位很低，以致几个世纪后，甚至触碰他们也认为是要被玷污的。① 从社会结构看，种姓制度是印度社会的重要特征，这也是人类文明史上最奇特的社会等级制度，它严厉而复杂，覆盖和渗透了印度社会人与人之间在政治、经济、社会、宗教诸方面的相互关系，就算今天仍然有着根深蒂固的影响。在严厉的种姓制度下，各种姓各做其事，界线分明，不能变更，不准通婚，种姓之间的往来被严格限制。"印度教社会就是一个由几百个自治的种姓世界组成的"。② 它的长期存在既因为种姓制度本身制订了严格的规定和限制，并且用严刑酷法来维持它，还因为种姓制度长期以来受到印度教的维护。婆罗门掌握神权，刹帝利掌握政权，吠舍从事农工商业，首陀罗则处于受奴役的地位。而种姓之外还有一个特殊的群体——不可接触者，又称贱民，他们长期处于社会最底层。

---

① ［印］R.塔帕尔：《印度古代文明》，林太译，浙江人民出版社1990年版，第27页。
② 尚会鹏：《种姓与印度社会》，北京大学出版社2001年版，第2页。

　　吠陀经被当时的统治阶级奉为经典，它给教育提供了主导思想。吠陀经只能为再生种姓所领悟，把能进入学校学习经典受教育视为前3种人的重要特权之一。婆罗门教育是神学的附庸，把吠陀经作为学习的首要内容，以养成婆罗门为教育的最高职责。学习的精深程度与社会地位有很大关系，婆罗门在种姓中地位最高，掌握宗教大权，所以婆罗门种姓受到的是当时最完备、最高级的教育；刹帝利和吠舍两种姓的教育虽在主导思想和学习性质上与婆罗门种姓的教育相同，但内容比较简单，程度比较低下，特别是吠舍的教育更加简化。首陀罗、农民和奴隶则被剥夺了受教育权，读书识字对于他们来说不但被视为违反神意，有时甚至构成死罪。这种婆罗门教育完全是为了维系种姓制度而发展起来的，具有极其鲜明的等级性。古代印度教育的这种等级性在其他国家很少见，由于婆罗门种姓所受的教育最为完备，我们就以它为主体来叙述婆罗门教育的面貌，并结合其教育情况，一并谈些其他种姓的教育情况。

　　婆罗门教强调，人的最高境界是摆脱尘世，获得精神上的解脱，得到最高的智，这也是婆罗门教的教育教学目标。他们认为，最高智的内容，便是真理，获得高智是为得到真理，最终为梵天合一的人。婆罗门教的学习内容为《吠陀》圣典。它是印度史上最为古老的文献，由《梨俱吠陀》《萨摩吠陀》《耶柔吠陀》和《阿达婆吠陀》四部分构成，不难理解，唱诵起来也极为烦琐，一般学习一部需要10年时间，即便优秀的学生在其修业期间，也只能学完一部，余下三部只能留作后来续读。以后又增加了新的内容即《奥义书》，这是一本工具书，专门对《吠陀》圣典进行注释。到了后期，由于科学的发展，为建筑祭坛、祭场增加了几何学、代数学；为选择吉祥祭期增加了占星术和天文学；为正确诵读《吠陀》，增加了文法学、发音学、音韵学，同时还要讲授一些军事科学以及英雄赞歌等等。婆罗门教最基本的教育方法是通过生活来学习。如《吠陀》诵唱、复述等。学习者按照教师的要求去诵《吠陀》，开始只能机械地反复诵读，后来由于掌握了一些技巧，主张机械诵读和正确理解相结合，逐渐摈弃了"一切《吠陀》都是通过诵唱来传授的"方法，采用了问答法、讨论法等。

在教学时，师生之间常常通过对话、讨论的方式进行。学生多人集中在一起，讨论神学问题。婆罗门教认为，通过这种方式，可以增进知识。师生关系相对友好，婆罗门把教师比做太阳和月亮，是给人以阳光和温暖的人，是能发现真理的人，学生像信奉神一样崇拜和尊重教师。但教师的管理是严格的，学生犯了错误，教师不仅可以严厉斥责，而且还会威胁说："下次再犯，便拳打脚踢；拳打无效，就可把犯过者投入水中。"婆罗门教规定，凡有志入学者，必须通过入法礼仪式。法礼即婆罗门教的法规。要选择吉祥之日，届时适龄儿童身着新衣、带上学费（足量的干柴），到教师处接受仪式。入法年龄因种姓不同各异，婆罗门为 8—16 岁，刹帝利为 11—12 岁，吠舍为 12—24 岁，首陀罗不能参加这种仪式。入法仪式之后，学生要对教师宣誓：我要成为梵行者，我已将一生交给梵行者。教师允许后，再去参加考试，合格者才能入学。学习生活开始时，教师要把学生委托给造物主、太阳神、天地神等，保证学生避免灾难，圆满地完成学业。学习期间，学生和教师住在一起，直到毕业。平时不但要为教师服务，自己还要学会行乞、拾柴，保证教师家中炉火长期不灭，以便祭神；每天要早起，祷告和礼拜，按时沐浴，保持洁净，按时剃度，以示虔诚，着装要朴素，饮食要清淡。学习年限多以 12 年为界，整个学习阶段分为梵行期、家住期、林栖期、遁世期。只有度过这四个阶段，学完《吠陀》的人，才能真正成为"梵人"。但是，由于纪律严明，经典烦琐难懂，多数学生中途辍学，遭到淘汰。可见成"梵"之难。古代印度教育分期是明确的，一般 7 岁以前在家里接受教育，8—16 岁在学校。公元前 5 世纪末，开始出现专门学校，其中有法律、医学、军事等。这些专门学校均由一些著名教师创办，他们教艺高超，知识渊博，信仰虔诚，所以，吸引了众多的学生，在当时起到了高等学府的作用。

奥义书时期，散在各地的"图洛司"联合起来，在一些城市形成了较大的学术教育中心。这些学术教育中心后来又发展成为高等学校，较有影响的有塔克西拉、班拿尔斯、那地亚、萨罗蒂等。这里集中了大批婆罗门神职人员和学者，有的设坛讲学、招收门徒、研习学问；有的著书立说、阐明经义、解释神学；有些学者相互诘难、共同讨论、共同研究。其中规模最大、最负名望的是印度东部的婆罗门寺院和萨马那寺院。这些寺院学术争议热烈，更得到当政者的鼓励和支持。塔克西拉大学历数百年之久，最为显赫。它曾吸引全印度诸多有志青年，学校注重宗教、哲学、逻辑、文学、数学、天文、医学等多种学科。6 世纪以后，所学学科和内容越来越多，分设森林学校、语法学校、法律学校、天文学校、逻辑学校、哲学学校等。

二、佛教教育时期

到公元前 6 世纪左右，佛教在印度逐渐盛行，印度教育进入佛教时期。佛教时期的教育与寺庙关系密切，寺庙是作为教育中心而存在的，要进入寺院学习的青年必须先出家。入学年龄一般为 8 岁，在学校学习 12 年，完成学业后，僧人一般不回家，而是终身留在寺院内。教师和学生生活在一起，过着简朴、清净的生活，各自履行自己的职责和义务，学校负责学生求学时期的一切用品，教师要照顾好学生，教育学生。学生履行一些义务，如做饭、清理器皿等。和吠陀时期一样，师生关系非常密切。以宗教经典教育为主，但学校同样重视科技、商业和职业技术知识的传授。初等教育主要有读、写和算术，高等教育包括宗教、哲学、军事等方面，职业教育包括纺纱、编织、裁缝等实用知识，此外还有艺术和手工艺如建筑、绘画等，尤其是医学在这一时期发展很快。教学以讨论、做报告、辩论、问答方式进行，课堂气氛很活跃。以大众语言为教学的主要用语，容易被学生接受。因此我们可以看出，佛教时期的印度教育沿袭了吠陀时期的教育模式。但与吠陀时期又有所不同，主要在于：教学内容以佛教经典为主，寺庙成为教育中心，佛教时期印度教育的最大发展在于大学出现。

佛教徒长期钻研哲理，高僧辈出，许多寺院也成为高等学府，其中以那兰陀寺最享誉盛名。5 世纪以后，它逐渐发展成为规模最大、建筑宏伟、藏书丰富、学术成就最优的寺院。前来求学者不仅有印度人，还有来自中国、蒙古、朝鲜等地的青年。据玄奘记载，这里僧师 1500 余人，僧徒 8500 人左右，俨然一所学术气氛十分浓厚的万人大学。"国王钦重，舍百余邑，充其供养。邑二百户，日进秫米酥乳数百石。"[1] 僧师僧徒的衣食、住宿和医药全部免费。这里的师生潜心钻研，努力修行，蔚然成风。在僧师之中，能解经 50 种者约 10 人，能解经 30 种者约 30 人，能解经 20 种者约千人。由于要求就学者过多，入学选拔异常严格，一般只有申请者的 20% 被录取。学生须有相当坚实的训练基础，一般 20 岁才能应考。除了主要学习佛教经典以外，还要学习其他科目，如字典编辑法、医药、因明、哲学、经书注释等。学术上，允许百家争鸣；教学通过正式演讲、个别辅导、讨论和争辩等方式进行。人们聚集成群，相与切磋琢磨，探讨争论，学术气氛非常浓厚而活跃。

三、伊斯兰教育时期

公元 8 世纪左右，穆斯林开始大规模进入印度，他们在自己的领地里建立了许多学校和图书馆。穆斯林建立自己的统治以后，推行新的教育模式，改变印度教育体系。这一时期教育的首要目的是传播伊斯兰教和阿拉伯文化；教育内容为伊斯兰法律、社会习俗等；教育建立在宗教的基础上，它的目的是使人的头脑充满宗教思想；教育方式主要为口头教育，教育用语主要是阿拉伯语和波斯语，忽视梵语教学。

这一时期的教育分两个阶段：初级教育和高级教育。初级学校被称为麦克台卜，主要让学生记住古兰经教义，学习阿拉伯语、波斯语，以及文学和算术的基础知识。学生完成初级教育后，被送到马德拉沙接受高等教育，在高等教育阶段各门课有专职教师，主要有宗教教育和世俗教育。宗教教育学习古兰经，伊斯兰的法律、历史等。世俗教育包括阿拉伯文学、语法、历史、哲学、数学、地理、政治、经济、希腊语和农业等实用知识。穆斯林对教育发展的贡献在于：国家大力支持教育，建立教育机构；注重历史的记录、编写，对印度史学发展很有帮助。但穆斯林教育也有很

---

[1]　玄奘：《大唐西域记》，周国林注译，岳麓书社 1999 年版，第 502—504 页。

大的弊端：教师地位降低，因此学生开始不遵守纪律，老师为了维持纪律开始体罚学生，这给印度教育带来不良影响；忽视印度教育系统，引起教育的不平衡发展；不重视学生个性的发展，师生关系疏远。

古印度教育经过吠陀时期、佛教时期和伊斯兰教育时期的发展，取得了很大的成绩：古代印度在科学文化的许多方面是先行者，如发明了零，在数学、化学、天文、医学、历史作品、史诗等方面成绩突出；在思辨哲学、语法、逻辑学、法律、政治、宗教、机械、工程、艺术等方面也取得了巨大成就。

四、殖民教育时期

殖民者进入印度时，印度实施初等教育的主要机构仍是原来的伊斯兰小学（麦克台卜）和印度教小学（婆达沙拉），他们遍布全国，"实际上每个村庄都有自己的小学或婆达沙拉"。[①] 教学语言因地而异，教学内容主要是简单的读写算术知识和宗教知识。此外作为高等教育中心的维德亚拉亚和马德拉沙在印度虽然还较普遍，但人数和规模已经很少了。维德亚拉亚主要为印度教所办，用梵语教学，学习的主要科目有语法、文学、医学、逻辑学、法律、奥义书等；马德拉沙最初为伊斯兰教所办，后来也有印度教徒参加，用阿拉伯或波斯语教学。这一时期虽然印度原有的教育制度还存在，但是无论从师资还是教学条件方面都已经难以令人满意了。而且，"到了 19 世纪初，无论是这些固有的高等学校还是乡村小学，都呈现一种江河日下的状态。"[②] 印度教育衰落的原因在于教育没有随着历史的进步而进步，而是逐步变得僵化、教条。传统的伊斯兰学校将学生的知识局限于宗教，将学生的生活局限在学校和清真寺里，使得从这些学校走出的学生思想不能超越传统，理性与功利主义的东西不能进入他们的头脑，在

---

① A.P. Sharma：*Contemporary Problems of Education：with Special Reference to India*，Vikas Publishing House Pvt，Ltd，New Delhi，1986，p24.

② Aparna Basu：*Essays in the History of Indian Education*，Concept Publishing Company，New Delhi，1982，p.1.

穆斯林上层有文化人的头脑中，仅仅装满了神学条例，他们不能很好地参加现代社会的竞争。① 印度的自然科学处于世界领先地位，但却并不被人们重视，对于自然科学的教学书本化、教条化，神学与宗教教育受到充分重视。传统的为农业服务的教育使印度与西方不断增长的知识相脱节，不能赶上西方知识增长的速度，传统控制着人们的头脑，由于教育方法和内容的僵化，推理和逻辑思维也变得僵化教条。印度社会等级森严，种姓制、宗教性不利于现代教育的发展；社会的最低阶层，如表列种姓、表列部落、不可接触者，由于经济落后，社会地位低下，被剥夺了受教育的权利。而且在近代，印度内部政治混乱，加上外族入侵的冲击，都导致教育的衰落。

印度教育衰落的同时，西方传教士和东印度公司官员从事的教育活动却在印度起了重要作用。在殖民入侵初期，传教士在传播西方教育方面起着重要作用。由于1498年新航路的开辟，西方人纷纷涌入印度，传教士是涌入印度的西方人的一个重要组成部分。他们为了传播基督教，几乎在印度所有城镇建立教育机构，他们办的教育机构以初等教育为主，也创办了一些大学。授课内容为基督教教义，也包括一些简单的读写算术知识，一般用学生的母语教学。最初来印度的传教士为了使更多的人信奉基督教，他们大多数都尊重印度的习俗和生活方式，和印度人冲突较小。英国东印度公司成立于1600年，它最初的目的是为了贸易和掠夺，并不干预教育，但是东印度公司的一些英国官员却对印度教育产生了浓厚兴趣，他们以个人的努力在印度建立了一些高级学校，其中既有以英语为教学用语的西方式学校，也有以印度语为主的东方式学校，但以东方式学校为主。

通过分析我们可以得出：殖民入侵初期，虽然印度原有的教育机构仍然存在，但其作用已经明显减弱。西方传教士和东印度公司官员开始成为实施教育的主要力量。传教士传授教育主要是为了传播基督教，宗教目的

---

① 邱永辉、欧东明：《印度世俗化研究》，巴蜀书社2003年版，第391页。

强；而东印度公司官员主要是为了政治目的，让精通梵语、波斯语和阿拉伯语的印度人协助他们统治这个国家，同时也为了拉拢印度上层阶级，巩固自己的统治。西方人为了各种目的开办学校，在客观上促进了印度地方语言的发展，也使印度人学到基本的读写算术知识，并对西方的文化有了初步的了解。虽然西方人从事的教育业已经开始传播西方文化，但他们主要是"根据传统原则来鼓励梵语和阿拉伯语的古典学习"，因此"东方式教育"仍是这一时期教育的基本特征。

第二节　印度教育的西方化

西方人在印度鼓励东方教育活动在英国引起了争论，争论的焦点是在印度应该推行东方教育还是西方教育。早在 1792 年，贝拿勒斯创建梵语学校的时候，任职于东印度公司的格兰特就主张在印度进行西方式教育。他认为印度人由于愚昧无知而误入歧途，不列颠肩负有使印度获得新生的使命。解救印度的唯一做法是"传播我们的知识"，包括基督教义、欧洲文学、自然哲学等，使印度人看到一个"富于新思想的世界"。格兰特是第一个主张学习英语并通过英语引进西方文化的人。[①] 但是格兰特的建议影响甚微，可以说几乎没有什么影响力。直到 19 世纪初，殖民者在印度推行的教育仍然主要是东方式教育，而且这些人在殖民当局中占绝大多数。他们不赞成在印度实行西方教育，主要是受民族利己主义和在印度实行愚民政策这一目的所驱动。因为他们认为东方教育有助于稳定和加强英国的统治，推行东方教育可以安抚印度人，而西方的民主、自由思想的传播，会引起印度人的觉醒。他们害怕印度人学习和掌握了西方思想之后，在自由、民主观念的支配下，变得不可控制，甚至将这套东西作为武器来反抗英国的统治。这正如英国议员杰克逊所说："由于我们向美国

---

① 　A.Biswas & S.P. Agrawal：*Development of Education in India：A Historical Survey of EducationDocument before and after Independence*，Concept Publishing Company，New Delhi，1986.p.99.

输出教育，我们已经失去了在那里的殖民地，我们不能再在印度这样做了。"① 总督哈斯丁斯也说："在人们中传播信息就会鼓励对权威的不服从和离心力"，这种"错误"的做法是不允许的。另外，从对印度的管理角度来说，东印度公司需要掌握印度风俗、语言的印度官员协助自己统治。以东印度公司官员为主的这些人内心里固然轻视和不喜欢印度传统教育，但他们为了其统治的方便，却宁可继续维持。

与之相反的另一派则主张实行西方教育，以英语作为教学语言，因为英语教学可以把西方文化和科学知识传播到印度。他们认为西方教育远远优越于印度教育，"一所好的欧洲图书馆中的一个书架即可以同印度和阿拉伯的全部本土文学相媲美。"② 另外他们提倡在教育中实行学以致用，学习有用的东西，而不是"晦涩和没有价值的知识"。这些人推行西方教育的目的既有偏重于为英国在印度的长治久安着想，也有通过西洋教育训练印度人的知识与能力、实现印度人的自我管理从而减轻英国官员的管理负担的目的。

1813 年英国议会通过的东印度公司特许状第 43 条规定：东印度公司"每年应拨出不少于 10 万卢比，用于文学的复兴和提高，鼓励印度本地的学者，以及在英属印度领土上的居民中介绍和提倡科学知识。"但是特许状并没有规定 10 万卢比的具体用途，因此两派展开了争论。为了贯彻落实特许状的规定，1823 年孟加拉总督任命了一个"公共教育总会"负责 10 万卢比的使用。最初东方学派占有优势，在印度仍然推行东方教育。但是到了 30 年代，西方学派逐步取得优势地位。

1834 年，"英学派"的中坚人物麦考莱被任命为"公共教育总会"主席，他开始坚定地推行西方教育。他认为："文学"一词既可以指阿拉伯文学或梵语文学，也可指英国文学；"印度本地学者"既可指梵语学者也

---

① Roy Mukherjee：*The Rise and Fall of the East India Company*，Monthly Review Press，1974，p.149.

② Roy Mukherjee：*The Rise and Fall of the East India Company*，Monthly Review Press，1974，p.337.

可以指了解西方文化的印度学者。至于选用哪种语言，他认为英语比印度的古典语言更有用，英语是掌握现代知识的关键，英语有利于印度的复兴；在印度，英语是官方语言，它也可能成为整个东方海域的商业语言，印度人渴望学习英语；而且通过英语教育可以造就出"一个成为我们与被我们统治的几百万民众之间的翻译；一个在血统和肤色上是印度人，但在爱好、观点、道德和知识上却是英国人的阶级"①，通过他们可以把西方知识和道德通过本地语传播到大众中去。这就是当时著名的"渗透方案"，官方用英语尽可能向印度上层传播知识，再通过这些人使知识"渗透"到印度的普通大众。事实证明渗透理论并没有达到预期的目的，它导致社会分层，贫富差距加大。麦考莱确立了英语的统治地位，他的观点得到印度总督本廷克的支持。

1835 年本廷克签署了一份决议，规定政府所拨款项只能用于英语教育，在印度居民中提倡欧洲文化和科学，废弃缺少实用价值的东方教育和文化，从而结束了始于 1813 年的东西方学派之间的争论。由此以后，印度政府采取一系列措施加速英语教育的推广。

1844 年，总督哈斯丁斯规定"在公务人员的录取方面，给予受过英语教育的人以优先录用的机会"。这一规定使英语教育成为印度人"谋求高级职位的唯一手段，因而保证了英语教育为人们所接受并得到迅速的发展。"② 政府的这一雇佣政策，促进了殖民地教育的西方化，尤其对以培养官吏为主的印度中等和高等教育的发展，产生了极为重要的影响，西方教育得到大力推广。1835 年本廷克决议结束了东西方之争，后来殖民政府采取的一系列措施促进了英语教育的发展，但殖民地印度教育体系的确立，始于 1854 年颁布的《伍德教育急件》。东印度公司随着对印度统治的巩固，它的视线也逐步转向教育。

1853 年，议会的一个委员会在审查了印度过去教育发展的基础上，

---

① 王长纯：《印度教育》，吉林教育出版社 2000 年版，第 66 页。

② ［印度］R.C.马宗达：《高级印度史》，张澍霖等译，商务印书馆 1986 年版，第 882 页。

对今后教育的发展制定了一份详尽的计划，即《伍德教育急件》。由于颁布这一急件的委员会由当时的议会监督局主席伍德领导，故称其为《伍德教育急件》。《急件》的内容有：在各省设立教育部，主要职能是指导学校和学院的创办；在各个管区城市创办大学，并以伦敦大学为模式，原有的私立学院附属于大学；设置补助金制度，对符合条件的学校予以资助；建立上下衔接的学校制度，包括小学、中间学校、中学、学院和大学。这些学校基本构成了以后殖民地印度教育的学校类型，确立了英语为教学语言。

《急件》为殖民地印度教育的西方化奠定了基础，标志着殖民地印度现代教育的确立，为以后印度教育的发展制定了蓝图。它所建立的教育模式，不但贯穿于殖民地时期，在很大程度上还影响着独立以后印度教育的发展。但是，这个文件也存在很多问题：《急件》过分强调教育的西方化，忽视了东方教育的发展；重视英语，忽视印度古典语言而引起的语言问题，也成为以后困扰印度教育的一个重要问题；政府对教育的控制结束了印度教育的多样化和自由学习的传统；在印度这样一个宗教氛围浓厚的国家，只强调世俗教育而不考虑宗教教育不符合印度国情；重视高等教育，忽视初等教育的发展。贯穿于印度殖民地时期的教育和独立后教育中的许多问题，都可以从这个文件中找到根源。

《急件》颁布后不久，政府就根据《急件》的建议，以伦敦大学为模式，在加尔各答、孟买和马德拉斯三个管区城市建立大学。大学只是考试并授予学位的机构，不承担教学科研任务。以前建立的学院依附于大学，大学对其统一管理。学院隶属于大学的这种附属学院制是独立前印度高等教育的主要类型，一直延续到现在。这一时期，公立和私立学院出现，它们在大学汇合成统一体系，这一系统也延续到今天。此后的英殖民者虽然也颁布了不少教育政策，但都是在《急件》基础上，对教育政策做一些具体的调整，而且成效不大。

第三节　印度民族传统教育的复兴和发展

在殖民者推行西方教育的同时，印度教育发展的另一条线索是民族主义者推行的教育现代化改革。

早在 19 世纪初，随着西方的入侵和对印度压迫的加深，印度的一些有志之士一方面受西方思想文化的影响，同时也是出于维护印度传统文化与宗教的动机，开始在印度实行改革。罗姆莫罕·罗易（1772—1883）就是其中最著名的民族主义改革者，以罗易为代表的民族主义者们热情地支持西方教育，提倡对传统教育进行改革。他们抱着复兴印度这一民族主义的目标，力主引进西方教育体制和教育内容，为输入西方先进的政治思想与制度、学习西方先进的科学技术创造条件。但是，他们对印度传统教育的不满，主要是针对印度中世纪经院式的教育制度，并不像某些极端派那样对传统文化予以全盘否定。他们也真诚而热情地赞扬印度古代文化所具有的伟大而独特的价值，因此他们折中地主张将学习西方科学与学习印度的传统文化结合起来，既用英语教学，又用印度语言教学。

1817 年，罗易在一些志同道合者的协助下在加尔各答创办了一所近代类型的大学——印度学院，该学校的课程包括自然科学和人文社会科学，英、印语言并用。

1828 年，受印度学院的影响，孟买的大商人也建立了与之同类型的爱尔芬斯顿学院。这样，印度一东一西两所大学的建立标志着印度教育制度变革的开端，并成为培养近代知识分子的摇篮。在穆斯林中，同样也出现了要求对穆斯林传统教育进行改革以适应时代潮流的先进分子，北印度的赛义德·阿赫默德·汗、孟加拉的阿布杜夫·拉蒂夫、塞义德·阿米尔·阿里是他们的代表。他们都认为，改变穆斯林落后地位的关键是传播西方教育。

1863 年阿布杜大·拉蒂夫在加尔各答建立"义学社"，这是第一个穆斯林启蒙团体，其宗旨是关心当代政治，了解西方思想和知识。

1864 年，阿赫默德·汗（1817—1898）在北印度也建立"科学社"，主要任务是把西方著名的哲学、史学和经济学翻译为乌尔都语，供广大穆斯林阅读。他说，印度穆斯林"由于对世界历史无知，就无以指导他们未来的行动；由于对过去和今日事件的无知，由于不了解许多年轻的民族怎样变成强大的民族，他们就不能吸取教训，从中得到益处。"

1868—1870 年，他专程去英国了解其教育制度、政治制度和科学技术，回国后，建立了穆斯林英语学院—东方语学院，即著名的阿里加尔学院。这是穆斯林第一所近代类型的学院，学院推广西方教育，目标是培养既掌握东方知识又了解西方科学文化的穆斯林。

19 世纪，印度虽然出现了一些企图把东方教育和西方教育结合起来的民族主义者，他们既希望把西方先进的思想、政治、文化传播给印度同胞，同时又坚决维护民族宗教与文化，这些人成为民族主义教育的先驱。但他们毕竟人数太少，直到 19 世纪末 20 世纪初，民族主义教育才在民族主义运动的推动下，成为一股不可遏抑的潮流。

19 世纪末 20 世纪初，整个亚洲觉醒了，民族独立运动兴起，民族教育作为独立运动的一个重要组成部分逐步形成并发展起来；另一方面，印度官办教育存在很多弊端和不合理性也促使民族主义者发展民族教育与官办教育相抗衡。

印度著名诗人泰戈尔（1861—1941）1901 年在尚蒂尼克坦创办的学校是印度民族教育的萌芽。这所学校也体现了印度民族教育的一般特征：要把印度人从一切精神桎梏中解救出来，使其投入到祖国的解放斗争中；要从印度的传统文化中寻求优点并继承发扬，使印度获得在世界上应有的地位。[①] 民族教育经历了两个阶段：

第一阶段是在 20 世纪初。1905 年，由于民族独立运动的发展，出现了抵制官办学校，兴办民族学校的高潮。加尔各答、达卡、迪纳吉浦尔等市县首先建立了民族学校，不少商界人士和自由派地主进行赞助。但是这

---

① 魏风江：《我的老师泰戈尔》，贵州人民出版社 1986 年版，第 5 页。

次高潮并没有维持多久，1908 年就开始衰落，许多民族学校被解散，保留下来的极少。主要原因在于民族独立运动的失败和殖民当局对民族学校的打击，如规定一切官方机构、企业、学校不得录用民族学校毕业的学生。这对民族学校是沉重的打击。

第二阶段在甘地领导的"不合作运动"期间，它始于 20 年代，经过 30 年代的发展，在 40 年代趋于完善。1920 年，国大党通过了甘地的"非暴力不合作运动"方案，非暴力不合作运动在全国轰轰烈烈地开展起来。在教育领域，大批学生离开官办学校。据统计，1920—1922 年，大约有 6000 名大学生，42000 名中学生退出公立学校。① 在抵制公立学校的同时，大批民族学校和学院开办起来，1921—1922 年间新建立的民族学校和学院共 1257 所。甘地在吉吉拉特建立民族大学，孟加拉省也建立了民族学校，各省建立学校情况可以从下表看出来：②

表 1-1　民族学院和学校数（1921—1922 学年）

省份	学校数	学生数
马德拉斯	92	5072
孟买	189	17100
孟加拉	190	14819
联合省	137	8476
旁遮普	69	8046
比哈尔·奥里萨	442	17330
中央省	86	6338
阿萨姆	38	1908
西北边省	4	120
其他地区	10	1255
合计	1257	80464

---

① 林承节：《印度史》，人民出版社 2004 年版，第 342 页。

② Bamford，P.C.：*Histories of the non-cooperation and Khilafat movements*，Delhi 1974：Deep Publications，p.104.

虽然一些学校因经费、师资或其他原因中途停办，到1922年坚持下来的不多，但它毕竟打击了殖民教育，也为30年代的基础教育运动做了必要的准备，"为未来的丰收播下了种子"。[①]30年代的民族教育是以甘地的基础教育思想为指导的，因此被称为基础教育运动。主要内容有：以手工劳动为中心；用母语教学；实行免费的初等义务教育；教育应该以非暴力思想为基础。基础教育发展很快，这种模式在全国得到推广。

印度的民族教育最终以失败而告终，这是必然的，因为英、印两个民族的利益是根本对立的，印度要实现教育现代化的前提是获得民族独立。但民族教育的兴起毕竟打击了殖民主义教育，大大激发了印度人民的爱国主义热情，促进了民族独立运动的发展。这一时期的民族教育是印度人借鉴西方教育模式，建立适合印度国情的独立的教育系统，实现民族教育现代化的伟大尝试，并为独立后的教育提供了参考模式，是印度教育现代化的必经阶段。

第四节　印度现代教育体系的建立

一、尼赫鲁执政时期（独立后至1964年）——印度教育体系的探索

建国初期到1964年是尼赫鲁执政时期，这一时期的教育主要是以1950年生效的《宪法》规定的一些原则为指导。例如：

《宪法》第29条："凡由国家主办或接受国家基金拨款的任何教育机构，均不得以宗教、种族、种姓、语言或其他理由拒绝公民入学。"

《宪法》第30条："国家在对教育机构的原则性赠款方面不得对少数民族主办的教育机构加以歧视。"

《宪法》第45条："在本宪法生效之日起的10年时间内，竭力为所有儿童提供免费和强制性教育，直至他们年满14周岁。"

---

① S.N.Mukerji，：*History of Education in India*（*Modem Period*），Acharya Book Depot. Baroda，1957，p.224.

《宪法》第 46 条："国家应该特别关心并促进人口中地位低下阶层的教育和经济权益，特别是'表列种姓'和'表列部落'的教育和经济权益，国家应保护他们免受社会歧视和各种形式的剥削。"

《宪法》第 350 条："各邦政府和邦内的地方当局应在初等教育阶段，努力为操不同语言的少数民族儿童提供适当的母语教学设施。"

另外，国家对殖民地遗留下来的学制进行了初步改革，以期建立符合新印度政治经济发展目标的学制。独立以前，印度殖民统治者官办教育的学制是：小学（primary school）五年，中间学校（middle school）和中学（high school）各三年，中间学院（intermediate college）两年和大学两年。这一学制实际上是一个"从外部移植和强加于一个落后经济制度之上的制度"①，主要是为政府部门培育低级官员。独立以后这一旧的学制不再适合政治经济发展的要求，因此，政府进行了学制改革。新的学制在初等教育方面仍遵循甘地的基础教育思想。中等教育方面，主要对原有的中学和中间学院进行改革，成立公立高级中等学校，在其中实行多样化课程，取消中间学院建制，将其分别并入大学和高中阶段，使高等院校的修业年限至少达到三年。但由于印度实行联邦制，教育主要由邦政府负责，中央的意见经常不被邦所执行，这就形成了实际上的双轨制形式。

由于国家对教育的重视，这一时期各级各类教育都取得不同程度的发展。但在这一时期，国家除了对教育的某些方面作出一些宪法规定以外，并没有为独立后的教育事业提出一个全面、具体的政策。对学制虽然做了一些调整，但是以手工劳动为主，以乡村为主要服务对象的基础教育并不适合独立后工业社会发展的要求；中等教育中的多目的学校主要是为了一部分学生能学到实用知识，为他们走向社会做准备，但由于师资、资金等问题到 60 年代也纷纷关闭。所以，在独立后的 20 年，印度教育仍然按传统的教育制度进行，传统教育制度的局限性和殖民地时期留下的一些

① ［印度］N.V 瓦尔格斯：《从印度看教育、技术和发展》，王显华译，《国外社会科学杂志》1987 年第 1 期。

弊端，使得这一时期的教育远远不能满足经济、社会和文化发展的需要。

二、夏斯特里短期执政和英迪拉·甘地执政时期（1964—1984）——教育体系的初步形成

在这一时期，由于尼赫鲁时期的教育制度已经不能满足经济社会发展的需要，为了改变这种情况，1964 年，印度政府任命了一个教育委员会，负责向议会提出有关全国教育发展的总方针和总政策以及建立全国教育的统一模式的建议。这个委员会是以著名教育家科达里教授为主席，因此称之为"科达里委员会"。科达里委员会是一个庞大的机构，大约有1000 多名工作人员参加了有关活动。他们遍访全国各邦和直辖区，整理了 2400 多份备忘录。在此基础上，委员会提出了一份题为《教育与国家的发展》的长篇报告，指出教育在国家经济发展、国家重建过程中的重要作用。建议建立一个完善合理、富于成效的教育体制，以解决经济发展面临的种种问题。印度政府采取了委员会的建议，制定了国家教育政策，即《1968 年教育政策》。

《1968 年教育政策》指出：独立以后，印度中央和各邦政府对教育日益重视，把它看作国家进步和安全的极为重要的因素。但是，印度教育的发展尚不能完全满足经济发展的需要，因此要重建教育。重建教育包括改革教育制度使其与人民生活紧密联系起来，继续努力扩大教育机会，大力提高各级教育质量，重视发展科技，培养出有个性、有能力、愿献身于国家公务与经济发展的青年。

《1968 年教育政策》的内容主要有[①]：争取实现宪法第 45 条的规定，为所有 14 岁以下的儿童提供免费义务教育，确保入学儿童顺利完成学业；提高教师的地位、待遇和业务水平；教学媒介采用印地语、英语和地方语三种语言；实现教育机会均等，纠正各地区、各阶层间教育的不平衡现象，重视少数民族、女子和残疾人的教育；加强职业教育，并使职业教育

---

① 马加力：《当今印度教育概览》，河南教育出版社 1993 年版，第 19—21 页。

适合社会需要；办好高等教育；加速扫盲和成人教育；全国实行统一的学制，即"10+2+3 制"，实行 10 年普通教育，分初等教育（8）和初级中等教育（2），高级中等教育（2），这一阶段实行中等教育职业化，3 年高等本科教育，统一的教育模式有利于国家的统一，所以这一学制一直维持到今天。

《1968 年教育政策》实施后，印度在教育领域取得了令人瞩目的进步，全国各级各类教育设施有了相当大的扩展，教育质量明显提高，大批科技人才为印度的科技进步作出了很大的贡献。

三、拉吉夫·甘地时期（1984—1989）——印度教育战略调整

1984 年，英迪拉·甘地遇刺，拉吉夫·甘地（1944—1991）继任英迪拉·甘地执政。80 年代以来，由于新科技革命迅猛发展，许多高科技领域都取得了重大的突破，而印度现有的教育政策已经不能完全跟上新的形势。为了跟上时代的步伐，1985 年，印度政府发表了一份题为《教育的挑战》的文件，在全国掀起了有关教育问题的大讨论；于 1986 年组建了人力资源开发部，并在群众广泛讨论的基础上制定了新的国家教育政策。制定这一教育政策的目的是使教育成为"把国家引向 21 世纪的工具"，目标是加强科学技术教育，使教育与就业和国家的经济建设联系起来。这一政策被称为新教育政策。

在新教育政策的推动下，印度高等学院的数量迅速增加，仅 1986—1987 年度净增 696 所，为历年来增额的最高峰。1988—1989 年度学院又增加了 265 所，增加速度很快。除了学院数量迅速增加外，印度在教育经费方面也有了明显增长。在 1985—1990 年的五年内用于教育的经费为638.3 亿卢比，而 1980—1985 年间，用于教育的经费仅为 252.4 亿卢比，前者比后者增加了一倍半。50 年代教育经费只占国民生产总值的 1.2% 左右，但在 80 年代中期以后，这一比重提高到 4% 左右。[1] 更为重要的是拉

---

[1]　孙士海：《印度的发展及其对外战略》，中国社会科学出版社 2000 年版，第 233 页。

吉夫·甘地重视计算机教育，计算机教育成为新教育政策的一个重要组成部分。1985 年，享有"计算机总理"美誉的拉吉夫·甘地提出了"用电子革命把印度带入 21 世纪"的口号，对计算机产业实行各种优惠政策，推动了计算机工业的发展。

四、20 世纪 90 年代教育体系的完善

20 世纪 90 年代以前，印度政坛主要是国大党一党垄断政权，90 年代以后，印度出现了联合政府的局面，各党更替频繁，全国阵线政府、人民党政府、国大党政府、全国民主联盟政府纷纷执政。这一时期虽然政党更换频繁，但各大党仍然非常重视教育。

1992 年和 1993 年，印度政府对 1986 年的教育政策进一步做了修改，对教育发展战略也进行了某些重要调整，以适应教育发展的需要。印度政府这次调整的主要思路是向全民提供基本的学习和受教育机会，使教育适应并促进社会和经济的发展。为了这一目的，印度政府在五个方面做了调整，主要举措有：

1. 加大教育投放力度。独立以后，印度的教育支出占 GDP 的百分比逐步呈上升趋势，从 1950—1951 年的 1.2% 上升到 1990—1991 年度的 3.9%。1993 年 12 月拉奥总理宣布尽可能实现到 20 世纪末印度的教育经费占国民生产总值 6%，这个比例包括中央政府、邦政府、民间组织、非政府组织和社会各界对教育的投入。

2. 教育重心下移，把普及 8 年义务教育和普及成人识字率放在优先发展的地位。基础教育的普及率和成人识字率是衡量一个国家社会发展水平高低的重要指标，对印度这样一个人口大国来说，普及 8 年义务教育是一项历史性的艰巨任务。为此，政府加大普及初等教育的力度，加大对初等教育的投入，尽可能近距离为所有儿童提供上学机会，方便学生上学；为不能参加正规学校教育的女童和童工提供非正规教育；提高女童入学率；尤其是针对普及初等教育的难点，为女童、表列种姓和表列部落的儿童提供就学机会，并努力提高初等教育的办学质量。

3. 转变教育发展模式，从只注重数量扩充转到数量和办学质量并重的轨道上来。印度独立以来的初等教育有了巨大发展，初级小学在校人数大幅度增加。但由于办学条件差，学校对儿童不具有吸引力；加之很多学生家庭困难，因此辍学率高。针对这种情况，印度提出了转变教育发展方式，从只注重数量扩充转移到数量和办学质量并重的轨道上来，实行"黑板行动"计划，改善办学条件，使学校具备最低限度的办学条件：每所学校至少应具有两间大小适宜，且能适应各种气候的教室；每所学校应至少拥有两名教师，其中一名最好是女教师；保证基本的教学和学习用品，如黑板、地图、小图书馆、体育用品及职业教育课所需的某些设备。

4. 加大职业教育的实施力度。印度在职业教育方面采取的措施是：在初级小学（一至五年级）和高级小学（六至八年级）阶段渗透职业教育因素；初级中学（九至十年级）实施"职前教育计划"；在高级中学（十一至十二年级）实行中等教育职业化，对学生进行分流，分成"职业班"和"普通班"，加大职业教育力度。

5. 教育管理重心下移，鼓励社会各界参与。建立县、乡、村三级管理体制，把普及初等教育的统筹管理权下放到县一级；各县根据本地实际情况，因地制宜，加快普及初等教育步伐；进一步提高办学质量和效益，在村一级成立村教育委员会，主要职能是实施村一级教育发展计划，保证每个儿童都能就学。同时积极鼓励地方团体、非政府组织、家长、教师和社会工作者参与本地区的教育发展计划。

6. 教育的民主化、世俗化、公平化。印度是一个多元文化并存，等级森严的社会，通常按种姓、宗教、阶级、地区和性别把人划分为不同的等级。其中种姓是印度最普遍的划分尺度。在印度教内，种姓制对"表列种姓"和"表列部落"进行残酷压迫。印度教之外，还存在伊斯兰教、基督教、佛教、拜火教等宗教，在印度教徒占多数的情况下，其他宗教的少数民族在政治、经济、文化教育上也处于不利地位，他们都属于印度的"落后阶级"。1980 年，印度中央政府的"落后阶级委员会"发表的统计数字显示，印度落后阶级的人口约占总人口的 52%[1]。据印度一些著名经济学家的调查，到 90 年代初期，生活在贫困线之下的印度人口仍占总人口的 40% 以上。[2]

种姓制不但压迫低级种姓，而且歧视妇女，它通过传统习俗、观念压迫低级种姓、印度教以外的宗教群体和广大妇女，导致这些处于社会弱势的群体受到极不公平的待遇，受教育程度很低。因此，印度教育要走向现代化，就必须废除种姓制，实现教育的世俗化、民主化和公平化，提高"落后阶级"和妇女、女童的受教育程度和文化水平。

为了实现表列种姓和表列部落的教育、经济、文化的公平，促进他们经济的发展，印度政府采取的措施主要有：一是通过宪法和法律规定给予少数民族和部落平等的权利。例如，宪法第 14 条：不能因宗教、种族、种姓、性别等原因对某些人予以歧视；宪法第 15 条：保证各类群体在公共事业中具有平等的就业机会；宪法第 16 条：宪法从法律角度保证少数民族和部落在社会中的公平地位。二是对表列种姓和表列部落实行教育保留权制。印度中央政府和各邦政府根据表列种姓和表列部落占总人口的比例，在所有中央和邦政府运营的教育机构和各类组织中，为落后阶级和部落保留相应比例的名额（表列种姓 15%，表列部族 7.5%）。在各级政府的努力下，表列种姓和表列部落儿童的入学率大大提高。在 1971—1981 年的 10 年间，表列种姓和表列部族的识字率分别提高了 45.7% 和 32.2%。1997—1998 年度，印度政府公布的相应数据是：表列种姓适龄儿童在 1—5 年级的在学率为 92.56%，表列部族小学 1—5 年级的在学率为 90.73%，6—8 年级表列种姓学生的在学率为 56.17%，表列部族为 43.24%；表列种姓学生占在校大学生总数的比例约为 11.5%，表列部族学生占 3.2%。虽然，表列种姓与表列部族的受教育程度与其他阶级仍有很大差距，但是他们受

---

① 杨洪：《印度弱势群体：教育与政策》，人民出版社 2011 年版，第 15 页。

② ［印度］鲁达尔·达特、［印度］K.P.M. 桑达拉姆：《印度经济》，雷启淮等译，四川大学出版社 1994 年版，第 640 页。

教育程度与以前相比，大大提高。[①]

7.重视妇女教育，提高女童、妇女的文化水平。妇女是"人类文明的摇篮"，她们可以培养出能够使这个国家走向文明进步与富强之路的孩子。妇女受教育程度是衡量一个国家文明程度的重要标志之一，受教育的妇女使家庭和社会显得文明开化。[②]另外，对于像印度这样一个文盲众多，尤其是女童文盲众多的国家，不提高女性的识字率，扫盲是不可能取得巨大进步的。

殖民地时期，一些传教士和官员创办了一些女子学校，并努力改变印度歧视妇女的传统观念，女子教育取得了一定成绩。但是，殖民地时期建立女子学校主要出于私人的努力，政府对女子教育关心程度不够，导致所取得的进步很有限。

独立以后，印度政府制定一系列法规和政策以提高女子受教育水平。如1950年的宪法保障女子不受歧视、与男子享有平等的受教育机会。宪法第9条规定：将采取所有措施来保证女孩和妇女、已婚和未婚女性在所有水平的教育上和男性享有平等的权利，尤其是保证男女入学、上学的条件平等，男女平等地选择相同的课程、考试、同质量的教学设施等。印度政府不仅制定了一系列旨在促进教育均等的法令和政策，而且还专门针对提高妇女教育问题做了一些努力。1959年成立了"全国女性教育委员会"，调查中小学阶段女子教育的浪费问题；制定促进中小学女子教育的措施，采取各种措施扩大女子教育设施。该教育委员会对女子教育情况作了比较广泛的调查，提出了许多建议，努力在尽可能短的时间内缩小女子教育和男子教育的差距；优先考虑女子教育的各种计划；发展女子教育机构的基础设施；激励女童学习兴趣和积极性。

由于政府和各界人士的努力，印度女子教育取得了很大的成绩。首先，女子识字率大大提高。从统计来看，1951年，女性识字人口占总人

---

① Department of Education. *Annual Report 1998-99*，pp.138-141.

② Jayapalan，N.：*History of education in India*，New Delhi：Atlantic Publishers and Distributors. 2000，p.159.

口的 8.86%，而到 1991 年，这个比例已提高到 39.29%。其次，女性接受高等教育的机会也大大增加。1950—1951 年，高等院校在校生总数中女性的比例约为 12%，到 1997—1998 年度，该比例上升约为 34.6%，在 707.8 万在校生中，有 244.6 万人为女生。在专业分布方面，女性在所有学科中所占的比例都上升了。为了进一步发展女子高等教育，印度专门招收女性的女子学院数量也急剧增加。经过独立后近 20 年的发展，到 1965 年，印度已有 200 多所女子学院，而到 1997—1998 年度，女子学院已达 1260 所。女子教育发展很快，妇女受教育机会增加了，妇女受教育程度大大提高。①

五、新世纪印度教育的发展

目前印度教育分为公立和私立两个部分。中央和大多数邦的教育委员会统一采取"10＋2＋3"教育模式。在这种模式下，12 年的学习是在中小学和／或学院完成的，然后是 3 年的学士学位教育。前 10 年又进一步分为初小 5 年，高小 3 年，中学 2 年。这种模式起源于 1964—1966 年科塔里教育委员会的建议。根据教育权利法案，自 2010 年起实行"不留级"政策。根据这一政策，在 8 年级之前不得有任何儿童留级或离校。这一法案的最大目标是确保义务教育达到 14 岁，以防止学生辍学，这一点在农村地区的学校尤为重要。1968 年、1986 年以及 1992 年修订的国家教育政策规定教育经费至少应占 GDP 的 6%。但这个目标从未实现过。中央和各邦教育部门的支出从未超过 GDP 的 4.3%，这些年徘徊在 3.5% 左右。与 1947 年 12% 的全民识字率相比，印度 2011 年的识字率为 74%，男性识字率为 82.1%，女性识字率为 65.5%。但这一水平远低于世界 84% 的平均识字率，是世界上文盲人口最多的国家。喀拉拉邦是印度识字率最高的邦，达到 93.91%，而比哈尔邦识字率最低，只有 63.82%。

---

① University Grants Commissoion：*Annual Report 1988-1989*，p.186.

（一）印度基础教育（1—8 年级）

为普及全民教育而实施的普及基础教育计划和不留级政策，使得印度毛入学率（至 95% 以上）和女童入学率大幅提高。1994 年先期启动的县初等教育计划旨在普及印度的初等教育。由于中央政府出资 85%，县初等教育计划已开办 16 万所新学校，其中 84000 所为替代学校，为约 350 万名儿童开展替代教育。2014—2015 年度，全国共有 140 万所学校开展基础教育，总入学人数达 1.977 亿。其中，公立学校 110 万所，入学人数 1.19 亿；而 30 万所私立学校接纳了 8560 万名学生。此外，2014—2015 年度，共有 23529 所学校未被认可，另有 3750 所伊斯兰教学校未被认可，入学人数为 330 万。基础学校共有 800 万名教师，其中公立学校教师 470 万。2014—2015 年度，私立受助学校的教师占基础学校教师总数的 8.6% 以上；私立未受助学校的教师占 29.9%；2.6% 的教师在未被认证的学校和伊斯兰教学校任职（县教育信息统计局 U-DISE，2014—2015）。2014—2015 年度，初级小学（1—5 年级）毛入学率为 100.1%；高级小学（6—8 年级）毛入学率为 91.2%。初小净入学率为 87.4%，高小净入学率为 72.5%。然而，2014—2015 年经调整后的净入学率分别为初小 92.1%，高小 82.4%。大量的孩子未完成基础教育就离开学校。2014—2015 年度，初小巩固率为 83.7%，高小巩固率低至 67.4%。大约每 10 名入读一年级的儿童中就有 4 名未读到 8 年级就辍学。（县教育信息统计局，2014—2015）

（二）印度初级和高级中等教育（9—12 年级）

在中学阶段，普及中等教育计划是人力资源部推出的最重要计划。它具有普及和提高中等教育质量的双重任务。通过在所有社区的合理距离内开办中学、取消教育上的性别歧视、残障人歧视和社会经济障碍，努力提高中学入学率。中学规定的基础设施和设备包括足够数量的教室、实验室、图书馆、工艺美术室、厕所、饮用水、电力、电话、互联网以及残疾人便利设施等。在追求教育公平方面，采取的重要措施包括：为表列种姓、表列部落和民族地区开办学校制定精细规划并给予倾斜照顾，为弱势群体开展特殊的招生活动，为学校配置更多的女教师以及为女生设置独立卫生间等。普及中等教育计划的目标是到 2017 年达到 100% 的毛入学率，到 2020 年普及中等教育。第一个目标通过努力可以实现，但即使立即采取重大补救措施，到 2020 年实现普及中等教育的目标是否实现很值得怀疑。

根据普及中等教育计划，中央和邦政府负担的经费比例是 75：25。对东北各邦，中央政府则负担 90% 的经费。尽管如此，邦立大学及其附属学院仍面临严重的经费严重不足和管理不善的问题，导致教育质量不高。根据印度财务委员会报告，2015—2016 财年，中央拨付给各邦的经费比例发生了变化，但尚不完全清楚中央和各邦在这方面是否完全达成一致。

多年来，私营和非政府组织举办的中等教育机构增加显著而迅速，约 51% 的初中和 58% 的高中是私立的。普及中等教育计划特别关注提高女孩初高中的入学率和巩固率；并确保女学生不因学校远、财力有限和社会因素而失去继续受教育的机会。2009—2010 年启动的中学阶段残疾人全纳教育计划现已纳入普及中等教育计划。该计划帮助所有完成 8 年基础教育的残疾学生继续接受 4 年中学教育（9—12 年级）。普及中等教育计划特别关注消除残疾人障碍，通过全国和各邦开放学校以及利用联络中心和多媒体软件包等方式，为不能入读正规学校的儿童提供机会。

随着学校的迅速增加，入学率已接近 100%。然而，由于贫穷、急需工作、社会限制或对教育作用缺少信任等原因，某些阶层的儿童无法充分受益于教育机会。许多女孩没有送去读书；许多小学毕业生未能继续在中学和大学学习。从数量上看，普通群体和特殊弱势群体（如女童、表列种姓和表列部落、少数民族和特殊需要儿童）之间的平均入学率差距已经缩小。然而，社会等级和公平的问题依旧复杂，只得到部分解决。此外，社会和收入上的差距继续反映在学习水平的差距上，这种差距仍然巨大并似乎继续扩大。历史上处于不利地位且经济贫弱社会阶层的儿童以及第一代学习者的学习成绩明显较差，并且会因成绩落后而辍学。目前实施的缩小性别和社会差距的干预工作需进一步加强，需制定更有针对性的措施使女孩和其他特殊类别儿童有效融入中等教育。虽然中等教育需求上升，中学数量增加，但全国中等教育的普及仍然不均衡。地区差距依然存在，因学生社会经济背景造成的就学机会差距也继续存在。教师短缺、激励机制缺乏、公立学校教学水平低下等刺激了私立中等教育的发展。

（三）印度高等教育基本状况

1. 高等教育机构

印度的高等教育是在不同层次和类型的高校中实施的。[①] 高等院校主要有六类：（1）综合大学：由国会和邦立法建立，分为单一型和复合型，分别称为中央大学和邦立大学。（2）准大学。（3）国家重点学院，如印度理工学院、全印医学科学研究所。（4）研究院。（5）综合大学附属学院，具体可细分为：① 学位学院，可授予学士以上学位的学院；② 无学位学院，只提供文凭、证书课程；③ 中间学院，隶属于大学与中等教育部。（6）私立大学。[②] 而按照经费来源，则可以划分为公立学院、私立受助学院、纯私立学院三类。

独立后对高等教育的需求出现了一次高潮，导致全国高等院校数量呈爆炸式增长。许多学生修读大学课程只是为了获得学位，学位被认为是成为白领（甚至蓝领）以及提升社会地位的必要条件。所有这些机构都有权授予学位。少数中央和邦立大学是单一性的大学；而绝大多数中央和邦立大学都有直属学院或附属学院。印度大多数学院都附属于大学并开展本科教育，部分学院也承担研究生教学和研究。附属制大学负责监督其附属学院的办学标准、举行考试和授予学位。

根据印度大学拨款委员会 2014—2015 年度报告，印度时有 46 所中

---

① 杨洪：《试析印度高等教育经费筹措模式》，《贵州教育学院学报》（社会科学版）2001年第 1 期。

② Central Advisory Hoard of Education（CA$E）Committee. *Report of the Central Advisory Board of Education（CABS）Committee On Autonomy of Higher Education Institutions* [RJ. New Delhi：Ministry of Human Resource Development，Government of India，2005，p.6.

央大学，128 所准大学。2009 年 6 月以来，没有再批准设立准大学。2010 年 1 月，印度政府决定取消 44 所准大学的资格。这个决定受到抵制，最终决定仍悬置于最高法院，在此期间，允许这些准大学招收新生。包括技术教育在内的印度高等教育是世界上最大的高等教育体系之一。大学数量从 1950—1951 年度的 27 所增长到 2010—2011 年度的 621 所，2013—2014 年度扩充到 712 所。专业院校从 2010—2011 年度的 11095 所增加到 2012—2013 年度的 11443 所。普通学院的数量增长显著，从 1950—1951 年度的 578 个增加到 2010—2011 年度的 32974 个，2011—2012 年度增加到 34852 个；2012—2013 年度增加到 35829 个。2014—2015 年度，印度有 711 所大学，40760 所学院（大学拨款委员会 2014—2015 年度报告），其中，独立学院 11922 所（2014—2015 年度全印高等教育调查报告）。2014—2015 年度全印高等教育调查报告表明：与 1950—1951 年度的 20 万名大学生数量相比，2014—2015 年度高等院校总入学人数为 3330 万，男生 1790 万人，女生 1540 万人。教师 140 万名，女教师占 39%。高等教育毛入学率达到 23.6%（其中，男生 24.5%，女生 22.7%，表列种姓 18.5%，表列部落 13.3%）。据统计，绝大部分学生（约 80%）为本科生，其次是研究生（11.4%）和文凭生（7.2%）。

2014—2015 学年，印度高等院校总入学人数约为 3330 万，其中 37.41% 的学生读文科，17.59% 的学生读理科，16.39% 的学生读商业和管理，其余 28.61% 修习专业类课程（工程技术专业占 16.27%，医学专业占 4.02%）。

私立高等院校在印度高等院校的发展中占据重要地位。2011—2012 学年，私立高等院校数占 63.9%，私立高等院校学生数占 58.9%。邦立高等院校和中央高等院校分别占全国总高等院校数的 35.6% 和 0.5%。两类高等院校的学生数分别为 38.6% 和 2.6%。

2013 年启动的国家高等教育使命旨在对各邦高等教育规划进行严格评估的基础上，向合格的邦立高等院校提供战略性资助。中央的拨款比例（对于普通类别的邦，拨款比例为 65：35；对于特殊类别的邦，比例为

90：10）将以常规为基础并取决于评估结果。经费将从人力资源部通过邦政府和中央直辖区政府划拨给邦高等教育委员会，然后再分配给通过评估认定的高等院校。

随着印度高等教育的扩张，地区差距也在加大。各邦毛入学率的差异很大，并随着时间的推移继续加大。2002—2003年度，毛入学率的差距在5%（查谟和克什米尔邦）到29%（昌迪加尔邦）之间。2011—2012年度，毛入学率差距的变化更大，在8.4%（贾坎德邦）到53%（昌迪加尔邦）之间。

高等教育在保证就业的作用上遭到非议。许多本科生和研究生即使接受多年的高等教育后也未在各自领域找到工作。尽管大学毕业生失业问题依然严峻，但劳动力市场上却缺乏技术人才。学校教育的重点和质量与企业所需的实际技能之间存在明显鸿沟。全球大学排名是衡量高校水准的有用指标，排名是依据对学校的研究和教学、教员声誉、雇主评价、资源获得、国际学生比例、各类活动以及其他因素的相关评估得出的。

印度大学在全球排名比较靠后，根据2012—2013年度的泰晤士报高等教育排名，排名靠前的印度高校是克勒格布尔理工学院（234名）、孟买理工学院（258名）和鲁尔基理工学院（267名）。同样，2012年英国席孟兹公司（QS）排名最高的印度高校是德里理工学院（212名），孟买理工学院（227名）和坎普尔理工学院（278名）。根据2015—2016年度的QS排名，班加罗尔印度科学院排147名，德里理工学院179名，孟买理工学院202名，马德拉斯理工学院254名，坎普尔理工学院271名。

1994年印度成立了认证机构，作为提高高等教育标准的质量保证措施。认证是自愿的，高校应向认证机构申请对学校和专业进行评估。在大学拨款委员会认定的164所大学中，有140所大学通过了国家评估和认证委员会的评估，只有32%被评为A级或A级以上水平。

在4870所学院中，有2780所通过了国家评估和认证委员会的评估，只有9%的学院达到A级或A级以上的水平。在通过评估的院校中，有68%的大学和91%的学院只达到国家评估和认证委员会制定的质量标准的平均水平或以下。很明显，高校的教学质量离期望值差得很远。

　　独立之后，印度高等教育体系迅速发展。1947 年印度独立时，印度有 20 所大学、500 所附属学院、21 万学生。[①] 到了 1980 年，印度高等教育发展至 132 所大学、4738 所学院。截至 2006 年，印度已有 18431 所高等教育机构、367 所大学、18064 所学院，发展成为仅次于美国和中国的世界第三大高等教育系统。

表 1-2　印度高等院校数、录取学生数和毛入学率[②]

年度	大学						学院	录取数（百万）/ 毛入学率 GER%
	中央大学	邦立大学	准大学	国家重点学院	私立大学	总计		
1950—1951	3	24	—	—	—	27	578	0.2/—
1960—1961	4	41	2	2	—	49	1819	0.6/1.5
1970—1971	5	79	9	9	—	102	3277	2/4.2
1980—1981	7	105	11	9	—	132	4738	2.8/4.7
1990—1991	10	137	29	9	—	185	5748	4.4/5.9
2005—2006	20	217	102	18	10	367	18064	11.6/11.6

　　而仅 2005—2006 一年里就有 439 所新的学院如雨后春笋般建立。单单以机构数量来看，印度已建立了世界上最大的高等教育体系，是美国和整个欧洲机构数合计的四倍多。而拥有世界最高入学人数的中国（2300 万），其高等教育机构的数量也仅为 2500 所。然而，印度平均每个高等教育机构的招生数量只有 500—600 名，相比较于美国和欧洲的 3000—4000 名，以及中国的 8000—9000 名，单个高等教育机构的招生数之少使

① UGC. Annual Report 2014-2015 [R] . New Delhi：University Grants Commission，2015：7.

② UGC.Higher Education In India：Strategies and Schemes during Eleventh Plan Period（2007-2012）for Universities and Colleges.New Delhi：University Grants Commission，2011：3-9；Central Advisory Board of Education Committee（CABE）. *Report of the Central Advisory Board of Education Committee（CABS）On Autonomy of Higher Education Institutions* [R]. New Delhi：Ministry of Human Resource Development，Government of India，2005：7.

得印度的高等教育成为一个高度分散复杂的系统，比世界上任何其他高等教育机构都更加难以管理，其经费投入与投入问题更加复杂。[①]

2. 高等院校招生情况

在 2005—2006 学年，印度有 1200 万名学生进入各种课程各级学校、大学和其他高等教育机构，相比于前一年的 1100 万人，增长了 9.1 个百分点。在 1200 万名学生当中，女性占有大概 40% 的比例。就录取的绝对值来看，在各邦中，马哈拉施特拉邦最高，其次为北方邦、安得拉邦、泰米尔纳德邦等。[②]

在学历的分布上，本科生占据 88.91% 的比例，研究生则为大约 9.42%。具体到不同学科的分布，从学生的总人数来看，则有将近 45% 的学生在艺术系，其次是理科约 20% 左右、商业 / 管理为 18%。因此，将近 83% 的学生在艺术、理科和商业 / 管理学院三科，而只剩下的 17% 的学生在专业领域方面。工程 / 技术为 7.2%，其次医学类（3.1%）、教育类（1.46%）等。像印度这样的国家，农业及其相关职业作为其主要职业，农业课程的入学率仅为 0.58%，兽医学更是微不足道的 0.15%。显而易见，从学科招生人数的比例来看，专业与非专业的招生比例已经将近 1∶4，显然不利于经费的划分与分配，因此迫切需要有一个适当的政策可以合理化地减少差距和增加对职业教育的关注。[③]

3. 高等院校师资力量

随着高等院校数量与日俱增，能否招募到优秀教师成为制约印度高等教育质量的主要因素。高校能否招募到教师取决于研究生入学人数和科研项目。私立院校很少把重点放在研究生层面的教育和研究上。而且对于大多数毕业生而言，当老师并非首选，而是排在私营企业和政府部门之

---

①　Pawan Agarwal. *Higher education in India*, *the need for change* [R]. New Delhi：Working Paper No.180, Indian Council for Research on International Economic Relations, 2006：5.

②　UGC. Annual Report 2005-2006 [R]. New Delhi：University Grants Commission, 2006：162.

③　UGC. Annual Report 2005-2006 [R]. New Delhi：University Grants Commission, 2006：165.

后。与之相关的是要确保优秀候选人进入教学岗位。高校教师要么选聘到大学直属系、受助学院和私立学院，要么被选聘到公立学院。招募和使教师归属某个学院的好处是有利于培养他们的学院忠诚度，为提高学院教学质量做贡献。然而，教师无论是选聘到私立学院还是公立学院，都需要精心制定招聘程序以确保优秀教师进入教育系统。中央和各邦都建立了遴选制度，以确保教师达到最低入职标准。1989 年大学拨款委员会为高校新教师引入了国家资格考试。同样，邦政府也制定了自己的邦资格考试。科学与产业研究委员会对将进入科学领域的教师举行资格测试。从事高等教育教师岗位必须通过国家资格考试或邦资格考试。国家资格考试每年举行两次，每次有超过 30 万候选人参加考试，但通过率却不到 5%。委员会指出，国家资格考试使进入高校担任教师的候选人素质正在逐年提高。

印度很少开展高校教学研究。为促进高校教学研究，有必要在大学直属系或其他学院设立特别研究中心。这些中心应开展教学实践研究，提供专业支持以促进教学技能发展、鼓励使用现代科技，制定教学质量评估方法、开发教学效能测量工具，建立反馈机制以分享教学效能研究成果。博士学位实际上被认为是高校教师任职的必备条件，这反过来催生大量高校许诺给予没有多少实用价值的博士学位以商机。委员会认为真正需要的是高素质和有积极性的教师，而不是每所学院的每个教学岗都必须有博士学位。在各邦公立学院，教师一旦被录用就被视为公务员，随时听从从一地调往另一地工作。他们没机会，也没热情去培养归属感，以使自己融入学校的社会和文化氛围中。教师应尽可能入职后培养学校归属感，如同大学里的院系一样。

在 2005—2006 学年，高校教师总数为 48 万，其中超 83.85% 教师在附属学院，其余的 16.15% 主要在大学部门 / 大学学院，具体情况如表1–3：印度高等学校的教师，从低到高分为演示员或补习助手、讲师、高级讲师、副教授、教授四个等级。[①] 大学拨款委员会规定，在各种学院中，

---

① 安双宏：《印度高等教育：问题与动态》，黑龙江教育出版社 2001 年版，第 151 页。

教授、副教授、讲师的比例原则上为 1：4：120。[①] 就 2005—2006 年而言，印度高校各级职称教师的比例：在大学本部中，教授占 21%，副教授占 31.7%，讲师占 44.81，比例为 1：1.5：2.1。就其比例而言，仍需要在大学本部中加强师资队伍的建设，引进高质量人才资源；在附属学院中，教授仅占 5.8%，副教授 24.6%，讲师占 66.3%，比例 1：4.2：11.4，[②] 就比例而言，附属学院的师资队伍较大学本部更为均衡。师资力量的分布直接影响到师生比、教学人员和非教学人员工资的分配，进而影响到经费的利用率，因此合理分配师资至关重要。

表1-3　2005—2006 年在大学直属院系及其附属学院的师资分布[③]

职务	大学院系（University Departments And University Colleges）	附属学院（Affiliate Colleges）
教授（Professors）	16591（21.05%）	23951（5.8%）
副教授（Readers）	24986（31.70%）	100520（24.6%）
高级讲师（Sr.Lecturers）	12059（15.30%）	61232（14.9%）
讲师（Lecturers）	23260（29.51%）	210202（51.4%）
演示员/补习助手（Tutor/Demonstrators）	1923（2.44%）	13279（3.2%）
合计	788119（100%）	409184（100%）

（四）独立后印度高等教育经费来源

在独立后的时间里，印度的大学数增长了 10 多倍，学院数增长了 30 多倍，而在校大学生数增长了 40 多倍，入学率从 1980—1981 的 5.9% 增

---

① UGC. UGC notification on revision pay scales, *minimum qualifications for appointment of teachers in university and colleges and other measures for the maintenance of standards*, 1998 [R].New Delhi：University Grants Commission，1999：12.

② UGC. Annual Report 2005-2006 [R]．New Delhi：University Grants Commission，2006：167

③ UGC. Annual Report 2005-2006 [R]．New Delhi：University Grants Commission，2006：167.

长到 2005—2006 年的 11.6%。① 按照特罗的说法，印度入学率为 11.6%，仍然处于精英高等教育体系范畴。但是入学率的直线上升显示了印度的高等教育正缓慢逐步走向大众化过程，高等教育不再局限于为上层精英服务，而是逐步面向广大群众，为印度公民提供传递知识教育。

2005 年，印度高等教育机构有 17700 多所学院，其中公立院校有 4300 所，受助私立学院有 5750 所，经费自筹私立学院也从 2001 年的 3200 所左右增加到 7540 所，三类学院的比例分别为 24.2%、32.5%、43.3%。② 私立高等院校在印度高等教育系统的重要性可见一斑。私立性质院校的学生规模也在不断地扩大，据学者阿加瓦的统计，在 2005—2006 年财政学年里，整个高等教育有 30% 左右的学生就学于私立高校。其中，在大学方面，私立大学生规模为 10000 人，占据整个大学生规模总数的 1% 左右；在准大学方面，自筹经费准大学的学生规模已经超过了公立或私立受助院校的学生规模，占据整个准大学生规模总数的 60%；在学院方面，私立高校学生规模为 315 万人，占据 50.8% 的份额。从机构的数量和在校人数来看，私立高等教育已经成为印度高等教育中不可或缺的组成部分之一，印度高等教育的私有化趋势已经明显。

表 1–4　印度私立高校学生规模情况

高校类型	公立或私立受助	纯私立（所占 %）
大学	1100000	10000（0.9%）
准大学	40000	60000（60%）
学院	6200000	3150000（50.8%）
外国高教机构	0	8000（100%）
总计	7240000	3228000（30.8%）

---

① N.V.challenge.Challenges of Massification of Higher Education in India ［R］.New Delhi：CPRHE Working Paper，Centre for Policy Research in Higher Education，National University of Educational Planning and Administration，2015：5

② S. Viswanathan.Lessons not Iearnt.Frontline ［EB/OL］.Volume 24-Issue 06：Mar. 24-Apr. 06，2007.

中央政府的计划性（经常费）和非计划性（专项费）投入经费从
1970—1971 年开始呈现直线上升的趋势，但是计划性投入在总投入当中
的比例则不断地缩减，由 1970—1971 年的 67.94% 下降到 2005—2006
年的 36.18%。相反，非计划性经费投入的比例则从 1970—1971 年的
32.06% 上升到 2005—2006 年的 63.82%，一直保持在 60% 左右，中央
政府的非计划投入经费是其计划性投入的 2 倍左右。而邦政府的非计划
性投入经费则远远高于其计划性投入，其中非计划性投入经费在 1970—
1971 年就已经高达 85.93%，2005—2006 年更是达到 91.43%，一直保持
在 80% 以上，是计划性投入经费的 8 倍有余。可以看出，中央政府与邦
政府在经费拨款中各有侧重，中央政府日趋看重的是高等教育的规模和数
量的扩大，而邦政府则重视维持学校日常运作尤其是支付教职工工资。①

表 1–5　中央与邦政府高等教育经费的计划与非计划投入（%）（单位：千万卢比）②

年份	中央			邦		
	计划	非计划	总计	计划	非计划	总计
1970—1971	22.04 (67.94%)	10.40 (32.06%)	32.44 (100%)	10.85 (14.07%)	66.27 (85.93%)	77.12 (100%)
1975—1976	32.10 (50.17%)	31.88 (49.83%)	63.98 (100%)	15.95 (8.92%)	162.94 (91.08%)	178.89 (100%)
1980—1981	32.45 (32.85%)	66.32 (67.15%)	98.77 (100%)	42.13 (10.97%)	341.77 (89.03%)	383.90 (100%)
1985—1986	81.72 (39.92%)	123.0 (60.08%)	204.72 (100%)	70.42 (7.81%)	831.45 (92.19%)	901.87 (100%)
1990—1991	128.6 (27.05%)	346.9 (72.95%)	475.5 (100%)	116.4 (6.34%)	1720 (93.66%)	1836.4 (100%)
1995—1996	246.3 (34.54%)	466.8 (65.46%)	713.1 (100%)	266.3 (8.43%)	2891.8 (91.57%)	3158.1 (100%)

① 赵中建：《战后印度教育研究》，江西教育出版社 1992 年版，第 54—55 页。
② *Public Expenditure on Higher Education Chapter6*，pp.158-159. https：//shodhganga.
inflibnet.ac.in/bitstream/10603/40551/13/15_chapter6.pdf.

续表

年份	中央			邦		
	计划	非计划	总计	计划	非计划	总计
2000—2001	497.5 (21.77%)	1787.7 (78.23%)	2285.2 (100%)	347.9 (5.35%)	6561.4 (94.96%)	6909.4 (100%)
2003—2004	560.4 (31.81%)	1201.1 (68.19%)	1761.5 (100%)	410.3 (5.62%)	6888.9 (94.38%)	7298.5 (100%)
2004—2005	810.6 (38.62%)	1288.3 (61.38%)	2099.0 (100%)	494.4 (6.68%)	6909.7 (93.32%)	7404.2 (100%)
2005—2006	843.5 (36.18%)	1487.8 (63.82%)	2331.3 (100%)	744.3 (8.57%)	7937.5 (91.43%)	8681.9 (100%)

第二章　印度教育制度

第一节　印度学制

印度学制发展历史源远流长，在不同时期都有不同特点，其学制的形成与发展与印度的历史时期、宗教文化、政治经济关联十分密切。在古印度时期，文字和科学促进了印度教育的起源和发展，并逐渐形成了独具特色的教育学制。总体来看，古印度教育主要为宗教教育，其学制的形成也与宗教的发展一脉相承。在婆罗门教时期，有史可考的印度教育的萌芽是吠陀时代。《吠陀》被婆罗门教视为梵天智慧的结晶和知识的总汇，它是婆罗门教育的核心内容。这一时期的教育学制是明确的，一般 7 岁以前在家里接受教育，8—16 岁在学校，所以学制主要分为儿童教育和净行期。[①] 儿童 3 岁或 5 岁，经过剃度礼，开始家庭教育，养成规则的日常生活习惯，如早起的习惯，清洁特别是眼睛和牙齿清洁的习惯。此外，儿童还从母亲那里受到早期训练。净行期是学生生活时期。古代印度少年就这样开始在古儒库拉意即明师家塾接受教导。儿童需离开自己的家，住在老师的家宅，直到修业完毕。

随着奴隶制的发展，奴隶制大国的崛起，新的官职贵族刹帝利和上层大商人吠舍，对婆罗门的特权地位日益不满，要求打破它。低等瓦尔纳

---

① 庞媛媛：《古代印度教育的发展及其特征》，《河南广播电视大学学报》2013 年第 1 期。

的人民群众也反对婆罗门及其所维护的等级制度。在这种新的形势下，在印度产生了反婆罗门教的佛教和耆那教。佛教的创立是当时盛开的反婆罗门教思想百花园里的一枝奇葩。佛教以"众生平等"的社会主张迅速吸引了大批不同阶层的善男信女。佛教在种姓划分上不像婆罗门教那样严格，主张人人都有受教育的权利。在佛教时期，教育主要是寺院教育和家庭教育。寺院教育中，寺院是接受教育的首要机构和最重要的场所。凡是有志为僧者，经过父母允许，在接受严格的身体检查后即可入学。入学者，不仅必须抛弃财产与家庭，还要受具足戒。佛教虽然大力发展寺院和尼庵教育，但终究不能收容过多的僧徒和尼徒。佛教既然以普度众生为宗旨，遂承认在家修行的人同样可以修成正果。寺院规定他们应遵守的清规戒律。他们必须以财产维持寺庵费用，须对行乞僧徒慷慨施舍，更须在家诵读经典和定期参加寺庵的宗教仪式，并由僧侣给他们解释教义。①

印度现代学制是在殖民地时期形成的。在殖民统治时期，形成了一套官办教育制度，学制是：小学 5 年，中间学校（相当于初中）3 年，中学（相当于高中）3 年，中间院校（相当于大学预科）2 年，大学本科 2 年。独立后，政府致力于对学制进行全面深刻的改革，以适应政治经济发展新要求。20 世纪 50 年代，学制改革以失败告终。始于 70 年代的第二次学制改革最终在全国建立了"10＋2＋3"统一学制，即小学和初中 10 年，高中 2 年和高等教育 3 年。"10＋2＋3"制构成了印度现行教育制度的主体。

一、历史沿革

纵观印度学制形成、改革与发展，可以分为三个阶段。

一是在殖民统治时期，殖民政府的各种旨在推动印度教育西化的举措，对印度教育产生了全面冲击，进而在客观上促成印度学制的生成。印度现代学制的确立是以 1854 年《伍德教育急件》颁布为标志，形成了一

---

① 马骥雄：《古代印度的教育》，《杭州大学学报》（哲学社会科学版）1985 年第 2 期。

套官办教育制度，学制是：小学 5 年，中间学校（相当初中）3 年，中学（相当高中）3 年，中间院校（相当大学预科）2 年，大学本科 2 年。学校面向社会中、上层家庭的子女，目的是培养买办。

二是在印度独立后于 1950 年 1 月通过宪法，规定向 14 岁以下儿童提供 8 年的义务教育。同时期，印度中等教育委员会也着手重建中等学校。主要措施是：（1）将原来的中学改成高级中学并取消中间学院，中间学院的第一年纳入高级中学，第二年纳入高等教育。（2）将一部分中学改建成多目的学校。由于师资、财力等原因，大部分学校并没有得到预期的发展，到 60 年代末纷纷关闭。同时，印度还存在着教会办的学校、模仿英国的公学以及私立的模范学校，加上各邦在学制上不统一等因素，造成印度教育的混乱。

三是印度政府于 1964 年成立印度教育委员会，专门搜集关于学制改革的建议。经过两年的材料收集与研究论证，该委员会于 1966 年提交《教育与国家发展》的报告。序言中指出：印度教育需要一种彻底重建，对现状的修补、迟疑和缺乏信心都只能使教育变得更糟。鉴于 20 世纪 50 年代学制改革的失败教训，该委员会建议"十二三"学制至少用 20 年时间推行。第一阶段是在"四五"计划内彻底改变九年级开始选科的模式，改为在高中阶段实行分流。即 2 年的高中教育阶段分为"学术教育"和"职业教育"两种，实行"中等教育职业化"，使部分学生在高中结束后即可走向社会，满足社会经济发展对初中等技术工人的需求。"中等教育职业化"是此次学制改革的关键所在，这一目标的完成标志着"十二三"学制的确立，终于在 1968 年议会通过了《国家教育政策》，要求各邦均统一执行颁布的十二三制。

通观印度学制历史沿革可看出，学制作为教育的重要基础，可看作"上层建筑"的一部分，其制定必须与特定时期社会政治经济发展背景相适应，应既能适度引领又能服务于经济基础及其"上层建筑"的发展。[①]

---

① 赵中建：《战后印度教育研究》，江西教育出版社 1992 年版，第 76 页。

学制的制定须严格遵守教育发展规律及学生身心发展规律，不能仅为满足政治经济发展需要而背离教育及学生发展需求。学制改革需要具备相应财力与人力等前期基础。第一次学制改革中"中学改建高中"，"多目的学校"兴建之所以失败，便是因既无相应财力支持又无充足师资，所以以失败告终。同时，学制年限的确定需经严密论证，不可随意删减。学制一旦确立，便须严格遵守，以确保其连贯性与长效性，以此保证教育的良性发展，最终为社会、政治、经济发展作出有效贡献。

二、现状

印度现行的学制是其 1968 年国家教育政策确定的 10＋2＋3 学制，即小学 5 年，高小 3 年，初中 2 年，高中 2 年，本科 3 年。小学、高小和初中加起来计 10 年，前 8 年为初等教育阶段，也是宪法规定的义务教育阶段（6—14 岁），初中和高中为中等教育阶段。[①] 印度实行 6 岁入学，18 岁高中毕业，大学前总的受教育年限为 12 年，这与我国一样。[②] 在高等教育阶段，入学要求具有高中学历，文、理、商科本科 3 年，硕士 2 年，哲学硕士 1 年，哲学博士至少 1 年。但有几种学位的学习年限则不同，教育学学士（B.ED）实行 3＋1 制即取得文、理、商科本科学士学位，再经过一年的教育专业的培训取得该学位；工程学士和技术学学士学制为 4 年；医学学士和外科学学士为 5 年；法学学士实行 3＋3 制，入学要求具有其他专业学士学位，实际年限为 6 年。另外，按照层次和类型，印度的教育可分为初等教育、中等教育、高等教育、非正规教育和成人教育等。

第二节　印度教育行政制度

印度是联邦制国家，教育行政制度实行地方分权制，各邦政府有权

---

① 吴建冰等：《印度静悄悄的教育革命》，《国外社会科学文摘》2005 年第 12 期。

② 司荫贞：《印度普通教育学制和课程的改革》，《外国教育动态》1980 年第 2 期。

制定自己的教育政策。国家教育政策由教育部制定，邦教育局直接行使管理职责，而9个直辖区（印度共有20个邦和9个中央直辖区）的教育则由中央统管。全印度的教育行政可以划分为五个级别：中央教育行政、邦教育行政、县教育行政、私人或民间教育行政、学校教育行政。

一、政治体制

印度是一个发展中大国，独立后建立了资本主义的政治经济制度，走上了现代化的发展道路。印度独立前，一直是英国的殖民地。英国政府将英国模式的议会制度引入印度进行统治，议会制度是英国留给印度的一项影响深远的政治遗产，这种制度深深地影响了独立后的印度政治体制。①

从政治体制上说，印度是一个资本主义联邦制共和国，总统是国家元首，但其职责是象征性的，实权由总理掌握。②国家的总统及副总统任期5年，由一个特设的选举机构间接选举产生。印度副总统在总统无法行使权力时接任总统，并不能自动接任总统，行政权力由以总理为首的部长会议（即印度的内阁）行使。议会多数党向总统提名总理人选，由总统任命总理，然后再由总理向总统提名副总理及其他内阁成员。1949年11月，制宪会议通过《印度宪法》，1950年1月26日宪法生效，印度人民建立了新的政治体制——议会民主制度。印度宪法规定，印度为联邦制国家；印度实行议会民主制；印度总统是国家元首；以总理为首的部长会议协助总统并向总统提供建议，总统根据部长会议的建议行使或授权其从属官员行使行政权力；③议会行使立法权；联邦司法权属于以最高法院为主的联邦司法机构。印度的立法权归议会所有。议会分为上下两院。上院称为联邦院，下院称为人民院。联邦院议员不超过250人，其中，议长由共和

---

① 李云霞、王洪岩：《印度的政治体制与政治稳定》，《石家庄学院学报》2007年第5期。

② ［美］R. 阿诺维，刘霓译：《中国和印度教育制度的比较》，《国外社会科学》1985年第4期。

③ 张鹏飞：《发展中国家政府干预的制度结构》，《世界经济》2011年第11期。

国副总统担任，有 12 人由总统指定，其他由各邦议会选举产生。联邦院
不能提前解散，每年改选三分之一的议员。人民院有议员 545 人，其中，
530 人由各邦选民直接选举，13 人由中央直辖区选出，有 2 人由总统指定。
人民院可以提出解散，议员任期 5 年。印度的行政机构由总统、总理和各
部部长组成。总统由上下两院和各邦议会的选举团选出。总统名义上是国
家元首和武装部队统帅，但没有实权。总理领导的部长会议掌握实权。总
理由议会多数党领袖担任。各部部长由总理提名，总统委任。最高法院是
最高司法权力机关，有权解释宪法、审理中央政府与各邦之间的争议问题
等。各邦设有高等法院，县设有县法院。最高法院法官由总统委任。总检
察长由总统任命，其主要职责是就执法事项向政府提供咨询和建议，完成
宪法和法律规定的检察权，对宪法和法律的执行情况进行监督等。

二、教育行政体制

印度今天的教育制度是在吸收和综合印度文明史上优良教育传统的
基础上形成的。印度教育行政体制主要分为中央和邦两级。中央教育行政
机构在 1986 年以前为教育部，1986 年初由原教育部、文化部、艺术部、
青年事务和体育部、妇女和儿童发展部合并建立人力资源开发部，其主要
任务是形成国家全部人力资源的分类系统，鉴定和准备一份需要刊发的各
类人力资源的目录，鉴定和编制有责任开发各种类型人力资源的司、局、
单位、公司和代理机构的名单，并评价现有人力资源开发机构，保证重点
类型人力资源的开发。原教育部改为其下设的教育司，主要负责审定各种
教育计划，实施这些计划的指导工作，协调学校教育范围内的各种活动，
监督全国范围的教育进程，出版全国性教育统计资料及与教育教学有关的
其他出版物。教育司下设初等教育局，中等教育局，大学和高等教育局，
成人教育局，课本促进、奖学金与中央直辖区局，语言局，行政规划与联
合国教科文组织局，技术教育局，综合财政局。教育司除了要直接负责实
施由它制定的各种计划外，还要负责各邦政府和中央直辖区制定和贯彻教
育计划的指导工作。此外，印度还有一些中央级的教育研究或咨询机构，

如全国教育研究与培训委员会、全国教育规划与管理研究所、大学拨款委员会、全印技术教育委员会等。它们都是法定的自治机构，负有相应的职责范围，如全国教育规划管理研究所具体承担与全国教育规划和教育管理有关的研究工作，举办教育规划和管理方面的高级培训班、研讨班和各种会议等。

调和保持高等教育及技术教育的目标，促进与学校教育、成人教育有关的研究。尽管在宪法中中央政府和邦政府共同负责教育，但是基本上来说，除了一些明确规定的领域外，教育主要被看作邦的事务。中央政府的责任是制定教育计划和政策，协助训练，提高语言等。① 人力资源开发部（由教育、文化、青年人审务、体育运动以及妇女、儿童发展等部门组成）对教育负有主要责任。国家教育计划和管理处（NIEPA）承担了研究、扩展（宣传）、培训及咨询的各种计划，它在教育改革中扮演重要角色。新教育政策的实施是由 NIEPA 组织的国家成人教育机构负责提供关于读写能力和成人教育计划的研究支持。在每一个邦，都设有教育秘书处和单独的高等教育、学校教育、技术教育和成人及非正规教育的主管人员。邦一级的管理部门拟定并管理着教育体制的政策。在地区教育管理部门的上面是地区教育办公室，它设有几个代表和分代表，他们共同检查、监督学校。

印度普通教育以邦管理为主，高等教育实行中央和邦两级管理。在中央一级，教育实行分散型管理体制，中央政府教育行政部门主要制定宏观政策和发展规划，各级各类教育教学标准由国家级自治机构制定。中央政府教育行政部门是人力资源开发部教育司，职责是制定全国宏观教育政策和教育发展规划，指导邦和中央直辖区教育部门制定教育规划和计划，实施和监控各级教育计划。咨询机构有中央教育咨询委员会，最早成立于1920 年，职责是就教育发展和改革的有关重大问题向中央政府和邦政府

---

① 定光平、刘晓华：《印度高等教育发展模式、管理体制及其改革趋势》，《咸宁学院学报》2009 年第 1 期。

提供咨询和建议，其成员由各邦和中央直辖区教育部长及国内知名教育家组成。国家级自治机构有全国教育研究和培训委员会（NCERT），职责主要是从事学校教育方面的研究，制定教师培训计划，编写出版教科书；全国教育规划和行政研究所（NIEPA），主要开展教育行政管理方面的研究，举办 A 级教育行政人员培训班和研讨会；大学拨款委员会（UGC），制定和维持高校教学标准，向高校拨款；全印技术教育委员会（AICTE），制定和协调工科院校教学标准；全国师范教育委员会（NCTE），制定师范教育的标准。上述机构都是法定机构，具有相对独立性，协助并就教育政策和计划的制定和实施向中央政府提供建议。在邦一级，高等教育由邦一级统筹，中等教育由邦、县两级统筹，初等教育由邦、县、乡三级统筹。但各邦情况有所不同，有的在邦县间增加专区一级，实行四级管理体制，如印度南方的卡纳塔克邦实行四级管理体制。

邦设有邦教育部，由邦教育部部长主持工作。邦教育部设秘书处和若干业务局，秘书处是最高决策机关，分两部分：一部分由一名专员和一名秘书负责高等教育，一部分由另一名秘书负责学前及中小学教育、职业教育、大众教育、师范教育、教科书及中等教育考试委员会。邦教育部设置的业务局有：公共教育局，学院教育局，技术教育局，印刷、文具和出版局及公共图书馆局。公共教育局由一名专员主持工作，其他局由一名局长主持工作。公共教育局主要负责中小学教育，由 8 名处长协助专员工作。在专区一级，设专区公共教育局，负责区内中小学教育，专区公共教育局长主持工作，卡纳塔克邦设 4 个专区。在县一级，设县公共教育局，县公共教育局长主持工作，若干名副局长和 6 名学科督学（英语、卡纳塔语、物理和数学、生物、社会学习及体育）协助局长工作，副局长职位数目按每人分管 60 所中学确定，局长有向民办公助学校拨付补助金的审批权。在乡一级设乡教育办公室，负责乡内小学教育，乡教育主任主持工作，学校督学协助工作。按照印度宪法第 73 和 74 次修正案和"乡村行政委员会管理法"的规定，每个由一村或若干村组成的乡村行政委员会应设立一个村教育委员会，负责管理村级教育计划，降低管理重心。

三、各级学校管理体制

1. 初等教育

印度初等教育主要是地方的事业，主要由邦政府负责。印度各邦根据宪法制定有关法律管理初等教育、普通教育和邦立大学。邦的教育行政机关为邦教育局，下设秘书处，由秘书负责日常事务，还设有各种职能部门负责管理邦的各类教育，同时还专门设有教学指导委员会，指导、协调、监督、促进各类学校的教学工作。印度1986年出台的国家教育政策，决定按照建立中央教育咨询委员会的办法建立各邦的邦教育咨询委员会。印度政府认为，初等教育管理必须做到：

（1）所有有关人员必须在地方初等教育方面发挥重要作用；

（2）教师必须参加制定和实施初等教育计划的所有工作；

（3）地方社区必须参与普及初等教育的各项工作；

（4）所有的机构和个人，包括青年俱乐部、志愿者协会、社会积极分子组织、地方发展工作者、退休教师、编外人员都应参与初等教育的工作。

邦初等教育行政组织是一个多层面的政治机构，该机构中的公共教育主管部门是对初等教育政策和财政负责的行政实体。为了加强初等教育行政管理，邦又分成若干学区，由公共教育联系主任负责。学区又由学校组成，印度的中央邦就按照学校行政管理的方式划分为54个学区，学区的管理由公共教育副主任或学校区主任负责，[①] 学区主任在学校教育行政和贯彻邦教育政策与课程计划中起关键作用。学校教育政策和计划的制定主要集中在邦一级进行。学区主任在初等教育和中等教育方面拥有广泛的权力，他负责调整学校教育活动，学校领导提供必要的指导，或向上级部门提出有关建议。视导员对小学工作进行经常性的管理。印度不同邦的不同学区对初等教育的管理方式也不同，以对私立小学的管理为例：一类私立小学可以得到政府资助，内部管理由校长和董事会负责。但这类学校在

---

① 王长纯主编：《印度教育》，吉林教育出版社2000年版，第210页。

教师招聘、录用程序和提升政策等许多方面一般要遵照政府制定的有关规定。该类学校学术视导由邦教育局的专家负责，这一类学校称为"资助学校"。印度还有另外一类私立学校，没有政府资助，高学费，这类学校被称为"没有资助的学校"。这类学校内部管理由校长和董事会负责，邦教育局官员甚至对这类学校的学术视导也不负责。

印度初等教育学校内部管理中起主要作用的是校长。印度学者认为，小学校长的主要工作是有效地管理人力资源，包括合理地分配教职员的工作，监督与调整学校工作，提供必要的指导与帮助，加强教师职业能力，提高教育质量。印度不接受政府资助的私立小学校长拥有较大的权力，学校设管理委员会，校长与管理委员会实施学校的行政管理。接受政府资助的私立小学情况与此差不多，只不过是必须在邦教育当局所制定的规则的大框架下进行学校内部管理。当然，在学术上也要接受邦教育部门的督导和检查。而公立小学在内部管理上则处于自由放任状态。印度小学校长通过视导其他教师的工作，实现其领导职能，但只有在拥有 4 名教师以上的学校中，小学校长才能有效地进行其视导工作。这种视导一般是通过听课来完成的。印度不少小学校长每月至少听一次课，除此之外还要挤出其他时间听课或根据教师的要求听课。

2. 中等教育

目前，印度的中等学校主要有三种：公立学校、私立学校、新式学校，分别由中央政府、当地政府和社会团体或个人管理。中央政府管理的学校只占 1/5，当地政府管理的学校所占比例最大，将近一半，社会团体和私人管理的学校约占 1/3。

公立学校（中央管理的学校和地方管理的学校）：中央管理的学校有一些明显的优势，如财政富裕，教师工作稳定、待遇丰厚、退休后有保障，其他硬件设施也较好。但遗憾的是，大部分中央政府管理的学校成绩平平。究其原因，首先，中央管理的学校与地方脱离，有时对地方不屑一顾；其次，教师的保障制度过好，他们没有危机感，工作懒散，由于属于国家干部，工作干不好，充其量是从一个部门转到另一个部门，这些学校既不奖优也不惩劣；最后，管理过于死板，教师没有学术自由，一举一动都受到复杂的规章制度的束缚。地方学校也存在类似的问题，但它们与中央管理的学校一个明显的区别是：与当地有密切的联系。事实证明，这不是优点而是缺点。教师经常受到当地政府不相关的事务的干扰，而不能专心从事教学工作。这些问题极大地影响了公立学校的教学质量。

私立学校：它可分为三种：被承认且受到政府资助的学校；被承认但不受政府资助的学校或独立学校；未被承认的学校。后两种数量较少。尽管这类学校属于私人管理，但也是公共教育体系不可缺少的一部分。其大部分经费来源于政府的资助和学费。因为需要得到社区的支持，所以与当地的关系密切。这些学校学术自由，气氛活泼，不像公立学校限制得那么死；教师工作比较认真、负责。但不足之处是：因为政府资助时有波动，私立学校本身筹措资金的能力有限，因而经费不稳定。随着义务教育的普及，公立学校和私立学校都面临着财政上的困难。在政府的审核同意下，它们可以向学生征收"学校改善费"。政府在资助私立学校和公立学校时不应将其考虑在内。公学：作为私立学校的一种的公学，以其高收费和高质量而闻名。但早在殖民地时期，许多有识之士就要求取消公学，因为它收费昂贵，是富家子弟的学校，不利于社会的团结。事实是，其数量却迅速增多。公学的管理像一座金字塔，最高层是校长，高高在上，一言九鼎；其次是副校长，总务主任及校长助理。①

3. 高等教育

印度高等教育领导体制在独立后得到不断完善和加强。在印度宪法中明确规定，高等教育由中央政府和邦政府共同领导和管理，且中央和邦的职责明确。50 年代，邦政府的权力大于中央。② 中央政府直接管理的大学只有几所，其余都是邦立大学，所以大学的重大决定一般都是由邦政府作出，所有院校必须由邦特许，大多数院校从邦政府领取大部分活动经

---

① 徐辉：《印度普及高中教育政策及其价值取向》，《中国教育学刊》2007 年第 5 期。
② 施晓光：《印度高等教育政策的回顾与展望》，《北京大学教育评论》2009 年第 2 期。

费。中央政府仅通过教育部和大学拨款委员会间接掌握一部分权力，特别是掌握教育体制改革的权力。随着高等教育的日益发展，在1976年议会通过的宪法修正案中明确规定，大学、技术、医学等类型的高等教育，由中央政府和邦政府联合负责管理，共同制定教育规划。中央政府不仅负责教育改革，而且也负责高等院校的建立和扩大，学校科学研究机构的设立、调整和撤销，高等教育的标准，各高等学校之间的协调，科学研究的方向以及促进社会落后阶层的教育等等，这些都体现了中央政府权力的扩大。

作为一个联邦制国家，印度实行由中央政府和邦政府合作管理高等教育的体制，并由宪法和其他法律分别规定了各有关方面的管理权限。1950年生效的印度共和国宪法分别规定了中央政府的权限、邦政府的权限及中央政府与邦政府的协同权限。[①] 中央政府负责的高等教育管理权限有：制定高等教育发展规划；协调和决定高等院校的标准；组织实施高等教育发展的具体计划；通过财政控制手段提高教育质量；推动大学和校际中心开展科学研究；进行高等教育有关方面的改革与提高；批准和管理中央直属大学、理工学院和研究机构；促进高等教育的理论研究；促进国内外大学、学院的合作与交流；建立和保持与联合国教科文组织、有关机构和基金会的联系。

4. 职业教育

印度的职业教育多层次、多渠道、多类别，因此在管理上也呈现多样化。职业教育的管理主要是由中央政府人力资源部和各个部委来具体负责。具体说来，印度全国职业教育培训工作是由劳工部就业与培训局负责领导的。它的职责是制定政策，确定培训过程和培训标准，组织各项培训计划。各项职业教育培训计划的执行与实施则由各邦政府负责，各有关部门和公私机构都参与这项工作。

为使文化教育与职业教育培训相衔接，以便统筹规划和制定有关政

---

① 安双宏、程懿：《当前印度高等教育质量评析》，《江苏高教》2012年第2期。

策，印度还成立了全国职业教育指导委员会和学徒培训指导委员会。前者由文教部和劳工部官员、专家和企业雇主代表组成，办事机构设在文教部；后者由政府有关机构官员、企业和工人代表组成，办事机构设在劳工部。劳工部官员担任两个委员会的联合主席。两委负责制定培训专业规划、培训标准，负责技术考核和颁发合格证，指导和推动整个职业教育培训事业的发展。印度的职业技术教师资格由全印度职业技术教育理事会规定。地区性的技术师范学院培养多科技术学校教师，中央训练学院培养工业认证学校和艺徒训练学校教师；还有一所中央教育培训与研究院进行职业技术教育的研究工作和教师培训。[①]

第三节　印度教育法规与政策

一、历史沿革

印度作为悠久的文明古国，其教育法律制度的演变大致经历了三个不同的历史时期，即古代和中世纪印度时期（前 2500—1757），殖民地印度时期（1757—1947）和独立后的印度共和国时期（1947 年至今）。

印度是世界文明古国之一，也是"金砖四国"之一，从人口等各方面来看，与中国情况相似度极高，也是发展中国家。在其漫长的历史变迁和发展进程中，经历了诸多宗教文化的兴衰变迁；同时在近代殖民主义者入侵后，又遭受到东西方文化的激烈碰撞与冲突。在印度社会的长期历史变迁中，受到政治、经济、文化、宗教、种族等多种因素的影响，印度的教育法律制度也经历了一个复杂的历史演变过程。

1. 古代和中世纪印度时期的教育法律

由于宗教变迁在影响印度社会历史发展进程中所具有的特殊意义，所以古代和中世纪时期整个印度的教育史也可以说是一部宗教教育史。在

---

① 　土为民：《印度职业教育体系建构的历程与策略》，《中国职业技术教育》2013 年第 36 期。

此期间，吠陀教教育、婆罗门教教育、佛教教育、印度教教育和伊斯兰教教育都分别对当时的教育发展产生了重要影响，其中最具影响的是婆罗门教教育、佛教教育和伊斯兰教教育。当时教育法律的渊源主要是宗教经典。

（1）婆罗门教的教育法律经典：《吠陀》是婆罗门教最古老的教育法渊源；相应地用来解释、补充《吠陀》的经典——《法经》《乔达摩法经》《毗湿奴法经》《梁达耶那法经》等也成为婆罗门教教育的重要法律渊源，这些经典确立了《吠陀》的至高无上地位，被认为是奠定"印度人永世不变的生活规则和行为规范的圣典"①。此外，作为法律制订者和执行者的婆罗门祭司，他们根据吠陀经典和传统习俗编订的典籍如《摩奴法典》《那罗陀法典》等也是婆罗门教的教育法律渊源之一。

（2）佛教的教育法律经典：佛教曾经是印度的国教，佛教的经典《三藏》和佛教法的核心内容"五戒"是佛教寺院教育的重要法律渊源。

（3）伊斯兰教的教育法律经典：伊斯兰教的经典《古兰经》既是伊斯兰教教育的重要内容，也是伊斯兰教教育的根本法律渊源，它约束着学校教育双方即师生的思想、言行、礼仪规范等诸多方面。

除了宗教经典作为教育法律的主要渊源外，国王的诏令有时也成为教育法律的渊源。例如，孔雀帝国在阿育王统治时期，为弘扬佛教在全国各地颁布的刻于岩石或石柱的铭文诏令，穆斯林统治者为发展文化教育而颁布设立麦克台卜（Maktab，即古兰经学校）的诏令等。

2.殖民地时期的印度教育法律

东印度公司最初对直接干涉殖民地印度的教育事务并不感兴趣，印度学者巴苏（Basu，A）认为这主要是由英国人发现印度人一直拥有独立的宗教习俗、文化传统和学校教育制度等原因造成的，另外也与当时英格兰盛行主要通过家庭和教会活动，而不是通过政府资助的方式来创办教育有关。因此东印度公司曾经通过一项关于印度教育的"中立政策"（neutral

---

① 何勤华主编：《外国法制史》，法律出版社1997年版，第43页。

policy)，以此表明东印殖民当局对印度学校教育的立场和态度，即不把一个西方化的教育制度强加于印度，但也不资助和鼓励原先的宗教教育事务。

但后来这种"中立政策"发生了变化，由于东印度公司的官员格兰特（Charles Grant）在 1792 年发表了一篇标题为《关于大不列颠的亚洲事务中社会状态的观察》的文章，该文竭力主张通过印度人学习英语的方式把西方科学文化引入印度教育，以此改变印度人愚昧无知的状况。这篇文章中的基本观点后来广为传播，在其影响下，1813 年英国议会在新通过的东印度公司特许状的第 43 条规定"每年应拨出一笔不少于 10 万卢比的款额，用于文学的复习和提高以及鼓励印度有学识的本地人，在英属印度领土上的居住者中介绍和提倡科学知识"。该条款是英国政府通过东印度公司特许状章程的方式，对殖民地教育作出的第一次具有法律效应的规定，它标志着英国政府开始尝试使用公共财政收入来资助英属印度公共学校教育的发展，这对殖民地印度教育法制建设具有重要意义。值得一提的是，20 年后，即 1833 年，东印度公司新特许状章程中所规定的教育经费数额已经上升到 100 万卢比。

然而到 1835 年，时任孟加拉公共教育协会主席的麦考莱（T. B. Macaulay）勋爵写了一篇有关他对东西方文化教育看法的备忘录——《印度教育纪实》。在备忘录中他竭力贬低印度的传统文化，认为"一所好的欧洲图书馆中的一个书架即可同印度和阿拉伯的全部本土文学相媲美"；备忘录还指出，英语教育的目的是要在英属印度形成"一个在血液和肤色上是印度人，但在爱好、观念、道德和知识上却是英国人的阶级"。《印度教育纪实》从维护殖民当局统治和利益的最大程度出发，态度坚定地表明了赞同以英语为媒介的西方文化教育立场。不久，当时的印度总督（该职位隶属于东印度公司）本廷克（Bentinek）签署了一项重要的政府决议，声明对麦考莱备忘录中主要观点的支持。它以官方法定文本的方式要求："英国政府今后在印度的伟大目标是在印度提倡欧洲的文化和科学；拨给教育的专款只应该用于英语教育。"至此，英属印度的殖民政府正式完成了对印度公共教育政策的重大调整：由中立政策到尝试资助，最终走向直接干预。这同时也说明，当时英属印度的公共教育事务除受到英国本土立法机关已通过法律的制约，也容易受到殖民政府的行政决策的影响。1853年东印度公司决定成立一个专门委员会来调查印度的教育状况以制定具体的教育政策。1854年该委员会的调查报告以当时东印度公司管理委员会主席伍德（Charles Wood）的名字命名发表，这就是印度近代教育法制史上最具法律效力的文件——《伍德教育急件》。它第一次明确承认英帝国政府对印度公共教育事务负责。《急件》要求以英国伦敦大学为模式在加尔各答、马德拉斯和孟买各设立一所大学；在印度各省设立公共教育部，以督导学校和学院的办学状况；建立从小学到大学上下衔接的现代学校教育制度。总而言之，《伍德教育急件》是"印度教育史上一次顶峰"——它以前的一切导致它，它以后的一切遵循着它。有人甚至认为它在某种意义上起到了"印度近代教育基本法"的作用，可见其影响之深远。

根据《伍德教育急件》的建议，英属印度政府于1857年在加尔各答、孟买和马德拉斯三个管区城市分别颁布了创设现代大学的法令（依次为1857年第2号、第22号和第27号），据此英属印度的现代高等教育制度正式得以确立。1904年，当时的英属印度总督寇松（Curzon，L.）签署了由帝国立法委员会通过的《1904年印度大学法》（Indian Universities Act of 1904）。该法案相对扩大了大学权限，赋予其"认可"中学和管理大学人、财、物的各种权力。但另一方面，它又限制大学评议会的组成人数，规定政府有权批准和否决大学评议会的规章。总之，《1904年印度大学法》是印度近代高等教育法律体系中最重要的一部法规，该法虽然加强了殖民政府对印度高等教育的控制，但它在一定程度上也使大学获得了自治的权力。可以肯定地说，《1904年印度大学法》对以后印度的大学发展模型和组织管理方式都产生了重要影响。在殖民地时期，印度的初等教育法律也有了一定的发展。20世纪初，印度著名的民族主义者戈哈莱（G.KGokhale）曾在帝国立法委员会里呼吁建立免费初等义务教育制度，结果遭到英国当局的拒绝。但戈哈莱议案还是对印度初等教育的发展产生了很大的促进作用，从 1918 年孟买通过《巴特尔法案》实行初等教育制度开始，到 1921 年时殖民地印度各邦都相继颁布了初等义务教育法。实际上，由于各邦之间存在着社会经济、宗教传统、文化习俗等方面的差异，初等义务教育法并没有真正地普遍加以贯彻实施。

3. 独立后的印度教育法律

印度共和国的第一代领导人及其以后的历代领导人都受过良好的教育，他们都很重视教育在国家经济和社会发展中的重要作用，采取了一系列政策措施发展各级各类教育。

第一，普及义务教育。1950 年 1 月 26 日生效的《印度共和国宪法》提出了要在 10 年内普及 8 年初等义务教育的目标。在国家刚刚摆脱殖民统治获得独立而百业待举的情况下，印度领导人把普及 8 年初等义务教育列入重要议程，表明他们极为重视提高国民的整体素质。在印度的第一个五年计划期间，国家教育经费的 56% 拨给了初等教育。由于人口增速过快和政策的调整等客观原因，印度在 60 年的时间里仅仅实现了普及 5 年初级小学教育的目标。

第二，中等教育分流。印度早在 20 世纪 60 年代就提出了中等普通教育和职业教育适当分流的主张。印度教育委员会（1964—1966）和 1968 年的《国家教育政策》强调了中等职业教育要与经济发展紧密联系。1986 年新的《国家教育政策》（1992 年修订）提出力争到 2000 年把高中教育阶段 25% 的学生分流到职业教育中。虽然这个目标至今还没有全面达成，但是，中央政府和专家学者对职业教育的重视以及职业结构调整的客观需要，必将逐步扭转印度社会长期以来"重脑力、轻体力"和"重学轻术"的风气。

第三，高度重视保障处境不利群体的受教育权利。独立后的印度政府为处于社会底层长期受压迫、受歧视的表列种姓和表列部族分别保留了 15% 和 7.5% 的高等院校入学名额，后来又为其他落后阶级保留了 27% 的入学名额。根据这个政策，这些弱势群体在参加高校入学考试时，会获得优先录取的机会。尽管他们在进入高校之后通常还要接受补习教育，许多人甚至由于跟不上学业进度而不得不退学，但是保留政策对维护印度的教育公平发挥了一定的积极作用。

4.印度教育法规与政策评述

教育立法既具有历史继承性，又借鉴了别国的经验，还体现出本国的特色。印度作为一个文明古国，拥有悠久深厚的法律文化，古代的婆罗门教法、佛教法和印度教法都是产生于本土且具有很大影响的宗教法，当然也成为当时教育法规的重要法律渊源。古代印度法后来传播到周围很多国家，对东南亚和东亚地区产生了重大影响，并因此形成了世界法制史上著名的印度法系。但从公元 8 世纪开始，随着外族入侵，伊斯兰教法被强行在全国推行，此后印度传统的宗教法发展受到阻碍。

18 世纪英国人在印度确立殖民统治后，"对印度传统法律进行改造，使印度加入了普通法系的行列"。从此，印度开始了法制（包括教育法制）建设的现代化的进程。1857 年英属印度殖民当局依照英国伦敦大学的模式，先后颁布了在加尔各答、孟买和马得拉斯创设现代大学的法令，这对印度独立后高等学校各自推行单独大学法令的做法和采用"纳附制"的大学组织方式都产生了深远影响。独立后，印度还参照英国高等教育拨款机制的做法在 1956 年通过《大学拨款委员会法》，随后根据该法组建了"大学拨款委员会"以负责高等院校的教育资金分配。印度宪法及其修正案是指导印度当代教育发展的根本大法，尤其是宪法里面包含大量涉及教育方面的条款，使其在一定意义上成为印度的教育基本法，对中央和地方的教育起着普遍的指导和约束作用。宪法中把印度的国家立法权限划分为"联邦职权表""邦职权表""并行职权表"的做法就继承了英属印度殖民政府于 1935 年通过的"宪法"——《印度政府组织法》。印度宪法规定联邦最高法院行使司法审查权的制度也源于 1935 年的《印度政府组织法》，但在基本结构方面又参照了美国宪法。不过印度联邦议会可以通过宪法修正案的形式，使最高法院的判决无效，这就形成印度"三权分立"的自身特色，即立法和行政的权力强大，司法的制约却显得软弱。这种权力制衡机制也影响到了教育立法，比如制定法一直是印度教育法律的主要形式，而判例法却成为教育法律领域的一种补充形式。独立后印度曾参照美国由邦一级政府负责教育事务的做法，把教育列入"邦职权表"，但后来却通过宪法修正案把"教育"划归邦和联邦共同行使的"并行职权表"，使教育管理趋向中央集权化的方向，这就使宪法在教育条款规定方面具有了符合本国国情的特色。印度法律体系比较单一，与同样实行联邦制的美国法院体系形成了鲜明的对比。印度的法院即最高法院、高等法院和县法院都可以在其司法辖区内就某一具体教育诉讼案作出相关判决，从而形成对以后类似案件都具有普遍约束力的判例法。此外，印度的一些邦还设立了学校法庭，该法庭所做的决定具有终裁性，不必再将案件提交法院进行司法审理。学校法庭的裁决虽然与判例法不相同，但它可以被看作是印度教育法律体系中的一种独特的补充形式。

独立后印度教育法律的实施效果具有很大的差异性和不平衡性。印度独立后，国家非常重视初等教育普及的问题，宪法第 45 条明文规定："国家应努力在自宪法生效之日起，10 年内为所有儿童提供免费义务教育，直到他们满 14 岁为止"①，而且还要求中央政府承担起"消除各邦之间的差别并保证教育机会均等"的职责。根据宪法，各邦也先后颁布了普及初等义务教育的法案，并大力扫除文盲人口总数。但是印度政府领导人为了尽快摆脱贫困落后的状况，培养能为社会经济建设事业服务的各级各类专门高级人才，在具体实践中采取了偏重高等教育发展的策略，随之也颁布了一系列高等教育法律法规。1956 年的《大学拨款委员会法》确立了高等学校教育经费的拨款机制，而且使高校避免了政府较多的行政干涉，获得一定的"自治"地位。中央和各邦高校根据英国伦敦大学的纳附制组织模式，也制定了各自单独的大学法。1973 年的《印度北方邦大学法》还率先从法律上确立了用自治学院代替纳附学院的新型大学模式。经过几十年的发展，印度的高等学校数量目前已位居世界第一，大学总体学

① 瞿葆奎主编：《教育学文集：印度、埃及、巴西教育》，人民教育出版社 1991 年版，第 178 页。

术水平在世界上已处于中上游水平。

相比之下，初等义务教育法的实施情况则显得不尽如人意。早在1950 年生效的宪法中就规定要在 10 年内普及义务教育，但是"由于印度幅员辽阔，经济文化发展极不平衡，民族问题异常复杂，所以印度宪法提出的目标没有按期实现"，[①] 于是印度政府不得不正视国情，开始分步骤分阶段实施义务教育的目标。在第四个五年计划（1969—1974）中，国家提出"应该为 6—14 岁年龄组儿童的免费义务教育进行适当的准备"的新政策，而到了第五个五年计划（1974—1979）时，印度提出的教育目标更加谨慎，即在"1975—1976 年实现 6—11 岁年龄组的初等免费义务教育；1980—1981 年实现 11—14 岁年龄组的免费义务教育"。但这一目标仍未实现。1986 年印度议会通过新的《国家教育政策》，它在普及初等义务教育方面规定：确保在 1990 年之前普及 6—11 岁儿童的义务教育，再在 1995 年前普及 14 岁以下儿童的义务教育。印度义务教育法律政策的不断调整，并未充分考虑社会政治、经济、文化、人口和宗教等因素可能对法律实施产生的影响，很多教育法律法规也就无法有效地加以实施。

总之，独立后印度曾一度推行倾向于注重高等教育发展的策略，再加上人口膨胀、经费制约、宗教文化、地区发展不平衡等一系列复杂因素，使初、高等教育的法律法规之间出现了实施效果上的差异和不平衡。印度教育法律法规实施效果的不平衡除了表现在初等和高等教育方面，另外还体现在其他方面，例如不同执政党颁发的教育法律政策在实施过程中会受到不确定的政治因素影响，不同地区社会经济发展的不平衡也会制约着教育法律的实施等等。

---

① 顾明远、梁忠义主编：《世界教育大系——印度教育》，吉林教育出版社 2000 年版，第101 页。

第四节　印度教育存在的问题

印度历届政府领导人对教育的重视程度都是极高的，为教育发展制定了许多宏伟的目标并提出了相应的政策措施。但是，由于印度政治、经济、社会和文化诸方面特定因素的制约，这些政策在实施过程中大都走了样，其目标大都没有按期实现，成为世界各国教育中很独特的现象。

第一，印度宪法规定的普及8年初等义务教育的目标被推迟了50年之后仍然没有实现。关于印度迟迟不能实现宪法规定的普及义务教育目标的原因，仁者见仁，智者见智，但主要有三个方面的决定性因素。其一，政策目标定得太高，不符合印度当时的国情。独立时，印度国民中文盲的比例在85%以上，经济和教育的基础都较为薄弱，这样一个大国、穷国，要想在10年内普及8年初等义务教育是不可能的。其二，在教育发展的重点领域上有所调整，导致对初等教育的投入急剧下降。印度领导人不相信当时西方教育家提出的应该按照"初等教育—中等教育—高等教育"的顺序发展教育的建议，而是实行普及初等义务教育和快速发展高等教育齐头并进的策略。从第二个五年计划开始，初等教育的经费一直维持在国家教育经费总量的33%左右，1966—1969年间降到24%，而同期的高等普通教育和高等技术教育的经费比例占国家教育总经费的49%。[①] 其三，印度中央政府在中小学教育管理上长期采取放任政策，主要由一级行政区（35个邦和中央直辖区）自主推行普及义务教育。由于各邦情况复杂，结果是有些地区普及义务教育发展得较快，有些地区发展得极慢。据印度人力资源开发部2008—2009年度报告，2006—2007年度印度高级小学阶段（6—8年级）辍学率为零的一级行政区只有8个，而辍学率超

---

① A.Gnanam，A.Stella. *Emerging Trends in Higher Education and Their Implications for Future*. Journal of Educational Planning and Administration，1999，（2）：191.

过 50% 的一级行政区有 11 个，其中，阿萨姆邦和比哈尔邦的辍学率竟然超过了 70%。①

印度全国初等教育总的辍学率仍然很高。1993—1994 年度，印度 8 年初等教育的辍学率为 52.8%，1997—1998 年度为 54.14%，2006—2007 年度为 46%。② 即使 2007—2008 年度以后降低辍学率的速度成倍提升，到 2010 年，印度实现普及 8 年初等义务教育的目标仍然无法完成。

第二，印度中等普通教育和职业教育适当分流的进展极为缓慢。印度早在 40 多年前就提出了中等普通教育和职业教育适当分流的主张，甚至在 20 年前"力争到 2000 年把高中教育阶段 25% 的学生分流到职业教育中"就写进了《国家教育政策》。尽管在中等教育阶段进行纯学校形态的职业教育弊大于利，③ 但是，印度高中阶段约 90% 的学生完全学习学术性课程无疑也是严重的问题。

由于多个报告和政策性文件都未能推动印度中等普通教育和职业教育的适当分流，印度的官方文献和有关学者的研究现在很少提及当前的分流比例情况。印度"全国抽样调查组织"（National Sample Survey Organization，简称 NSSO）的数据显示，2005—2006 年度，印度 19—24 岁年龄段（高中毕业后 1 年至大学毕业后 1）的人口中，只有 5% 的人接受过中等职业教育的某种培训。④ 由此可见，印度中等普通教育和职业教育的分流问题仍然较严重。

第三，到 2020 年印度普及中等教育的政策目标仍不能实现。印度内阁经济事务委员会 2009 年 1 月批准的政府文件明确写着要"确保 14—18 岁年龄段的人到 2017 年的毛入学率达到 100%，到 2020 年的巩固率达到

① Ministry of Human Resource Development，*Government of India. Annual Report 2008-2009*：317-318，65，104.

② Ministry of Human Resource Development，*Government of India. Annual Report 1994-1995，1998-1999，2008-2009*：220，143，318.

③ 石伟平：《比较职业技术教育》，华东师范大学出版社 2001 年版，第 332—335 页。

④ Planning Commission，Government of India. *India 11th Five Year Plan*，Vol.12，Education，p.20.

普及的程度"。① 然而，2009 年 12 月公布的印度人资部的 2008—2009 年度报告却对普及中等教育的目标做了重大调整，把"14—18 岁年龄段"改为"15—16 岁"，计划用 5 年时间（2009—2013）使 9—10 年级的毛入学率达到 75%；虽然仍然坚持到 2017 年普及中等教育的入学机会，但是删掉了"毛入学率达到 100%"的说法。

统计数据表明，2006—2007 年度，印度中等教育（9—12 年级）的毛入学率是 40.6%；同时，人资部的年度报告提供了 1—10 年级的辍学率，印度全国平均是 73.6%。② 根据常识，印度普及中等教育的目标仍然难以实现。

虽然印度理工学院一枝独秀，但印度的普通高等教育质量堪忧。印度的大学以纳附制为主，即大学可以接纳公立和私立的各类学院作为母体大学的办学单位，所以，印度现有大学 471 所，而学院达到 22064 所。各种技术教育学院一般都在学术上附属于本地区的大学，而世界著名的印度理工学院和印度管理学院从建校伊始就不属于传统的大学系统，是自成体系的"国家重点学院系统"。由于有较好的管理制度和充裕的办学经费，印度国家重点学院系统的教育质量广受好评。③

但是，由于印度高等院校在相当长的时间里实行的低收费政策导致政府不堪重负，有限的教育经费甚至连满足日常经费开支都捉襟见肘，难以改善办学条件；普通高等教育系统的管理体制陈旧落后，教育改革困难重重。因此，印度普通高等教育质量长期偏低，中央政府有关部门多年前提出的改进考试制度、发展自治学院等措施至今难以奏效。

---

① Ministry of Human Resource Development，Government of India. Rashtriya Madhyamik Shiksha Abhiyan-A Scheme for Universalisation of Access to and Improvement of Quality at the Secondary and Higher Secondary Stage，2009：4.

② Ministry of Human Resource Development，Government of India. Annual Report，2008-2009，307-308，317-318.

③ 安双宏：《印度高科技人才的摇篮——谈印度理工学院的体制创新》，《中国高等教育》2000 年第 22 期。

第五节　印度教育改革与发展趋势

1. 在学前教育方面：由于公立学校不提供学前教育，使得学前教育在过去没有得到必要的关注，印度决定采取以下政策举措：（1）实施4—5岁年龄组儿童的学前教育。（2）经与各邦协商，在农村妇幼保健中心加强学前教育，采取措施研发课程和学习材料。（3）邦政府配备学前骨干教师。（4）所有小学须覆盖学前教育。（5）私立幼儿园须制定适当的监管规则和监督机制。

2. 在课程更新与考试改革方面：（1）势在必行地实施课程改革，使之与社会和谐、宗教和睦和民族融合的国家目标协调一致。（2）重新定位全国教育研究和训练委员会，解决学校教育质量恶化和课程与教学法周期性更新的问题，从死记硬背的学习方式转变为促进理解和鼓励探究的学习方式。（3）融合科学、数学和英语学科，将其设计为一门共同的国家课程。（4）10年级考试，即中等教育证书考试的高失败率在很大程度上是由于在数学、科学和英语学科上的表现不佳。为了降低失败率，在10年级的数学、科学和英语考试中，将设置A、B两个等级：A等代表较高水平，B等代表较低水平。（5）开展诸多程序改革以鼓励学生在校际间流动，例如办理转学证、离校证等。（6）学生必须参加由其学校所属考试委员会组织的十年级考试。10年级考试应覆盖十年课程的全部教学大纲。

3. 在学校教育的学习成果方面：（1）制定适用于私立学校和公立学校的统一的学习成果规范。（2）在《教育权利法案》（RTE）规定的条款之下，各邦有权根据当地条件弹性设计和规划相应的办学条件。（3）修订现行的不留校政策条款，因为该政策已经严重影响了学生的学术表现。不留校政策将限于5年级，在小学高年级阶段可以留校。（4）采取有效措施改善学校的教学标准。

4. 在学校教育方面：（1）每个邦必须绘制详细的学校分布图，以确定入学率低和基础设施不足的学校。（2）每个邦制定各级各类学校教育应当提供的基础设施和学生成绩的最低标准。（3）扩建中央政府学校系统（KVS）和印度天才候补学校系统（JNVs），扩建和升级（针对表列种姓、表列部落、其他落后阶层、少数民族、女童教育和贫困线以下家庭的）贫困学校系统（KGBVs）。

5. 在儿童权力保护和未成年人教育方面：（1）编制确保学校安全和儿童安全的框架和指南。（2）每一位校长和教师都必须知悉学校安全和儿童安全的相关法律、法规和条例等。（3）将"青少年教育计划"和"国家人口计划"分阶段融入学校课程中。（4）"青少年教育"应包含在中学教师的岗前和在岗培训计划中。（5）为了学生、教师和家长的利益，制定关于儿童权力的自主学习在线方案。（6）关于成长中的男孩和女孩所面临的青春期的问题，学校应当聘用训练有素的顾问私下给予家长和老师适当的建议。

6. 在教师发展与管理方面：（1）与邦政府联合制定一套透明而有价值的征聘教师的规范和准则。（2）填补教师教育机构的空缺，配齐所有学校的校长和班主任。（3）在国家层面设立一所教师教育大学，提供教师教育和师资发展的各方面培训。（4）每个邦都设立一个独立的教师教育干部队伍。

7. 在艺术综合教育方面：（1）体育、瑜伽、游戏和运动，网络中心（NCC，NSS），艺术教育需要融入民间艺术、手工艺、文学、技能以及其他课外活动，作为儿童全面发展、学校课程和日常生活不可缺少的组成部分，必须具备上述课外活动设施的学校才能得到认证。（2）政府/学校管理部门必须将拨款用于学校的所有课外活动中。

8. 在高等教育管理方面：（1）设立一个独立的机构管理国家高等教育奖学金计划。（2）建立中央教育统计局（CESA），负责收集、汇编和整理中央数据，建立高质量统计技术和管理信息系统，用于预测分析、人力资源规划和未来课程修订。

9. 在教育国际化方面：（1）积极促成世界 200 强的外国大学与印度的大学合作，在印度建立分校。（2）为了提高印度学生在国外的适应性，同时吸引国际学生来印留学，印度大学将努力实现与国际水平相适应的课程国际化，使其与世界一流机构相兼容。（3）在政府向高校拨款时，国际化将作为分配额外资源的要素之一。

10.在教育拨款方面：（1）政府将采取步骤实现长期悬而未决的目标，即优先将至少占GDP6%的经费投资到教育部门。（2）政府不需要重新设立庞大的投资机构，因为这些机构需要大量投资，应当优先发展现有机构的能力。(3)为了鼓励卓越和效率，高等教育机构的拨款金额与绩效挂钩。

第三章　印度学前教育

第一节　印度学前教育历史沿革

一、古印度时期幼儿教育

古代印度的幼儿教育是与种姓制度和宗教神学密切相关的，不论是婆罗门教育还是佛教教育，它们的教育目的都主张培养幼儿的宗教意识。其中婆罗门教育是以维系种族压迫为核心目的；佛教教育则以主张吃苦修行、消极厌世、追求来生为基本特征。

（一）婆罗门的幼儿教育

公元前6世纪以前的印度教育通常称为婆罗门教育。古代印度的教育主要以维系种姓压迫和培养宗教意识为主要任务，以培养婆罗门为教育的最高使命，具有强烈的贵族性。婆罗门教育以印度人最早的宗教典籍吠陀经书为学习的首要内容，教育方法为口耳相传。古代印度教育的分期比较明确，一般儿童在7岁之前在家里接受教育，8—16岁在学校学习。公元前9世纪以前婆罗门教育以家庭教育为主，儿童在大约3—5岁左右接受剃度礼后就开始家庭教育。古代印度盛行家长制，父亲是一家之主，一切家庭生活的安排都由父亲做主，父亲同时握有子女生杀、买卖大权，也有教育、培养儿童的义务。尤其是婆罗门种姓家庭，为了保持种姓的尊严和世袭，父亲在家庭中除了传授生活知识、基本技能、行为习惯和风俗习惯之外，最主要的是悉心指导子女传诵吠陀经典。尽管吠陀经书均由梵文写成，对于幼儿来讲词意晦涩、艰深难懂，但是传授时也不允许儿童抄写笔录，更不准提问，而全凭口耳相传，死记硬背。之所以不允许儿童抄写，是因为当时的人们认为吠陀经书里的内容都是神所说过的话，如果擅自抄写，则有渎神之嫌。这种神学色彩极浓的家庭教育，一般要经过 10 年的时间，才能学完 4 部吠陀经书中的一部，这对于婆罗门家族的儿童来说，花费大量的时间和精力，去背诵这些浩繁难解的宗教术语，实在是一项繁重的苦役。

（二）佛教的幼儿教育

公元前 6 世纪，佛教兴起，逐渐取代了婆罗门教，成为印度国教，是当时的反婆罗门教思潮之一。佛教主张善恶报应、生死轮回；反对婆罗门教的特权地位，强调信仰平等、普度众生，追求大彻大悟。佛教在教育方面的改革主要表现为：首先，主张种姓平等，广泛传播了人民群众接受初等教育的愿望；其次，强调用方言代替梵文进行教学。

佛教的幼儿教育一般在家庭中进行，也有信仰虔诚者在子女五六岁时把他们提前送入寺（庵）中"出家"修行。入寺（庵）修行的儿童要参加一次专门的入学仪式才能成为僧（尼）徒，之后的教育内容除了重视道德品格教育和言行举止的训练之外，主要是学习佛教经典。学习 12 年并经检验合格者，可留寺（庵）充当比丘（即和尚）、比丘尼（即尼姑）。普通家庭的孩子从懂事起就在父母的言传身教和日常生活中接受早期的教育，比如儿童要对佛祖释迦牟尼虔敬崇拜，要定期跟随父母参加宗教仪式，诵读简易经文，要坚持慈悲为怀、积德行善、普度众生、悲天悯人的做人准则；要勤奋、早起、打坐、洁净、生活俭朴、乐意吃苦；此外，还要养成一种乐意助人、慷慨施舍的心态等，并准备等自己稍长大一点后即宣布皈依佛法，以便成为在家佛徒。以上这些都是为了实现在信仰方面、公德意识的养成方面和良好行为习惯的培养等方面的教育目的而提出的要求。这些在家修行的僧（尼）被称为优婆塞（优婆夷）[①]。

---

① 崔聚兴主编：《中外学前教育简史》，南开大学出版社 2014 年版，第 162 页。

二、近代印度的学前教育发展

近代印度的学前教育发展，大致可分为四个阶段：第一个阶段是殖民地初期的教育（1812 年以前）。在殖民地初期，尽管印度原有的学校教育仍然存在，但到了 19 世纪初，无论是这些固有的高等学校还是乡村小学，都呈现出一种江河日下的状态，而西方传教士和东印度公司官员所从事的教育活动虽已带有传播西方文化的成分，但他们主要是根据传统的原则来鼓励梵语和阿拉伯语的古典学习，从整体上看，"东方教育"是这一时期印度教育的基本特征①。第二个阶段是东西方教育争论时期（1813—1853）。早在 1792 年，一篇题为《关于大不列颠的亚洲事务中社会状态的观察》的文章开始受到广泛关注，其"主张在印度建立一种类似于西方的教育，明确宣称要通过英语将西方文化引入印度，来'传播我们的知识'，包括基督教义、欧洲文学、自然哲学、机械原理等"②的主要观点得到传播，要求在印度推行西方教育的派别也应运而生，由此引起了印度教育史上东学派（Oriental party）和英学派（English party）之间的争论，而"孰优孰劣"的争论成为这一时期印度教育发展中的主要内容。不管是东学派，还是英学派；不管是本土文化的传承，还是外来文化的渗透，达成目的的途径主要是通过教育。第三个阶段是印度教育的西方化时期（1854—1904）。1853 年，印度政府在重新审视了教育的发展后，制订了一份详尽的计划，史称《伍德教育急件》，为殖民地印度教育的西方化奠定了基础，为以后印度教育的发展制定了蓝图。殖民地教育的西方化，到 19 世纪末 20 世纪初已经基本确立。这种西方化的教育为英国对印度的统治起了推动和巩固作用，同时在一定程度上也教育了印度人民，尤其培养了一批具有强烈的民族意识的先进知识分子，使他们开始觉悟，并开始兴办民族教育来反对官方的殖民教育。第四个阶段是民族教育的兴起和发展时期（1905—1947）。民族独立运动的展开是 20 世纪前半期印度历史的

---

① 冯增俊主编：《印度基础教育》，广东教育出版社 2007 年版，第 8 页。

② 冯增俊主编：《印度基础教育》，广东教育出版社 2007 年版，第 9 页。

重要特征，而民族教育的形成和发展，则是这一运动的重要组成部分。这一时期的民族教育运动主要是以甘地的基础教育思想为指导而展开的，因而又称作"基础教育运动"。其要点是：（1）应该实行免费的义务初等教育；（2）教育应该以手工劳动为中心；（3）教育应该是自助的；（4）教育应该用母语施行；（5）教育应该以非暴力为基础。

印度独立运动领导人甘地对学前教育十分重视。他于 1937 年在他主办的刊物《哈里真》上连续发表文章，系统地阐述了他以手工劳动为中心的基础教育的思想。通过 1937 年 10 月在瓦尔达召开的会议，他的基础教育思想不仅在印度独立前就已得到推广，而且在独立后初期的印度教育发展中，成为初等教育发展的国家模式。他对幼儿教育的倡导及对幼儿教育作用和原则的论述为独立后的印度政府制定有关幼儿教育政策奠定了思想基础。

独立后的印度，政局的变化与教育改革开启了印度学前教育发展的新时代；但同时，农村经济发展缓慢导致教育滞后和不公平。为了促进发展，印度实行了公私并存的混合经济体制和五年计划，发起了"绿色革命"，以调整经济政策，缓解粮食危机，促进经济的恢复与发展；甘地和阿玛蒂亚·森的思想对印度学前教育产生了重要影响；而庞大的人口数量以及根深蒂固、由来已久的语言问题和种姓制度不仅严重影响了儿童的生存、发展和教育状况，还加剧了教育的不公平。在这种复杂的情况下，印度制定和实施了一系列的教育政策，为学前教育的发展提供了良好的政策环境。

第二节　印度学前教育现状

印度是目前世界上儿童人口最多的国家，约占全球儿童总数的 19%，庞大的儿童数量给印度的儿童保育和教育带来了巨大的挑战。印度儿童的保育和教育要达到促进儿童身心全面发展的目标还有很长的路要走。也正是基于此，印度政府正在通过多种措施大力推进儿童保育和教育工作。

根据 2016 年全印第八次学校教育调查报告，2009 年全印有 655493 所学前教育机构，农村占了 92.2%。巴瓦迪（固定学习时间的幼儿园）30434 个、安甘瓦迪（方便幼儿学习时间的乡村院落幼儿园）591632 个、早教中心 15924 个、拥有低年级幼儿班、高年级幼儿班和保育班的小学 10237 个、拥有学前班的非认定学校 7266 个。全印共有幼儿教师 802007 个，女教师占 94.37%，87.04% 的教师在安甘瓦迪任教。未认定学校学前班学童 469506 个。据第七次全印学校教育调查报告，2002 年学前教育机构共有儿童 26453000 名，其中，女童 12889000 名。2336 万名儿童在安甘瓦迪，143 万儿童在巴瓦迪，624000 名儿童在附带托儿所的小学，611000 名儿童在早教中心，428000 名儿童在举办学前班的非认定学校。

一、印度学前教育的性质、地位、价值

印度，作为多民族、多语言、多宗教的人口大国，又因其国情复杂、经济基础薄弱，长期以来积贫积弱，因此，其学前儿童受教育状况堪忧，受教育不均等现象严重。但是，印度政府逐渐将"公平性"作为其实施学前教育的基本原则，将"儿童发展"作为国家发展的第一要务，制定多种政策、法规保障儿童的保育和教育，并在宪法和各种行动计划中明确未来印度学前教育发展的基本定位、发展方向、发展目标和方针。这对印度学前教育的发展起到了极大的保障和改善作用。5—6 岁儿童的学前教育被纳入学制体系中，成为基础教育的有机组成部分。学前教育不属于义务教育，但弱势群体项目实施免费。

学前教育的地位主要表现在：

（1）在宪法精神的指导下，印度在国家层面的发展计划和报告等文件中多次强调儿童作为国家宝贵财富的重要性以及学前教育对儿童发展的重要意义，将"儿童发展"作为国家发展的第一要务。

（2）1986 年出台的"国家教育政策"、1992 年出台的行动项目、2001 年颁布的《国家妇女赋权政策》等政策、法规和行动计划保障早期儿童保育和教育。

（3）印度宪法规定国家必须提供义务教育阶段以前的学前教育，而且认为儿童的发展和教育的发展是并行的主题①。包括印度联邦政府成立的教育委员会、儿童项目准备委员会在内的政府相关部门重视学前儿童的发展和教育，在全国学前教育的设计、实施、监管和经费支持上都具有重要的作用。

（4）在印度，仍然有一些儿童由于各种原因受到歧视和压迫，因而，印度政府在 2005 年出台了《国家儿童行动计划》（National Plan of Action forChildren）来确保所有的儿童都享有平等的发展权利。可以说，所有儿童都享有充分发展的权利。

学前教育的价值主要表现在：

（1）政府强调学前教育具有促进儿童发展和推动普及义务教育的双重功效。一方面，学前教育直接影响儿童的综合发展，包括健康、营养、认知、情感与社会性等多个方面；另一方面，学前教育也是普及初等教育的潜在推动力。

（2）学前教育旨在确保儿童正常的生存、成长和发展。1992 年的国家行动计划明确表达了对儿童的关注，并承诺扩大早期儿童保育和教育的服务。2004 年正式实施的《国家儿童宪章》（National Charteron Children）保证提供早期儿童保育和教育服务，从而帮助儿童更好地生存、成长和发展。2004 年制定的《印度施政最低纲领》（简称 NCMP）致力于改善儿童的现状并通过满足儿童多元化的需要而创建一个愉悦的环境让儿童良好地发展。妇女儿童发展部还通过了 2005 年的《国家儿童行动计划》，该计划除了要满足儿童的健康和教育培养方面的需要之外，还包括增加 3—6 岁儿童参与学前教育计划的目标、措施和活动。2005 年的《国家儿童行动计划》将早期儿童保育和教育的目标界定为：普及早期儿童服务来确保儿童的身体、社会、情感和认知的发展；确保所有 3 岁以下的幼儿能够有机

① Directory of Supreme Court and High Court, *Judgements on Issues Relating toWomen and Children*，http：//wcd.nic.in/，2010-07-16.

会获得保育、保护和发展；确保所有 3—6 岁的儿童能够获得综合保育和发展以及学前的学习机会；向农村和城市地区的家长提供日托中心和托儿所机构。①

（3）通过学前教育计划资助处境不利儿童的正常发展。印度政府通过实施大型的国家学前教育计划来履行其在宪法中对所有儿童作出的竭尽全力提供学前教育的承诺。如"儿童综合发展服务"项目，以综合的方式为学前儿童提供服务，确保生活在农村、部落民族和贫民窟地区的儿童正常的成长和发展。于 1975 年 10 月 2 日始，截至 2007 年 12 月 31 日，印度的学前教育计划已经发展到 6036 个项目。②

（4）通过学前教育计划为工作的母亲提供儿童托育服务。2006 年 1 月开始，印度开始实施"拉吉夫·甘地国家托儿所计划"，为有工作的母亲提供儿童托育服务。计划的全称是"为在职母亲提供的拉吉夫·甘地全国托儿所计划"，该计划由中央社会福利董事会和两个国家级的志愿机构——印度儿童福利委员会和全印部落社区全纳与全面发展机构（BAJSS）共同实施。托儿所计划，为在职母亲或其他需要帮助的母亲（其家中月收入加起来不足 12000 卢比）的 0—6 岁孩子提供全面的日托服务。

（5）通过发展学前教育促进教育公平的实现。印度政府非常重视弱势儿童的发展：1986 年的《国家政策及其行动计划》、2001 年的《国家第十个五年计划（2002—2007）报告》、2003 年的《国家儿童宪章》、2005 年出台的《国家儿童行动计划》等政府文件充分表现了印度政府对于儿童的关心和重视，并在多个相互影响、相互依存的方面保护和支持儿童的发展与公平教育权利的享有。

---

① *National Plan of Action for Children 2005*，http.//wcd.nic.in/，2009-07-14.

② Ministry of Women and Child Development，Government of India. *Annual Report 2007 2008*，http：//wcd.nic. in/，2009-07-16.

二、有关法规和政策

(一)印度政府出台的主要学前教育政策(1950—2000)

1.《印度宪法》(1950)

1950年的《印度宪法》及其2001年第16次修正案明确规定:"从社会、经济和政治诸方面保护共和国所有公民得到公平和正义,社会地位和机会平等","国家要努力向6岁以下的儿童提供学前教育"。

2.国家儿童政策(1974)

印度政府在考虑了关于儿童福利的国家政策问题之后于1974年由社会福利部颁布了《国家儿童政策》(National Policy for Children,NPC),它是建立在确信儿童发展项目对保证儿童发展的机会平等非常重要的基础之上,要求所有儿童都应纳入国家儿童健康综合计划。该政策的制定也充分考虑了其他关于儿童发展的政策、项目和计划。

学前教育事业的公平不仅需要国家在观念上予以充分认识,在法律和政策层面给予切实保障,同时需要实实在在的财政投入支持。近年来,为促进学前教育公平,保障移民、流动儿童群体的受教育权利,印度政府在相关法律与政策中明确作出相应规定,加大对弱势幼儿群体的财政投入,体现出对移民、流动儿童及其教育的高度重视。《国家儿童政策》进一步提出:"所有儿童都要享受综合的健康项目","国家要向不能充分利用学校正规教育的儿童提供满足其需求的其他形式的教育"等。2005年发布的《国家儿童行动计划》将保护移民、流动儿童学前教育的倾斜政策做了进一步明晰,要求"所有政策和项目要向最弱势的、最贫穷的和获得最少服务的儿童提供最大程度的优先"。

3.儿童综合服务项目(1975)

长期以来,印度儿童的死亡率都居高不下,5岁以下儿童的死亡也超出发展中国家的平均水平。1974年的《国家儿童政策》明确了印度政府在儿童保育与教育方面的责任,同年政府开始关注儿童的"整体性"发展,在中央政府的组织下,有关方面致力于探讨把向幼儿提供的服务整合为一体的可能性,这种努力最终促使了《儿童综合服务项目》(ICDS)的出台，而印度政治和经济的良好发展态势也为这一项目的实施提供了物质上的可能性。

20 世纪 70 年代，平民式幼稚园发展为"儿童综合服务项目 (Integrated Child Development Services)"，简称 ICDS，《儿童综合服务项目》于 1975 年发起，旨在促进印度儿童的整体发展。为推广针对处境不利儿童并使他们受益的《儿童综合服务项目》，该项目的主要目标是：(1) 为儿童适宜的心理发展奠定基础；(2) 改善 0—6 岁儿童的营养和健康状况；(3) 降低儿童的死亡率、心理畸形、营养不良和辍学率；(4) 提高母亲和家庭照料儿童的能力，能够满足儿童在健康、营养和发展方面的需求；(5) 为了促进儿童的发展，有效协调各部门之间的政策出台和实施。围绕这些目标，致力于为 6 岁以下儿童、孕妇及哺乳期母亲提供六项服务：体检服务（Health Check—up）、免疫接种服务（Immunization）、医疗服务（Referral service）、营养补充服务（Supplementary nutrition）、非正规的学前教育（Nonformal preschool education）和营养与健康教育（Nutrition and Health Education），有效地改善了服务对象的健康、营养和教育状况。这些免费的服务无疑给贫困地区的弱势儿童创造了一个较好的成长和发展环境，使他们站在了与其他儿童较一致的起跑线上，帮助他们燃起一些对未来的憧憬与希望。

印度《儿童综合服务项目》由印度妇女与儿童发展部全面负责管理和直接指导，同时还与其他部门，如教育部、健康部、农业部等以及与项目实施相关的其他国家组织一起参与项目规划、合作与实施。在其指导下，各邦政府与安甘瓦迪中心（Anganwadi Centres 一种建在院落的幼儿园）通力合作，共同推进该计划的顺利实施。《儿童综合服务项目》尤其是要为巴瓦迪幼儿园（Balwadi 一种方便儿童上学时间的幼儿园）未能覆盖到的农村地区儿童提供基本需要，《儿童综合服务项目》同时也是印度最大的全国性的服务项目，其项目经费来自印度政府的财政投入，还受到联合国儿童基金会、世界银行、世界粮食计划署等国际组织的援助和支持。

4. 国家教育政策（1986）

1986 年《国家教育政策》又极具战略意义地强调："教育是一种开发性投资"，"通过满足那些一直以来被排斥在平等以外的儿童的具体需要来保障所有人教育机会的均等"①；指出包括幼儿教师在内的教师是"教育体系的关键，要向教师提供更好的待遇从而使教育体系更好地运转"，"没有任何人能高于教师的地位"，"教师的报酬和服务条件必须要与其社会职责和专业职责相称"，同时制定了多项加强幼儿教师培养培训、提升幼教师资整体素质的政策法规。

《国家教育政策》中规定"在招聘教师时应确保资质、目标及职能要求的一致"，"教师教育是一个持续的过程，其职前和在职教育皆是必不可少的重要因素"。该政策还明确规定建立区域教师教育和培训学院，以承担起培训基础教育领域教师的职前和在职培训任务；同时规定由国家教师教育委员会负责认证教师教育机构，并对他们进行有关培养培训课程和方法的指导，这无疑为保障包括幼儿教师在内的印度教师的培养培训机构的资质、培养培训质量，提高教师队伍整体素质提供了重要的政策基础和保障。②

5."五年计划"

"五年计划"是印度 1950 年成立共和国后借鉴苏联和中国国民经济发展模式的产物，其中教育也被列入该计划的发展目标之一。从 1951 年开始施行"五年计划"便持续关注学前教育事业的发展，在每个"五年计划"中都有关于学前教育的相关内容。在 21 世纪以前，印度实行了九个"五年计划"，其中涉及学前教育的内容主要有：

"一五"计划中，社会福利部批准了对非官方组织的学前教育中心成立的救助计划。

---

① 孙振奇编著：《国内外幼儿园教育设施设备比较研究》，中国经济出版社 2014 年版，第 4 页。
② 莎莉：《发展中人口大国学前教育质量政策研究：基于印度、巴西的比较与启示》，《外国中小学教育》2016 年第 2 期。

　　"二五"和"三五"计划期间，学前教育仍然属于非官方的私人组织范围。在 1968 年，Ganga Saran Sinha 委员会将学前教育纳入政府的工作范围。

　　"四五"计划中学前教育被看作是为农村地区提供的福利性计划，目标是培养全面发展的学前儿童，不仅从各方面提供综合的儿童福利服务，还加强家庭在儿童成长中的作用。

　　"五五"计划中对儿童发展的认识从福利性转变为发展性，并且在 1974 年的《国家儿童政策》下推行了《儿童综合服务项目》。

　　"六五"计划重申了"五五"计划的方法和策略，不仅看到了《儿童综合服务项目》的进展和成效，还批准了教育落后的各邦发展非官办的学前教育组织。

　　"七五"计划延续了促进学前儿童生存与发展的策略，如《儿童综合服务项目》和发展学前教育。

　　"八五"计划提议逐渐停止其他政府主办的学前教育机构，将其融合到《儿童综合服务项目》中。

　　"九五"计划比以前任何计划都重视学前教育的重要性，它在计划的结束部分建议《国家儿童宪章》要保证照顾到儿童的全面发展，还强调了吸收妇女组织参与学前教育各项计划的管理，尤其是要利用潘查亚特制度。

　　印度的每个"五年计划"都对学前教育给予了关注，并且随着时间的推移，其关注的方面越来越多，也越来越深入，体现出越来越重视学前教育的趋势。很多时候"五年计划"还与《儿童综合服务项目》等其他政策的实施相结合，从而达到政策之间相互补充、相互对应和相互促进，比如在"五年计划"中加强对《儿童综合服务项目》的财政配置。它们共同推动了印度学前教育事业的持续发展。

　　从以上 21 世纪以前印度政府主要的学前教育政策我们可以看出，独立以后，印度政府为了儿童的成长，国家的未来，对学前教育越来越重视，对儿童的综合发展提出了越来越高的要求，并且十分注重给予弱势儿童群体较平等的发展机会，所以才有了相关法律、法规、政策与项目的出台与实施。在政府的大力支持与宣传下，印度民众对学前教育重要性的认识也越来越深入。正是在这样的政策和社会背景下，印度学前教育的发展迈入了一个新的时代。

（二）21 世纪以来印度政府主要的学前教育政策

2002 年以前，印度宪法并未规定享受义务教育儿童的年龄下限，对于宪法所规定的免费义务教育的范围并没有将学前教育排除在外。在 2002 年举行的宪法修正案中，第 45 条明确规定，"国家应竭尽所能为所有六岁以下的儿童提供早期儿童保育和教育"。在宪法中明确学前教育的价值、地位以及国家的责任，为印度学前教育的发展提供了基本的法律保证。在宪法精神的指导下，印度在国家层面的发展计划和报告等中央政府文件中多次强调儿童作为国家宝贵财富的重要性以及学前教育对儿童发展的重要意义。

2003 年的《国家儿童宪章》对国家和社区的职责以及儿童的最大利益的实现提出了明确要求，重申了儿童在生存、生活和发展等各方面所拥有的权利，尤其是强调了对被边缘化和处境不利儿童的保育、教育、保护和福利。[1] 对弱势社会群体的儿童入园并接受较长期的教育，"国家要免费并予以特别照顾"，以"确保被忽视和弱势群体儿童的利益"。由此可见，印度政府不仅注重学前儿童的教育，明确规定了政府对学前教育投入的职责，而且重视对处于社会弱势地位儿童及其教育的扶持，推进教育公平的实现。

2005 年的《国家儿童行动计划》为儿童各项权利的实现提出了目标和发展策略。明确规定"儿童预算和计划部门应确保 100% 的投入，而且应考虑巨大的儿童数量而加强预算；在预算分配上要优先考虑那些属于最弱势群体的儿童"。同时将保护弱势儿童第 1 章国外学前教育立法和投入

---

[1]　余海军：《从国外发展学前补偿教育项目的经验看我国农村学前教育的发展》，《河北师范大学学报》（教育科学版）2011 年第 10 期。

学前教育的倾斜政策进一步明晰化，要求"所有政策和项目要向最弱势的、最贫穷的和获得最少服务的儿童提供最大程度的优先"①。在师资方面进一步要求："发展幼儿教师的能力，通过培训和补习相关课程确保学前教育质量，以为年幼儿童的成长和发展提供支持"②。

"十五"（2002—2007）计划期间，《儿童综合服务项目》将优先考虑居住在城市和半城市地区贫民窟的儿童，再考虑种族地区、农村地区儿童。在"十五"计划中要求加强《儿童综合服务项目》中学前教育的内容，培训安哥瓦迪工作人员，为安哥瓦迪中心提供学习材料，在未覆盖到《儿童综合服务项目》的地区成立学前教育中心，进行宣传、培训社区领导者等。在"十五"计划中期评估报告中还强调了对日托中心的需要，同时建议学前教育的区级策略，并由联邦教育研究与培训委员会（State Council of Educational Research and Training，SCERT）培训安哥瓦迪工作人员来满足学前教育发展的需要。

"十一五"（2007—2012）计划将大幅增加对《儿童综合服务项目》的资金投入，即从"十五"计划的 1168.45 亿卢比，到"十一五"计划的 7864.3 亿卢比，有力地推动了这一项目的顺利进行。会继续为儿童加强学前教育投入，通过再次强调国家框架、政策方向、建立数据库；扩大准入和覆盖率，托儿服务，加强日托中心服务；发展合适的基础设施，提高学前教师和学前保育工作者的工作环境，加强培训和提升他们能力的活动、倡议与意识。"十一五"计划还提出要关注收养、营救儿童的机构。

"十一五"设计一个良好的和经过深思熟虑的对于所有学前教育机构（公立的、私立的和非政府组织的）监测系统制度，包括在国家及以下标准管理水平内的所有邦和联邦属地。这便于在各学前教育组织中建立协调机制，也会保证数据信息从基层到政府之间的流动。数据库将包括学前教育的所有机构，私立学前教育中心和家庭式幼儿机构；非政府组织的辅助

---

① 孙振奇：《国内外幼儿园教育设施设备比较研究》，中国经济出版社 2014 年版，第 4 页。
② 莎莉：《发展中人口大国学前教育质量政策研究：基于印度、巴西的比较与启示》，《外国中小学教育》2016 年第 2 期。

或自助幼儿机构；公办和法定托儿所。这个详细的国家和各邦的学前教育数据和统计指标也会为发展恰当的国家和邦学前教育行动计划铺平道路，也会为全民教育计划的第一项目标的五年及中期的评估报告带来便利。"十一五"计划中再次强调了潘查亚特制度在学前保育与教育中的重要作用。儿童项目的计划、执行和监管更多使用了潘查亚特制度，并使之形成系统。同时，要加强与潘查亚特制度组织的关系，组成策略联盟，以使所有社会项目有效地综合与执行。这样潘查亚特组织就会得到足够的力量与资源，并被肯定在儿童的这些组织的议程中。因此，要努力加强它们的能力，以使它们能更高效地接受责任。

"十二五计划"（2012—2017）提出每一所小学将设立一个学前教育部，为4—6岁儿童的学前教育提供至少一年的入学准备方案。将引入"早期学习单元"的概念，把小学前和初级小学年级合并成一个综合单元。到第十二五计划结束时，约50%的学校将有小学预科班，教育落后的邦、地区、街区应该优先开展，为此学前教育将列入公共服务协定。并且加强职前教师的准备课程，以便满足学前儿童需要。特别鼓励选定的大学和机构开展严格的示范性幼儿教师教育计划，学前教育领域缺乏发展心理学家、幼儿教育课程开发人员，这些领域的方案也将开展和实施。此外，国家还应免费获得知名私人援助机构和非政府机构、非政府组织的服务，并在这些服务的成本回收基础上对其进行补偿。社区也可以被授权，并提供财政资源，聘请一个或多个受过教育的当地青年男女（最低限度的资格）在合同基础上进行专门的学前教育。

2016年国家教育政策，提出实施4—5岁年龄组儿童的学前教育。经与各邦协商，在农村妇幼保健中心加强学前教育，采取措施研发课程和学习材料。邦政府配备学前骨干教师，所有小学需覆盖学前教育。私立幼儿园须制定适当的监管规则和监督机制。

三、教育目标

作为第三世界国家，印度从本国的国情出发，整合社会的各种力量，强调公平为先的原则，致力于创办为平民子女服务的学前教育机构，使得印度的学前教育在整体上体现出一定的福利性质。同时印度把幼儿教育看成是消除社会贫困的途径，这表明了印度在面临贫困问题时，想到的主要是教育改革，这与其他一些发展中国家是有差异的，同时这也是先进的思想。印度认为幼儿教育不仅具有他功能，更具有自功能，即促进个体发展与社会进步的功能。如果一国政府只是单纯地看到幼儿教育作为消除贫困的衍生功能，那么势必会忽略幼儿教育的根本价值，从而在幼儿教育的办学体制上采用错误的操作方式，弱化政府、市场与社会的合力作用。[1]

印度自独立以来一直强调改善儿童福祉，强调学前教育的多重价值和功能，这种认识主要体现在：第一，学前教育能直接影响儿童的综合发展，尤其是能确保儿童的正常生存、成长和发展。而接受良好的学前教育则有助于儿童在健康、营养、认知、情感与社会性等多个关键的发展指标上取得巨大进步。第二，学前教育也是普及初等教育的潜在推动力。这种推动首先表现在学前教育使幼儿更加容易和顺利地融入未来的学校生活，从而有效提高基础教育的完成率。第三，学前教育使幼儿建构良好的行为模式、健康的情绪情感和有效的交往模式，而这些正是"印度贫穷家庭和文盲家庭中迫切需要的元素"。对学前教育价值和功能的认识也体现在了政府的政策文件中。

在 2005 年通过的国家儿童行动计划中，明确地将早期儿童保育和教育的目标界定为：普及早期儿童服务来确保儿童的身体、社会、情感和认知的发展；确保所有 3 岁以下的幼儿能够有机会获得保育、保护和发展；确保所有 3—6 岁的儿童能够获得综合保育和发展以及学前的学习机会。[2]

印度的学前教育主要是在印度独立后发展起来的。学前教育的任务是：使每个儿童在认知、语言、身体、社会性等方面获得全面的发展，为

---

[1] 罗英智主编：《区域学前教育多元化发展模式研究》，辽宁人民出版社 2015 年版，第 65 页。

[2] 余海军：《从国外发展学前补偿教育项目的经验看我国农村学前教育的发展》，《河北师范大学学报》（教育科学版）2011 年第 10 期。

入小学做好准备。其目标包括：（1）促进儿童健康成长；（2）帮助发展儿童的各种感官，如触觉、味觉、视觉、听觉；（3）帮助儿童学习社会调节的行动以学会与其他儿童及成人建立良好的关系；（4）训练儿童照顾自己的能力并形成良好的习惯；（5）发展儿童的智力并向他们提供探究周围环境的机会；（6）培养儿童的纪律性和注意力并发展他们关于语言和数的基本概念；（7）鼓励儿童运用周围的各种工具以锻炼手的灵活性。[①]

四、印度学前教育的学校类型

印度的学前教育是在西方的影响下逐渐发展起来的。虽然印度的学前教育不属于义务教育范畴，但政府很重视学前教育的发展。2002 年印度宪法规定政府为所有儿童提供保育和幼儿教育，直到年满 6 周岁。政府在所有村庄设立母婴中心，并提供人力、物力支持，培训教师。印度政府在一些法令和政策中承认公共教育和私立教育是相互促进、相互补充的关系，认为私立教育不仅可以在经济上作出贡献，而且可以促进教育质量的提升。印度政府鼓励非官方组织、社区、私人、社会团体兴办学前教育机构。

最初的统计资料显示，学前教育机构在 1950 年仅有 303 所，其中 28 所在农村地区，其经费仅占全部教育经费的 0.1%；机构数到 1965 年增加到 3500 所，但所用经费仅占 0.2%。印度目前的学前教育机构及形式主要有以下几种：

（一）蒙台梭利学校

蒙台梭利幼儿学校是印度独立前就已建立的私立学前教育机构。蒙台梭利 20 世纪 20 年代曾来印度传播自己的幼儿教育思想，受到印度各界人士的欢迎和拥护。印度蒙台梭利幼儿学校即是在蒙氏的影响下产生的，独立后得到更大的发展，现已遍及印度各大城市。这些幼儿学校声称其主要任务是使每个幼儿的潜能在一个有准备的环境中获得发展。其课程重视

---

① 张蓉编著：《比较教育学》，南京师范大学出版社 2009 年版，第 70 页。

蒙台梭利倡导的感知觉训练，努力使儿童智力和个性协调发展。这种类型的幼儿学校在印度受到上层人士的欢迎。

（二）福禄贝尔幼儿园

福禄贝尔幼儿园是在 20 世纪初由外国移民带进的德国式幼儿园。在印度，福禄贝尔幼儿园严格按照福氏的幼儿教育思想进行教学。课程以游戏为主，兼以宗教、自然科学、数学、语言、艺术等课程，注重从各个方面来促进幼儿发展。此类型的幼儿园在印度各大城市均设有，尤为中上阶层所垂青。

（三）巴瓦迪

巴瓦迪（Balwadies）是由德干发展协会（Deccan Development Society）创办的以社区为基础的儿童早期教育项目。最初是由社会福利部在 1953 在印度农村建立的保育学校，它现有的规模和影响仅次于安甘瓦迪。它属于私立性质，但由政府给予适当的补助。巴瓦迪的工作人员是发展协会里的一个工作人员、一个教师和一个厨师。这种保育学校（实际上是一种保育班级）的教育目的是促进幼儿身体、智力及情操的发展，使幼儿做好接受义务教育的准备。早在 1973 年，农村中已有 13500 个巴瓦迪，直接受益幼儿达 65 万之多，其数量与城市幼儿园的数量几乎持平。

巴瓦迪一般要求提供包括保健、营养和教育的综合性计划，以满足儿童的全部需要，其任务主要包括：促进儿童健康成长；帮助发展儿童的各种感官（如触觉、味觉、嗅觉、视觉、听觉）；帮助儿童学习社会调节的行动以学会与其他儿童及成人建立良好的关系；训练儿童照顾自己的能力并形成良好的习惯；发展儿童的智力并向他们提供探究周围环境的机会；培养儿童的纪律性和注意力并发展他们关于语言和数的基本概念；鼓励儿童运用周围的各种工具以锻炼手的灵活性。其他类型的学前教育机构的任务与上述所列大致相同。这些机构主要还有附设于大学儿童发展系、家政学院、教育学院或学前师范教育学校的实验幼儿学校，其主要目标是：1. 帮助师范生通过观察、参与和教学，了解儿童的成长和发展；2. 给儿童提供一种愉快的环境；3. 促使家长更多地认识儿童的成长和发展以及他们的学习；4.促进儿童发展和儿童心理学的科学研究。

（四）安甘瓦迪

安甘瓦迪（Anganwadi，意为"院落"）是政府资助的针对0—6岁儿童的乡村幼儿保育和母亲保护的发展项目，1975年作为儿童综合发展计划的组成部分由政府开办，目标是保证儿童免受饥饿和缺乏营养。安甘瓦迪作为印度保健体系的一部分，为乡村提供基本的健康保护。基本保健措施包含避孕咨询与提供避孕套，保育和补充营养以及学前教学活动。安甘瓦迪还是口服补液盐、基本药物、避孕套和托儿所的大本营，成为乡村穷人与保健之间最为重要的纽带。其教学目标主要是通过"玩耍"促进3—6岁儿童的社交、情感、认知、体质和道德的发展，为进入小学做准备。安甘瓦迪是印度农村居民聚会的地方，偶尔用作无家可归者做饭的场所。院落在印度农村被视为神圣的场所，因此，"院落"工人无论在哪个院落工作都必须履行神圣的保健职责。

（五）流动托儿所

流动托儿所是在1969年开始建立的非政府组织，流动托儿所也可称为日托中心，是随城市复合区村庄的产生而出现的。这些村庄是由企业家为那些在工厂里做工的农村人建立的。这些人的工作流动性大，并且往往夫妻都上班做工，孩子无人照顾，故产生了建立流动托儿所的需要。流动托儿所的特点是：建立在入托幼儿父母的工作地点附近，随母亲们工作地点的变换而相应变换地点。这些托儿所因陋就简，常常利用幼儿父母工作地区附近的地下室等空房作为办所地点；但注意将房间装饰得鲜艳夺目，充满家庭气氛，以此补偿孩子享受家庭温暖的不足。流动托儿所的教育内容以讲授民间故事和教唱歌曲为主，它们是根据政府的一项非强制性的法规而建立的。在1987—1988年间，有1.05万个这样的流动托儿所，为26.25万名儿童提供了游戏和娱乐设施，使他们受到了较好的保育和教育。

（六）实验幼儿园

实验幼儿园是附属于大学的一种幼儿园，印度独立前已有开设。这种幼儿园一般招收2岁半到5岁半的儿童。实验幼儿园办园目的一是为大学研究生提供实验及教育实习场地；其次是为幼儿准备良好的环境，以促进幼儿身心的发展。实验幼儿园课程一般包括言语、认知发展和身体发展。言语主要是发展幼儿口语，丰富词汇，增强其语词的流畅性；认知发展包括发展幼儿认识自然能力、数学能力以及解决问题的能力和技能；身体发展包括发展幼儿肌肉的协调性、眼手协调性，并养成良好的卫生习惯。

（七）社区教育

新千年以来，印度政府越来越意识到学前教育机构与社区的沟通和结合对儿童教育发展的作用。为了更好地实现学前教育的目标，印度政府制定了以社区为依托的学前教育方案。主要有：1. 以家庭为基础的方案，主要是对儿童的母亲进行培训，使她们学到一些基本的教育知识和技能，从而在家庭中起到教育者的作用；2. 儿童帮助儿童方案，教给年长儿童一些关于教育知识和技能，使他们担负起照料、教育年幼儿童的责任；3. 视听教育方案，国家利用电台广播，定期宣传学前教育的价值和知识，使幼儿教师和幼儿受益；4. 学校准备方案，主要是在没有学前教育机构的地区，面向 5 岁儿童，为他们提供 6—8 周的教育活动，使其能做好入学准备。①

综合来看，印度学前教育机构的设置主要分为两种：一种是由联邦政府或非官方组织赞助的，具有补偿性质，供普通百姓的子女进入；另一种是以营利为目的的私立教育机构，主要满足中产阶级的需要，为小学教育做准备。印度学前教育机构缺乏统一的标准。由于家长和社会强调知识学习，加上私立幼儿园的引领作用，政府赞助的学前教育机构也纷纷效仿私立幼儿园。虽然印度的学前教育在理论上强调"玩中学"，让儿童通过积极的探索学习，但实践中大多数幼儿园仍以教师为中心，主要形式是授课。

---

① 冯增俊：《当代国际教育发展》，华东师范大学出版社 2002 年版，第 114 页。

五、学前教育师资的培训形式及内容

（一）学前教育师资的培训形式

1. 综合儿童发展服务中心幼儿教师培训。招收没有资格证的人员，大多为读完八年级的学生。培训历时3个月，总计432小时。课程包括一般常识、学前教育、营养与健康、社区参与、教育与交流、人口教育、管理、婴儿喂养与穿衣等。培训学员通过课程评价、课堂实践、实地工作、书面考试、课程目标、课程内容、课程效果七个领域的评估后，成绩合格者获得证书。

2. 学前教育和初等教育低年级教师两年制整合课程。1973年，印度教育部建立了国家教师教育委员会。该委员会下设学前教育教师教育委员会，专门负责为3—8岁年龄段的幼儿教师和小学教师制定两年制的综合课程，招收高中毕业生。课程包括儿童发展与教育活动、学前教育、幼儿园规划、健康与营养、学校组织等。每学年都安排一个月左右的教育实习和大量的实践活动（如准备教学材料、个案研究、家访、艺术制作等）。

3. 儿童看护者培训计划。该计划由印度儿童福利会于1961年设立，专门培训各邦幼儿教育工作者。一般招收本地读完十年级的学生。培训时间10个月，内容包括职业定向、儿童发展、学前教育、健康与营养、社会福利等。教育实践课时略多于教育理论的学习，总学时1080学时，其中实践课占542学时。

4. 日托整合培训。该培训主要针对流动托儿所教师，以能力和技能为基础，包括至少两年的见习。评价标准主要是实习成绩。培训内容包括婴儿看护、学前教育、非正式教育、健康、卫生、营养、管理和社区工作、成人教育。教学方法具有实用性、启发性和参与性，学习者通过观察、模仿和实践进行学习。

（二）学前教育师资培训内容

印度幼儿教师正规的公立培训机构中有中等幼儿师范学校。私立培训机构则有巴尔瓦迪斯教师中心、幼教人员培训班及只介绍福禄贝尔思想的福禄贝尔幼儿教师培训中心等。学前教育工作者要定期接受由教育专

家、管理者和教师组成的评估委员会的评估，委员们要实地观察教师的工作，对教师进行口试，让教师进行自我评价，并要求教师的同伴及儿童、家长也对教师进行评价。[①]

幼儿教育工作者有教养员和保育员，他们在不同的培训机构接受教育。教养员主要由幼儿师范学校培养，学生高中毕业后，再学习 2 年。第一年学习的课程有：儿童发展和教育活动、学前教育计划的制定、健康和营养等；第二年学习的课程是：儿童发展、与父母和社区人士的合作、班级活动计划的设计等。每年除了学习教育理论知识以外，还要参加教育实践活动，使集体教学与个别指导、教师的演示与学生的观察、模仿与创造能有机地结合起来。学生持有专业合格证书才能在学前教育机构任教养员。另外，有的教养员是通过大学的学前教育专业培养出来的。未来的保育员，是一些高中毕业生，他们在学前教育机构普通工作人员培训班里接受 3 个月左右的专业培训，参加书面考试、口头考试和实践考核，合格者能得到证书，任保育员职务。在职后的短期培训中，注意增强教师的责任感，丰富他们关于不同文化传统和价值观念的知识，训练他们同儿童父母、特别是儿童母亲保持密切联系，为父母提供儿童健康、营养和发展最新信息的技能，提高他们促进儿童全面发展、参与社区活动的能力。

此外，印度有 34 所大学开设了学前教育专业或课程。印度高等师范学前教育专业课程一般有教育学、教育心理学、青年心理学、幼儿教育专业课程、职业训练及学术研究、工作情境培训等。大学毕业生一般不到幼儿园，而是去幼儿师范学校担任教职，或去各种幼儿教育组织充当管理人员。在职后短期培训中，注意增强教师的责任感，丰富教师关于不同文化传统和价值观念的知识，训练他们同儿童父母，特别是儿童母亲保持密切联系，为父母提供儿童健康、营养和发展最新信息的技能，提高他们促进儿童全面发展、参与社区活动的能力。

[①]　虞永平主编：《当代世界学前教育》，苏州大学出版社 2004 年版，第 221 页。

第三节　印度学前教育存在的问题

1. 印度学前教育存在的主要问题

印度是个人口大国，也是世界上儿童人数最多的国家，但是大多数儿童从出生开始就面临着贫困生活的考验。总体上，印度学前儿童状况主要存在两大问题：一是儿童营养不良，发病率和死亡率高；二是学前教育资源缺乏，普及率低，教育不公平现象严重。针对这两大主要问题，印度政府采取了一系列措施以改善早期儿童的生活和教育条件。1974 年，印度议会通过了《国家儿童政策》（National Policy for the Child），开始重视政府在改善儿童状况中的作用，随后政府又陆续出台了一系列法律和政策措施。经过约 40 年的努力，印度学前儿童的生活和教育状况得到了较大程度的改善。①

2. 印度学前教育面临的挑战

印度学前教育面临两大主要问题和挑战：一是由于经济发展水平所限，仍有许多儿童正在遭受不同程度的饥饿、疾病、贫困，以及净水和公共卫生缺乏之苦；二是印度政府所承担的儿童保育和教育责任缺乏同步性和一致性，因而导致保教分离，教育、健康等相关部门在学前保教事务中缺乏清晰的责任分工与协作。这为印度儿童接受较为全面或高品质的学前保教服务带来了困难，也制约了印度学前教育事业的健康发展。因此，印度相关政策法规的重点主要体现在促进部门协作、保教融合等较为宏观的政策导向上，直接针对学前教育机构资质标准的相关规定较少。20 世纪90 年代颁布的《国家行动计划：对儿童的承诺》首先提出了支持学前儿童保教结合，促进学前儿童获得全面与整体性发展的目标。《国家儿童宪章》则在此基础上提出了更为具体而有针对性的目标和措施：为促进儿童能力

---

① 潘月娟，孙丽娜：《印度发展学前教育的措施、问题及其对我国的启示》，《比较教育研究》2015 年第 3 期。

的全面发展特别是促进学前儿童的保教融合，国家要通过教育、营养和娱乐设施等多个渠道向儿童提供相关基础设施和教育服务；国家要与社区合作向所有适龄儿童提供有质量的学前教育和保育，鼓励举办相关项目促进儿童全面发展。此后，《国家儿童行动计划》进一步明确了"改善印度儿童生活""普及学前教育并提升其质量""确保所有儿童身体、社会性、情感和认知的整合发展"的基本宗旨。该政策还制定了四大保教目标：普及儿童早期保育和教育服务；确保向所有3岁以下儿童提供保育、保护和教育发展机会；确保向所有3—6岁儿童提供整合的保育和教育服务；向城市和农村地区的父母提供日托保教，并规定设立国家协调小组（National Coordination Group）对联邦、邦和各地计划实施情况进行定期监督和评估。印度政府还对当前印度规模最大、影响最广的"儿童综合发展服务"项目中心的硬件设施、人员配备等作出规定，如印度城市发展部"在社区中心为儿童综合发展中心提供场所"，"在中心安装技术设备、无烟炉灶、卫生间和过滤水系统"；"儿童综合发展项目的团队应包括五大类工作者：儿童综合发展中心助手、儿童综合发展中心工作人员、督导、儿童发展项目官员及地区项目官员"。①

3.印度学前教育发展存在的具体问题

（1）学前教育普及与资源投入不对称

印度学前教育的普及速度很快，尤其是在2000年之后，幼儿入园人数和毛入学率快速提升。自2000年至2010年的10年间，入园幼儿人数增加了一倍，幼儿毛入学率提高了30多个百分点。但是，与快速普及不相适应的是资源投入增长缓慢。首先，学前教育经费投入水平较低。与20世纪80年代相比，印度近30年来的经济社会发展取得了举世瞩目的成就，人均GDP从1981年的161美元，增至1999年的455美元、2010年的1417美元。虽然教育经费和学前教育经费投入总额随着经济社会发

---

① 沙莉：《发展中人口大国学前教育质量政策研究：基于印度、巴西的比较及启示》，《外国中小学教育》2016年第5期。

展水平的提高有大幅提升，但是 1999 年之后的教育经费占 GDP 的比例未增反降，学前教育经费占 GDP 的比例和占教育经费的比例都始终维持在 0.035% 和 1% 的水平，生均学前教育投入却始终保持在 15 美元左右，这说明印度学前教育经费投入并未有实质的增长，这一投入水平远低于国际平均水平。其次，缺乏数量充足、素质优良的教师队伍。印度学前教育教师的数量增加缓慢，师幼比不升反降。与此同时，由于没有邦政府对学前教育机构的教师资格、培训的性质和时间以及教师酬劳等提出任何明确的标准或要求，也没有对哪些人员可以成为教师提出任何指导意见，导致学前教育教师水平低下。有调查表明，83% 的孟买日托中心人员没有接受过培训，37% 的政府举办学前教育机构中的人员没有接受过培训。接受培训的人员中，其培训时间从 1 个月到 1 年不等。一些非政府组织提供的机构教育中可能有的教师只接受了几天的培训，一些 ICDS（儿童综合发展项目）中的教师只接受两个星期的培训。综上，印度学前教育经费投入、师资队伍建设等都未能适应幼儿入园人数的快速、大幅增长，这种教育项目普及与资源投入的不对称容易导致出现项目实施、管理等方面的问题，进而影响项目质量。例如，安甘瓦迪中心的数量从 2007 年的 84.4 万个迅速扩展到 2011 年的 126.2 万个，却没有与之相符的资源扩展，不管是人力的还是财政的。这就导致安甘瓦迪中心出现空间不足、教师资源不足、教师培训不足等问题。可以说，印度学前教育的普及是一种低质量的普及。

（2）政策和项目推行效率低

首先，虽然印度政府制定了一系列政策，意图推动本国学前教育发展，但令人失望的是，很多政策并未得到严格落实，未能取得预期效果。印度学前教育政策和项目之所以推行困难重重，很大程度上是源于学前教育管理和投入的责任主体在邦政府。根据宪法规定，各邦政府在学前教育服务提供中承担主要责任，但中央政府对各邦政府是否真正落实这一责任并无有力的制约手段，全靠各邦政府自觉。邦政府在建立相关机构和服务传递机制、财政计划提交以及向下一级的财政拨款、教师招募等诸多方面存在延误，最终降低政策和项目的推行效率。而且由于各邦政府财政能力和支出重点不同，也造成不同地区学前教育发展水平差异很大。其次，由于缺乏配套政策措施，致使相关政策项目无法得以落实。印度政府在第11个五年发展计划（2007—2012）中提出要采取多种形式发展学前教育，近年来又提出要发展1400万个安甘瓦迪中心，并为每个中心提供学前教育包（包括故事卡片、积木、毛绒玩具和娃娃、匹配排序卡片、球、珠子、带轮玩具、颜料、小鼓等），改善幼儿教师培训课程等目标。但对于如何实现这些目标，政府并没有给出具体的措施，很多政策更多停留在美好愿景的勾画，缺乏实际行动。此外，政府投入的资金由于监控体制不完善，财政的利用率较低，导致原本就很短缺的资源更加短缺。[①]

（3）政府不重视学前教育

印度学前教育资源投入不足、政策和项目推行效率低下等问题的根本原因还在于政府不重视学前教育。一方面，在各阶段教育问题上，印度政府更重视高等教育的发展。"印度在教育上所花费的资金在政府总开支的比例超过了中国，却将大量经费投入高等教育"。由于印度重视高等教育，忽视基础教育，导致许多人缺乏必要的教育，文盲率较高。进入2000年后，印度的文盲率仍然在40%。印度实行改革开放特别是进入21世纪后，印度政府意识到基础教育落后成为阻碍印度经济发展的重要因素，开始对原有的教育理念进行调整。从2001年开始，印度政府在全国范围内推行初等教育普及项目，推动普及有质量的基础教育。但是即使在这种背景下，学前教育依然未能得到重视，学前教育发展落后的状况并未得到根本改变。儿童预算分析的结果表明，在联邦预算中，中央财政在儿童相关项目上的投入比例有显著增长，但是所增加的大部分支出都流向了小学教育。由此可见，学前教育不是印度政府公共领域的发展重点。其次，虽然中央政府增加了综合儿童发展项目的机构数量，但是邦政

---

① 潘月娟、孙丽娜：《印度发展学前教育的措施、问题及其对我国的启示》，《比较教育研究》2015年第3期。

府负责这些机构的日常运营成本，大部分投入由邦政府来承担，由此导致中央政府和邦政府在学前教育财政投入上的分担比例严重失衡。另一方面，在学前儿童发展问题上，印度政府更重视营养与健康，而非教育。印度儿童的死亡率高，营养不良问题严重，严重威胁到儿童基本的生存和发展，因此，印度政府在提供学前服务时首先保证儿童的生命健康与营养。政府为幼儿提供持续的保育，并将家庭、社区、安格瓦迪健康中心相结合以提供充分的儿童健康与保育服务。ICDS（儿童综合发展项目）作为印度政府资助的面向学前儿童的主要项目，其主要目标就在于改善0—6岁儿童的营养与健康状况，其拨款的大部分比例都用于儿童的营养与保育。在印度"十一五"计划中，对儿童教育、健康和干预的目标也主要集中在健康方面。优先重视高等教育的发展以及儿童营养和健康状况的改善是印度政府在现有经济社会发展阶段以及本国儿童生存发展状况之下作出的合理的发展路径选择。但是，就长远的可持续发展来看，这种发展模式一方面带来了学前教育事业发展滞后，据2004年一项对5岁儿童教育现状的调查结果表明，只有21.3%的5岁儿童进入学前机构，39.3%进入小学，39.4%没有进入任何形式的学校或学前机构；另一方面，进一步强化了教育不公平而延续、固化了阶层的差距和社会不公平。由于上层阶层的儿童多进入高质量的私立机构，而处境不利的弱势群体儿童多进入低质量的公立机构，为幼儿进入后续阶段教育和未来生活以及参与社会竞争奠定了不同的基础，从而导致在早期教育阶段就呈现出发展的双轨制。

（4）学前班择校战问题

印度一些学前教育机构让学生3岁学电脑、5岁学乘法，引起了多国媒体的关注，然而想获得这样的教育在印度也并非易事，准备"赞助费"、到处托关系，然后焦急地等待学校公布名单。令印度家长心力交瘁的不是重点小学、中学的入学机会，而是一个更早的教育阶段——学前班。据美国《纽约时报》报道，现在正值印度学校的招生季节，为了能让孩子有一个好的开始，印度城市新兴的中产阶级家长，个个摩拳擦掌，要为孩子争得优质学校的一席之地。因为家长们坚信，学前教育就已经决定了孩子今后的教育品质乃至整个人生的发展方向。印度家长纷纷将目光投向数量有限的优质私立学校。2008 年，德里市的一些学前教育机构和学校中的学前班招收 3 岁以上儿童。该市一位家长已经为 4 岁的儿子向 15 所私立学校递交了入学申请，但均石沉大海。这位家长忍不住抱怨说："为孩子上学的事，我们已经夜不能寐，也许我们应该在确保得到一个入学名额后再让孩子来到世上。"像这样的家长在印度城市中并不是少数，每到学校公布录取名单时，都有许多家长蜂拥而上，急切地寻觅自己孩子的名字。印度的这一现象，反映了人口庞大和教育资源不足之间的巨大反差。印度是当今世界青少年人口最为集中的国家，18 岁以下人口占总人口的 40%。然而，印度公立基础教育一直比较薄弱，除了最困难的家庭，很少有家长主动选择将孩子送入公立学校读书。因此，数量有限的私立学校竞争也就愈加激烈。①

第四节　印度学前教育的改革与发展趋势

一、印度学前教育的价值取向

1. 福利取向的学前教育与甘地的教育理念

甘地的教育理念是面向贫民的、大众的、民族的，他认为教育必须更好地结合本地的自然和社会环境，教育要联系学生的实际生活，能满足儿童爱动、好问和探索环境的心理需求。因此，甘地提出了他的教育主张：教育的前七年是免费的义务教育，学校自我筹措经费，实行母语教育。他强调"做中学"，他让儿童参与到活动与民族的传统艺术与工艺中。同时，他还认为母亲是儿童的第一任教师。此外，他倡导针对儿童的教育应该使用印度丰富的自然资源。印度当今学前教育面向大众的一些做法，很大程度上来自于甘地。

---

① 高靓：《印度择校之战从学前教育开始》，《中国教育报》2008 年 2 月 25 日。

2. 福利取向学前教育的主要形式

当代印度具有福利性质的早期教育机构主要设置在贫困的农村或者城市中的贫民区。主要形式有：儿童发展综合服务项目、早期志愿者项目、福利拓展项目等。虽然名称各不相同，服务对象也略有差异，但服务内容却相差不多，主要包括营养、免疫、小疾病的治疗、饮水、卫生等。其他教育方案：（1）以家庭为基础的方案；（2）儿童帮助儿童的方案；（3）视听教育方案；（4）学校准备方案。①

3. 印度学前教育发展的其他特性

印度的学前教育除了体现出一定的福利性外，还呈现出以下几个特征：

一是综合性。印度政府及其民间组织从宏观的角度来考虑贫困地区的儿童发展问题，把儿童的营养、教育、免疫等纳入统一范畴，调动各方面的力量尽可能减少贫困对儿童造成的发展障碍。

二是对女性与儿童权利的关注。印度政府 2005 年发表的"为儿童制定的国家行动计划"强调降低婴儿的死亡率，降低母亲的死亡率；减少儿童的营养不良比例，让所有的儿童出生时注册以及让所有的儿童享有公平的教育，完全废除女性堕胎、女性自杀以及童婚以确保女童的生存权与发展权，提高农村、村镇地区的用水与卫生条件；确保处境不利儿童的选择权与支持权，确保儿童不受虐待、忽视以及剥削的权利，完全废除童工；制定法律、监控政策确保儿童的利益与权利；鼓励儿童参与、选择并决定影响他们生活的有关事务。

三是在保与教的关系上，福利取向的学前教育项目明显偏向于保育。以儿童的生存为最原始的目标，具体内容主要涉及营养、免疫、饮水、卫生条件等方面。当然在日常活动中，还是有一些教育方面的内容，如唱歌、卫生常识等。同时，印度福利取向学前教育项目也表现出一定的发展趋势。首先，根据新问题，提出了新服务项目，如对儿童疾病、营养不良

---

① 严仲连：《公平优先：福利取向的印度学前教育》，《平安校园》2014 年第 23 期。

等问题强调早期干预，尤其对艾滋病问题更为关注，强调采取各种措施使儿童免受感染。对于传统的童婚问题也比较重视。强调通过灵活的方式使富有创造性的、快乐的活动得以实施，以确保全体儿童受益。其次，印度的学前教育在整体上的发展方向是从数量与质量上进行突破的。从数量上进行拓展，目的在于尽可能让所有的儿童享有学前教育的机会；从质量上提高，主要在工作人员的培训以及家长的培训上。服务水平也在提升，服务对象上强调向前延伸，更为强调0—3岁儿童的教育问题，同时也加强了对艾滋病的关注，特别关注女童、处境不利儿童以及有特殊需要儿童的保教问题。政府强调宏观监控，注重注册工作；与以前相比，在营养问题上，把母乳喂养纳入了国家行为之中。最后，印度政府加强了出生人口的统计，使贫困儿童自出生起就被纳入到关注的视野下。但是，印度政府的工作也是相当艰巨的。城市与广大农村学前教育的差异，经济不发达的农村的学前教育问题，童工问题，女童问题，妇女地位问题，夹在其中的民族文化问题等，将给印度政府带来更大、更多的挑战。对第三世界国家而言，发展学前教育是提高人口素质的一个重要举措。但第三世界国家多属于经济不发达国家，这些国家的学前教育传统与当代学前教育的理念有较大差别。若以现代西方国家的学前教育价值理念为出发点，强调儿童中心以及学前教育中的物质主义，这是第三世界国家现有国力无力解决的，至少会使受益儿童有限。在学前教育的数量与质量的选择上，印度政府从公平的立场出发，基于本国国情强调学前教育价值的公平取向，主要体现在学前教育目的的定位——以儿童的生存第一，教育质量次之。在经费问题上，采取了灵活的策略，争取国际援助与国家财政的结合，同时辅以志愿者行动，特别是以物换物——用粮食换取幼儿园的日常办公用品等，都体现了政策的灵活性。这些都给了第三世界国家很好的启示。[1]

---

① 严仲连：《公平优先：福利取向的印度学前教育》，《平安校园》2014 年第 23 期。

二、印度学前教育发展的方向

基于长期实行的种姓制特别是女性社会地位较低以及城乡经济发展水平的显著差异，印度相关政策法规保障的重点在于促进所有种姓、阶层、性别及城乡群体均能享受平等的有质量的学前教育；印度《宪法》第29条首先从整体上规定了所有公民平等的受教育权："宗教、种族、种姓、语言或其中任何一个因素都不能据以取消公民进入任何公立教育机构，或从国家基金中获取资助的权利。"印度《国家教育政策》规定的国家教育主要目标之一也是"促进基于平等的教育质量"，"不论部落、种族、居住区域或性别，所有儿童均有机会接受同等质量的教育"。其次，《国家儿童行动计划》则从财政预算的角度规定"在预算分配上要优先确保那些属于最弱势群体的儿童"。再次，《国家儿童宪章》和《国家儿童行动计划》两部重要国家政策则针对学前教育公平，进一步明确了保障弱势儿童、提高学前教育质量的要求，提出应"解决由于性别、阶级、部落、种姓、宗教和法律地位而导致的歧视问题，从而确保平等，要向最弱势的、最贫穷的和获得最少服务的儿童提供最大程度的优先"，国家要"作出特别努力向表列种姓、表列部落以及被社会排斥的儿童提供相关保教设施"，要"坚决促进女童、处于弱势地位、有特殊需要儿童的保育和教育"。正是基于上述一系列重要规定，近年来印度持续开展了多项专门针对弱势儿童的发展与教育项目，如针对6岁以下弱势儿童群体的著名的"儿童综合发展服务"项目，使印度弱势儿童群体享受有质量的学前保教综合服务具有了可靠的政策法规保障。[①]

三、2016年印度国家新教育政策推进委员会的改革建议

2016年印度国家新教育政策推进委员会通过调查指出：现实中，6岁前的幼儿保育和教育目前不属于中央或邦政府举办的正规教育。如雨后春

---

① 沙莉：《发展中人口大国学前教育质量政策研究：基于印度、巴西的比较及启示》，《外国中小学教育》2016年第5期。

笋般涌现的私立游戏学校和幼儿学校填补了部分空白。

心理学家、教育学家、儿科医生和社会学家一致认为，从婴幼儿到6岁是大脑显著发育的时期，神经科学研究也证实了儿童早期的重要性。儿童早期是其重要的认知、语言、社会交往和精神运动能力发展的"关键时期"，对未来人生成功十分重要。从出生到6岁这几年是人一生最脆弱、也是最具潜力的时期。一方面，儿童在这个阶段遭受的任何伤害或贫困可能是无法修复的；另一方面，给予充分的保护、关怀和激励将为儿童未来的幸福以及身体、社交、情感、语言和认知能力的全面发展奠定坚实基础。特别是在3—5岁之间，儿童获得身体自信，通过自己做事争取独立，体验周围环境。他们对身边发生的事情表现出强烈而活泼的好奇心，享受与其他孩子玩耍的快乐，力图模仿成年人，学习独立自主并开始懂得自控和自律。确保儿童早期成长于有利环境是打破多种不利因素（长期营养不足、健康状况不佳、性别歧视和社会经济地位低下）代际循环的最佳机会。

过去几十年的特点是城市化加速和大家庭制度瓦解。随着小家庭和在职父母的增加，老年人和家庭无业成员早年间充当的保姆角色随着时间的推移逐渐消失，使得许多父母将孩子送到学前班。其他父母将孩子送到学前班，目的是让孩子在小学阶段领先别人一步。这种开发早期智力的做法由于缺乏科学的符合教育规律的方法指导，收效甚微。

由于早期儿童保育与教育不是强制性的，2002年第86号宪法修正案邦政策指导原则第45条规定"邦应努力为所有儿童提供早期儿童保育和教育直至他们年满6岁"。教育权利法对此进行了改进，使早期儿童保育与教育成为4—5岁儿童的准合法权利。教育权利法第11条规定，"鉴于三岁以上儿童以后要上小学，为实施早期儿童保育和教育，有关政府可以作出必要安排为这些儿童提供免费学前教育"。

推进委员会发现，尽管作了上述规定，迄今为止几乎未对4—5岁年龄组儿童开展教育，即便这是宪法要求的。因此，应制定一项专门针对4—5岁年龄组的教育方案，由公立幼教机构来实施，也应在适当的指导和监管下延伸到私立幼教机构。

妇女与儿童发展部制定了国家幼儿保育和教育政策，印度政府 2013 年 10 月 12 日公告了这一政策。该政策的愿景就是让所有 6 岁以下儿童获得全面发展和主动学习能力，通过开展自由、普适、包容、公平、快乐和情景化教学为其奠定发展基础并开发其全部潜力。妇女与儿童发展部的这项政策包括了对所有儿童的公平和包容。由于各种原因，据估计主要是未分配资源的原因，这一政策尚未在全国有效铺开。

在近 1.6 亿 0—6 岁儿童中，3—6 岁儿童为 7540 万。截至 2015 年底，3600 万 3—6 岁儿童入读 13.47 万个院落幼儿园；官方数据显示大多数儿童接受了学前教育，但很可能重点在营养和健康，几乎没有什么教育内容。推进委员会建议，所有 4—5 岁儿童必须接受学前教育，将其视为儿童的权利，应立即开展学前教育。

在妇女与儿童发展部的支持下，印度政府在 3—5 岁儿童健康与福利方面的主要干预措施正由儿童发展综合服务项目实施。儿童发展综合服务项目是 1975 年启动的，旨在通过降低死亡率、发病率和营养不良，提高母亲健康水平和满足儿童正常健康和营养需求的能力，来提高儿童营养和健康水平。儿童发展综合服务项目为 6 岁以下儿童及其母亲提供食物和初级保健。除了解决儿童营养不良和健康欠佳问题外，该项目还试图给女孩提供与男孩相同的资源消除性别不平等。

儿童早期营养和免疫对确保其一生的健康和学习能力至关重要。营养不良会对入学率和入学准备产生负面影响。儿童早期缺乏微量营养素确实对其许多方面产生终生不可逆转的影响，包括大脑发育、身体发育迟缓、注意力不集中等。营养不良儿童入学的可能性较小，即使入学也可能会辍学。儿童时期长期严重缺乏必需的营养会损害其语言、运动和社会情感发展，为童年早做预防和提供帮助的成本效益远高于对其成年后的缺陷所做的补偿。

在农村地区，儿童发展综合服务主要通过安甘瓦迪中心（院落幼儿园）实施，典型的安甘瓦迪由当地家庭的妇女和志愿者组成，他们没有固定工作和退休福利。这些中心提供补充营养、健康教育、接种疫苗、体检和转诊服务。虽然安甘瓦迪也正式承担非正规学前教育的任务，但实际上不具备教育条件。

儿童发展综合服务项目由妇女儿童发展部资助和管理。此项目的重点在营养和健康，不在早期儿童教育。为全面解决幼儿保育和教育的所有问题并确保儿童的全面发展，必须协调各有关部门并给予足够重视。

所有邦在与推进委员会的交流中赞同公立学校儿童应接受学前教育，但由哪个部门负责此工作存在差异。一种观点是，学前教育应是儿童发展综合服务项目的组成部分。另一种观点是，学前教育是教育部门的责任，各邦应逐步在公立小学引入学前教育，午餐计划应扩展到学前教育；儿童发展综合服务项目应延伸到0—3岁儿童。

推进委员会建议在院落幼儿园引入精心设计的课程，以确保学前儿童接受基础教育。该项目将列入妇女儿童发展部的工作中，该部将继续管理院落幼儿园。需要中央和各邦提供适当经费保证上述项目的开展，不能在妇女儿童发展部的预算中留下缺口，在一定时间内将该项目迅速扩大达到所有4—5岁儿童。在可行的范围内，院落幼儿园应安置在当地小学内或紧邻小学。

推进委员会认识到目前儿童发展综合服务项目隶属的院落幼儿园设施不足以开展幼儿教育，建议采取以下措施加强院落幼儿园的建设：

（1）全国教育研究与培训委员会应制定学前教育的课程框架。

（2）拟定的活动表应成为幼儿园的教学计划，幼儿园还可作为日托或午托活动中心。

（3）邦教育研究与培训学院应对选拔的院落幼儿园的工人和教育工作者进行强化培训，指导他们有关学前儿童的新内容和方法。

（4）邦教育研究与培训学院应使用全国教育研究与培训学院的课程培训新手和其他教育工作者，但需创造性地利用地方资源开发与活动相关并能激发幼儿兴趣的玩具和教具。

（5）应鼓励儿童的父母组成管理委员会，使这项工作具有参与性，有利于满足当地的需要；尤其是他们有年幼的孩子在院落幼儿园就读时，就会主动联络小学管委会。

（6）院落幼儿园的健康和营养成分应当持续加强，这方面的投入会有利于儿童的健康、成长和学习能力。

（7）需要提供适当的经费来支付额外的职责和成本所产生的费用。

人力资源发展部与妇女儿童发展部之间以及与各邦政府及其地方机构之间的协调问题需要解决好。理想情况下，农村地区的院落幼儿园应坐落于小学或村里较大的教学楼里，这有利于包括运动场等公共设施的利用；此外，孩子熟悉校园易使上学成为习惯。大多数情况下，新入园孩子可能有一个兄弟姐妹读小学，这就是将幼儿园设置在小学里或靠近小学的另一个原因。

在城镇，根据 1948 年工厂法，1951 年农场法，1952 年矿业法，1980 年邦内农民工法以及 2005 年国家农村就业保障法，正规企业的雇主有义务为本企业就业妇女的子女提供日托服务。然而，这些法规解决不了在非正规企业就业妇女子女的入托需求。所以，推进委员会认为所有公立小学应适时配置学前教育设施。理想情况下，所有院落幼儿园应逐步设置在校园内或尽可能靠近学校。邦政府必须配备学前教师队伍，并为他们创造职前和在职培训的条件。委员会认为从院落幼儿园过渡到学前班应是渐进和无缝链接的，应由各邦自定达此目标的时间。

第四章　印度中小学教育

从古印度王国出现，古印度教育便应运而生。哈拉巴文化、婆罗门教育、佛教教育等一系列文化对古印度的社会发展起着十分重要的作用。近代由于英国殖民者的侵略和压迫，使得印度原有的初等教育遭到了破坏。英国殖民者从自己的政治和经济利益出发，发展了印度教育，形成了畸形的殖民地教育体系，使印度这一文明古国沦为现代世界中文盲充斥的落后大国。印度独立后，经过了几个五年计划的努力，特别是20世纪80—90年代以来，政府对于教育的发展更加重视，普及初等教育，不断增加对初等教育的投资力度，在有关法规和政策、教育目标、学校类型及入学人数、师资、学科专业或教学内容、教学设施和条件、经费保障及来源等方面进行了一系列的改革。这一系列的改革和普及初等义务教育政策的实施紧紧地联系在一起，促进了当代印度教育的发展。

第一节　印度中小学教育历史沿革

一、古代印度教育

古代印度疆域辽阔，远远超过现今的印度和南亚次大陆上的所有国家。大约在公元前2000多年，居住在印度河流域的土著达罗毗荼人建立了奴隶制城邦国家，并创造了文字。公元前2300—前1750年，"哈拉巴"（Harappa）文化被达罗毗荼人所创造，后突然中断，直到20世纪20年代才被重新发现。

大约在公元前 1400 年，中亚游牧部落雅利安人入侵印度后建立了强大的王国。入侵过程中，也不断征服着当地的文化。雅利安人逐渐从游牧文化转向了农耕文化，且吸取了当地的土著文化，二者相互吸收、融合，逐渐发展成为印度—雅利安文明，并创造了属于他们自己的文字——梵文①。

(一) 婆罗门时期教育

公元前 1000 年到公元前 600 年，古印度逐渐形成一套严格的等级制度，通称种姓制度。种姓制度把人按照高低等级依次分为四类。第一级为婆罗门，即僧侣，拥有解释宗教经典和祭神的特权；第二级为刹帝利，即军事贵族和行政贵族，拥有征收各种赋税的特权；第三级为吠舍，即农民和从事工商业的平民；第四级为首陀罗，即奴隶及处于奴隶地位的穷人，绝大多数是被征服的土著居民，属于非雅利安人。入学校、习经典的权利只能为婆罗门、刹帝利和吠舍所有。婆罗门的种姓等级为最高级，因此也享有最完备的教育；刹帝利和吠舍所受教育内容较简单，程度较低，特别是吠舍的教育更为逊色；普陀罗则被剥夺了受教育权。其教育带有一种贵族性。

公元前 9 世纪以前，婆罗门教育以家庭教育为主。

公元前 8 世纪后，随着科学文化的发展，出现了一种办在家庭中的婆罗门学校，通常称为"古儒学校"，教师被称作"古儒（guru）"，均为婆罗门种姓。儿童入学需要经受古儒的考验，通过考验后入学，需居住在古儒家中。学习期限一般为 12 年，学习内容主要为《吠陀》经。作为学习《吠陀》经的基本训练，还规定学习六科：语音学、韵律学、文法学、字源学、天文学和祭礼。虽然课程内容以神学为核心，但涉及较为广泛的知识领域。教学方法较之前古板的、注重死记硬背的方法有所改进，但保留了体罚并且经常使用，对年纪较大的学生，适当地改用了恩威并施的方

---

① 吴式颖、李明德：《外国教育史教程》(第三版)，人民教育出版社 2015 年版，第 18 页。

法。另外，在学校教学时，古儒常用年长儿童当助手，由助手协助教师把知识传给一般儿童。①

（二）佛教教育

公元前 6—前 5 世纪，印度进入"列国时代"，战火频繁。在战争中掌握军事力量的刹帝利地位上升，婆罗门势力日益削弱，婆罗门教已不足以维系人心，佛教应运而生。佛教的教育目的和教义相同，在于让人们通过修行，放弃人间享乐，大彻大悟，蔑视现实人生，追求涅槃和虚幻的来世佛教的主要学习场地为寺院，主要学习内容为佛教经典，神学气氛浓厚，且讲学均以当地方言为主，此外它还将讲道（佛经的讲解）与个人的钻研结合起来。僧徒学习期限一般为 12 年，经考验合格后离寺回家，考验合格的僧徒称作"比丘"（僧人之意），少数人继续留寺，再修习 10 年后，担任寺中僧侣职务。佛教比婆罗门更重视女子教育，女僧修行和学习之处的"尼庵"存在于各地，但其教育水平相比男子的"寺院"还有一定的差距，女僧学习完毕考验合格后称作"比丘尼"。无论寺院还是尼庵，其教学内容都以神学教育为主，视为一种宗教训练，其教育带有一种平民性。②

二、王朝时期印度教育

印度王朝时期一般被看作包括孔雀王朝、外族入侵时期、笈多王朝、后笈多王朝和拉其普特时期。

公元前 322 年，印度开始进入孔雀王朝时期，十六雄国之一的摩揭陀王国战胜了其他王国建立了孔雀王朝，孔雀王朝在阿育王时期到达巅峰，除了印度半岛南端的一些国家和现在印度的东北部以外整个印度都在形式上统一于帝国政权之下。但是，孔雀王朝的强盛在阿育王去世之后即告终止，摩揭陀的力量退缩回它本来居有的地区，印度又恢复了列国时代的那

---

① 吴式颖、李明德：《外国教育史教程》（第三版），人民教育出版社 2015 年版，第 20 页。
② 吴式颖、李明德：《外国教育史教程》（第三版），人民教育出版社 2015 年版，第 21 页。

种分裂状态。

公元 320 年到公元 540 年的笈多王朝是孔雀王朝之后印度的第一个强大王朝，也是由印度本土人建立的最后一个帝国政权。与孔雀王朝一样，笈多王朝的发源地也是在摩揭陀，他们确实统一了北印度，但在南方则并没有扩张得太远。公元 700 年左右这个帝国迅速瓦解了，笈多王朝的统治权力再次退回摩揭陀，印度又陷入了一片混乱分裂的状态。

笈多王朝是印度人自己建立的一个空前繁盛的王朝，它是印度正统文化——印度教文化的全盛期，也可以说是中世纪印度文明的全盛期。从文化上看，在宗教、哲学、文学、艺术等出现全面繁荣的同时，印度文化也趋于成熟和定型。它被一些民族主义历史学家称为印度的"黄金时代"。

宗教方面，佛教日趋衰落。法显的游记（399—413）和玄奘的游记（629—654）比较来看，可知相距二百年中佛教有渐衰之迹，婆罗门教有复盛之势。在贵霜王朝时代，迦腻色迦二世曾经提倡过佛教，但其目的是利用佛教的"泛爱"和逆来顺受的学说来缓和印度民族对外来民族压迫的反抗。到笈多诸王正式崇奉婆罗门大神，但亦放任其他宗教发展，因此婆罗门教的势力渐广。婆罗门经典所用的梵文语随而复兴，相反地，一向用来传播佛教的梵文俗语在著作中开始有被减趋势。到葛利沙王统治的时候，虽然是表扬过佛法，但亦未敢触犯具有地方势力的婆罗门教徒。六七世纪间，婆罗门教利用其传统的地位和佛教本身的缺点来和佛教作斗争；另一方面，吸收佛教的一些内容（如神秘主义——密宗、禁欲主义的理论）及形式（如偶像崇拜、建立寺院和教团制度）成为一种新的形式——印度教，成为印度封建社会的支配思想。

文学方面，笈多和葛利沙王时代为梵文学复兴的时代。印度两大史诗之一的摩诃婆罗多（大战书）至第 5 世纪才完成。葛利沙王统治的时代，对于文学颇有提倡，不过他所提倡的是歌功颂德的宫廷文学，注重声调和辞藻，创造较少，也没有伟大的作家出现。

艺术方面，笈多时代的艺术，特别是建筑艺术，有不朽的价值。它一面集前代各种优美形式和方法的大成，另一面也把先进的经验加以创造性地运用，并且把自己独特的作用带到国外去。这段时期的建筑及雕刻以石洞庙宇的建筑为多，这些石洞庙宇以佛教为最，婆罗门教和耆那教次之。

科学方面，印度最重要的天文学著作之一是 4 世纪写成的，但至阿里巴达（476）开始发扬光大它的理论。他有力地证明地球运行的道理，并解释了日月食的原因。印度古代的大数学家对于代数研究的成就还高出希腊人。医学上，印度医师已知解剖手术，能切开腹脏，取出深陷于肌肉的铁片，以及除去眼睛上的白内障等。

自笈多王朝兴起后，印度通过埃及及亚历山大城与东罗马帝国发生贸易关系，东西文化的接触更加频繁，两方文化都有所促进。[①]

进入 5 世纪之后，岌多王朝内乱四起，外患不断，开始走向衰落。六七世纪之交，北印度小国林立，战乱不断，一度统一的北印度再次分裂，印度再度处于政治分裂的局面。到 7 世纪上半叶，戒日王（606—648 年在位）在北印度大部分地区建立了戒日帝国。然而，戒日帝国只是昙花一现。647 年，戒日王病故后，身后无嗣，帝国也全面解体，印度再次陷入分裂，这次分裂持续了长达五六个世纪。这一段时间印度频繁遭到外族入侵。直到 11 世纪初，信奉伊斯兰教的突厥人入侵印度并建立政权，史称"德里苏丹王朝"。之后印度进入长达几百年被穆斯林统治的时期。

三、伊斯兰时期印度穆斯林教育

印度的伊斯兰时期一般被视为包括德里苏丹国与莫卧儿帝国时期。

（一）德里苏丹时期的穆斯林教育

从公元 11 世纪开始，来自阿富汗的突厥人建立的德里苏丹国逐渐统一印度北方，不过，德里苏丹国并非统一了整个印度，德里苏丹国充其量只是北印度的一个最大的王国。

这一时期国家刚刚建立，统治者忙于征战和巩固国家政权而疏于教

---

① 朱杰勤：《笈多王朝时期的印度》，《历史教学》1956 年 12 期。

育，所以这一时期的教育并没有太大的发展，但是也还是有不少苏丹很重视教育。

早在穆罕默德·古尔（MohalnmadGhori）的时候，他就建立了一些清真寺和学校，并且给他的奴隶接受良好教育。而奴隶王朝的建立者库特卜·乌德·丁（Qutubuddin）本人热爱文学，重视教育，建立许多麦克台卜。但是他是一名宗教狂热分子，摧毁了大量印度寺庙，建立清真寺。在他之后的王朝及苏丹也很重视教育，尊重学者。比如伊勒图特米什（Thumish）在德里建立了马德拉沙，巴勒班（Balban）在位期间，文学兴盛，他的儿子还请国外学者来皇宫演讲。卡尔吉王朝的阿拉·乌德·丁（Ala-udin）在德里的郝兹克海斯（Hauzkhas）建立了一所马德拉沙，这里后来成为一个重要的学习中心。图格卢克王朝的苏丹穆罕默德·宾·图格卢克也是一位热爱学习，尊重学者的人，他的后继者菲鲁兹沙（Ferozoshah Tughlaq）在清真寺内建立了不少于 30 所麦克台卜。洛蒂王朝时期建立了许多学校，并对军事官员实行义务教育。这一时期的教育极大地丰富了波斯文学，但主要是宗教教育，而且大部分苏丹都不重视印度教教育。

（二）莫卧儿帝国时期的穆斯林教育

1526 年，成吉思汗的后裔帖木儿的直系后代巴卑尔从中亚进入印度，占领了德里并被尊为"印度斯坦的皇帝"，建立的莫卧儿帝国，帝国统一了除印度南部和东北部的整个印度，之后莫卧儿帝国迅速衰落。1740—1761 年间，莫卧儿王朝卧儿皇帝先后成为入侵印度的波斯人、阿富汗人及马拉特封建王公的傀儡，莫卧儿王朝名存实亡，印度又进入了邦国林立的分裂局面。

莫卧儿帝国时期，印度的教育有了较大发展。虽然当时没有制定统一的教育制度，也没有成立专门的教育管理机构，但莫卧儿君主们普遍比较重视教育。当时，印度并没有官办的教育机构。教育附属于宗教，以寺庙办学为主，有学问的婆罗门、佛教高僧和伊斯兰教学者也招收弟子，私人传授。德里苏丹国和莫卧儿帝国时期，印度教、伊斯兰教都有各自的基础学校和高等学院。一般是本宗教的子弟上本宗教的学校。基础教育学校就近招收男女儿童入学。高等学院的学生来自不同地区。德里苏丹国时期因对印度教采取压制态度，穆斯林教育得到发展，印度教寺庙办学受到削弱。莫卧儿帝国时期，这种现象得到扭转。莫卧儿君主们虽没有建立统一的教育制度，也没有成立专门的教育主管机构，但一般来说对教育是重视的，在财力上给学校以资助，不论是伊斯兰教的还是印度教的，都鼓励发展，对各宗教的学者都实行积极保护的政策。巴布尔和胡马雍在德里等地建立了穆斯林学院。阿克巴统治时期变化尤为显著。阿克巴不仅重视穆斯林教育，同时也关注印度教的教育。他重新恢复了印度教的教育，甚至在有的马德拉沙，允许印度教用自己的语言传授他们自己的文化。此外，一些宗教之外的实用课程，如农学、解剖学、生理学、几何学等课程开始出现在学校课程中。这一时期涌现出了很多著名的学者，出版了一批优秀的文学作品。贾汗吉尔和沙杰汗继承了这个改革，推动这个倾向继续发展。直到奥朗则布实行打击印度教的政策以前，无论伊斯兰教的教育或印度教的教育都得到了较大的发展。①

1. 教育目的

这一时期的教育目的主要是推广宗教和科学知识、传播伊斯兰教义、法律和社会准则。教育是出于对知识的渴望和追求，而不是为了获得以后的生存。学习是生活的目的，而不是手段。

2. 教育机构

伊斯兰教主要通过麦克台卜和马德拉沙这两个教育机构来实施教育。麦克台卜对学生进行初等教育，马德拉沙进行高一级的教育。

（1）麦克台卜

学生在进入麦克台卜学习前还有个简单的入学仪式，即孩子在这一天必须穿戴一新，还要背诵一些《古兰经》诗句。如果不会，其教育就从"主啊"（BismiUah）发音开始，即以安拉的名义开始接受教育。学生的

---

① 林承节：《印度史》，人民出版社 2004 年版，第 195 页。

家长也要参加这一仪式。进入麦克台卜之后，学生主要学习宗教知识，以《古兰经》为主要内容。他们并不需要明白《古兰经》的含义，只要记住就可以。此外，学生还会学一些阅读、写作、数学和波斯文学。印度教子女也可入麦克台卜学习，但他们首先要学习阿拉伯语和波斯语。富人子弟通常不入麦克台卜学习，而请教师在家里接受教育。皇家子女在皇宫中学习，有专门的教师教他们管理、军事、文学和宗教知识。穆斯林每个男孩都要进入麦克台卜学习一点基本的《古兰经》知识。

（2）马德拉沙

马德拉沙一词源于阿拉伯文中的 dars 一词，即演讲（lecture），意思是演讲的地方。马德拉沙主要传授中等和高等教育，学习年限一般为10—12年。马德拉沙主要是培养乌里玛的地方，不受政府控制。马德拉沙主要由政府或者一些慈善人士创办。教师由政府和一些德高望重的人来任命。教育内容除了宗教知识外，还有文学、语法、逻辑、法律、诗体学等世俗知识。教学用语是波斯语，但是每个穆斯林学生必须懂得阿拉伯语。

马德拉沙是用劈开的石头建造的。马德拉沙的门上都刻着奉献的墓碑，里面主要是祈祷大厅，前面是庭院，庭院中间有一个大的水池，周围是一些拱形建筑和外屋（附属建筑），还有一些屋子是用来演讲或作为藏书室。

3.教学方法

穆斯林时期口头教育和背诵课文是主要的教学方法。穆斯林学生必须背诵《古兰经》的部分内容。一些麦克台卜也教授作文和数学，但并没有科学的教学方法，因而大多数学生大部分时间都花在背诵《古兰经》和祷告上。阿克巴意识到这种方法的缺点，就着手改革教材，鼓励学生写作。他认为应该先写再记。阿克巴试图建立科学的教育基础以培养学生处理世俗事务的能力。为了使教学系统化，阿克巴认为教学应从字母开始，然后是单词、语调。因为采用口头的教学方法，教师的主要任务是讲解，学生通常是被动地听讲，因而伊斯兰教在教学时建议学生在上课前应阅读相关的书籍，独立准备功课，这使他们能主动地学习。穆斯林时期在遵守纪律方面也寻求学生的合作。与佛教教育一样，指定一些高年级学生做班长，以指导和管理低年级学生；教师不在时，高年级学生也可教低年级学生。医学、音乐、手工艺学生要进行实践锻炼，因而开始了这一阶段的实践教育。教学方法主要采取口头教育的方法，学生跟着老师机械地复述、背诵。①

（三）穆斯林教育的特点

总的来说，当时的教育缺乏健全的体制，视各个时期统治者而定。不同的苏丹有不同的兴趣和倾向，因此教育在不同时期也不相同。有些苏丹热爱知识，重视教育，建立了大量的清真寺、麦克台卜和马德拉沙。除此之外，在德里以及一些大城市，经常通过一些聚会，有一些著名的学者演讲。尽管穆斯林教育没有规定特定的教学模式，但各个学校都基本采用一样的模式，都教授宗教知识，同时也重视其他学科，如军事教育，鼓励手工艺品的教育，不同统治者对教育的某一方面的重视也不尽相同。

在穆斯林王朝的统治下，穆斯林教育以及整个印度的教育都有了较大的发展。莫卧儿统治者将知识的大门开向了所有人，允许宗教差异的存在。德里、阿格拉、勒克瑙、安巴拉、拉合尔等地都是穆斯林高等教育的中心。不同的高等学校在教学研究领域方面各有专长，并因其专长而享有盛名，如德里的沙·瓦利·乌拉学院以研究传统的生活价值文明，勒克瑙的法兰吉·玛哈尔学院以法学教育的高水平著称。基础教育学校在城乡都较普遍。尽管当时交通很不发达，教育却传播到全国各地，各个邦、县的领导都很注重教育的发展，尊重学者，甚至还邀请外国学者来演讲。全国各个地方都形成了自己的文化特色，还引来一些外国人参观访问一些有名的教育中心。莫卧儿时期学校之多超过历史上任何时期。德里和有些大城市设有图书馆。1641 年阿格拉图书馆藏书 24000 册。可以说，穆斯林教育在印度文学、艺术、历史等方面都作出了很大的贡献。②

---

① 王长纯：《世界教育大系——印度教育》，吉林教育出版社 2000 年版，第 50 页。
② 叶燕：《印度穆斯林教育的历史研究》，硕士学位论文，中央民族大学 2007 年，第 40 页。

四、近代殖民统治下的印度中小学教育（1640—1947）

印度近代史的开端定在 1640 年，这是对印度史分期的一种划法，由苏联学者安东诺娃主编的《印度近代史》就是从 17 世纪后半期开始叙述的。并且许多印度和英国历史学家的著述，以及我国讨论印度问题的文著，都把发生在 1757 年的普拉西战役看作印度历史的重大转折，看作印度近代史开始的标志。①

在英国殖民者入侵前，印度就已经拥有了自己的学校教育系统。当时广泛流行的是伊斯兰教的麦可台卜（Madtab）学校教育和印度教的帕斯沙拉（Pathshala）学校教育。这些学校多为一师学校（即只有一名教师承担学校教学任务的学校），课程内容为读写算。

随着英国殖民统治的建立，基督教传教士在印度建立了不少初等学校。印度殖民地时期的教育制度是英国殖民者的政治思想、教育文化的产物。本廷克（Bentinck W.）曾任印度总督，1835 年在所签署的决议中称，英国政府的"伟大"目标应该是在印度居民中提倡欧洲的文学和科学，拨给教育的所有款项只能用于英语教育。根据英国议会的决议，东印度公司则负责对印度儿童实施所谓基础教育。但初等教育发展迟缓，"学龄儿童占人口的15%，但是其中仅有1/6多一点的有机会接受初等教育"②。当时印度的初等教育学制为 5 年，实施初等教育的机构为小学。

1838 年，英国官员威廉·亚当首次建议在印度实施初等义务教育。1852 年，温哥特上尉建议印度收入的 5% 用于普及农民的初等义务教育；1858 年，T.C.霍普建议应以地方自己的税收来举办初等教育。上述建议并没有真正地付诸实践。1882 年，教育委员会建议县委员会负责初等教育，但也没完全实施。

随着印度人民民族意识的觉醒，印度国民大会党成立，出现了像斯瓦密·维卫卡南达这样的领导人，这些政治因素促进了初等义务教育的

---

① 　李虎存：《印度近代史开端问题浅议》，《兰州大学学报》1986 年第 1 期。

② 　Dr.V.K.Kohli. *Indian Education and Its Ploblems*，Vivek Publishers，Ambala City，1994，
　　p.60.

发展。

1905 年，出现了抵制殖民地官办教育。官办教育主要弊端有以下 3 点：（1）在高等教育和中等教育领域，英语作为教学用语基本上取代了印度语言，使得只有少数人能受到这种教育和获得新知识，且获得的知识是外在的，其对中小学教育、印度语言的发展具有极大的消极影响；（2）重文理教育轻农工教育。这种情况主要集中于高等教育，但高等教育的这一发展目标使得基础教育也产生了极大的偏差。（3）实行奴化教育。实行奴化教育是任何殖民政府为加强和巩固其殖民统治而必然采取的措施，这在印度尤为突出，除教学用英语外，印度的文化传统遭到鄙夷。①

1910 年高黑尔（Shri Copal Krishna Gokhale）发出了通过地方政府和团体实施义务教育的提议，但遭到当时政府的反对。

1910 年，印度的"温和派"领袖戈卡尔为了试图唤起本国人民"普及教育有益于祖国进步"这一观点，在立法议会中提出一项关于普及免费义务教育的法案，建议先在教育基础较好的地区对 6—12 岁的男孩实施义务初等教育。这是印度历史第一次要求议会用立法形式规定实施义务初等教育的法案。戈卡尔的这一议案在议会遭到否决，但他为此所做的努力却唤起社会对普及义务初等教育的注意和兴趣。②

1910 年，印度国大党（1ndian National Congress）和穆斯林联盟（Muslim League）分别作出决议，呼吁实施免费义务初等教育。

1917 年，印度通过了第一个初等教育法，即印度最早的《孟买初等教育（县市）法》。

1918 年后，甘地（Mahatma Gandhi）开始成为印度民族的领袖。他领导了一系列的民族运动，作为其中一部分的普及初等义务教育成为很迫切的任务。与此相应，1918—1930 年间所有的省立法机构都通过了普及初等义务教育的法案，但在英国殖民统治下不可能取得令人满意的效果。

---

① 滕大春主编：《教育通史》（第四卷），山东教育出版社 1992 年版，第 380 页。

② 滕大春主编：《教育通史》（第四卷），山东教育出版社 1992 年版，第 378 页。

1937—1938 年间，甘地通过他的基础教育计划倡导实施七年义务教育。甘地的基础教育思想主张初等教育免费，使印度所有阶层的儿童都能接受初等教育。这种教育以手工劳动为中心，强调劳动教育，这对于印度民族教育的发展有积极作用，但其农业乌托邦的社会理想是与人类社会的现代化进程相背离的。1939 年第二次世界大战的爆发和国大党退出政府中断了印度的基础教育运动。1944 年萨金特报告《印度战后教育发展》建议在 40 年内对所有 6—14 岁儿童进行普及的、免费的和强迫的教育，将初等教育分为初级基础阶段（6—11）和高级基础阶段（11—14），前一阶段面向所有儿童，后一阶段则为准备上中学的 11—14 岁儿童提供教育。

五、独立后的印度中小学教育

1947 年英国提出蒙巴顿方案。方案提出，巴基斯坦和印度两个自治领分别于 1947 年 8 月 14 日和 8 月 15 日成立，英国在印度的统治宣告结束。自独立以来，印度基础教育的发展可以分为三个阶段：1947—1986 年，强调通过教育精英群体以培养国家创建能力；1986 年以后，印度政府将小学教育摆到国家前所未有的战略地位，在全国范围内实施一系列实验计划；2001 年以来，印度发动了普及基础教育计划（SSA），保障所有儿童接受完全的小学教育。为了改变基础教育及其落后的状况，印度政府近年来致力于实现全民教育，先后实施了各类措施，一定程度上减少了辍学学生的数量，缩小了性别与社会差距，提高了基础教育的质量。[①]

1947 年，印度独立后大力发展民族教育事业，特别是初等教育的普及。1950 年通过的印度宪法规定："国家将努力从宪法公布之日起的 10 年内向所有 14 岁以下的儿童提供免费义务教育。"这一规定为印度初等教育的发展注入了活力。但由于包括英国殖民者长期统治造成的恶果在内的多种因素的影响，到 1960 年还没有实现 11 岁以下的学龄儿童初等教育的

---

① 　朱灵媛：《当代印度基础教育发展中的问题及启示》，《学术研究》2015 年第 7 期。

普及。

印度政府非常重视解决初等教育普及的问题，加大了投入力度。

1950—1951 年印度初等学校数量为 11 万所，其中 96000 所男校，14000 所女校。

在1951—1966年的前三个五年计划期间，初等教育有了很大的发展，小学数量增加了 1 倍。第一个五年计划（1951—1956）时，印度明确要求将基础教育作为 6—14 岁儿童的教育模式，并建议用 8 年制基础学校代替原来的 5 年制小学。第一个五年计划结束时这个数目增至 277000 所（263000 所为男校，14000 所为女校）；第二个五年计划（1956—1961）结束时，初等学校总数上升至 330000 所（男校 310000 所，女校 20000 所）；第三个五年计划（1961—1966）期间，该数目已接近 400000 所（男校 375000 所，女校 25000 所）。在入学率上，第一个五年计划试图把初等教育阶段（即 6—11 岁年龄段）的入学率从 40% 提升至 53%；在第二个五年计划期间希望把这个数字提升到 63%；而在第三个五年计划期间（1961—1966 年度），政府则期望初等教育阶段入学率达到 100%。[①]

在第二、三个五年计划期间，印度继续努力使所有小学都转为基础学校，但由于基础教育不能适应时代的发展，而且不符合教育的规律和儿童身心发展特点，所以基础学校最多时也只占初等学校总数的 30%。这就形成了事实上的双轨制，一轨是五年制小学，另一轨是八年制基础学校。最终于 1966 年印度教育委员会决定设立劳动体验课来代替基础教育，全国基础教育研究所解散，这象征着印度基础教育运动的终结。

同时，随着初等学校的迅速增加，上学儿童的总人数也增加了 2.5 倍之多。男生数量从 13800000 增至 32200000，女生从 5400000 增至 18800000。6—11 岁学生总数从 19200000 增至 50500000 千万。

第四个五年计划（1969—1974）期间，印度出台的许多教育政策都是有关初等教育的。这些政策包括实现就地就近入学；增加女童和表列种

---

① 瞿葆奎主编：《印度、埃及、巴西教育改革》，人民教育出版社 1991 年版，第 260 页。

姓儿童入学人数；为不能参加全日制学习的儿童提供业余制的学校教育；
1—5年级初等教育的入学率应占学龄儿童的85.3%。委员会关于基础教育的主要意见有：应该为6—14岁年龄组儿童的免费义务初等教育进行适当的准备；应该使贫穷但天资高、值得称赞的儿童能够得到奖学金和书籍等的帮助。①

第五个五年计划（1974—1979）期间，印度建立了业余教育制度。如果儿童不能在全日制学校就读，就必须进入业余教育系统，接受义务教育。此时的业余教育已从第四个五年计划期间开始发展成为一种教育制度。另外，印度政府制定优惠政策，帮助贫困家庭子女入学，包括为他们提供免费的教科书、学习材料、午餐，甚至服装。特别注意解决家庭中长女入学难的问题。因为印度家庭的长女不得不照看弟弟妹妹，这是一个很普遍的现象。

第六个五年计划（1980—1985）期间，印度的乡村居地1.5公里范围内小学覆盖率达到了93%。同时印度教育部门在此间大力发展非正规教育和业余学校系统，其目的是使那些超过14岁的学龄儿童能接受初等教育，同时，为提高初等教育质量，印度还采取了一系列措施。②

第七个五年计划（1986—1990）期间，1985年1月，印度前总理拉·甘地（Gandhi，Rajiv）向全国发表广播讲话，宣布要在全国发起一场全面的教育改革。同年，印度教育部公布了反映印度教育现状的报告——《教育的挑战——政策透视》。

1986年，印度政府又公布了经议会通过的《国家教育政策》和《国家教育政策行动计划》，从而全面揭开了印度80年代教育改革的序幕。1986年制定的《国家教育政策》指出，初等教育的新趋向将注重两个方面：一是普及14岁以下孩子的初等教育并使其得到巩固；二是对教育质量进行实质性提高。该教育政策规定应在初级阶段采用一种以孩子为中心和

---

① 瞿葆奎主编：《印度、埃及、巴西教育改革》，人民教育出版社1991年版，第200页。
② 王长纯主编：《印度教育》，吉林教育出版社2000年版，第202—206页。

以活动为基础的学习过程。为了保证初等学校有基本的设备，政策要求实行"操作黑板"（Operation Blackboard）计划，它主要是为正规小学提供黑板、教师等最必要的条件，目的是消除教育配备上的差异，提高公立学校的教育质量。《国家教育政策》还为那些辍学者、为居住区无学校的孩子、为因工作而不能上日校的孩子发起了一项巨大而系统的非正规教育计划。它的目的主要有两个：一是使孩子经过学习后可以在今后进入正规学校学习，为孩子最后得到一张证书和进入正规学校做准备；二是使孩子经过必要的学习后较成功地进入社会参加工作和劳动。①

第八个五年计划（1992—1997）期间，1992 年修改过的《国家教育政策》中重申了国家在普及初等教育中的责任：在 21 世纪之前，普及入学、普及 14 岁前学童的教育、持续提高教育质量以便所有孩子达到必要的教育水平。由于其特殊的社会政治文化传统及人口等因素限制，印度普及义务教育的目标期限一再推延。

同时出台的《国家教育政策的行动纲领》及印度八五计划（1992—1997）都把县而不是邦作为普及初等教育的规划单位，提出了"县级初等教育计划"的设想。《行动纲领》第 7 章第 4 节第 6 条指出："各县的具体规划应由邦协助制定，包括具体的目标等。各县计划都应以主要的战略性纲领为参照，并考虑各县的具体需要和条件。各县规划的目标除有效地普及初等教育外，还应包括减少现在的入学机构、提高教育设备的质量、吸引社区民众积极参与学校事务及建立地方性机构以确保地方实施教育规划的有效性等。也就是说，县初等教育计划的总目标是重建所选各县的整个初等教育，而不是做些零零碎碎的教育改革方案的尝试，因此需要一种综合的方法来整合计划的各个组成部分。"

第九个五年计划（1997—2002）期间，印度政府于 2000 年 11 月成立了旨在保证孩子入学率的国家基础教育机构，其目标是：到 2003 年，保证所有 6—14 岁的孩子入学并完成 8 年基础教育。为确保教育规划有

---

① 　王晓辉主编：《比较教育政策》，江苏教育出版社 2009 年版，第 320 页。

效实施，印度政府采取了以下措施：构建初等教育分权管理体制，继续实行"县初等教育计划"和营养午餐计划；要求各级地方政府要确保教育经费；对贫困孩子采取免除各项费用，免费提供校服、书本、文具等措施，还免费提供午餐。

2001年以来，印度发动了普及基础教育计划（SSA），保障所有儿童接受完全的小学教育。为了改变基础教育及其落后的状况，印度政府近年来致力于实现全民教育，先后实施了地区初等教育计划（DPEP）、全国普及基础教育计划（SSA）、免费午餐计划（MDM）、教师培训计划（SKP）、全民识字使命计划（NLM）。

第十个五年计划（2002—2007）中，印度政府确立了一个加快印度经济和社会发展的目标："把印度从农业经济转变为现代多维经济引擎；从传统的阶层社会转变为一个平等的社会。"印度政府认识到提高和加强教育是促进国家发展的关键，初等教育普及化因而成为印度中央政府教育优先政策的最高目标。《2004—2005年度报告》还对1992年修改的1986年的《国家教育政策》给予了高度评价，认为该政策的实施，促进了各级教育（包括技术教育和职业教育）质量的提高和数量的增长，在一定程度上消除了入学的不平等，具有适切性。印度政府认为要实现全民教育，教育优先区应该为包括特殊孩子在内的所有孩子提供免费的、义务的基础教育，采取措施根除文盲，使教育职业化，关注女性平等，尤其是要关注表列种姓、表列部落和少数民族的教育。[①]

第十一个五年计划（2007—2012）期间，印度政府在2010年发布了《儿童免费义务教育权利法案2009》，并予以实施。

第十二个五年计划（2012—2017）中，印度政府制定了以下14条基础教育战略规划：

1. 从基于《普及基础教育计划（SSA）》的项目制度转向基于统一的《儿童免费义务教育权利法》（RTE也称为教育权利法）的治理体系以实

---

① 朱灵媛：《当代印度基础教育发展中的问题及启示》，《学术研究》2015年第7期。

现基础教育普及（UEE）。

2. 通过采取特别措施确保儿童按时上学，解决小学生入学机会和入学公平差距的问题，制定特别措施以解决儿童在完成整个八年基础教育周期之前辍学的问题。

3. 将学前教育与小学教育结合起来，为小学阶段的学习打下坚实的基础。

4. 优先保证教育质量，将整个教育的中心放在学习结果上，通过持续性综合评估方法（CCE，Continuous and Comprehensive Evaluation）对课堂教学进行评估，由区、县和邦开展独立的测量、监控和报告。

5. 重视早期补习指导，以确保所有孩子在2年级结束时达到规定年龄对规定学习水平的要求。

6. 确定每个班级和年级期末时需达到的清晰学习目标，家长和老师应该清楚这些目标。

7. 考虑到印度课堂中多年龄、多年级和多层次学生复杂班级的现实，加强教师培训，重视有效教学方法培训；同时，让教师专业发展成为教师自身的需求驱动，而不是中央根据课程设计和实施所做的自上而下的行政驱动。

8. 在学校管理上，加强自上而下的政府监控和自下而上的社区监督。

9. 重视和加强所有学校和相关部门的善治实践，确保绩效与各级教师和行政人员的内部和外部问责相结合，并确保全面评估驱动学校发展。

10. 加强对学校和教师持续不断的教学支持现场办公机制，加强区县一级的良好管理能力和领导能力。

11. 支持各邦确立学习目标以及独立评估教学效果，但是需赋予各邦实现目标的基本自治权力，对办学效果最好的邦给予额外经费支持。

12. 支持对教学与管理的创新实践的评定，在全国各地推广最好的创新实践。

13. 支持各邦促进社区和家长保证孩子按时上学并取得优质教育的动力、能力和责任。

14.确保村委会、社区组织和其他部门在学校工作上的合作。[①]

印度政府为普及基础教育而制定的十二五规划的目标就是减少辍学学生的数量，加强教育治理和全社会的参与，缩小学生入学机会和入学公平差距，普及基础教育并提高基础教育的质量。然而，印度想真正普及基础教育，需满足这四个条件：第一是要有足够的经费投入，保证有足够的师资和教学设施；第二是有足够的助学金使家长没有必要为了养家糊口而逼迫孩子辍学打工或在家管更小的孩子；第三是能够提高社区和家长保证孩子按时上学并获得优质教育的动力、认知能力和责任心；最后就是看市场愿不愿意提高用工门槛，不使用未获基础教育证书的劳动力。

第二节　印度中小学教育现状

一、有关法规和政策

（一）独立前的基础教育政策

20世纪20年代，在民族独立运动发动的非暴力不合作运动的带领下，许多学生纷纷离开公立学校，民族学校获得了一定的发展。

20世纪30年代的民族教育运动是以甘地（M.Gandhi）的基础教育思想为指导展开的，因而称为"基础教育运动"。它试图改变英国的教育模式，建立一种基于印度社会实际的新模式。这种新模式以八年制义务初等教育为基础，围绕手工和生产劳动组织课程。

1938年以后，基础教育运动在印度蓬勃展开，直到1944年全国仍有基础教育机构269所。虽然基础教育运动最后因为政府的镇压而失败，但是它的兴起在一定程度上促使殖民政府对已有的教育政策作出调整。

综上所述，我们可以将英国政府在印度的教育政策的主要特点归纳如下：

---

① *Twelfth Five Year Plan*（2012–2017）*Social SectorsVolume III*，p.56. http：//planningcommission.gov.in/plans/planrel/fiveyr/12th/pdf/12fyp_vol3.pdf.

1. 英国在印度发展教育的最终目的是为了维护它在印度的统治，因此，从本质上讲这种教育是精英主义取向的。其目的不是为了提高大众的文化水平，而是要使少数人成为恭顺于英国政府的精英，以协助英国在印度的统治。

2. 从教育政策的重点来看，精英主义取向的教育价值观导致了重视中等和高等教育特别是高等教育的发展，而忽视了人民大众的初等教育，这种教育结构上的不均衡发展导致了印度教育中的等级化程度加剧。

3. 从教育内容来看，在中等教育中重视为升入大学做准备的学术性课程而没有提供职业和技术课程；在中等教育阶段重视英语而忽略母语的教学。

4. 从学校教育制度来看，英国政府在强调英语教育的同时，以《伍德教育急件》的建议为基础建立了殖民统治的官办教育学制，包括小学五年、中间学校和中学各三年、中间学院二年和大学三年。

英国殖民政府在印度的教育政策对印度殖民地时期和独立后的基础教育改革与发展产生了深远的影响。

（二）独立后至20世纪70年代的教育改革政策

1947年8月14日，印度摆脱了英国殖民者的长期统治，宣告独立。1950年1月26日，印度共和国在人民的欢呼声中诞生，这是印度现代史上具有划时代意义的伟大事件，标志着英国殖民统治的终结，印度从此走上了独立自主之路。

1. 基础教育

1950年通过的印度宪法第四十五条规定：国家应努力在自本宪法生效之日起十年内为所有儿童提供免费义务教育，直到他们满14岁为止。此后，印度政府又多次修改实现普及义务初等教育政策目标的年限。

1952年成立的中等教育委员会对于中等教育的类型改革提出了一些极为重要的建议：原有中学向高级中等学校转向；取消中间学院；将一部分经过选择的学校改造为多目的学校或直接建立多目的学校。印度政府采纳了委员会的建议，在第一个五年计划中提出将470所中学改建为多目的学校的目标。这一政策并没有取得预期的效果，不仅进展缓慢，而且在许多地方多目的学校的声誉由于其质量低下受到了损害。

1957 年，印度计划委员会的一个专门小组在检查了全国普及初等教育的情况后，提出了分两步走的建议：第一步到 1965 年实现五年免费义务教育；第二步到 1975 年实现八年免费义务教育。

印度政府于 1964 年成立了印度历史上第一个专门考察教育问题的教育委员会。该委员会由时任大学拨款委员会主席的科塔里（D.S.Kothari）博士领导，在 17 位委员中有 5 位是来自联合国教科文组织的专家。

教育委员会于 1966 年 6 月提交了题为《教育与国家发展》的四卷报告，委员会建议推迟实现普及义务教育的期限，准备到 1976 年和 1986 年实现初小和高小的义务教育。特别强调：一是在学校中增加劳动实习课，以取代作为一种制度的基础教育；二是在全国实行统一的"10＋2＋3"学制，以取代实际存在的双轨制；三是中等教育职业化，以改变中等教育的结构，扩大中等教育的功能。

1968 年，印度议会正式通过了《国家教育政策》，成为印度第一份全国通行的带有教育基本法性质的政策方案。《政策》指出，应该竭尽全力为所有 14 岁以下的孩子提供免费义务教育；并制定相应的计划，以便减少学校中普遍存在的浪费和停滞，确保每个入学孩子都能够完成所规定的学业。

1979 年拟定的《国家教育政策》（草案）中对课程改革、入学时间的弹性制、价值观念、学习科目、学习过程、学时等都有所阐述。草案中政府确定的目标是：到 1982—1983 年度向 90% 的 6—14 岁的孩子提供教育；建立广泛的评价系统，让每个人都成功地读完 8 年级。[①]

2. 中等教育

印度独立以后，为了满足国家经济和发展的需要，为了评估现行的中等教育制度，印度政府于 1952 年成立了中等教育委员会，制定出改革

---

① 瞿葆奎：《教育学文集：印度、埃及、巴西教育改革》，人民教育出版社 1991 年版，第 313—314 页。

中等教育的措施。

1966 年，科塔里委员会首次明确提出"职业教育"这一概念，提交的报告《教育与国家发展》特别强调职业教育的必要性，建议中学教育应在相当大程度上实现职业化。[①]

1968 年的《国家教育政策》接受了科塔里委员会的建议，进一步明确了中等教育对国家发展的重要作用，提出"提供更多的中等教育机会"是实行社会变革的一个主要手段，因此中等教育设备应迅速扩大到那些过去得不到这些设备的地区和社会阶层去，中等教育应与发展中的经济和实际就业机会的需求大体相符，为中等教育提供的设施应多样化，要增加中等职业技术教育的设备，开始多样化的学程。

1979 年制定的《国家新教育政策》（草案）指出，中等教育的目标在于促进并助长人格的全面发展，培养出来的学生"应获得有益于未来生活的足够知识和技能"。中等教育应该实行技术性和学术性双轨制。

（三）20 世纪 80—90 年代的教育改革政策

为了适应 21 世纪的挑战与新的经济和技术的发展，世界各国都在 20 世纪 80 年代兴起了新一轮教育改革的浪潮。面对着新的国际社会环境，在终身教育思潮的影响下，印度政府也不得不审视自己的各级各类教育。

1985 年，拉·甘地（Rajiv Gandhi）在就任印度总理的广播讲话中宣布，将对现行的教育制度进行改革，标志着印度新一轮教育改革的开端。继而，印度教育部首先发动了一场与制定教育政策有关的教育改革的大辩论，并发表了题为《教育的挑战——政策透视》的文件，发动全国人民对教育问题进行讨论。

1. 1986 年的《国家教育政策》

1986 年，印度人力资源开发部公布了经过议会通过的《国家教育政策》。新的教育政策共分 12 个部分：(1) 引言；(2) 教育的实质和作用；(3) 国家教育制度；(4) 为平等而教育；(5) 各级教育的重新组织；(6)

---

① 　马加力：《当今印度教育概览》，河南教育出版社 1994 年版，第 189 页。

技术教育和管理教育；（7）如何使教育制度有效；（8）调整教育内容与过程的方向；（9）教师；（10）教育的管理；（11）资源和检查；（12）未来。

（1）基础教育

《政策》指出，初等教育的新趋向将注重两个方面：一是普及 14 岁以下孩子的初等教育并使其得到巩固；二是对教育质量进行实质性提高。该教育政策规定应在初级阶段采用一种以孩子为中心和以活动为基础的学习过程。为了保证初等学校有基本的设备，政策要求实行"操作黑板"计划，它主要是为正规小学提供黑板、教师等最必要的设备，目的是消除教育设施上的差异，提高公立学校的教育质量。

（2）中等教育

《政策》在有关中等教育的规定中指出：中等教育阶段是向学生提供历史知识和民族前途，并使他们有机会理解自己作为公民的法律义务和权利的适当阶段；课程要包含健康的工作态度和价值观念；中等教育的机会要扩大到边远的没有中学的地区，除此之外地区的学校，要进行巩固。进一步明确了职业技术教育在整个教育制度中的地位：系统周密而且严格地执行职业教育计划。[1]

1986 年《国家教育政策》还为那些辍学者、为居住区无学校的孩子、为因工作而不能上日校的孩子发起了一项巨大而系统的非正规教育计划。它的目的主要有两个：一是使孩子经过学习后可以在今后进入正规学校学习，为孩子最后得到一张证书和进入正规学校做准备；二是使孩子经过必要的学习后较成功地进入社会参加工作和劳动。[2]

2. 1992 年的印度教育政策

（1）初等教育

印度政府在 1992 年的修改案中重申了国家在普及初等教育中的责任：在 21 世纪之前，普及入学、普及 14 岁前学童的教育、持续提高教育质量

---

[1]　王晓辉主编：《比较教育政策》，江苏教育出版社 2009 年版，第 335 页。

[2]　王晓辉主编：《比较教育政策》，江苏教育出版社 2009 年版，第 320 页。

以便所有孩子达到必要的教育水平。同时出台的《国家教育政策的行动纲领》及印度八五计划（1992—1997）都把县而不是邦作为普及初等教育的规划单位，提出了"县级初等教育计划"的设想。

1994 年 11 月根据修改后的《政策》开始实施初等教育计划，其主要目的是使所有儿童提供接受初等教育，将初等教育阶段的辍学率降到 10% 以下，将初等学校学生的学业成绩提高 25%，将所选县的性别和社会群体差别减少到 5% 以内。此次的《行动纲领》推进了全国的职业技术教育。1988 年 2 月，印度开始实施由中央财政支持的在高中阶段进行职业化教育的计划。根据这项计划，中央政府向各邦和各中央直辖区拨付大量款项，作为推广职业化教育的经费。

（2）中等教育

修订后的《国家教育政策》把中等教育的职业化（在中等教育的 9—12 年级）作为一个很重要的战略，1992 年以后，职业教育联合理事会和职业教育研究中心都在全国范围内建立了起来。1993 年 7 月，在中央邦的首府博帕尔成立了职业教育研究中心，作为全国职业教育研究调查和发展的最高机构。大学拨款委员会已经确定在全国范围内建立大约 100 个引入职业课程的机构。第十个五年计划建议重建课程，在高级中学阶段提供以职业为导向的多样化课程。

20 世纪 90 年代以后，印度政府在学制政策上的重点由全面推广新学制模式转变为建立统一的初等教育制度，同时致力于推行十年普通教育之后的教育阶段，作为中等教育的一部分在全国推行。

（四）21 世纪初印度初等教育的改革政策

1. 基础教育

印度政府于 2000 年 11 月成立了旨在保证孩子入学率的普及基础教育计划，其目标是：到 2003 年，保证所有 6—14 岁的孩子入学并完成 8 年初等教育。为确保教育规划有效实施，印度政府采取了以下措施：构建初等教育分权管理体制，继续实行"县初等教育计划"和营养午餐计划；要求各级地方政府要确保教育经费；对贫困孩子采取免除各项费用，免费提供校服、书本、文具等，免费提供午餐。

印度中央政府在第十个五年计划（2002—2007）中，把初等教育普及化作为印度中央政府教育优先政策的最高目标，重点关注中等教育入学率的提高.

印度政府在《实现十五计划的途径》中指出：首先，政府要放权。印度政府必须保证既要为孩子提供入学机会，也要为其提供优质的高水准的课程、教育和基础设施。缩小所有的社会、性别和地域差距，使6—14岁孩子的入学率在十五计划结束时接近100%。[①]

2. 中等教育

十五计划重点关注中等教育入学率的提高；强调缩小普通学校体制差距；使开放学习体制得到扩展和多样化；重新组织教师培训和更加有效地利用信息与通信技术。十五计划在与1986年和1992年《国家教育政策》的行动计划保持一致的基础上又采取了诸多措施，以便更好地实现中等教育目标：

（1）扩大尚未服务地区和教育落后地区的入学机会，重点关注表列种姓和表列部落等弱势群体。

（2）进一步解决社会、性别和地区差异，给教育落后地区的学校提供更多基础设施。

（3）提高教育质量，提高教师教育，建立实验室、图书馆，鼓励父母对孩子的教育进行投资。

（4）实施国家奖励教师计划。

（5）加强女童教育，实施改善中等和高级中等学校的女生住宿条件计划。

（6）增加教育经费。

为实现十二五计划（2007—2012）目标提出了如下解决方案：[②]

①　王晓辉主编：《比较教育政策》，江苏教育出版社2009年版，第319页。

②　王晓辉主编：《比较教育政策》，江苏教育出版社2009年版，第337—338页。

（1）延长受教育年限，提高受教育水平

在知识经济时代，仅仅普及初等教育是不够的，一个人如果只接受8年的教育，他会在信息与通信技术主导的知识经济时代处于不利地位。因此，印度政府致力于把最低水平阶段的教育逐步地提高到高中或者是十年级的水平，"十一五"计划要采取"把中等教育扩展到十年级水平"的重大举措。政府还要为表列种姓、表列部落以及女童教育作出特别努力，确保教育机会均等；通过定期测试监测中等学校成绩，提高教育质量，并允许家长参与学校管理和教育监测的过程。

（2）公私合作，共同支持中等教育发展

中等教育的扩大需要私立和公立部门的共同合作，政府要鼓励私立部门以非营利性的目的向公立学校提供教室、图书馆等设施，鼓励公立和私立机构向职业技能部门提供培训。十一五计划要寻求足够的资源，制定策略扩大中等学校的规模，扩充私立学校的容纳力；引进竞争机制，实施奖学金计划，确保弱势群体有机会接受中等教育，并提高教育质量。

（3）采用新技术，注重加强农村青少年的技能培训

网络安全通信（Network Security services—NSS）的第60次数据统计表明，仅有3%的农村青少年（15—29岁）和6%的城市青少年参加过多种职业培训。印度需要把现在仅有200万至300万人的职业培训扩展到至少要有1500万人的规模，为劳动力注入新鲜血液。

（五）十一五计划中的教育

第十一个五年计划的目标是削减辍学率，从50%降至20%初级阶段。尽管已经有了缩小，但进展并不令人满意，全国平均水平仍高达42.39%。表列种姓和表列部落儿童辍学率分别是51.25%和57.58%，远高于其他群体儿童的37.22%。[①]

---

① 张玉秀：《印度："十一五"教育发展战略（2007—2012）》，《基础教育参考》2008年第1期。

1. 基础教育

普及初等教育（Sarva Shiksha Abhiyan，SSA）计划到 2010 年前为所有 6—14 岁的儿童提供初等教育，同时鼓励社区积极参与学校管理，缩小所有的社会、性别和地域差距。该计划是一个旗舰项目，要从所有税收中提留 2% 的教育税作为该计划的专用基金。

初等教育普及项目的主要目标之一就是扩招，目的是使 6—14 岁儿童的入学率在"十五"计划结束时接近 100%。然而，入学仅仅是第一步，儿童还必须要完成八年的义务教育，这仍然是一个严峻的挑战。2003—2004 年度，全印平均小学辍学率是 31% 左右，许多邦甚至更高。如果不能完全消除辍学率，那么也一定要采取措施降低整个社会群体的男女儿童辍学率。

高辍学率是多种因素造成的。离住所较远或者管理不善的学校往往留不住学生。同样，教师缺勤或从事非教学工作、恐吓或教学方法枯燥也是造成学生辍学的原因之一。贫困的家庭需要孩子工作，这也常常导致他们辍学。随着增加家庭收入的就业保障计划（Employment Guarantee Scheme）的实施，辍学现象有所减轻。在工地上设置托儿所，可以降低女童因照顾年幼的弟妹而辍学的发生率。很多非政府组织在农村和城镇的调查结果表明，让孩子们辞掉工作，通过工地宿舍（camps）给他们实施良好教育，有利其回归主流教育。赤贫地区开设的寄宿制学校可以使儿童不至于流落街头、徘徊在车站月台或者是过早地打工。经验表明，免费午餐计划（Mid—day Meal Scheme，MDMS）可以帮助提高儿童的出勤率和改善儿童的营养状况，还有助于消除种姓壁垒，让所有儿童可以坐在一起共进午餐。

2. 中等教育

知识经济时代仅仅普及基础教育是不够的。一个人如果只接受八年的教育，就会在信息与通信技术主导的知识经济时代处于不利地位，在现代工业和服务业社会中如同文盲一样。中等教育之所以重要是因为这个年龄段的儿童，尤其是女童有可能成为童工、早婚甚至成为被贩卖的对象。因此，"十一五"计划一定要致力于把最低水平阶段的教育逐步地提高到高中或者是 10 年级水平。中等教育扩大的需求，呼吁公立和私立学校的共同努力。受资助的私立学校和未受资助私立学校占中等学校总数的58%，在私立学校就读的学生人数占学生总数的 25%。政府部门发现，富裕阶层的人们几乎已经停止把孩子送往公立学校了。然而，教育质量差的公立中等学校仍然容纳了 75% 的中学生，随着更多贫困家庭的孩子小学毕业，压力可能会随之增大。"十一五"计划要寻求到足够的资源来扩大中等学校的容纳能力；继续鼓励私营企业以非营利性的目的向公立学校提供教室、图书馆、厕所等设施。为了奖励优秀以及在学校之间鼓励竞争，需实施奖学金计划，向那些毕业于公立小学和未受资助私立中学、聪明但贫穷的学生提供奖学金；鼓励公立学校与运转良好的私立学校进行竞争。政府还要关注贫困穆斯林、表列种姓、表列部落以及远远低于平均入学水平女童的教育需求，并为此作出特别的努力。中等教育在农村地区的扩建面临着一个特别的挑战，因为并非每所村庄都有条件建中学，因此，需加强高级小学与中学的衔接。

（六）十二五计划中的教育

第十二个五年计划的总体目标是减少基础教育阶段（1—8 年级）的辍学率和因身心障碍未上学儿童（OoSC，Out of School Children）比例，提高在基础教育阶段学生学习水平。[1]

十二五计划的基础教育目标：

1. 确保普及基础教育，并按照《儿童免费义务教育权利法》（也称为受教育权利法 RTE）的指示和精神，给所有 6—14 岁年龄组儿童提供优质免费强制教育。

2. 提高基础教育阶段入学率，将辍学率降至 10% 以下；把全国各社会经济群体与民族群体中因身心障碍而未入学的基础教育阶段儿童比例降

---

[1] Planning Commission Government of India.*Twelfth Five Year Plan（2012–2017）Social SectorsVolume III*，http：//planningcommission.gov.in/plans/planrel/fiveyr/12th/pdf/12fyp_vol3.pdf.

低 2%。

3. 提高高小入学率，将初中毛入学率提高到 90% 以上，将高中毛入学率提高到 65 % 以上。

4. 将全民识字率提高到 80% 以上，将识字率的性别差距缩小到 10% 以下。

5. 为所有儿童尤其是教育落后乡镇儿童在小学提供至少一年的支持和资源充足的学前教育。

6. 各地独立开展对各层次学校教育的测量、监控和报告，以提高学习效果，尤其是要确保所有儿童到 2 年级结束时掌握基本阅读和计算技能，到 5 年级结束时掌握批判性思维、表达和问题解决的技能。

十二五计划的主要重点是实施《儿童免费义务教育权利法》，使政府的政策和实践与为所有儿童提供优质教育直到 14 岁的总体目标保持一致。实施 7 年制基础教育（四年初小与三年高小）已开始调整到 8 年制。在第十二五计划期间，这一调整将在全国普遍实施。全国各邦都根据《儿童免费义务教育权利法》还发布了国家教师教育委员会制定的教师学历和资格考试的相关规定，目的是保证教师的数量和质量，满足普及基础教育的需求。

普及初等教育（SSA）依然是十二五期间保障每个儿童接受基础教育权利的旗舰行动计划。普及初等教育的四个战略重点是：重视学习效果；保证每个儿童入学并缩小差距；提升教师质量与学校教育领导力；加强与其他部门的合作，增加投入，改善办学条件。

十二五计划的中等教育目标：

1. 基本普及初中教育（10 年级），毛入学率到 2017 年超过 90%。

2. 高中阶段的毛入学率 2017 年提高到 65%。

3. 到 2017 年把辍学率降低到 25% 以下。

4. 保证中等教育质量，培养学生获得数学、科学、语言和交流方面的基本能力。

5. 在全国各中学实施标准统一的科学、数学和英语课程与教学大纲。

6. 培养包括批判性和建设性的思维能力、信息与通信技术运用能力、组织与领导能力以及社会服务能力等终生有用的能力。

要实现中等教育目标，必须实施好普及中等教育计划、示范学校计划、女生公寓计划、学校信息与通信技术计划、中学全纳教育计划、职业教育计划、优秀生奖学金计划、女生入学激励计划以及不同语种教师培训与安排计划等。

尽管"十一五"期间取得了许多成绩，印度教育仍面临若干挑战。国家平均受教育年限为 5.12 年，远远低于其他新兴市场经济国家，如中国（8.17 年）和巴西（7.54 年），大大低于所有发展中国家的平均受教育年限（7.09 年）；小学、初中和高中的辍学率没有明显下降，弱势群体的入学率更是低于全国平均水平。教师派遣不到位；全国的师生比例（PTR）接近 27：1。许多学校并没有贯彻执行《儿童免费义务教育法》。最为重要的问题是教育质量差，教学过程既不是儿童关爱型的，也不是以儿童为中心的。十二五计划需要以综合治理的方式解决以上问题。重点需要放在满足社会弱势群体与难以就近入学的未上学儿童的需要；改善学校基础设施以达到《儿童免费义务教育法》的规定；增加高小和初中的入学人数，全面降低辍学率；全面提升教育质量，尤其是重视提升学习效果。教育政策突出重视的四个方面是入学、公平、质量和治理。第十二个五年计划将继续重视这四个方面，尤其是要高度强化各阶段学生的学习效果。

二、学校教育目标

（一）早期的教育目标

独立前，在英国长期的殖民统治下，印度小学的教学目的、内容与方法无不染上了殖民地的色彩。独立后，印度努力摆脱教育西方化带来的诸多弊端，在发展民族教育的过程中，积极吸收发达国家教育研究的新成果，不断改进初等教育的教学内容、组织形式、教学方法、教学评价，并取得了一定的进步。

1977 年印度巴特尔委员认为中小学教学应当[1]：

1. 促进儿童对印度文化遗产的了解与珍视，促进印度传统文化模式的积极变化。

2. 使学生能够按照宪法的规定，学做合格公民。

3. 摆脱对书本的崇尚，使学生的生活、劳动与地区的社会经济发展紧密地联系起来。

4. 强调生活方面的朴素、理性与合作精神。

5. 充分考虑到儿童的信仰、性别、年龄、出生地、经济状况等特点。

（二）目前的教育目标

1. 整体教育目标

现行印度初等教育的目标比之以前的要宽阔和丰富得多。其中主要有[2]：

（1）与现实密切相连的教育：教育必须与生活、与人民的需要和希望相联系；

（2）实施数学与科学教育：数学和科学应该以丰富与合理的方式教授给学生；

（3）社会正义和国家一体化：教育必须为促进社会意识的觉醒、民主价值观的形成和社会正义与国家情感一体化的实现而努力；

（4）民族意识与民族理解：促进民族意识的形成与发展民族理解是教育必须同时完成的任务；

（5）劳动体验：劳动体验应该得到发展，并且以科技的运用和工农业生产过程为方向；

（6）三种语言方案：应该认真地实施三种语言方案，即语言必须作为判断印度复杂的文化价值的最主要的工具之一；

（7）艺术体验与表现：要提供发展学生的艺术体验与表现的机会与条件；

---

[1]　王长纯、梁建：《初等教育》，吉林教育出版社 2000 年版，第 341 页。

[2]　王长纯、梁建：《初等教育》，吉林教育出版社 2000 年版，第 48 页。

（8）健康与体育：体育应是促进儿童的身体健康、训练神经系统和感官的必修科目；

（9）性格锻炼：教育必须培养人的性格和价值观；

（10）基本素质：教育必须培养同情、忍耐力、勇敢、决策能力、理智情感、尊重他人、团体精神、诚实、忠诚、忠于职守等基本素质。

以上这 10 个方面的内容反映了当代印度初等教育的基本目标。

2. 各学科教育目标

10＋2＋3 学制对包括 8 个年级的小学教育课程制定了明确的要求：

（1）科学课程：小学阶段科学课程为"环境与研究"；小学 1、2 年级该课包括自然与社会环境两个方面，以后各年级该课程则分为环境研究 I（自然科学）；环境研究 II（社会科学）。

（2）数学：数学教学应该达到以下目标：

①有利于发展学生的数学思维能力；

②有利于帮助学生将数学知识用于解决现实生活问题；

③有利于激发学生了解学习结构和具体情境的学习热情；

④促进学生能自己独立学习数学，发展对数学的兴趣。

（3）劳动体验：劳动体验作为必修课，应达到以下目标：

①为形成以后参加生产劳动所需要的能力、知识、技能、态度打基础；

②弥合学校与实际劳动的裂痕；

③培养正确的劳动态度和劳工神圣的观念；

④有助于改善地位和阶级上的差别；

⑤了解生产力的原则。

（4）社会科学课程：社会科学的主要目标如下：

①使学生了解印度过去与现在的地理与社会环境；

②培养儿童对人际关系、社会价值的了解；

③培养学生尊重丰富的印度文化遗产的态度。

（5）语言：强调三种语言模式。

（6）艺术、音乐和其他美育活动：该课实施各种各样的艺术教学，如舞蹈、音乐、绘画等，是建立在给学生提供发展自己才能的机会、鼓励他们进步的基本原则之上。学生是所有创造活动的中心，他们的艺术表现应得到鼓励和帮助。

（7）健康和体育课：这也是义务教育阶段的必修课。进行该课教育应取得以下良好的结果：

①促进身体健康；

②增进体力与适应性；

③训练感官；

④养成自我管理、自我约束、自信、勇敢等品质；

⑤拥有追求优雅和谐的志趣；

⑥通过体育运动组织的活动培养合作、参与、公正的态度。

三、学校类型及入学人数

（一）学校的分类

对现有的学校进行分类，是实施计划的基础。为此，印度提出了进行学校分类的两种标准。这两种标准是：最不利水平和最有利水平。依据此标准，将学校分为三类①：

A类学校，在最有利水平之上；

B类学校，在最有利水平和最不利水平之间；

C类学校，在最不利水平以下。

印度目前的普通中等学校主要有如下三种类型：

第一类是邦立学校，属公立性质，它是中等学校的主体，大部分学生就读于这类学校。

第二类是私立学校，主要由一些宗教团体经办，有较强的宗教性。

第三类也是私立学校，主要由公学（Public school）和示范学校

---

① *Educational Administration in India*，Edited by S.R. VASHIST，New Delhi，1994，pp.22-24.

（model school）组成。公学是一种寄宿学校，以英国的公学为楷模。模范学校则是一种日校。这两种学校都用英语进行教学，重视教育质量，尤其重视语言的学习和培养上层社会的道德规范及行为准则。这类学校的学费昂贵，贫民阶层对它们只能望而却步，因此一些资质虽高但家境贫寒的学生只能进入质量平平的邦立学校。《国家教育政策》为此提出："对有特殊才能或能力的儿童，要提供高质量的教育，给他们提供以更快的速度进行学习的机会。"这种机会就是建立"新式学校"。这类学校的主要目的是：在保证平等和社会公正的前提下，以培养优异人才为目标；为了促进国家的一体化，招收以农村地区为主的有天赋的儿童，为他们提供共同生活和学习的机会，以便挖掘他们的潜力；新式学校要成为全国中等学校的模范，成为改进中等教育的催化剂。

（二）学校的入学人数

作为发展中国家，印度的教育规模已经在世界各国中名列前茅，无论是学校数量类型还是在校生人数都在不断地发展，辍学率也有所改观。

表 4-1　印度各级教育在校生人数发展（单位：十万人）[1]

年份	初小 1—5 年级	高小 6—8 年级	初中 9—10 年级	高中 11—12 年级
1950—1951 学年	192	31	NA	15
1960—1961 学年	350	67	NA	34
1970—1971 学年	570	133	NA	76
1980—1981 学年	738	207	NA	110
1990—1991 学年	974	340	NA	191
2000—2001 学年	1138	428	190	99
2005—2006 学年	1321	522	250	134
2006—2007 学年	1337	545	259	140
2007—2008 学年	1355	573	282	163
2008—2009 学年	1353	584	294	169

[1]　李熠煜等：《印度社会治理研究》，湘潭大学出版社 2016 年版，第 110 页。

续表

年份	初小 1—5 年级	高小 6—8 年级	初中 9—10 年级	高中 11—12 年级
2009—2010 学年	1336	595	307	178
2010—2011 学年	1348	619	319	195
2011—2012 学年	1399	630	341	210
2012—2013 学年	1321	643	343	198
2013—2014 学年	1300	657	370	222

NA：not available. 表示找不到数据。

Data Source：For School Education：National University of EducationalPlanning&Administration, New Delhi（website：http：//dise.in/）

从表 4-1 可以看出，独立后，印度各级各类教育在校生人数都得到了较大扩张。2013—2014 学年，初小教育在校生人数扩张到 1950—1951 学年的 6.77 倍；高中教育在校生人数扩张到 1950—1951 学年的 14.8 倍；高小教育在校生人数更是扩张到 1950—1951 学年的 21.19 倍。而初中教育也从 2000—2001 学年的 1900 万人扩张到 2013—2014 学年的 3700 万人，近几年年均增长 6%。高中教育在校生人数由 1950—1951 学年的 40 万人扩张到 2012—2013 学年的 2960 万人；2005—2006 学年至 2012—2013 学年，年均增速达到 15.28%，尤其是 2010—2011 学年，在校生人数较上年增长了 32.85%。由此可见，印度独立后各级各类学校在校生人数都得到了较大扩张。

表 4-2　印度各级学校数量（1950—1951）（单位：所）

	类型	数量
学校教育	初小	209700
	高小	13600
	初中	NA
	高中	7400
	总计	230700

表 4-3　印度各级学校数量（2014—2015）（单位：所）

	类型	数量
学校教育	初小	847118
	高小	425094
	初中	135335
	高中	109318
	总计	1516865

数据来源：National University of Educational Planning&Administration，New Delhi（website：http：//dise.in/）

从表 4-2 和 4-3 中可以看出 1950—1951 学年全印度只有 209700 所初小、13600 所高小、7400 所高中，基础教育和中等教育阶段学校数量总计 230700 所。发展到 2013—2014 学年，全印度已经拥有初小 790600 所、高小 401100 所、初中 131300 所、高中 102600 所，基础教育和中等教育阶段学校数量总计 1516865 所。学校数量的扩张速度非常迅猛，因此，无论是从在校生数量看还是从学校数量看，独立后，印度教育规模都得到了快速扩张。

表 4-4　印度辍学率（单位：%）

级别	辍学率		
	男生	女生	总计
初小	4.53	4.14	4.34
高小	3.09	4.49	3.77
初中	17.93	17.79	17.86
高中	1.48	1.61	1.54

数据来源：For School Education：National University of Educational Planning&Adminis-tration，New Delhi（website：http：//dise.in/）

从表 4-4 中可以看出初等教育阶段中初小、高小的辍学率分别为 4.34%、3.77%，初中高中的辍学率分别为 17.86%、1.54%，除高小阶段女生辍学率比男生高以外，其他阶段的男女生辍学率相差不大。

四、师资

（一）教师规模

在有些邦，合同教师的主要职责是支持普通教师或承担具体教学工作，但薪水却很低，这使得政府能够以较低成本，在无须等待扩大正规教师队伍的情况下，维持教师整体数量，许多邦政府越来越多地招聘合同教师。在过去的 20 年里，大量的合同教师被招进教育系统，印度初等学校合同教师，2011—2012 年度的总数为 813005 人；2012—2013 年度和 2013—2014 年度有所下降，分别为 538579 人、508312 人；但 2014—2015 年度却激增到 1119655 人，2015—2016 年度虽然有所下降，但总数仍然很高，达到 1064215 人。

从表 4-1 的相关数据看，2014—2015 学年，印度 73.67% 的农村初等学校只有 5 个或 5 个以下的教师，其中有 0.91% 的农村初等学校没有教师；而拥有 6 个以上教师的农村初等学校只占农村初等学校总数的 26.34%。而在城市 58.78% 的初等学校拥有 6 个以上的教师，其中 10 个以上教师的学校占城市初等学校总数的 26.67%。

表 4-5　2014—2015 学年印度城乡初等教育学校教师分布情况

城市		农村	
教师数量	学校占比（%）	教师数量	学校占比（%）
0—5	47.71	0—5	73.67
6—10	32.11	6—10	18.52
>10	26.67	>10	7.82

（二）教师学历结构

从 2011 年至 2016 年的 5 年里，小学教师的学历资格呈现稳步增长的趋势。小学中本科教育以下的教师比例从 2011—2012 年度的 37.12% 降到 2015—2016 年度的 26.14%，其中高中学历的教师比例为 17.68%，初中学历教师比例为 7.34%；具有本科学历的教师比例从 2011—2012 年度的 38.91% 增长到 2015—2016 年度的 42.04%；研究生以上学历在这一段时间内也从 23.33% 增长到 31.69%。①

（三）教师专业资格有所提升

从 2011—2016 年度，不论是普通教师还是合同教师，教师专业资格的比例都有所提升。具有专业资格的普通教师的比例 2011—2012 年度 79.58%，2012—2013 年度降低为 78.58%，而在 2013—2014 年度、2014—2015 年度、2015—2016 年度不断提升，分别为 80.06%、81.14%、82.41%，近五年普通教师的专业资格合格比例增长了 3% 左右；从 2011—2016 年度的五年里合同教师的专业资格比例分别为 62.02%、54.01%、55.55%、65.84%、67.02%，近五年合同教师的专业资格合格比例增长了 5%。②

五、教学内容

印度独立以后在初等教育方面存在许多亟待改善的地方和需要解决的问题。初等教育课程就是其中的问题之一。由于英国殖民者的长期统治，独立初期，印度"现行小学课程是十分不完善的。这种课程狭窄，偏重书本知识，没有吸引力，造成初等教育的停滞不前和严重浪费"。印度学者认为应该编制一个完善的课程计划来解决这一问题。这种课程计划"应该与社会的需求相适应、相联系，最终使学校成为重建印度农村的工具"。1968 年印度政府要求在全国实施 10＋2＋3 学制，课程改革是其中

---

① Arun C. Mehta. Elementary Education in India Progress towards UEE，Analytic Tables：2012-2013 ［Z］. New Delhi：National University of Educational Planning and Administration & Department of School Education and Literacy Ministry of Human Resource Development Government of India，2013：121，110，99.

② Arun C. Mehta. Elementary Education in India Progress towards UEE，Analytic Tables：2013—2014 ［Z］. New Delhi：National University of Educational Planning and Administration & Department of School Education and Literacy Ministry of Human Resource Development Government of India，2014：116，105，94.

的一个重要内容，小学阶段课程改革的一个主要方面便是加强与印度实际社会生活的联系。

按照印度教育部门的规定，全国各地初等教育的课程设置应坚持以下几个原则：

1. 课程设置的目标具有普遍性；

2. 课程设置与中等教育的课程设置目标具有相关性；

3. 课程设置在地区间和国家间具有可比性；

4. 教学科目和学时具有统一性；

5. 教学内容和国家政治经济总目标具有一致性；

6. 课程内容和教学计划的具体安排具有灵活性。

印度各邦及中央直辖区初等教育阶段的课程是完全一致的，所有科目都是必修的。课程的重点在于培养学生文字和计算的基本技能，同时要求学生参加各种活动，以培养生产技能、创造性的表达方式和良好的生活习惯。课程包括学习一种语言（母语或地方语言）、环境学、数学、劳动实践、艺术教育（包括音乐、绘画、手工、舞蹈等）、卫生教育和体育。近年来，英语的学习也提前到这个阶段。高小阶段的课程基本上是巩固初小阶段学到的知识、技能、行为规范和道德标准，并在宽泛的普通教育的基础上，为学生打下宽厚的知识基础。具体课程包括学习第三种语言、自然、科学、数学、社会科学、劳动实践、艺术教育、卫生教育和体育。初等教育阶段实行校内考试制度，各学校在学期末及学年末自行组织。

表4-6　印度初等教育阶段的课程科目和学时①

年级	课程	学时
1—5年级（初小）	印地语、英语、地方语言	30%
	数学	15%
	环境常识	10%
	劳动实践	20%

---

① 马加力：《当今印度教育概览》，河南教育出版社1994年版，第53—54页。

续表

年级	课程	学时
	艺术教育（音乐、舞蹈、绘画）	10%
	卫生教育和体育	15%
6—8年级（高小）	印地语、英语、地方语言	32%
	数学	12%
	自然科学	12%
	社会常识	12%
	劳动实践	12%
	艺术教育（音乐、舞蹈、绘画）	10%
	卫生教育和体育	10%

课程设置：印度 10+2+3 学制的小学各年级课程安排如下：

1—2 年级：

1. 第一语言；

2. 数学；

3. 环境研究（社会科学和自然科学）；

4. 劳动体验和艺术；

5. 健康教育和游戏。

3—5 年级：

1. 第一语言；

2. 数学；

3. 环境研究 I（自然科学）；

4. 环境研究 II（社会科学）；

5. 劳动体验与艺术；

6. 健康教育和游戏。

6—8 年级：

1. 第一语言和第二语言（印地语或英语）；

2. 数学（包括代数和几何）；

3. 社会科学；

4. 自然科学；

5. 艺术；

6. 劳动体验；

7. 体育、健康教育和游戏。

初等教育的教学时间分配如下：根据印度全国教育研究与训练委员会的建议，小学全年最低学时为 240 学时，其中教学时数为 220 学时，校园与社区服务等 20 学时。小学低年级教学时数为每天 3—4 小时，其他年级不得少于 4 小时。除此之外，每天还有 1 个多小时的集合时间、参加例会活动或一、二次自由活动。小学高年级则每天有 50 分钟晨会时间或一次自由活动（recess）。

1—2 年级的时间分配（百分比）：

1. 第一语言 25%；

2. 数学 10%；

3. 环境研究 I（自然研究）15%；

4. 劳动体检和艺术 25%；

5. 健康教育和游戏 25%。

3—5 年级的时间分配（百分比）：

1. 第一语言 25%；

2. 数学 15%；

3. 环境研究 I（自然研究）10%；

4. 环境研究 II（社会科学）10%；

5. 劳动体验和艺术 20%；

6. 健康教育和游戏 20%。

高小每周上 6 天课，每周 48 节课，每节课约 30 分钟。印度在这方面首先提出了全国统一的要求，但各学校可以依据自己的情况加以修正。印度对小学高年级每周课时安排作了如下规定：

1. 第一语言 8 课时；

2. 第二语言 5 课时；

3. 数学 7 课时；

4. 科学（生命科学和物理科学）7 课时；

5. 社会科学（历史、地理、公民和经济）6 课时；

6. 艺术 4 课时；

7. 劳动体验 5 课时；

8. 体育、健康教育和游戏 6 课时。

（一）道德教育

印度重视儿童的思想道德教育。早在1952—1953学年的工作报告中，印度教育委员会就明确提出："独立后的印度中小学应向儿童灌输民主爱国思想，培养他们的民族自豪感，加强品德修养。"印度初等教育阶段的思想道德教育是课程计划的重要内容。小学注重培养学生具有同情心、怜悯心、善良、彬彬有礼、善于合作、乐于助人等品格，形成行为规范。

印度小学进行思想道德教育主要是通过环境研究Ⅱ（社会科学课程）及有关活动来完成的。其内容主要是贯彻《印度宪法》的精神，进行热爱国家与民族文化、理想情操和道德品质的教育。同时，印度小学还十分重视通过语文课和其他课程进行思想道德教育。宗教教育是对印度小学生进行道德教育的重要途径。但是这种宗教教育，主要不是在学校进行的。

（二）综合课程

印度小学十分重视综合课的设置。这些综合课往往是与儿童的生活、儿童周围的自然环境、社会环境，与人类面临的共同问题联系在一起的。这类课往往不只是依靠课堂进行教学，而是让学生在生活实践中，在特定的情境中去学习、去理解、去认识。①

六、教学设施和条件

1978 年，印度的 474626 所小学中，有 40% 的校舍是茅草屋，34%

---

① 王长纯、梁建：《初等教育》，吉林教育出版社 2000 年版，第 285 页。

的学校没有桌椅或黑板，609 所学校没有饮水设备。印度原教育部的报告《教育的挑战》也指出，由于 90% 以上的教育经费用于教师的工资和行政开支，许多学校缺少必要的基本教学设施。此外，印度还有相当数量的"单一教师学校"。①

1987 年印度政府根据《1986 年国家教育政策》的要求，为改善初等学校的设施，制定了一项名为"操作黑板"的计划，旨在为初等学校提供最必需的物质设备。该计划规定最基本的设备应包括每所学校至少要有两间大一点的房间，供学生在任何天气都可以使用，还必须有玩具、黑板、地图、图表等。每所学校至少要有两名教师，其中一人为女教师。到1995 年新建 15 万间教室，到 2003 年新建 18.6 万间教室。②

1997—1998 年度，印度政府要求全国所有基础教育学校必须达到最低限度的教学设施标准：至少有两个全天候的教室，有男女分开的厕所；至少两名教师，其中一名为女性；有必要的教学器材，包括黑板、地图、小图书馆、玩具、体育用品及办公桌等。

但是，印度基础教育的教学设施和办学条件在城乡之间存在较大差别，农村在教学设施方面存在的问题比较突出。城镇里没有教室的学校只占 0.75%，而农村没有教室的学校占 1.36%；从学校管理看，农村只有43.89% 的初等学校配置了校长，而城市初等学校则有 52.05% 配置了校长。乡村拥有运动场和图书馆的学校数量也不如城镇的学校。印度城乡之间初等教育基础设施建设不均衡现象是比较普遍的。③

十二五计划提出了普及初等教育计划（SSA，Sarva Shiksha Abhiyan），是印度重要的普及初等教育计划。2004 年启动的女子住宿学校计划（KGBV）已整合到普及初等教育计划中，女子寄宿学校计划的目标是为表列种姓、表列部落、其他落后阶层、民族群体以及贫困线下的家庭的女孩子提供教学条件，提升女孩子的入学率。2011—2012 年，普及初等教

---

① 滕大春主编：《外国教育通史》（第六卷），山东教育出版社 1994 年版，第 487 页。

② 杨洪：《印度弱势群体：教育与政策》，人民出版社 2011 年版，第 137—138 页。

③ 李熠煜等：《印度社会治理研究》，湘潭大学出版社 2016 年版，第 140 页。

育计划取得了如下积极进展：

表4-7　2011—2012年度普及初等教育计划（SSA）的累计进展

序号基础设施数量		
1	开办新学校	209914 所
2	办新的高级小学	173969 所
3	修建初级小学	192392 所
4	修建高级小学	105562 所
5	新建教室	1603789 间
6	修建厕所	583529 间
7	购置饮水设施	223086 台
8	教师	1965207 名

资料来源：*Twelfth Five Year Plan (2012-2017) Social SectorsVolume III*，http：//planningcommission.gov.in/plans/planrel/fiveyr/12th/pdf/12fyp_vol3.pdf，pp.53-54。

虽然十一五期间印度小学增加了许多，但许多学校的基础设施达不到《儿童免费义务教育法》的规定。学校难以留住女孩子上学的原因就是63%的农村学校没有厕所。如果圣雄甘地农村就业保障计划、全国卫生计划以及饮用水供应计划全部成为现实，基础设施不足和存在的问题可以得到缓减。

印度学校建筑分成砖混、半砖混、简易、帐篷和露天五种。2009年，全印砖混和半砖混学校占97.26%，简易学校占1.67%，剩余1.07%为帐篷和露天学校，甚至高中还有70所学校仍在帐篷和露天办学。只有42.39的学校有围墙或栅栏，只有近50的学校有运动设施。教学辅助设施分为饮用水、厕所、通电、年度体检（接种疫苗）、运动器械等。到了2009年，全印中小学中89.37%的学校有饮用水，有可用小便池和厕所的学校分别为77.28%和72.86%，通电学校的占比分别是初小36、高小53、初中76和高中88。没有安排年度体检学校的占比为初小39.62、高小33.23、初中59.62和高中35.37。

2009年印度大约有130万所学校、5876000名教师和2.2亿名学生。

初小阶段的生师比为 44.72：1，高小阶段的生师比为 54.79：1，中学阶段的生师比为 30.22：1。

在 2641943 名初小教师中，84% 具有合格学历，4.7% 未达到初中毕业。1544322 名高小教师中，83.72% 具有合格学历，13.06% 只有初中毕业或同等学力。1267000 名初中教师中，合格学历占 86%，20.13% 的教师学历为本科以下。400695 名高中教师中，合格学历占 84.05%，另有 24.56% 的教师学历为本科或同等学力。[①]

总体来说，印度中小学的教学设施、教师数量和质量得到一定的改善，但因为经费紧张的原因，仅 2009 年第八次全印学校教育调查时发现，准教师和代课教师就比 2002 年全印第七次调查时分别增加了 300% 和 200% 以上，以弥补教师的不足。

七、经费保障及来源

印度教育经费有 4 个来源，即中央政府、邦和中央直辖区政府、地方政府拨款以及个人捐赠。[②]

1. 邦政府是基础教育的投资主体

印度的基础教育经费以政府投资为主，中央和邦共同承担。由于基础教育主要是各邦的职责，因此，邦政府是基础教育阶段最大的投资主体。"八五"期间（1992—1997），在经常性支出中，中央占 4%，邦和中央直辖区占 96%；在基建支出中，中央占 38%，邦和中央直辖区支出占 62%。在全部支出中，中央支出占 9% 左右，邦和中央直辖区占 91% 左右，因此，教育投入是以邦为主。

在邦的投资中，实行的是预算管理制度和补助金制度。所谓预算管理制度，指的是教育预算实行自下而上逐级编制、逐级审查、最后由立法机关批准的预算管理制度。义务教育投资的预算编制从乡一级开始。在乡

---

① The Eighth All India School Education Survey（8 AISES）. http：//ncert.nic.in/pdf_files/8th_AISES_Concise_Report.pdf. p.9-33.

② 王长纯，梁建：《初等教育》，吉林教育出版社 2000 年版，第 130 页。

一级，教育主任助理根据上一年度的支出编制概算，概算包括所有小学和乡教育行政人员费用、校舍修缮和乡辖区内受补助学校的补助金。在县一级，公共教育副主任根据乡教育主任助理和中学校长提交上来的预算方案，编制全县统一概算，包括中小学人员经费、应急支出、县一级教育行政人员费用、校舍修缮费和教育革新项目费用，然后提交给所属专区。专区编制所属各县的综合预算方案，通过农村发展秘书提交给邦公共教育局。邦公共教育局在汇总、审查或修订后提交邦政府秘书处，审查后提交邦财政部，最后提交邦立法机关审查、批准。

由于基础教育阶段大部分已经属于义务教育性质（印度的英国式公学以及纯私立学校除外），因此，印度的公立学校和民办公助学校所需经费绝大部分来自邦政府的投资，邦是基础教育阶段最大的投资主体。

2. 中央和地方政府对各级各类教育发展的投入

各级政府承担财政资助责任。如表 4-8 所示：2010—2011 学年，印度中央政府和地方政府投入初等教育经费占政府总投入的比例分别为 25.26% 和 74.74%；2011—2012 学年分别为 23.03% 和 67.97%；2012—2013 学年分别为 24.24% 和 75.76%。中央政府所占的比例总体呈下降趋势。由于印度宪法规定基础教育是地方的责任，所以这种现象在中等教育阶段体现得更加明显。2012—2013 学年，印度中央政府和地方政府投入中等教育经费占政府总投入的比例分别为 10.59% 和 89.41%。

表 4-8　印度各级各类教育事业发展投入占政府收入比重（%）[1]

教育层次	2010—2011 学年		2011—2012 学年		2012—2013 学年	
	地方	中央	地方	中央	地方	中央
初等教育	1.27	0.43	1.36	0.41	1.37	0.44
中等教育	0.89	0.10	0.94	0.11	0.94	0.11

从表 4-8 中可以看出，在教育资源配置中，初等教育占政府收入比

---

[1]　李熠煜等：《印度社会治理研究》，湘潭大学出版社 2016 年版，第 117 页。

重最大。2012—2013 学年，初等教育经费投入分别占中央和地方政府收入的 0.44% 和 1.37%。并且，地方政府初等教育经费投入在其政府收入中所占比重逐年增加。中等教育投入在地方政府总收入中也占很大的比重，2012—2013 学年占比为 0.94%。从近几年的发展来看，中等教育投入在地方政府收入中的占比呈现稳中有升的态势。

第三节 印度中小学教育存在的问题

一、基础教育质量不尽如人意

2012—2013 年度，国家教育研究与培训委员会针对全国小学三年级语文、数学成绩启动了第三轮调查。[①] 调查覆盖除了拉克沙得维普邦之外的其他 34 个邦和直辖区、298 个县、7046 所学校的 104374 名学生。第三轮调查的内容是：评估三年级学生语文方面的听力、识字和阅读能力；测试学生数数、基本运算、测量、数据处理、数值关系、认识货币与图形的能力；使用儿童喜欢的方法，让儿童大声朗读问题，轻松舒适地回答问题；对调查人员进行严格培训和监控，通过标准化测试管理确保数据质量；在全国范围使用 16 种语言开展标准化测试。

语文成绩调查结果：听力理解，由调查人员朗读一篇短文，然后由学生从多个选项中选择正确答案；识字，从两个选项中选择与图片匹配的答案（示例，图片是把椅子，选项是桌子和椅子）；阅读理解，要求学生读懂日历、段落或广告，然后确定具体信息或给出答案（示例，毛毛虫附着叶子成茧，变身蝴蝶。问：茧是植物、壳还是蝴蝶）。调查结果是全国平均分是 257 分（满分 500 分），14 个邦和直辖区高于平均分，15 个邦明显低于平均分；65% 的学生能够听懂短文，86% 的学生能够认识单词，59% 的学生能够读懂短文。

---

① National Achievement Survey（Cycle 3）Class III Achievement Highlights 2014，pp.10-20. http：//www.ncert.nic.in/departments/nie/esd/pdf/NAS_Class3.pdf.

　　数学成绩调查结果：低年级的核心能力包括认识和运用数字，学会和理解数值关系，了解关键符号，比较和排列物体。这些能力是学生高年级和日常生活中将会用到的大量数学运算的基础。为调查学生的数学水平，需要测试学生以下几个方面：1. 两位数和三位数的加法以及简单应用题；2. 三位数的减法（借数和不借数的）以及简单应用题；3. 两位数与个位数的乘法以及简单应用题；4. 理解简单除法运算的意义；5. 认识数值大小；6. 认识平面图形；7. 理解简单的数值关系；8. 会比较长和宽，能看懂钟表和日历；9. 用加减法算账；10. 从数据中得出结论。调查结果是全国小学三年级数学平均分是 252（满分 500），14 个邦高于平均分，12 个邦明显低于平均分。

　　总体调查结果：34 个邦和直辖区的三年级学生能够正确回答 64% 的语文问题，能正确解答 66% 的数学问题。

　　印度国家教育研究与培训委员会利用 2012 年暑假（3—5 月）与寒假（11—12 月）对 10 万多 8 年级学生开展了语文、数学、科学和社会科学课程的抽样调查。① 此外，还发放问卷收集学校、教师、学生学习情况和家庭背景的信息。98% 的接受调查的 8 年级学生表示他们喜欢学校。该调查每门课随机挑选 5000 名学生，采用百分位数方法进行测试。

　　调查结果：全国范围内，语文方面的性别差异不明显；科学和数学上，农村学生好于城市学生，但在阅读理解上弱于城市学生；其他各社会阶层各科成绩明显低于普通阶层。阅读理解方面，36% 的学生回答正确；数学上，53% 的学生答题正确；需记忆的科学题目，44% 的学生答题正确；需推理的科学题目，29% 的学生答题正确；社会科学记忆题目，48% 的学生答题正确，而需应用和推理的社会科学题目，只有 33% 的学生答题正确。

　　调查结果的变量分析：关键变量为学生的社会经济地位、在家所说

① What Students of Class Viii Know And Can Do? A summary of India's National Achievement Survey，Class VIII，2012，pp.8-17. https：//mhrd.gov.in/sites/upload_files/mhrd/files/upload_document/11-March-National-Summary-Report-NAS-Class-VIII.pdf.

的语言、学校的位置（城乡）。家庭子女少的学生成绩好；父母学历越高，学生成绩越好；在家中所说语言与学校教学语言一致，学生成绩越好；学校设施好，学生成绩好；合校学生好于男校和女校学生；每周上课六天的学生好于五天的学生；学生学习时间投入越多，成绩越好。高级教师任教、学生得到指导的，成绩就好。免费午餐、免费服装、奖学金，尤其是奖学金与学生成绩正相关。教师每天检查作业的，学生成绩越好。学生共同讨论数学难题的，成绩好于不讨论的。

二、普及义务教育的目标任重道远

早在 1905 年，国家宪法中就对普及初等教育做了如下规定："国家应努力在自本宪法生效起 10 年内为所有儿童提供免费义务教育，直到他们年满 14 岁为止。"1986 年中，再次规定在 1990 年和 1995 年前分别使所有年满 11 周岁和 14 周岁的儿童接受免费义务教育。1992 年，修改过的《国家教育政策》又决定在进入 21 世纪前使所有年满 14 岁的儿童接受免费的义务教育。由于其特殊的社会政治文化传统及人口等因素的制约，印度普及义务教育的目标期限一再推延。此外，从印度人力资源开发部公布的年度报告中可以看出，1997—1998 年，印度初等教育的毛入学率为 58.5%，2006—2007 年增长为 73.6%。虽然入学率有了较大幅度的增长，但辍学率仍居高不下。印度 1997—1998 年辍学率为 54.14%，2006—2007 年辍学率为 46%[①]。可以看出，印度初等教育的毛入学率不断增长，但是总体就学人数并不高。与此同时，辍学率也在不断增长，几乎是达到了一半。印度在普及基础教育方面做了大量的工作，但效果却不尽如人意，普及义务教育的目标任重道远。

---

① Ministry of Human Resource Development, Government of India, Annual Report 1994-1995, 1998-1999, 2008-2009 [EB/OL]. [2017-06-23] .http：//www.educational.nic.in/AR/annualreports.asp.

三、统一学制尚未完全统一

印度基础教育阶段"10＋2"的学制模式原则上已经确立，但由于印度各邦、县教育发展程度不同，实际的实施情况并不一样，这与印度基础教育的责任和权利归属各邦有关。到 2007 年，印度 34 个一级行政区（邦或直辖区）十年制普通学校的实施情况大不相同，其中有 18 个区实行"5＋3＋2"模式，有 12 个区实行"4＋3＋3"模式，有 3 个区实行"5＋2＋3"模式，有 1 个区实行"4＋4＋2"模式。由此可知，印度基础教育并未真正实现统一学制。

四、课程内容与生活实践脱节

印度基础教育阶段中，课程内容与实际生活脱节的情况比比皆是，存在于各级各类学校，甚至是各科目教学中，如科学、社会、语言、艺术课等。由于印度课程权力分散于各邦，各邦可以自主选择课程内容。但由于各邦下属的各级各类学校缺少课程话语权，课程内容的选择往往忽视了学校、教师与学生的实际生活。教科书中的内容往往体现的是精英文化，与生活联系的部分更多是精英阶层的日常生活，如有的教科书中提到的现代化厨房，实际上印度大多数家庭并未见过，学生也根本没有接触过。印度语言多种多样，但学校语言教学却经常脱离实际，学生在学校学的官方语言是英语、印地语，但实际上学生常用语言并非这两种，因而导致学生在语言学习中负担较重。早在 1993 年，印度国家教育咨询委员会发布的《学习无负担》就指出，课本内容与儿童日常生活的距离太大，"使得知识转化成了负担"。这个问题同样是 2005 年课程改革关注的重点。印度不仅在课程内容和教学语言的使用上进行了深入的改革，而且通过积极探索和尝试有效的教学与实践方式来解决这一问题。①

---

① 和学新、杨丹滋：《21 世纪印度基础教育课程改革及其启示》，《教师教育学报》2017年第 5 期。

五、基础教育资源配置不均

印度基础教育经费在区域间的配置严重不均衡，少数几个邦承担了印度基础教育的绝大部分重任，然而教育经费却不能相应匹配。2007年，印度基础教育的生均预算内教育经费为3701卢比，高于全国平均水平的邦有17个，生均经费最高的邦与最低的邦的差距达到9581卢比。可见，印度基础教育经费配置在各地区的差距也非常明显。此外，基础教育资源配置中，城市占有量明显高于农村地区。据相关数据统计，印度城市中拥有学前教育设施的学校、寄宿设施的学校，以及饮水、通电、操场、图书馆和计算机等基础设施的学校的比例均明显高于农村地区。由于缺乏必要的基础设施，农村享受优质资源的机会远远低于城市地区。①

六、教师缺勤率高，影响了教学质量

教师缺勤现象在印度比较严重，尤其是偏远的部落农村地区。有调查显示，尽管印度学校教师的薪水比当地平均水平高出很多，但是仍有1/4的上班时间实际在旷工。而且即使采取措施督促教师们保证全勤，效果也不太理想。因为印度的教师培训机构能力低下，只有极少数的教师能学到如何管理一个班级的知识。且印度实行不留级制度，规定学生每年是自动升入下一年级，学生没有成绩和留级压力，老师们也就没有相应的动力。目前印度政府正在寄希望于修正教师管理和激励机制，提高教育投入的产出，同时推广网络在线教育，来逐步扭转教育领域的困境。不过这条改善的道路目前看起来还很曲折。②

---

① 朱灵媛：《当代印度基础教育发展中的问题及启示》，《学术研究》2015年第7期。

② 成博编译：《印度基础教育面临的困境》，《光明日报》2017年6月24日。

第四节　印度中小学教育改革与发展趋势

一、加大基础教育投资力度

20 世纪 50 年代末和 60 年代初，在联合国教科文组织主持下制定的亚洲《卡拉奇计划》建议到 1980 年所有发展中国家都要实施小学义务教育。印度获得独立后，新宪法规定，国家应在 1950—1960 年尽力为所有 14 岁以下儿童提供免费的义务教育。在从 1950 年起的各个五年计划中，都对初等教育提出了明确的发展目标。在执行这些计划时采取了实行学校国有化、对少数私立学校由政府拨给补助金、逐步实行免费教育、逐步扩大八年义务教育制等各类措施，使得印度的普及初等教育取得了较大成果。据统计，印度独立时仅有 17 万所小学，1989—1990 年度初级小学增加为 55.07 万所，高级小学达到 1.2951 亿人[①]。

财政性教育经费占 GDP 的百分比，是国际公认的评价各国教育投入的主要指标，也是反映一个国家教育经费投入能力和重视程度的常用指标。[②] 进入 21 世纪，印度加大基础教育投资力度，基础教育经费是高等教育经费的 2 倍以上，公共教育经费占 GDP 比例较高，预算内教育经费占政府公共开支的近 14%。印度总的预算内教育经费从 1990 年的 1961.585 亿卢比增加到 2008 年的 18649.858 亿卢比，其中，基础教育经费占总教育经费的一半以上。[③]

近些年来，印度对基础教育的政策力度和投资力度都很大，也有了显著成效，但扫盲任务及基础教育课程改革仍需继续加强。

---

① 马加力：《当今印度教育概览》，河南教育出版社 1994 年版，第 56—58 页。

② 付谢好、和学新：《新世纪以来美国基础教育课程改革及其启示》，《河北师范大学学报》（教育科学版）2014 年第 3 期。

③ 沈有禄、谯欣怡：《印度基础教育财力资源配置差异分析》，《教育学术月刊》2012 年第 1 期。

二、树立全球化与本土化和谐统一的课程理念

"全球化"是全世界共同面临的不可阻挡的趋势，任何一个国家想漠视或者阻碍都是不现实的，然而在全球化的浪潮下如何保持本土特色也是各国都十分重视的。全球化与本土化问题是一个全球性的问题，这一问题对印度这个有着鲜明的民族特色并积极投身于现代化建设的国家来说尤为突出。在全球化的机遇与挑战面前，更要对本土文化进行保护和弘扬。所谓"民族的才是世界的"，民族的传统文化是一个国家的宝贵财富，也是一个国家得以立足于世界民族之林的根基。如果它们在全球化和市场化浪潮下一点点流失或消逝，那不仅是印度人民的损失也是全世界的损失。印度在积极推进教育现代化国际化过程中，注重自身优秀传统文化的继承和发扬。为保持其民族特色，印度在基础教育阶段建立统一的国家课程框架，重视印度历史、宪法、文化遗产等方面的内容，将这些内容贯穿于各个科目，同时还将传统知识、技能和工艺等丰富的历史文化遗产纳入课程。

三、探索与生活实践相联系的课程内容

课程内容生活化是当今世界课程改革的一大趋势。《2005 年国家课程框架》指出，当前印度基础教育阶段课程内容脱离了实际生活，让学生的学习成为一种孤立的活动。因此，该课程框架强调，课程内容应情境化、真实化，将校内学习与校外生活联系起来，重视培养学生解决问题的能力。贯穿于《2005 年国家课程框架》的一个理念就是儿童只有在感觉自身有价值的环境中才能学习，因此课程内容的选取要尽量贴近儿童的生活，比如 2005 年课程改革非常强调母语教育的重要性，并积极落实。由于印度语言极其多样，很多学校的课程中没有给儿童的母语学习留下空间。儿童在学校使用的语言与家庭中使用的语言不一样，并且自己的母语和母语所承载的民族文化得不到学校课程的承认，这就使得他们对学校的学习内容产生疏离感，也容易使他们产生自卑情绪，不利于学习。因此 2005 年课程改革规定在初等教育阶段必须使用母语教学，对于少数部落语言的使用者也必须保证在儿童入学的前两年使用母语教学。

四、加强立法，发挥地方课程管理的积极性

由于受政治、经济等各种因素的影响，印度基础教育课程管理存在多元与统一的矛盾，中央和地方在权力的分配中难以相互配合，造成全国性的课程改革不能有效实施。[①] 印度中央政府重视基础教育工作，最直接的体现就是从修改宪法做起，把接受基础教育作为儿童的基本权利，不断完善教育立法，从法律层面保障接受基础教育是每个公民的基本权利。在国家统一的标准下，将课程管理权下放到地方与学校，根据各个地方与学校的特色开发与管理课程。

五、提高教师数量和水平，设立教师入职标准

师资队伍建设是基础教育课程改革的重中之重。为提高教师素养，加强师资建设，印度在教师教育方面作出了很大的努力。印度自 1978 年颁布《教师教育课程：一种框架》以来，就十分重视教师教育培训，颁布了一系列政策文件，促进教师教育发展。为了解决师资短缺的困境，《儿童免费义务教育权利法案 2009》明确规定，不允许教师转行和控制编制空缺额。政府还规定教师一旦入职，由政府统一调配到具体的学校和地区，保证同工同酬。为了促进教师专业化的发展，印度成立国家教师委员会、邦教育研究与培训委员会、县教育与培训学院，负责教师教育与培训工作，印度还建立了完善的教育标准体系。印度于 2010 年 8 月颁布了《义务教育教师任职最低资格标准》，规定小学教师必须达到高中毕业加两年制初等教育专业学习文凭，并通过教师资格考试；高小教师必须达到大学本科毕业加一年制教育学士专业学习，或高中毕业加四年制初等教育学士专业学习，并通过教师资格考试。这从学历和实践上对教师资格标准提出了新要求。提高教学质量是发展教育的重点，师资队伍建设是教育发展的重要保证，因此要不断建立健全教师准入机制和培训机制，通过专业的职前教育和入职教育，不断提升教师素养和教学水平。稳步提升教师质量，

---

① 安双宏：《印度地方教育管理探析》，《黑河学院学报》2010 年第 1 期。

构建优秀的师资队伍是深化基础教育课程改革的必由之路。因此，印度应该提升教师学历，加大教师职前培养与职后培训，创新教师教育方式，不断完善教师教育课程体系。[①]

六、保障弱势群体受教育权

为了保障弱势群体的受教育权，独立后的印度政府将长期受歧视和压榨的"表列种姓"和"表列部落"以及"其他落后阶级"的教育作为重要的国家教育政策，同时提出了包括优先建立学校、设置补修课程、提供大学预科奖学金等在内的多项实现这一政策目标的优惠措施，甚至针对其权益的提升制定了特别保护与照顾的法律条款，在高校入学方面也为其保留了一定的入学名额。政府为落后地区尤其是农村地区提供基础教育设施，对少数民族给予更多关注，保证他们建立和管理自己的教育机构，保护他们的语言和文化，这些都为维护教育公平发挥了一定的积极作用。此外，为了保障女童的受教育权，印度在教育落后的区、原住民族人口较多的区实施了全国女童基础教育计划（NPEGEL），为初等教育阶段的弱势女童提供附加的额外教育。这些都对保障弱势群体的受教育权、促进教育公平起了积极作用。

---

① 　和学新、杨丹滋：《21 世纪印度基础教育课程改革及其启示》，《教师教育学报》2017年第 5 期。

第五章　印度高等教育

第一节　印度高等教育历史沿革

1947 年独立后，印度政府十分重视高等教育的发展。教育计划始终被列在国民经济发展计划之中，并通过立法确定全国重点院校，从各方面保证这些院校的优先发展。另外，印度通过大量引进外资，建成了一批世界一流水平的高等学府，向国外派遣了相当数量的留学生，培养了大批专门人才。随着印度国家经济建设重心的转移，高等农业教育的发展逐步受到重视。现在印度高等学校的入学总人数和培养的有学位的科技人员总数均居世界前列，形成了庞大而复杂的高等教育体系。印度高等教育虽然取得了显著成绩，但是在全面分析印度高等教育之后，也会发现存在着许多亟待解决的问题，如高等教育专业结构失调、人才外流严重、贫富和城乡差距明显、大学毕业生失业等等。印度政府针对高等教育存在的问题采取了一系列改革措施，努力使高等教育发展适应世界新技术革命和印度经济与社会发展的需要。

一、古代和中世纪时期的印度高等教育

在古代和中世纪，印度高等教育的形式主要为宗教教育，只有少部分本国语、梵语、阿拉伯语和波斯语学校，以及医学或者传统的知识学校，背诵古文和解释古典文学是标准的教学方法。教育目的不是使受教育

者获得纯粹的真实的知识，而是为了实践宗教的信条。

古代印度的教育权掌握在婆罗门教和佛教手中，分别称为婆罗门教育和佛教教育。早在公元 5 世纪左右，印度就有好几所被当今学者称为大学的机构，如：塔希拉寺院、那烂陀大学、费哈西拉大学和瓦拉比大学等。佛教教育虽然与生产没有联系，但其深刻博大的教学内容对人类知识的积累发挥了历史性作用。

公元 8 世纪，伊斯兰教传入印度，佛教开始走向衰微，伊斯兰教逐渐占据了主导地位。印度中世纪的教育主要是伊斯兰教教育，这一时期的马德拉（Madrasa）成为当时印度从事高等教育机构的名称。虽然这类学校对信仰印度教的人都开放，但是能够进入这类学校学习的人，仍然需要有相应的社会地位和家庭经济条件。这类学校的教学内容包括宗教和非宗教两个方面。在这一时期，印度出现了许多学者，他们在许多方面都对人类的科学发展作出了贡献。这是印度历史上伊斯兰教育发挥的作用。

二、殖民地时期的印度高等教育

殖民地时期的高等教育是为巩固英国的殖民统治服务的。1781 年，一些有声望又有学问的穆斯林向总督沃伦·黑斯廷斯提交了一份要求建立高等教育机构的申请书，其后又有加尔各答和马德拉斯的印度教徒也提出建立高等学校的请求。1792 年，东印度公司在贝纳拉斯建立了梵语学院，为的是用西方的教学方法来培养印度人。1800 年，东印度公司在加尔各答建立了福特·威廉学院，专为培训公务员。1813 年在东印度公司的宪章中专门做了一条规定，每年将拨不少于 10 万卢比的资金，用于复兴和改进人文学科和鼓励本地印度人的学习。1814 年，福特·威廉学院的梵文和孟加拉文教授威廉·凯里提出一项由欧洲人来教授本地印度人科学的计划。同年，福特·威廉学院增建了一个新系，该系教三门普通的学科，即数学、机械哲学和自然哲学，并且每个学科都在一名欧洲人教授领导下进行教学。1835 年加尔各答医学院建立，同年马德拉斯建立了卫生学校，该校于 1851 年升格为医学院。1837 年，孟买的地方行政长官格兰特

（Grant，R）要求下属报告当地的医学教育状况，基于下属的报告，他筹划在孟买建立医学院，校名是在他卸任后命名的。格兰特医学院于 1845 年开始招生。这些医学院招生困难，而且学费高，医院很少，政府的雇佣很有限，而私人开业也前途未卜。而工程教育的产生，来自于为建筑和维修公共建筑、道路、河渠和港口而培训监工的需要，也有来自于为陆军、海军和勘察部门使用各种仪器设备而培养技工和工匠的需要。当时管理工程师主要来自英国，来自库柏的希尔学院（Hill College）。但由他们来管理从本地招收的低年级学生还不行。为了有效地培养本地学生，成立了附属兵工厂的工业学校。据说这类学校早在 1825 年就出现在加尔各答和孟买。但我们所得到的第一个有据可查的资料表明，1842 年在马德拉斯的古因迪建立了一所附属于该地方炮架工厂的工业学校。印度的第一所工程学院于 1847 年建立在联合省的鲁尔基，其目的是培养土木工程师，它的创立与恒河运河建筑工程有关。大约于 1856—1857 年，在加尔各答的锡普尔、浦那和马德拉斯的古因迪建立了三所工程学院。

　　1857 年，按照伦敦大学的模式在加尔各答、孟买和马德拉斯省会建立了加尔各答大学、孟买大学和马德拉斯大学，它们被视为印度现代大学的先驱。1882 年和 1888 年，旁遮普邦和阿拉哈巴德邦又相继成立了两所大学。此时，印度高等教育体系逐渐发展起来，已拥有 27 所学院。初期的印度大学不像西方的学术机构，也不像水平很高的学府，它只是把分散在各地的一些学院联合起来，与其说是教学机构，不如说是行政机构。组织结构采用伦敦大学的模式，大学各种制度标准由英国人掌握，并由他们对分布在印度广大地区的学院的学生举行考试。印度大学主要限于为所属学院和中学提供不同水平的考试服务，颁发证书和授予校外学位，大学一般不承担教学任务，也不重视科学研究。联合大学始终是独立前印度高等教育中的重要组织形式。初期的印度大学和学院的课程重点在古典学科和人文学科，理科和工科以及其他应用技术不受重视。

　　英国统治期间发展起来的高等教育为统治阶级和上层种姓所垄断，大学和大多数学院也都设在城市或上层阶级地区，大多数印度人与高等教育无缘，大学学位成为社会地位变动的重要手段。

三、印度独立后的高等教育

独立以后印度政府为了促进高等教育的发展，决定对独立前的高等教育逐步进行改革，建立适合于印度社会和经济需要的高等教育模式。1948 年 11 月成立了大学教育委员会，1964 年又成立了以 D.S. 科塔里博士为首的包括 17 名委员和几名外国专家的教育委员会，负责改革高等教育，制定教育方针、政策、目标和方法。印度改革和发展高等教育的政策措施，概括起来有如下几个方面：不断加强和完善对高等教育的领导，制定高等教育方针，建立高等教育目标，制定 20 年高等教育综合发展规划，确定大学的类型，决定财政支持计划，努力增加图书设备及对高等教育改革的建议等。印度独立后高等教育一直处于快速发展之中，综合大学由 25 所发展到 213 所，自治学院和大学附属学院的总数超过 5000 所。1994—1995 学年，印度高等学校的在校生人数约为 501 万，其中约 441 万为本科生，约 47.6 万为硕士研究生，5.5 万为硕士学位以上的研究生（包括哲学硕士和博士），6.5 万攻读非学位课程。1997—1998 学年度，印度高校的在校生人数可达 600 万左右。2016 年有 799 所大学、39071 所学院和 11923 所独立院校，高等教育的总入学人数为 3460 万人，其中男生 1860 万人，女生 1600 万人，女生占总入学率的 46.2%。

印度尽管是一个较为落后的发展中国家，但它的计算机制造、软件设计、数学推导与应用、导弹设计开发在世界高新技术领域占有重要的地位。在科技发展的背后，印度理工学院在培养高新技术人才方面功不可没。印度理工学院（Indian Institutes of Technology，简称为 IIT）是印度最顶尖的工程教育与研究机构。第一所印度理工学院于 1951 年在印度东部的卡拉格普尔建成，此后印度政府 1958—1961 年间分别在西部、南部、中部、北部各创办了一所印度理工学院，并于 1996 年在东北部创办了第 6 所印度理工学院，2001 年又将罗克大学改造为印度理工学院。目前，印度理工学院 7 所分校分别是：卡拉格普尔分校、孟买分校、马德拉斯分校、坎普尔分校、德里分校、古瓦哈蒂分校和罗克分校。印度理工学院在创建中以美国麻省理工学院（MIT）为样板，走美国麻省理工学院的办学道路，并根据印度的实际需要进行了相应的调整，形成了具有印度特色的高等技术教育体系。学院不仅要培养本科生，而且应从事研究，培养研究工作者和技术教师。毕业生的水准应与国外一流的理工学院相媲美。据统计，印度从事软件行业人员有 25 万人，其中 8 万人直接向欧美客户提供技术服务，而这 8 万人中大多数毕业于印度理工学院，在美国高科技企业集中地硅谷 2000 多个新成立的企业中，约 40% 的企业是由印度人开办的，这当中又几乎有一半是印度理工的毕业生。

第二节　印度高等教育现状

一、有关法规和政策

（一）印度高等教育政策的历史考察

1. 殖民时期（19 世纪初到 1947 年）

尽管印度古代就出现了高等教育机构，但具有近代意义的大学的建立则发轫于 19 世纪英国殖民统治时期。[①] 在一定意义上说，它们的出现是印度高等教育政策作用的衍生物，是当时政策环境催生的果实。1813年，英国议会通过新的《宪章法案》（*Charter Acts*）继续授权东印度公司负责管理殖民地的教育事务。[②] 随后，英国伯爵马考利（Macauley）受殖民政府委托，开始起草有关印度高等教育发展的报告，即著名的《马考利备忘录》（*Macauley Minute*，1835）。该报告指出："鉴于政府没有足够的资金在印度本土实施大众式教育，（殖民政府）应该建立只能面向少数

---

① Jyeram N. (2004). Higher Education in India: Massification and Change. Philip G. Altbach P. & Umakoshi, T. (ed.) Asian Universities: Historical Perspective and Contemporary Challenges. Baltimore & London: The Johns Hopkins University Press. 85.

② Aggarwa JG. (2006) Landmarks in the History of Modern Indian Education. Publishing House PVT LTD. 1.

精英阶层的高等教育机构。"①1854年，东印度公司逐渐接受了马考利的建议，以《伍德文告》（*Wood's Despatch*）政策文本的形式批准在印度本地建立大学。文告指出："建立大学的时刻已经来临……它们可以促进正规的自由教育的发展……它们必须按照伦敦大学的模式建立。"②《伍德文告》是印度殖民政府最早颁布的正式的高等教育政策，作为这项政策的结果，1857年印度殖民政府按照英国伦敦大学的模式建立了最早的三所大学。③虽然《伍德文告》规定了政府对建立大学负有责任，但对如何建立以及相关的"拨款制度"并没有明确说明。《伍德文告》促进了高等教育的发展。从1881年到1901年，印度已经建立了9所大学和247所学院（包括私立院校），在校生人数3万多人。④高等教育的迅速发展使殖民政府认识到加强高等教育管理的重要性。1988年，殖民政府成立第一个由威廉·亨特（Wiliam Hunter）领导的"印度教育委员会"（即著名的"亨特委员会"），开始全面规划和制定印度教育（包括高等教育在内）的相关政策。该委员会第一次阐述了各级各类教育的目的以及有关课程和教学语言等问题。但由于这个政策并不是针对大学教育的政策，结果导致该时期大学教育没有发生太大的变化，办学条件和教育标准仍然极其落后和低下。为扭转这种局面，1902年殖民政府专门成立了由寇准（Curzon）伯爵领导的"印度大学委员会"，其主要任务是起草和制定有关改进高等教育质量和管理水平的政策和法律。1904年，殖民议会以"科仲报告"为蓝本制定和颁布了印度历史上第一个有关大学的专门法律——《印度大学法》。该法规定，任何大学都必须成立一个10—50人的校务委员会，委员任期5年；

① Aggarwa JG. (2006) Landmarks in the History of Modern Indian Education. Publishing House PVT LTD. 2-3.

② Bhatnagar, Suresh. (2007). Education in india. Meerut：International Publishing House. 66.

③ Aggarwa JG. (2006) Landmarks in the History of Modern Indian Education. Publishing House PVT LTD. 15-18.

④ Aggarwa JG. (2006) Landmarks in the History of Modern Indian Education. Publishing House PVT LTD. 138.

印度总督有权决定管辖范围内任何大学的事务等。该法对当时印度大学教育的改革和发展起到了关键性作用。其积极意义在于强化了大学的管理和监督，保证了大学和学院的办学质量，但是该法对当时高等教育发展的影响是有限度的，甚至产生某些消极影响。具体表现在：政府对大学的控制在加强；大学自治权在减弱；对新建大学没有提出要求，对附属学院的规定更加严格，使高等教育发展受到限制等。

1917 年，第一次世界大战结束之前，印度殖民政府重新将注意力放到教育，尤其是高等教育的发展和改革上，并成立由 M. 萨德勒博士（Dr. Mihcael Sadler）等 7 人组成的"加尔各答大学委员会"，负责领导大学教育改革。该委员会认为，印度大学发展缓慢的原因在于中央政府权力过度集中，导致地方政府和大学自身缺少办学自主性，提出这种状况必须得到改变。1919 年，受甘地领导的"不合作运动"的影响，殖民政府认识到实行教育管理体制改革的重要性，决定采取"分权制"（Dyarchy Systm），即一部分权力继续保留在中央政府手上，而另一部权力则转让给各邦，或者由中央和地方共管。1927 年，殖民政府成立"哈托格（Hartog）委员会"负责制定教育（包括高等教育）政策。政策建议包括：重视大学的科研和教学工作；建设精品课程；设置大学就业指导机构和加强大学附属学院管理等。"分权制"管理极大地调动了地方办学的积极性，使高等教育有所发展：其中包括德里大学在内的一批新大学建立和旧大学重组。1938 年，印度殖民政府又成立"国家规划委员会"（下设中央教育咨询委员会）。该委员会的主要任务是负责制定全面的国家教育发展规划。但由于二战爆发，该委员会的工作被迫停止，直到 1944 年才重新恢复工作，并完成了《战后教育发展规划》，即著名的《萨甘特规划》（Sargent plan，又称《萨甘特报告》）的起草工作。《萨甘特规划》是英国统治时期最后一个根据印度国家发展需要制定的综合性教育发展规划，提出实行 3 年大学本科学位制度；鼓励女生入学；并第一次提出按照英国的模式建立"大学拨款委员会"（以下简称"UGC"）的设想。《萨甘特规划》是英国统治时期"第一个真正意义上的印度国家教育发展规划"，也是"第一个最综合性的教育长期计划（适用期拟定为 40 年）"。

殖民时期高等教育政策的特点是：第一，印度高等教育政策完全源于英国的观念和模式，其目的是为满足殖民政府统治需要；其次，在印度人民的抗争下，殖民政府也主动或被迫地根据印度社会自身发展的需要，制定了一些仅适用于印度殖民地范围的高等教育政策；第三，大多数高等教育政策多属于单一性和非强制性的法律和政策，其影响力十分有限。

2. "计划经济"时期（20 世纪 50—80 年代）

1947 年 8 月 15 日，印度摆脱了英国殖民统治。独立之后的印度百废待兴，但印度第一届尼赫鲁政府最先想到的仍然是高等教育改革和发展问题，率先成立由拉达克里希南（S.Radhakrishnan）领导的"大学教育委员会"（以下简称"UEC"），负责制定国家大学教育发展规划。该委员会在调查研究的基础上提出了关于印度高等教育发展的建议，其中包括：大学经费的拨款形式、大学教育的组织和管理的组织及管理结构、高等教育的目的、教学标准和语言使用以及大学教师任命和工资标准等。该报告是印度独立后第一个高等教育政策建议，表达了新政府发展高等教育的设想。尤其需要强调的是，它正式向政府提出成立 UGC 的政策建议，并被新政府和议会所采纳。

20 世纪 50 和 60 年代，在教育部和 UEC 的领导下，印度高等教育发展与改革取得初步的成就。高等院校的数量从 1950 年的 606 所发展到 1965 年的 2370 所，但在整个教育体制方面没有发生根本性的改变。为了深化教育改革，印度政府于 1964 年成立了历史上第六个"教育委员会"，下设 12 个专门研究小组和 7 个工作小组。该委员会的主要职责就是结合国家发展需要，制定全面教育发展与改革政策。1968 年，印度国会讨论并通过了由该委员会呈报的题为《教育与国家发展》的报告，正式形成"国家教育政策"（以下简称"NEP"）。报告是印度独立后颁布的第一个综合性国家教育政策，全面阐述了印度国家教育发展问题，其中包括了大学教育的改革与发展，尤其是研究生教育和科学研究等问题的具体建议。这些建议大部分内容为"国家计划委员会"（以下简称 NPC）所吸纳，成为国家"第四个五年规划"以及之后"五年规划"的组成部分。

然而，在 70 年代，由于政治等因素的影响，NEP 的实施并不顺利，甚至遭到一些反对。为此，1978 年，印度又专门制定了《高等教育发展：一个政策框架》，对大学系统在国家发展中的作用、入学限制、大学标准改进措施、课程建设、研究生教育和科学研究、学术自由和分权控制等问题作出了更加明确的规定。

进入 80 年代，印度政府受国际高等教育改革趋势的影响，开始总结和评估高等教育发展和改革政策，并认识到大学教师水平和职业发展是影响大学教育质量的关键因素。另外，刚刚上台执政的拉杰夫·甘地（Rajiv Gandhi）政府渴望改变印度教育发展的落后状况。拉杰夫·甘地本人认识到："今日之印度教育正处于十字路口上，不论是线性扩充，还是现存改进的步伐和性质都不能满足现实需要，因此必须予以重新审视和重建。"[1] 在他的提议下，印度政府很快成立了两个"国家教师委员会"，其中负责国家高等教育教师事务的专门"委员会"于 1985 年提交了一份题为《教育的挑战：一个政策框架》的正式报告。报告分析了印度大学教育，尤其是在本科和研究生教育上存在的问题，并在此基础上提出了改革的初步设想。该报告出台后立刻在全国掀起了一场辩论。这个过程以及辩论所达成的观点实际上是在为新的国家教育政策提供必要的政策输入和舆论准备。1986 年，印度议会批准了根据《1979 年国家教育政策》文本制定的一个由 12 个章节构成的"国家教育政策"，其中第 5、6、7、8、10 和 11 部分对高等教育和科学研究等问题予以了专门阐述。为保障国家政策顺利实施，1986 年印度又第一次制定了由 24 个章节构成的"行动计划"。

20 世纪 80 年代之前的高等教育政策基本上是围绕印度经济建设和高等教育发展需要而制定，其显著的特点是：第一，系统地制定和描绘印度高等教育发展的蓝图，许多政策既体现了对殖民时期高等教育传统的继

---

[1]　转引自施晓光《印度高等教育政策的回顾与展望》，《北京大学教育评论》2009 年第 2 期。

承，也反映出对传统的改造和扬弃，它们都是针对印度经济社会发展需要而制定的，发展目标明确而具体；第二，高等教育政策全面阐述了教育，尤其是高等教育在国家经济建设中的地位和作用及其属性；第三，许多政策规定了印度高等教育制度和权力结构。这一时期高等教育政策为独立的印度高等教育体系的建立确定了法律依据。

3."市场化和全球化"时代（20世纪90年代至今）

20世纪90年代，印度社会发展进入新的历史时期，"以往数十年发展进程中日积月累的量变到90年代达到了局部性的质变"。1991年，纳拉辛哈·拉奥执政后，为摆脱国内经济困境，开始掀起一场"以私有化、市场化、全球化、自由化为导向的经济改革"运动。在这种情况下，《1986年国家教育政策》及其《行动计划》的执行情况就面临着重新评估和调整的需要。于是，1992年印度政府颁布了《国家教育政策修正案》及新的《行动计划》。新政策和新行动计划提出了"成立各邦高等教育咨询委员会；发展自治学院，以及促进教师和学生流动"等措施。此外，伴随90年代高等教育的急剧扩充，高等教育作为"公共产品"的属性发生变化，私立高等教育得到了长足的发展。为了应付新的变化，1993年，印度政府成立了由安巴尼（Mukesh Ambani）和伯拉（Kumarmangalam Birla）领导的特殊问题小组，专门负责制定有关私人投资高等教育的政策框架。1995年，该工作组向政府提交了第一份报告，即著名的《莫卡希安巴尼－伯拉（Birla）报告》，强烈呼吁政府大力支持私立高等院校的发展。根据这份报告的建议，政府向国会提交了《私立大学法案（草案）》（*Private University Act (Bill)*），提出在科技、管理和其他实用商学领域设立"新型私立大学"的政策建议。但是草案并未获得通过。2000年，工作小组对报告进行修改，重新明确政府的责任、外资直接引入、财政拨款和建立海外市场等问题。尽管新的报告提案仍然没有完成立法程序，但在实际中已经发挥了指导作用。

进入21世纪，印度高等教育进入一个快速发展时期。为了适应知识经济社会发展的需要，增强国家使用和创造知识的能力，2005年6月，印度政府成立了一个总理高级咨询机构，即"国家知识委员会"（NKC）。NKC 的主要使命就是针对国家核心领域，例如教育、科学技术、农业、工业和电子政府等帮助政府制定政策和指导实施。目前该委员会所颁布的报告已经成为印度高等教育改革与发展的最重要的政策依据。

这个时期高等教育政策主要是为配合印度经济社会从计划经济模式向市场化模式转变需要而制定的，其特点是：第一，许多政策是对原有高等教育政策进行的修订和调整；第二，许多政策是针对高等教育领域出现的新现象和新情况制定的新政策，例如私立院校和跨国办学等政策；第三，许多政策是对直接影响高等教育质量的热点问题所作出的规定。

（二）印度高等教育政策的分类

在印度，高等教育政策是一个非常宽泛的概念，其表现形式和内容规定也十分多样和丰富。根据文本形态判断，印度高等教育政策可以分成两大类型：一种是以法律形式呈现的政策产品，如宪法、教育法规等；另一种是非法律形式呈现的政策产品，如政府及其所属委员会颁布的规划报告或建议等。就内容而言，前者一般属于强制性和原则性的，所涉及的问题一般比较宏观和全面；而后者一般属于建设性的，所涉及的问题也比较具体和单一。当然，有时两者之间的界限并非十分明显。在印度，所有高等教育政策制定的工作程序基本是：成立专门委员会，起草和制定政策建议，交付政府决策，最后形成法律文本。

1. 法律形态的高等教育政策

法律形态的高等教育政策可以分成两种：一种是针对整个教育系统所做的法律规定；一种是针对高等教育系统所制定的法律。前者将高等教育作为其部分内容加以规定；后者则对高等教育的全部内容加以规定。在印度，法律形态的高等教育政策主要是指宪法和教育基本法。它们分别属于国家大法和教育母法，是教育政策的基础。尽管宪法和教育基本法并不是针对高等教育的专门立法，但其中有关高等教育的规定构成了高等教育政策的组成部分。首先，从《宪法》来看，1951 年生效的印度第一部《宪法》对高等教育作出了非常明确的规定。例如《宪法》条款第 62、63、

64、65 和 66 条，都涉及了政府与国家重要研究中心和高等教育机构关系的规定，如第 64 条指出，政府对这些机构和中心的经费和管理负有不可推卸的责任。其次，从教育基本法上看，可以称得上"教育基本法"的政策文本主要有：《1968 年国家教育政策》《1986 年国家教育政策》和《1992年教育政策修正案》及其"行动计划"等，这些文件是由印度议会授权、政府部门宣布的教育政策，是关于印度教育制度及其发展的纲领性文件。它不同于一般性政策报告或建议，具有一定的法律效力。虽然国家教育政策的各项规定是针对各级各类教育，例如关于教育本质、地位和作用、教育机构管理权、学校制度（10＋2＋3 模式）、学生受教育权利、教师、教学语言、中央经费比例等，但这些规定在高等教育活动中同样适用。再次，在教育法规方面，也有些是专门为高等教育制定的，例如前面所提到的《印度大学法》（1904）、《大学拨款委员会法》（1956）等。按照《大学拨款委员会法》的规定，UGC 的权限大体可以包括：（1）促进和协调大学教育之责任；（2）确定、保持大学的教学、考试和研究的标准之责任；（3）监督学院和大学专业发展的责任；（4）成为中央和各邦政府、大学之间联系的重要纽带；（5）采取一切可能的办法督促中央和地方大学进行大学教育改革。

2. 非法律形态的高等教育政策

这类政策可以分为两类：一类是高等教育发展规划，另一类是政府所属教育委员会的建议。前者体现在中央政府和地方政府的国家发展"五年规划"中，后者体现在政府成立的专门教育委员会报告中。

首先，体现在印度国家"五年规划"中有关高等教育的部分可以称为"高等教育发展规划"，是国家社会发展总体规划的有机组成部分。在过去 60 年里，印度历届政府都致力于将"印度建设成为一个主权的、社会主义的、世俗的、民主共和国"[1]，长期保持制定国家总体发展规划——

---

[1] 姜士林、陈伟主编：《世界宪法大全上》，中国广播电视大学出版社 1989 年版，第516 页。

"五年规划"的传统。即使自20世纪90年代开始实行市场化改革之后，这一传统仍然继续保持。一般来说，印度国家"五年规划"由中央和地方发展规划构成。但不论哪个层次的规划，都必须在国家规划委员会（NPC）的统一领导下，由中央和地方政府部门密切配合完成。1951—2007年，印度中央和各邦共完成制定了十一个"五年规划"。在这些规划中，高等教育始终是国家发展规划的重要内容和不可缺少的组成部分，主要内容包括：关于高等教育地位和作用、高等教育发展数量和质量目标以及发展重点和主要经费投入等方面的规定。每个五年规划既是对前一个规划期间高等教育发展成就的总结，也是对下一个五年高等教育发展目标的预期。当然，不同时期高等教育规划的侧重点是不同的，例如《第一个五年规划》（1951—1955）主要强调高等教育在国家发展中的基础作用，基本目标在于完成旧大学体制的改造和新大学体制的建立，以期满足各级各类教育和国家发展的需要。《第二个五年规划》（1956—1960）关注到高等院校在校生数量急剧扩充对教育质量的影响，提出通过赋予大学拨款委员会（UGC）分配经费权限来完善大学财政制度；明确中央和地方经费投入的比例；通过改善大学基础设施建设，提高高等教育质量等。《第三个五年规划》（1961—1966）认识到教育是经济和科技快速发展和进步，建立以自由、社会正义和机会均等为基础社会秩序的最重要因素，提出继续大力发展高等教育，为国家发展提供充足的自然和人力资源。《第四个五年规划》（1969—1974）、《第五个五年规划》（1974—1979）和《第六个五年规划》（1979—1984）继续强调高等教育数量和规模协调发展的必要性，主张增加教育经费投入，发展和改进研究生教育和科学研究。《第七个五年规划》（1985—1990）和《第八个五年规划》（1992—1997）继续强调高等教育在国家发展战略和人才战略中的重要性，主张深化大学教育、教学体制和课程改革，提高高等教育质量，加强高等院校与企业之联系等。《第九个五年规划》（1997—2002）和《第十个五年规划》（2002—2006）是进入新世纪之后制定的规划，认识到信息技术和知识经济给印度高等教育带来的挑战，提出大力发展终身教育、远程教育和成人教育等非正规高等教育，强化科学研究和校企合作，扩大高等教育规模，将毛入学率从 6% 提高到 10% 等等。一般来说，印度教育"五年规划"，分两个层次，不同层次的规划由不同级别政府及其计划委员会负责。在中央层次上，高等教育发展规划制定由国家规划委员会和教育部（现改为人力资源发展部）共同负责，在各邦层次上，由邦计划委员会和邦高等教育厅共同负责。

其次，体现在各个专业教育委员会报告中有关高等教育的建议。从历史上看，不论任何时期，任何政党或政府，一旦它们上台执政，都沿袭已有传统模式，即成立专门教育委员会，负责处理教育事务，其中包括起草和制定教育发展报告。这种报告成为政府表述教育理念和目标的基本方式，本身是教育政策的一种体现。印度中央层次的教育委员会报告一般分成两类：一类是针对整个教育系统提出的政策建议，但其中包含高等教育的有关建议。在一些著名的委员会报告，如《哈托格委员会报告》（1928）、《中央教育咨询委员会报告》（1935）以及《扎克·胡森（Zakir Hussain）委员会报告》（1938）、《梵语（Sanskrit）委员会报告》（1956）、《国家妇女教育委员会报告》（1957）、《教育委员会报告》（1964）、《10＋2＋3 教育结构委员会报告》（1973）、《国家教师委员会报告》（1983）中，高等教育建议都是其中不可或缺的部分。另一类是针对高等教育问题提出的专门性报告，例如《大学教育委员报告》（1902）、《加尔各答大学委员会报告》（1917—1919）、《大学教育委员会报告》（1948—1949）、《大学拨款委员会报告》（1956 年及以后）、《农村高等教育委员会报告》（1967—1969）、《国家知识委员会报告》（2005—2008）等。这些报告都是由专门负责高等教育事务的委员会提交的有关高等教育发展方面的政策建议。建议中的某些观点或者转化为国家高等教育政策的一部分（如"五年规划"中有关高等教育的表述），或者直接提交给中央（总理）和地方政府（邦长），供其作为高等教育决策的参考依据。

（三）保留政策

印度的保留政策可以追溯至英国殖民统治时期，最早有案可查的是南部的迈索尔（Mysore）、西部的巴罗达（Baroda）和科尔哈普尔（Kolhapur）等当时较为发达的地方政府在行政部门实行配额制。1947 年印度独立后，尼赫鲁总理与国大党保留了英国设立的议会预留席位制度。印度《宪法》第 46 条明确规定给予表列种姓（SCs）与表列部落（STs）以特殊照顾。1953 年，印度中央政府任命一个调查委员会研究其他落后阶级（OBCs），该委员会建议 2399 个落后种姓（约占当时总人口的 40%）应享有保留政策。但是该建议并没有立即生效，中央政府将具体政策的制定权下放给了地方政府。1978 年，中央政府成立曼达尔委员会（Mandal Commission），它将 3747 个种姓（占总人口的 52%）认定为落后种姓并建议在大学、公共部门以及其他受政府财政资助的私营部门为该群体预留 27% 的比例。[1] 然而，直到 1990 年中央政府才决定在公共部门实行该政策，且仍遭到高种姓的强烈抗议。由于《第 93 次宪法修正案》赋予中央政府有权在教育机构实施肯定性行动政策，2006 年 5 月，政府计划在所有国立的中央大学推行其他落后阶级享有 27% 的配额制。

在传统的印度社会里，种姓决定了个体的政治权利、终身职业、社会地位及与其他种姓之间的互动模式。历史上，达利特因"贱民身份"（Untouchability）长期处于社会底层，极端贫困，通常居住在村落之外并遭受各种歧视，不能与其他种姓共用器皿或同饮井水。部落民则生活在远离城市的偏远山地与森林地区，在地理分布和社会空间上与主流的印度教社会相隔离，甚至不会说所属邦的主要语言。印度政府的保留政策主要针对这两个被边缘化的群体，试图补偿数世纪以来对他们进行的社会排斥与经济剥夺，提升他们的社会地位与尊严，其中高等教育被认为是最主要的方面。

以种姓和阶级为基础的保留政策具有很多优点，诸如促进社会团结与忠诚、便于执行和监控，并且能相对容易地筛选资格群体。印度的政策

---

[1] Bertrand，Marianne.*Affirmative action in education*：*Evidence from engineering college admissions in India*. Journal of Public Economics，2010：94.

制定者认为，通过改变原有不同群体接受教育的权利格局与规则，为贱民和部落民学生保留名额，将有利于他们接受高等教育，减少教育不平等的现状。在印度的国立大学里，表列部落和表列种姓分别获得 7.5% 和 15% 的配额，两者合计占 22.5%。由于印度宪法规定保留配额不能超过 50%，因此，其他落后阶级获得了 27% 的配额。这样，表列种姓、表列部落和其他落后阶级三者的保留比例合计达到 49.5%。在邦属大学里，表列种姓和表列部落的保留比例取决于这些群体在该邦所占的比例，所以，在印度不同的邦中，表列种姓和表列部落与其他落后阶级的实际保留比例会有差异。

（四）印度提升高等教育竞争力的政策与目标

政策是国家、政党或集团在特定的背景下，为实现一定时期的目标和任务而制定的行动准则。政策研究是分析政策的制定过程和内容，并对政策的组织实施和效果进行评估解释的活动。据此，可将印度高等教育政策分为宏观层面的教育基本政策、中观层面的规划性政策和微观层面的操作性政策 3 类，并基于此梳理与促进印度高等教育竞争力相关的政策。印度提升高等教育竞争力主要关注科学研究、人才培养、一流大学建设等，因而政策的内容设计也主要围绕这几个方面进行。

1. 引领高等教育发展方向的教育基本政策

教育基本政策主要明确高等教育的发展方向与阶段性任务，在印度，教育基本政策主要体现于教育的国家政策中。印度教育发展史上有 3 个重要的国家政策，分别是 1966 年的《科塔里委员会报告》（*Kothari Commission*）、1986 年的《国家教育政策》（*National Education Policy*），以及 1992 年修订后的《国家教育政策》。在 1966 年的《科塔里委员会报告》中，与高等教育竞争力相关的内容包括"提高生产率，将科学作为教育中的基础性学科，改进科学和技术教育研究水平"。1986 年的《国家教育政策》提出，高等教育要在强化一体化研究方面扮演更重要角色，推动教育国际化和文化发展。1992 年新修订的《国家教育政策》提出："高等教育要向每一个印度公民提供平等的入学机会，以此推动区域间的流动性。国家将投入资源，支持在科学研究领域建立合作网络。"①

2.明确高等教育阶段性措施的规划性政策

印度政府重视中长期规划的作用，社会事业发展具有鲜明的国家计划特征。当前而言，印度"高等教育十二五计划"（12Th Five—Year Plan）最具代表性。2012 年 12 月，印度发布了"高等教育十二五计划"，提出了高等教育发展的三大理念，即扩张（expansion）、公平（equity）、卓越（excellence），并从治理改革、资金保障等方面规划了三大目标的实现路径。按照规划，2017 年，印度高等教育毛入学率将从 2012 年的 18.1%增长到 25%，高等教育在读学生数从 2200 万增加到 3590 万。在相应的管理方式上，印度政府将从以前的"指挥和控制"转向"掌舵与评估"，赋予地方和高等教育机构越来越多的自治权，以使其自主决定高等教育事务。②

印度工商联合会在 2014 年举办了"第九届印度高等教育高峰论坛"，并通过了《印度高等教育 2030 愿景》（*Vision 2030 for Higher Education in India*）。该愿景从在世界高等教育中的地位、人才培养、科学研究与创新 3 个方面规划了 2030 年的发展目标，并提出了相应的政策举措。

二、高等教育的目标

1964 年，印度政府为改革教育制度，成立了"科塔里教育委员会"。1966 年，按照已有的教育方针，根据科塔里委员会的意见将印度高等教育的目标分为两类，一类是为适应当今世界高等教育共同任务而确定的目标：探索新知识，追求真理；识别有才华的青年，给予正确引导，以助其发挥潜力，培养专业技术人员；扩大就业机会，促进社会公平，减少文化差别等。第二类目标是为适应印度社会和教育发展的特殊任务，树立高等

---

① SATYANM.Challenges for higher education policy in India [J] . British journaling presentation / 2014 / 22 / 5：1-12.

② 杨晓斐：《卓越、扩张、公平——印度高等教育"十二五"规划"三极"战略述评》，《比较教育研究》2014 年第 12 期。

教育为国家服务的思想，鼓励个性发展，大力发展成人教育；改革考试制度，提高教学质量，建立少数可与世界同类教学和科研中心相媲美的中心，提高国内教学与学术水平。

1966 年，为了实现高等教育的方针和目标，印度大学委员会制定"十年高等教育综合发展规划"，其要点为：提高高等教育的教学和科研；改善大学的组织和管理水平；搞好大学自治及大学间的协调；扩大高等教育以满足社会的需要等。该委员会同时递交了《国家与教育发展》的报告。随后，在这个报告的基础上，1968 年印度政府正式通过《国家教育政策》，在高等教育方面强调要重视大学的自治，提高高等教育的质量，建立少量具有国际水平的大学，提高高校的教学科研水平，大力发展业余教育和函授教育，并强调教育理论应与实际相结合，以满足社会的需求等。该政策作为独立以来颁布的第一个《国家教育政策》，成为改革发展教育事业的纲领性文件，具有教育法的性质，它规定了以后教育改革和发展的原则。

三、高等教育类型及入学人数

（一）印度高等教育的模式和类型

印度独立以来，高等教育逐渐形成了有特色的学院教育、研究生院教育和专业教育三种教学模式。

学院教育是指大学及各类学院的本科阶段的教育。大学本科的学位一般包括三年的课程。在此以前有一年大学预科的学习，这一般是在学院进行的，但也有几个邦是在高级中学进行的。印度的学院分为公立和私立两种，私立学院多于公立学院。从质量上来看，公立学院是由邦政府和中央政府直接拨款建立的，一般能保持高标准；私立学院是由各种私人团体创设和资助的，种姓协会、宗教团体、慈善机构、各种社团以及以经营高等院校的团体等，都是印度私立学院的创设者。印度的学院又可分为大学学院和附属学院，大学学院由大学评议会设立和维持，直接受大学的控制和管理，同大学有关部门一起设在校本部；而附属学院是在大学法规定的区域内附属于某所大学，但它们是印度学院的主体，附属学院提供使学生能参加大学考试的课程，称作学位课程，但课程的设置须经大学同意，所使用的教学大纲和教科书须受大学学务委员会的限定。

研究生院教育是设在大学中的研究生院和大学之外由政府主办的研究所或实验机构里进行的。研究生院学生一般是经过学院教育后获得学士学位的学生，这阶段以从事研究工作为主，还要学习一系列特定的课程，学院规定的课程考试合格者方可获得硕士学位。印度的哲学博士学位是一种科学学位，这种学位很少要求或者不要求选读课程，获得博士学位的主要条件是提交一篇质量合格的论文。印度的专业教育处于研究生院教育和学院教育之间，一般包括商科、法科、商业管理、医科、兽医科、农科、教育科、工程技术科以及其他具有技术性的专业课程的教育。印度高等教育层次较为齐全，有只拿文凭的二年制教育，有三年制的学士学位课程和可供继续探造以获取硕士学位和博士学位的修业计划。奈克（Naik，J.P.1907—1981）教授把印度高等教育从横向上又划分为"高等教育（普通）"和"高等教育（专业）"两部分。"高等教育（普通）"包括人文学科、社会学科、自然学科、教育等学科。"高等教育（专业）"包括工程、医学和农业三门学科。

印度的大学可分为四种类型：①中央直属大学，这种大学是通过议会确定的，是由教育部管理的重点大学，学校的全部费用均由中央政府提供。②附属性大学，这是大学的最主要类型，它在创立初期只为附属学院举行考试和颁发学位证书，不进行任何教学活动。现在大多数附属性大学也从事一部分教学工作，主要是研究生教育阶段的。③单一制大学，"单一"大学的定义是指这种大学通常设在一个单一的校园内，是自己负责所有的教学和研究工作，它一般不设附属学院，如农业大学、女子大学等均属单一制大学。④联合大学，一般是指大学和它的一些学院合作进行工作，一般每个组成的学院要服从大学的管理，组成的学院的自主权有时被放弃，有时大学及其组成的学院所处地位十分接近，构成这种大学的每所学院，按大学标准积极从事于某些方面的工作。

表 5–1　2015—2016 年度印度各类大学数量

大学类型	大学数目
中央开放大学	1
中央大学	43
准大学（政府）	32
邦立大学	5
国家重点大学	75
准大学（私立）	79
邦属私立大学	197
邦属开放大学	13
邦属公立大学	329
邦属私立开放大学	1
政府资助大学	11
其他	13
总计	799

数据来源：Government of India，Ministry of Human Hesouce Develop Ment，Bureau of Planning，Monitohing &Statistics New Delhi.Higher Educational 2015—2016.

（二）入学人数

经过印度政府半个多世纪的努力，印度高等教育的入学人数有了显著的增长。从 1950 年不到 20 万的入学人数，到 2007 年印度已成为拥有世界最大高等教育体系的国家之一，有 378 所大学，8061 所学院，49.2 万教职员工和将近 1400 万学生。[①]

在过去 5 年中，各类型学生入学率大幅增长，从 2011—2012 年度的 29184331 人增至 2015—2016 年度的 34584781 人，年均增长率为 3.5%。入学人数的增长如表 5–2 所示。

[①]　安双宏、李娜、王占军：《印度教育公平战略及其实施成效研究》，浙江大学出版社 2015 年版，第 106 页。

表 5-2　印度高校各类学生入学率增长情况（2011—2016）

年份	招生人数								
	哲学博士	哲学硕士	研究生	大学生	研究生文凭	毕业文凭	结业文凭	综合	总计
2011—12	81430	34154	3367190	23174950	196159	2071609	184717	74122	29184331
2012—13	95425	30374	3448151	23890309	194072	2207551	191871	94664	30152417
2013—14	107890	31380	3822219	25500325	276502	2285576	187340	125002	32336234
2014—15	117301	33371	3853438	27172346	215372	2507694	170245	141870	34211637
2015—16	126451	42523	3917156	27420450	229559	2549160	144060	155422	34584781
增长率		4.5	3.1	3.4	3.2	4.2	−4.9	16.0	3.5

数据来源：Government of India，Ministry of Human Resouce Development，Bureau of Planning，Monitoring &Statistics New Delhi.Higher Educational 2015—2016.

四、师资

印度高校教师数量增长一直很慢，直到 20 世纪 80 年代增长速度才有所提高。但是，相对于在校生数量的增长速度，教师增长的速度远远不够。20 世纪 80 年代以来，大学机构数增长 2 倍，学院机构数增长 2.8 倍，在校生增长 3.2 倍，教师尽管也增加了 1 倍，但是相对于学校和学生数来说，显然增长滞后，不能满足高质量教学对师生比的基本要求，这必然影响到教学质量。印度政府希望，到 2030 年，18—25 岁学生进入高校的毛入学率从目前的 12.4% 提高到的 30%。这不仅需要更多的资金，更需要补充大量的合格教师。

表 5-3　印度高校教师增长情况 (2011—2016)

年份	辅导教师			兼职教师			全职教师			访问教师		
	男性	女性	总共	男性	女性	总共	男性	女性	总共	男性	女性	总共
2015—16	30645	46288	76933	59598	52408	112006	924965	593848	1518813	14081	9300	23381
2014—15	30238	41419	71657	55074	46874	101948	904046	569209	1473255	11529	7639	19168
2013—14	25433	33113	58546	46970	41822	88792	834160	533375	1367535	10320	6774	17094
2012—13	23046	31562	54608	42465	37384	79849	797626	510945	1308571	9416	5850	15266
2011—12	21151	28013	49164	36287	32105	68392	761104	486349	1247453	8507	5071	13578

因此，印度高校教师总体上来说数量是不够的。在北方邦，在 500 所政府公办的学院及大学中，需要 3 万教师来维持正常的师生比。但是，当前只有 1.4 万教师岗位，其中 2000 个是空岗。教师紧缺的另一个突出表现在于专业教育领域。印度工程专业对学生的吸引力巨大，专业教育规模在扩大，但是其教师缺口却很大。UN Rao 委员会早些时间指出印度极度缺乏工程领域的教师。2000—2001 学年，印度工程类高校需要 60970 位教师，即 8710 位教授，17420 位高级讲师和 34840 位讲师。从专业资格来说，需要 26130 位博士和 34840 位硕士，但是，实际上只有 5862 名博士和 11035 名硕士，存在 70% 的缺口。当前这些缺口一定更大，这将直接影响这些院校培养出的学生质量。

而且，随着 20 世纪 90 年代以来的公共财政紧张，印度高校中教师结构也在发生变化，兼职教师比例逐渐增加。兼职教师的增加和很多高校全职教师岗位的冻结，给这一职业的稳定性以及吸引力带来消极影响。造成高校教师缺口大最直接的原因是收入较低。2005 年，一个工程专业的毕业生工资有可能是一个助理教授的两倍。

为了应对教师短缺的问题，印度政府采取了一些措施，包括允许教师参与社会咨询服务，增加个人收益；通过增加实习项目等鼓励学生进入教师行业；鼓励教师进行科学研究：采取措施增进教师科研能力，鼓励有能力的教师发展科研能力，形成浓厚的科研生态，减少其教学工作量。此外，印度政府还准备把高校教师的退休年龄从62岁推迟到65岁。印度知识委员会和《2016年国家新教育政策》推进委员会还建议大力培养博士生作为教师的候选人。

阿特巴赫等认为，印度高校教师应该有更高的工资，当前实施的第六次工资标准是积极的措施。但是，他同样认为，如果仅给更多的钱，而不对教师职业的结构与实践进行改革，则是错误的。印度教师的奖励机制当前是重视长的工作时间而非生产力，鼓励顺从而非创新。最具有生产力的教师并不会得到奖赏，当前也不可能给那些最聪明和优秀的教师以市场价格，以使他们继续在大学中工作。世界一流大学的教师工资结构必须反应其生产力。

另外，印度大学陷入平庸化，很少竞争。学者们很少参与到大学的管理与领导中，官僚和腐败无处不在，严重压制了创新。如果不对印度高校的治理与文化进行结构性改革，则难有转机。印度高校的很多问题是结构性的。比如，高校招生和教师聘任必须根据政府规定的配额制，如49%的配额制。这必然影响到招生和教师聘任质量，从而影响到印度高等教育的整体质量，尽管保留政策有其历史原因和公平价值的考虑。不难发现，阿特巴赫所提出的问题超出了印度高校教师数量与结构的问题范围，是直指印度高校教师的职业道德、职业风尚，包括影响这些方面的文化与体制性等更为宏观和本质的因素。

五、学科专业

(一) 印度高等教育学科分布

印度高等教育的学科分布，在研究生前教育阶段，选择学习人文社会科学的学生在数量上占绝对优势。在硕士研究生阶段，文科类学生数量所占百分比仍然位居第一，占据第二位的是理学类，科学技术类人数较少。

表 5-4　研究生主要专业的入学情况

正规教育研究生主要专业的入学情况					
年份	文科硕士	工商管理硕士	商务硕士	理学硕士	科学技术硕士
2011—12	573528	356286	152228	377001	159561
2012—13	662839	392587	179813	414316	209720
2013—14	674447	392937	193373	431723	260370
2014—15	767027	409432	222709	481330	289311
2015—16	878677	416325	271266	519159	257361

数据来源：Government of India，Ministry of Human Resouce Development，Bureau of Planning，Monitoring &Statistics New Delhi.Higher Educational 2015—2016.

表 5-5　印度本科生主要专业入学情况

正规教育中本科生主要专业入学情况					
专业	2011—12	2012—13	2013—14	2014—15	2015—16
文学学士	6027027	7898579	9099473	9860520	9651891
理学学士	2403146	2947052	3579526	4299538	4618172
商务学士	2364094	2810308	3117265	3338111	3422312
理工学士	3271286	3775488	4336149	4254919	4203933
教育学士	436875	509355	559028	657194	514518
计算机学士	381583	408739	421191	432341	426229
工商管理学士	267375	292838	317024	343237	349667
法学学士	156546	192168	240419	283231	300716
药学学士	127247	142630	174820	183695	195178
护理学学士	126839	156107	176781	179496	191612
医学学士	110022	144504	160402	170406	191040

数据来源：Government of India，Ministry of Human Resouce Development，Bureau of Planning，Monitoring &Statistics New Delhi.Higher Education 2015—2016.

六、教学设施和条件

大学的数量从 2010—2011 年度的 621 所增加到 2015—2016 年度的 799 所，增加了近 30%。学院数量从 2010—2011 年度的 32974 所增加到 2015—2016 年度的 39071 所，增加了约 18%。但大学和学院的教学设施和条件并没有跟上学校数量的增加速度。表 5-6 显示高等教育机构拥有各种基础设施的百分比。大学的办学设施还算完善，但学院层次的办学设施，主要是学生公寓、餐厅、医务室等设施不足。

表 5-6　拥有各种基础设施的大学和学院所占百分比

基础设施	综合性大学	学院	独立学院
操场	87	90	91
礼堂	76	55	65
剧场	42	19	19
图书馆	95	97	98
实验室	86	78	93
会议室	92	72	79
健康中心 / 校医院	80	40	46
体育馆 / 健身中心	74	34	28
室内体育场	49	29	28
公共休息室	82	87	89
计算机中心	90	83	91
自助餐厅	83	53	55
学生公寓	84	37	44

数据来源：Government of India，Ministry of Human Resouce Development，Bureau of Planning, Monitoring &Statistics New Delhi.Higher Education 2015—2016.

七、高等教育经费

(一) 高等教育经费结构

印度高等教育经费来源大体分为政府投资和非政府投资。政府投资来自中央和地方邦政府，非政府投资指学费、家庭教育支出和社会捐款。

中央和邦政府在总经费中的比例占主导地位，地方政府的投资甚少。学费是印度非政府投资的重要经费来源，包括学费、注册费、录取费和考试费等。印度高等教育投资依赖政府的程度特别高。此外，高等教育投资在不同层次和类型的高等院校中几乎没有什么不同，依赖程度占经费的比例从 78% 到 92%，专门从事科技研究与教育的国家重点学院 92% 的经费靠政府拨付，只提供文凭和证书课程的无学位学院也如此。在助学金方面，重点学院最多，学位学院最少。助学金在某种意义上代替了部分学费，准大学、重点学院、研究院和无学位学院的助学金还超过了学费，意味着免费上大学。净学费虽然是总经费的一个组成部分，但只占高校总经费的 17.13%。但印度高等教育的学费和助学金政策受制于收益率。由于专业教育的收益率比普通教育高，且得到的政府助学金最多，所以人人都期望接受专业教育。然而，能享受专业教育的学生主要来自富人阶层。印度准大学和研究院的学费很低，净学费是负数，因为助学金高于学费，但就学于这两类院校依然主要是来自富人阶层的学生。因此，在印度，人们强烈要求改革这种有失公允，有悖平等的助学金制度。

（二）高等教育经费的来源

印度独立后，为大力发展高等教育，放慢了基础教育和扫盲教育的发展速度，并为此付出沉重代价。尽管印度政府对高等教育的投资已达极限，但仍不能满足其高等教育在数量和质量上发展的需要。为此，政府在不减少基础教育投资的情况下，只得拓宽高等教育的其他经费来源渠道。下面我们将对其三个来源渠道——政府、社会、学生与家长展开讨论。

1. 政府投入

印度政府对高等教育的投资占总经费的比例之高，使政府已无力维持现有投资水平，更不用提增加投资了，然而，印度无论公立学院还是私立学院都能获得政府的巨额拨款，且所有学生都能享受数额不等的助学金。当然这样做增加了人们接受高等教育的机会，使更多的人从中获益，尤其是对经济困难而有学习天赋的学生来说显得更为必要。[①]1998年，印度的教育经费占GDP的比重是3.8%，2003年达5%，2006年预算比2005年提高了31.5%。政府承诺未来几年增长到6%。在每个五年计划期间，政府给高等教育拨款占教育经费的比例在四五期间曾达到28%，之后一直保持在10%左右。[②]政府给高校的拨款均通过印度大学拨款委员会落实到院校头上，政府其他部门也向相关院校实行补贴拨款，以鼓励学生进入所属行业来工作。[③]

2. 低学费政策

印度高校按科类、专业和层次实行差别收费。印度有4类大学：中央大学、邦立大学、国家重点大学和准大学。尼赫鲁大学和德里大学为中央大学类型，由印度大学拨款委员会直接拨款。2006年，尼赫鲁大学本科生和硕士生年学费为216卢比，杂费114.5卢比，两项合计只相当于人民币70元左右（5.8卢比约合1元人民币，以下费用均折算为人民币），其他政府高校的收费也大致如此。孟买大学属于邦立大学，校本部第一学年硕士生学杂费为约383.8元。德里工学院为印度宪法规定的国家级学院类型，2006—2007学年本科年学费约4655元。印度科学院（设在班加罗尔）是《印度大学拨款委员会法》确认的享有大学的学术地位和特权的"准大学"类型，该校只招收研究生，2006—2007学年硕士生年学费为约690元，但该校每个学生每月都享有862—1700元的奖学金，缴费也只是象征意义了。据印度2005—2006年度政府工作报告，印度人均年收入为约合人民币3072元，学杂费占人均收入的1.8%。因此，印度高等教育的规模在国家的大力扶持下，一直呈现稳步扩张。印度的公立高校一直实行低收费政策，把高等教育视作社会福利事业，因此又被称为"穷人教育的天堂"。[④]

---

① 杨洪：《试析印度高等教育经费筹措模式》，《贵州教育学院学报》（社会科学版）2001年第1期。

② *India 2002，A Refference Annual*，Government of India，p.196.

③ 杜连雄：《印度高等教育经费筹措现状及其模式研究》，《现代经济信息》2010年第2期。

④ 李建忠：《印度：福利制度下的低收费政策》，《中国教育报》2006年9月22日。

3. 助学贷款

1963 年，为了在提高大学入学率的同时并不增加政府的经费负担，印度政府开始实行一项免收利息的国家贷学金计划（National loan scholarship），学生参加工作一年后或毕业三年后，逐月偿还贷款，也有部分学生被免予还款。但 30 多年的实践表明，印度高等教育中奖学金计划实施的情况难以令人满意。除了通货膨胀对贷款的影响外，学生贷款还存在几个问题。首先，教育的收益在很长时间内不容易确定，既不容易定量计算，也不可靠。其次，印度的信用市场在发放学生贷款方面也没有起到很好的促进作用。发放贷款的金融机构要求贷款的学生提供保证偿贷的有关抵押证明，而家境贫寒的学生拿不出这类证明，结果不成熟的资本市场导致对教育的投入不足。同时印度学生贷款面临的最严重问题是贷款得不到偿还：印度在 1963—1988 年间以学生贷款的形式投入资金 8.69 亿卢比，只有 5.9% 被收回来了，90 年代初的回收率最高也只有 15% 左右。因此，只有从理论和实践两方面解决上述问题，学生贷款才能有效运行。

4. 高等院校的自筹资金

高等院校可以通过举办成人教育、向社会提供出版物、为有关部门提供信息咨询、向公司和企业转让科研成果等方式获得一定数量的自身发展资金。

5. 国际援助

某些国家和国际组织通过经费支持，即对高层次教学、科研人员的培训和课程设计等进行援助，这对印度高等教育的发展与质量提高具有重要作用。

第三节　印度高等教育存在的问题

印度是战后高等教育跨越式发展的典型，历届政府一直将高等教育作为教育发展的重心。目前，印度已成为继中国和美国之后拥有世界上最大和最多样化高等教育体系的国家之一，在校生规模位居世界第二。近年来印度高等教育发展取得了很多成就，主要有：教育规模快速扩张，步入大众化阶段，私立高等教育蓬勃发展，以及科研水平高、IT成绩显著等，但同时印度高等教育也面临着诸多亟待解决的问题和挑战。总的来看，印度在高等教育方面取得了举世瞩目的成就，但是当前也存在一些问题。

一、高等教育质量不高

在印度高等教育不断扩张和走向大众化进程中，质量问题已成为困扰印度高等教育发展的亟待解决的头等大事。目前，印度高等教育质量较低。主要表现是：（1）高校教师严重短缺，2010—2011学年，印度高校生师比为26∶1，明显高于金砖四国平均水平（16∶1）和发达国家平均水平（15.3∶1）。教师短缺主要表现在，2010—2011学年印度邦立大学教师缺口达40%，中央直属大学教师缺口35%。（2）印度高校科研能力明显处于世界较低水平。2011年印度高校科研论文量约为中国的20%、美国的4.3%。印度科研论文引文相对影响指数仅为0.51（世界平均值为1）、中国为0.61、日本为0.81、美国为1.24、英国为1.25。2012年"U21"（21世纪大学协会）对48个国家高等教育整体水平排名中，印度位居第48位；在2013年"U21"对50个国家高等教育体系排名中，印度居第49位。① （3）学生就业能力严重不足，难以满足产业劳动力市场需求。目前仅有25%技术型毕业生和10%—15%其他毕业生能够在对口部门顺利就业。

二、高等教育的不公平现象

根据一些数据来看，当前印度高等教育不公平问题主要表现在：群体之间的不平等、城乡之间的不平等、性别之间的不平等和区域之间的不平

---

① *Universitas 21. U21 Ranking of National Higher Education Systems* ［R］. University of Melbourne，May 2013.4.

等。从接受高等教育的群体来看，少数民族和低收入家庭背景的学生毛入学率大多低于国家平均水平，以 2007—2008 年度为例，国家平均毛入学率为 17.2%，而"其他落后群体"为 14.8%，穆斯林群体为 9.6%。从城乡差异来看，差距进一步拉大，以 2007—2008 年度为例，城市地区的毛入学率几乎是农村地区的 3 倍，两者分别为 30% 和 11.1%。从性别来看，具有显著差异，以 2007—2008 年度为例，男性入学率为 19%，女性为 15.2%。从不同区域来看，只有极少数地区的毛入学率突破 22% 以上，大部分地区毛学率维持在 12%—21.9% 之间，最高的德里为 47.9%，最低的阿萨姆邦仅为 9%。① 因此，教育不公平问题已成为阻碍印度建设高等教育强国的巨大障碍之一。

三、高等教育的结构失调

印度高等教育结构失调主要表现在：（1）学科和专业与产业结构之间的不协调，很多高校为应用型和职业型，其专业过度倚重 IT 行业，导致同质化取向明显，影响了人才培养质量和就业质量；（2）高校布局和资源分配不合理，知名院校集中于经济较为发达的地区，很多落后地区甚至没有一所像样的大学，大量质量不高且不被政府认可的私立院校和"相当于大学的机构"充斥其中，导致买卖学历文凭等腐败问题丛生，从而影响了公众对高等教育的期望和认同感；（3）高校内部结构不合理，研究型大学偏少，印度虽然有几百所以"大学"称呼的高校，但这些大学都不专业化，这使得印度大学在国际上的学术话语权分量不足；（4）高等教育投资分配结构不合理，政府把有限的经费投入到其认可的大学，而很多邦立院校和私立院校面临着资金严重缺乏的掣肘，且经费筹措渠道单一，使其发展困难重重。

---

① Higher Education in India：*Twelfth Five Year Plan（2012—2017）and Beyond*［R］. FICCI Higher Education Summit 2012.

四、高等教育的经费紧缺

印度高等教育经费主要依靠中央政府和联邦政府的财政支持，学费、捐赠及其他经费来源只占高等教育经费很小的一部分，大学对政府的依赖性很强，印度高等教育基本上由国家包办这一特征使得办学经费的来源渠道单一，经费紧缺在所难免，若要改善高等教育质量低下的问题，政府则需要加大更多资金支持，高等教育经费负担无疑是沉重的。据联合国教科文组织 1990 年出版的《统计年鉴》显示，80 年代末期，很多发达国家高校生均经费为数千美元，而印度为生均 310 美元；许多发达国家高等教育经费占教育经费的比例在 20% 以上，印度为 17%；一些发达国家高等教育支出占国民生产总值的比重为 1% 至 3%，印度仅为 0.6%。[①] 进入 90 年代以后，印度计划内高等教育经费预算的比例急剧下降，进一步加重了高等教育的财政危机。此外，印度政府在严格控制学校收费标准的同时，在税收方面未对用于教育事业的捐赠实行优惠政策，致使印度高等教育经费中的社会捐赠也极为有限。

五、高等教育管理体制过于官僚化

印度过度官僚化的高等教育管理体制也是制约印度高等教育发展的重要原因。作为一个联邦制国家，印度实行的是由中央政府和邦政府合作的自上而下的高等教育管理体制，但由于权力分割原因，中央政府委托国家人力资源发展部直接管理中央大学，各邦人力资源发展部负责邦立大学的管理，国家人力资源发展部对各邦人力资源发展部和大学拨款委员会负责，实际上它们在管理高等教育过程中的合作并不顺畅，各自为政，互相掣肘，影响了高等教育整体效力。印度许多邦立大学的管理者不是由一流学者担任，而是政府任命的官员。例如，大学某个岗位需要招聘人才，在宣布消息后，经常要花两年才会招募到学术人才，这就意味着最优秀的申请人可能会流失。在印度，公立大学中的教育腐败问题也公然存在，大学

---

① 安双宏：《印度高等教育：问题与动态》，黑龙江教育出版社 2001 年版，第 113 页。

实行了一种保留制度，即对不同等级入学的新生保留一定的额外控制名额，实行单独考试，达不到成绩标准的学生实行额外收费，其中就为腐败问题留下了很大的隐患。

六、优秀人才的外流

在印度，大学生们所学的知识与社会实际需要不相适应，加之政府无力提供具有吸引力的就业机会来留住高级人才，这样迫使相当一部分大学生尤其是优秀毕业生出国留学或到国外工作。1971 年，印度科学和工业委员会的一项研究表明：印度在国外的工程师、科学家和医生的总人数是 3 万人，在这 3 万人中，拥有博士学位的 5000 人，获得过各自专业的研究生证书者 1.2 万人。[1] 进入 80 年代，印度的人才外流有增无减。到 80 年代末，科技人才外流已达 30 余万人。由于印度高等教育结构与经济结构的失衡，导致印度高级专业人才失业现象严重，国内机会少，条件差，加之种族和宗教歧视等多方面的社会原因，许多高端人才很难在本国找到施展拳脚的空间与舞台，人力资源无法充分利用。而发达国家在很多领域却能为这些人才提供合适的工作机会，加之种种诱人的条件，如可观的薪水、优越的福利、良好的工作和生活环境、尖端的研究设备，促使印度许多科学家、工程师等训练有素的专门人才离开本国大量流向美、英等发达国家。

第四节　印度高等教育改革与发展趋势

2012 年 9 月正式出台并实施了《高等教育第十二个五年规划（2012—2017）》。该规划由大学拨款委员会制定，以提升质量、增加教育机会和扩大办学自主权为总体指导原则，构建了一个以卓越、扩张和公平

---

[1] Narcy Parkinson，Educational Aid and National Development：An International Comparision of the Past and Recommendations for the Future，The Macmillan Press Ltd，London，1976，p.239.

为核心，以管理方式转换、提高公共财政支持力度和完善质量保障机制为基点的高等教育发展战略框架。其基本目标是：到 2017 年毛入学率达到 25.2%，在校生规模达到 3590 万；到 2017 年印度高等教育体系在产学合作、国际化、包容性、管理、质量方面取得实质性进展。为更好地实现这些目标，印度提出一些针对性很强的高等教育发展策略。

一、全面改革高等教育

在当前知识经济的社会中，拥有世界一流的大学系统成了一个国家经济增长不可缺少的必要条件，为了使印度成为高等教育强国，建成一批世界一流大学，印度的高等教育政策必须改革。2013 年印度工商协会联合会高等教育委员会制定并发布了《印度高等教育：2030 年的愿景》。它是一个针对未来的、极富有雄心壮志的规划，它预计到 2030 年印度将成为全球主要的经济体，并拥有能满足印度社会需要的高质量的高等教育。到 2030 年，印度将摆脱当前的限制和挑战，拥有更多的天才和有能力的人才，文化教育氛围浓厚、社会文明，届时印度将成为全球的领导者。到 2030 年，印度将成为世界上最年轻的国家之一，高等教育适龄人口将有 1.4 亿，届时世界上每 4 名大学毕业生中将有 1 名印度高等教育系统培养的毕业生。《印度高等教育：2030 年的愿景》提出的改革高等教育的主张包括：（1）有区别的高等教育体系的扩张计划；（2）向学习者为中心的教育范式过渡；（3）增加技术在高等教育中的使用；（4）高等教育治理的改进等。

二、提高教育的质量

为切实提升高等教育质量，《十二五规划》中明确提出了实现国家高等教育"卓越"的战略目标和任务，大力提升国家整体高等教育质量。建立"卓越大学"是印度"十二五"期间提升高等教育质量的一项重大优先战略，即创建一个全国性的高等教育网络联盟，来促进学校之间协同和创新性跨学科项目建设，建立一个网络化协同平台，使网络联盟内学生和教师能够获取和共享所有联盟成员院校的教学和学习资源、学术刊物、研究成果、科研工作和虚拟实验资源。其次，为应对高校教师严重紧缺问题，印度政府计划到"十二五"末将高校教师增加一倍，即由 2012 年的 80 万人增加到 160 万人，于高等教育机构而言，要想取得卓越首先也是最重要的是要有大量优秀的教师和学生。印度政府于 2012 年 9 月正式出台并实施了迈向 2017 年的"高等教育第十二个五年规划（2012—2017）"。其中提到，进一步加强高校师资队伍建设。一是着力解决师资队伍数量短缺问题，当前印度高校教师数量仅有 80 万，远远不能满足高校发展的现实和长远需要。为此，政府计划要使高校教师数量实现倍增，在"十二五"规划结束时达到 160 万。同时，将一些优秀退休教师续聘为兼职教师，鼓励年轻教师攻读博士学位。二是进行教师培训和促进教师专业化发展。

三、促进高等教育的公平

公平问题依然是印度高等教育亟待解决的难题。对此，"十二五"期间，印度高等教育的重要目标是消除性别、城乡、区域、阶层的人为差别，增强高等教育体系的全纳性。在《规划》中，印度政府首先加强弱势群体学生的财政支持力度，政府将大幅度增加公共部门财政经费，提高奖学金数额，并且将人力资源与开发部管辖的所有学生资助计划改制为"学生资助项目"予以统一实施。其次会进一步普及国家奖学金和政府担保学生贷款资助项目，政府将建立"学生贷款担保集团"，以满足不断增强的学生贷款需求，并降低学生贷款利率。在"十二五"期间，印度政府计划将前期实施的低入学率地区示范性学院、社区学院和多科技术学院创建工程拓展到所有少数民族聚居区和其他贫困地区，设立专门目标计划来为穆斯林社区具有潜质的学生提供特别激励措施，发掘这些学生的潜能；并在小城镇创建妇女学院，向妇女提供优先居住条件，完善高等教育的公平。

四、加大对高等教育的投入

拥有充足经费是世界一流大学的一个重要特征，印度高等教育体系规模居世界第三，为了推进教育改革新计划，印度政府目前大量投资高等教育。作为改革的第一步，印度已着手解决综合性大学数十年来面临的资金严重匮乏问题。在印度的财政预算中，高等教育的拨款增加了近35%，达到8.5亿美元。印度高等教育管理机构大学拨款委员会2015年的预算也增加了60%。印度计划委员会官员巴尔钱德拉蒙格卡尔博士说："高等教育是重中之重。我们将从现在开始对它进行大刀阔斧的改革。"根据印度人力资源开发部发布的年度报告，印度教育政策的目标是：提高18—23岁年龄段人群的高校入学率，改善高等教育质量，迎接高等教育全球化和国际化的挑战。

五、改革高等教育管理机制

针对印度高等教育管理体制的官僚化，首先可以改革附属学院制度，主要措施有：（1）一些规模较大和颇具声望的附属学院将转化为传统型大学；（2）创建附属学院集群，每个学院作为附属型大学的一个校园；（3）一些规模较大的附属型大学将被分割为易于管理的单元；（4）为提供多学科教育允许附属学院进行合并；（5）为了能够对附属学院进行有效管理，附属型大学将改进学院发展委员会并给予其附属学院更多的自主权。其次，完善地方（邦）高等教育管理制度，建立地方（邦）高等教育委员会来规划和协调本地区高等教育的发展。再次，实施高校分类和自主权改革。打破高校标准化模式，按照研究型、教学型和技能型对高校进行分类并进行不同的管理和资金支持；转向由外部专家、教师和校友代表组成的更小的和更有效的管理机构；政府将继续释放管理权力，赋予高校更多自主权，就像印度管理学院那样改革招生制度，赋予大学一定的自主招生权限。

六、大力吸引国外优秀人才回国发展

作为发展中国家，印度也面临着人才大规模流失的问题。为了解决人才流失问题，促进优秀人才回国发展，印度大力吸引国外优秀人才回

国发展。对于特定国家的高层次人才，印度政府在 2003 年正式宣布印度将在国际上实行对等承认双重国籍的政策。政府允许当前居住在美、加、英、法、澳大利亚等发达国家的印度裔人才拥有双重国籍，允许他们在印度国内生活、工作以及购买房产。这项措施出台对吸引大批外籍印度人才回国起到了重要作用，这几年来印度回国人员，特别是从美国回国的人才大幅增加。目前印度已在海外设立联络站，搜集海外人才信息、承担国家猎头职能。印度给印度裔海外人才办理印度裔卡，可以永远不用办签证，放开国际人才流动政策。

　　为打造一个知识型的社会，印度政府构建了庞大的高等教育体系，印度一直将高等教育作为教育发展的重心，并且希望能够通过发展高等教育增强其人才的国际竞争力。为了发展高等教育，印度政府不断增加对高校的经费投入，一般占全年教育经费的 20%，有时会更多。在全球化背景下，印度政府不断加强高等教育的管理和扶持，最好地利用自然科学知识，掌握最先进的信息科学技术。印度的高等教育机构被称为高级修业中心、优秀人才中心或优秀人才养成所，并迅速培养了大批人才。在科技高速发展的今天，计算机技术的发展也许比其他任何一个单独因素更多地起到了加速科技知识增长的作用。印度还具有比较完善的科研基础设施，也正在形成科技成果转化为生产力的有效机制。印度在许多高科技领域处于世界前列，尤其是在计算机研制和软件开发方面居于领先水平，比尔·盖茨在考察印度后惊呼："印度将会在 21 世纪成为软件超级大国。"印度作为亚洲的一个大国，以其自身的民族文化和民族情结，必将不断地改善和完善它的高等教育体制，使其在世界政治和经济舞台上占有一席之地。印度的高等教育会朝着私有化、国际化和多元化的方向发展，并且在以后相当长一段时间会重点扶持一些科技含量比较高的专业，并讲究实用性，也会有更多的与国际合作的机会。印度政府正在不断地把高等教育与国际市场接轨，与本国的政治经济实际结合，使高等教育与国家的结合越来越紧密。

第六章　印度职业教育

第一节　印度职业教育历史沿革

印度是一个多民族的国家，实行联邦制。在 70 年代以前，各邦的教育体制各不相同。1968 年，印度议会接受了 1964—1966 年全国教育委员会的建议，并于 1968 年通过了新的教育政策，即"国家教育政策"。根据新的教育政策，印度全国逐步统一了学制，实行 10＋2＋3 的教育体制，即 10 年普通教育，2 年中等专业教育或预科教育，3 年高等教育，尔后是研究生教育。10 年普通教育中又分为 5 年初小、3 年高小（此 8 年为义务教育阶段）和 2 年初中（人们又把这 10 年统称为 10 年制中学），2 年的中等专业教育或者预科教育为高级中等教育（11—12 年级），职业教育目前主要在 11—12 年级进行。这种 10＋2＋3 的教育制度已为印度大多数邦和中央直辖区所采纳。[①]

一、古代印度的职业培训

在古代印度，种姓制度实行严格的职业世袭。最初，婆罗门、刹帝利、吠舍三个种姓的人同习经义。种姓分化逐渐明显后，教育也随着分化，刹帝利仅学少量经义，用更多的时间去学习射术和行政管理；吠舍子

[①]　梁忠义、李守福主编：《职业教育》，吉林教育出版社 2000 年版，第 68 页。

弟最初也学习吠陀经典，后来《吠陀》的学习被取消，学术科目也不再学习。他们虽然还有少数人送子弟入古儒学校，但多数是到匠师家中，通过师徒传授的方法，进行实际操作，学习技艺。这就是古代的职业培训。古代文献曾提到"为着掌握赖以糊口的技艺，也是尊敬、爱慕而礼遇其师的"。这个"师"，就是婆罗门教、佛教以外的一种教育，学生是俗人，教师是匠人，学习的是"赖以糊口的技艺"。古代文献中职业培训纪录保存最完整的当属医学。除了寺院或高级学校传授医学，更多的是医生私人以师徒传承的方法传授的。当时不少城乡有着医道精良的名医，他们一面行医，一面授徒。学生拜师就学需交付学费，或者为师服役，学习期限约为7年之久，学习科目包括解剖学、外科学、内科学、药物学以及手术操作等。学成之后，通过学科知识和医疗能力考试后，成为医生。

除去医学职业教育之外，古代印度由于建造寺庙和宫廷，制造兵器和战备物资，手工业逐渐发展起来。雅利安人不屑于从事手工艺术，手工业遂成为土著达罗毗荼人的行业。从事这种手工行业，必须预先进行技术培训，或父子相传，或师徒传承。印度于公元前600年出现了行会，到公元300年就有了比较完备的制度。造船业、武器制造业、塑造佛像业，都由皇家掌握，由少数家庭秘密传习，行会管理师徒，保证使艺徒能够确实有效地从匠师那里学到操作经验。

二、独立前的职业教育之演变

1854年《伍德教育急件》建议在适当的地方建立提供职业教育的中学或学院[①]，但报告并没有引起什么反响。

1882年印度教育委员会在考察教育中存在的问题时特别提出在中学阶段应该将学生分成两轨，一轨为升大学做准备，一轨设置实用科目以便把学生引入不同的劳动领域。[②] 此建议在一百年后成为现实。

① RASHTRIYA T.Vocational Education ［M］. A.P.H.Publishing Corporation，New Delhi. 2008：118.

② Hunter Education Commission ［OB/OL］. ［2008-02-02］. http：//www.indianetzone.com/23/ hunter education commission.htm.

　　1929 年哈托格调查委员会和 1934 年的撒普鲁调查委员会都强调职业教育在国家经济发展中的作用。哈托格委员会建议学校中应采用多样化的课程以便学生在中学结束后能够进入工商领域；撒普鲁委员会提出建立 11 年制的学校制度，11 年结束后继以职业教育。①

　　1936 年的艾伯特—伍德委员会报告也倡导建立系统的职业教育，在这个报告的基础上各地建立了综合技术学校。

　　30 年代受圣雄甘地以手工和生产劳动为中心的基础教育思想的影响，有些邦开始在高中阶段引入选修课的制度。学生在高中的第二年可以在人文学科、数学和理科、实用学科、美术等四组中进行选择。实用学科包括一系列的职业科目，如农学、桑蚕养殖、印刷、商业、打字、木工、打铁、安装电线等，女生可以学习家政、缝纫和刺绣等。这种课程设置的目的不是面向就业的职业训练，只是劳动态度和职业观点的培养。

　　1944 年中央教育咨询委员会的报告又一次提出把中学阶段的学习分成学术和技术两轨，学生在完成普通教育任务的同时做好未来工作的准备。

　　独立前的教育委员会所提出的各种建议对印度职业教育的影响甚微，职业教育在印度独立前几乎没有发展。

三、独立后的职业教育之发展

　　印度于 1947 年宣告独立。独立后的印度政府为了使教育适应新形势下印度政治经济和社会发展的需要，首先于 1948 年成立了印度大学教育委员会，对高等教育进行改革，尔后又于 1952 年 9 月成立了以马德拉斯大学副校长穆达利阿博士为主席的中等教育委员会，专事对中等教育改革进行调查、研究并提出建议。

　　1964 年，为了全面检查和改革印度教育以适应国家发展的新的需要，

---

①　RASHTRIYA T.Vocational Education［M］. A.P.H. Publishing Corporation，New Delhi. 2008：118.

成立了以科塔里博士为主席的全国教育委员会。这里必须指出，印度独立前后成立的各委员会的一个明显区别是独立前各委员会的主席及大部分成员为英国人，而独立后，则为印度人。

1966 年科塔里委员会的报告对职业教育的发展具有划时代的意义。报告针对日益突出的职业技术教育与社会经济发展之间的矛盾明确指出职业教育的必要性，要求加强和扩大各种职业技术学校中所实施的职业课程，提出建立 10＋2＋3 的新学制以促进教育的发展。委员会建议在初中（8—10 年级）和高中（11—12 年级）分别设置 1—3 年的职业教育课程，尤其在高中阶段将课程分为学术和职业两轨，职业轨是终结性的，以就业为方向。委员会提出到 1985—1986 年度进入高中职业轨的学生比例应达到 50%。① 委员会的建议构成了 1968 年和 1986 年印度《国家教育政策》中有关学校教育职业化的政策基础。

为推进中学阶段的教育职业化，印度政府于 1977 年启动了高级中等教育职业化规划，鼓励各邦政府在＋2 阶段（即高中阶段 11、12 年级）实施职业教育。规划的任务有两项：在 150 个县进行职业调查；在选定的 40 个县引入职业课程。中央政府在职业调查、县职业教育官员任命、购买职业教育设备、为职业课程教师提供工资等方面给予资助。

从 20 世纪 70 年代中后期开始各邦政府陆续在高中阶段实施中等教育职业化，如 1974 年西孟加拉邦率先开始尝试，中央直辖区德里和卡纳塔卡邦在 1977 年和 1978 年紧随其后，古吉拉特邦、喀拉拉邦和阿萨姆邦在 80 年代早期先后在高中阶段开设职业课程。但总体而言，采纳中等教育职业化做法的邦在这一时期数量并不多，而且实施职业化的邦进展也不是非常顺利。以德里为例，1976 年瑞迪委员会建议在 50 所学校开设职业教育课程，吸纳学生 5000 人。实际情况是 1977—1978 学年只有 17 所学校（包括两所技术高级中学）设置了职业轨，选修职业课程的学生只有

---

① RASHTRIYA T.Vocational Education [M]. A.P.H. Publishing Corporation，New Delhi. 2008：118.

707 人。①

80 年代印度职业教育进入了全面改革的时期，中等教育职业化成为教育改革的焦点。1985 年印度政府第七个五年计划委员会的报告指出高级中等教育职业化是有效纠正人力资源供需矛盾的手段，全国必须予以高度重视。1986 年印度政府在《国家教育政策》和实施细则中重申了中等教育职业化的重要性，指出"在教育重建中引入系统的、规划良好以及严格实施的职业教育课程计划是至关重要的。这些职业教育的成分意味着在学生中培养健康的对待工作和生活的态度，提高个人就业的能力，减少熟练劳动力供需之间的错位，为那些没有特定兴趣和目的追求高等教育的学生提供另外的选择。在高中阶段将采取措施为孩子们提供覆盖几个职业领域且不针对某个特定职业的普通职业课程"②。《国家教育政策》还指出职业教育是与学术教育相区别的一轨，目的在于为明确的职业做准备，并建议到 1995 年职业轨覆盖的学生比例为 10%，到 2000 年达到 25%。

1985 年全国教育职业化工作组全面考察了职业教育规划并为此规划的扩展拟订了指导纲要。为此，1988 年 2 月中央启动了中等教育职业化规划，为各邦和中央直辖区在高中阶段引入职业教育课程提供资金支持，第九个五年计划为此划拨的资金为 10 亿卢比。此规划还包括其他内容，如进行县职业调查，以便根据需要引进职业教育课程；编制课程和教材；组织教师培训等。到 1988—1989 年度，在高中阶段实施职业化的邦达到 20 个左右。③

90 年代以来印度政府进一步加强了对职业教育的重视，各种委员会

---

① Report of the Working Group on Vocationalisation 1978 [OB/OL] . [2018—05—30] . http：//education.nic.in/cd50years/q/34/3S/343S0201.htm.

② Government of India. National Policy on Education 1986 (as modified in 1992) with National Policy on Edcuation，1968 [OB/OL] . Department of Education，Ministry of Human Resource Development，New Delhi. [2007-04-28] . http：//education.nic.in/policy/npc86-mod92.pdf.

③ AGGARWAl J C. Development and Planning of Mod—ern Education [M] . VIKAS Publishing House PVTLTD，2004：34.

也针对中等教育职业化实施中的问题不断提出改革的建议，但所有这一切努力都未能改变职业教育发展缓慢的处境。据统计在第十个五年计划期间（2002—2007）职业轨的学生不到高中阶段学生总数的5%[1]，这与1986年《国家教育政策》中设定的25%的目标相差甚远。[2]

第二节　印度职业教育的现状

一、有关法规和政策

在印度，其技术和职业教育政策主要是围绕职业教育的发展颁布的一些原则、指导方针、计划等；职业技术教育方面的法规主要是印度中央和地方政府制定的指导职业教育开展与实施的相关法案、法规、法令。

（一）职业教育政策

1.《国家教育政策》

印度除各种教育法律法规之外，联邦政府公布的教育方针政策也具有很大的行政法律效力。1968年联邦政府颁布的《国家教育政策》（NPE），明确指出要根据教育委员会的建议彻底改革教育，并提出促进教育发展的17条原则。这是印度共和国历史上的第一个国家教育政策，它关于职业教育的重要描述是提出至少50%的学生应该接受职业教育，这样可减轻大学的压力，同时也能培养学生就业能力。于是，在20世纪70年代，印度形成了"10＋2"的职业技术教育方案。然而，实际上只有一部分邦和直辖区带头推行了这一方案。1986年印度联邦议会通过新的《国家教育政策》并由政府公布，1992年得到具体实施。随着这一政策具体措施的执行，全印技术教育委员会在法律规定的范围内有权制定规章制

---

[1]　NCERT. National Focus Group on Work and Education（Position Paper）[OB/OL]. New Delhi，2007. [2007-12-10] .http：//ncert.nic.in/sites/publica-tion/schoolcurriculum/ PositionPapers/Work%20and%20Education.pdf.

[2]　屈书杰、孙慧佳：《印度职业教育的发展困境及其出路》，《河北大学学报》（哲学社会科学版）2011年第2期。

度，对全印度的技术和职业教育（包括建筑学、城镇规划学、管理学和药学教育在内）发展进行适当的规划协调，确保各层次技术教育机构在有计划的增长中提高质量，技术和职业教育系统的规定和规章，规范各项标准。新政策是在新的历史时期对原先政策的进一步修订和调整，它也是印度新一届政府全方位的教育施政纲领和教育改革计划，反映出了80年代世界教育改革的国际化浪潮。

2. 职业教育指导方针：推行"中等教育职业化"

针对"10＋2"的职业教育方案未能全面顺利推行这一问题，相关工作小组就此方案的开展制定了指导方针，1988年2月，这一指导方针的制定开启了中央推行"中等教育职业化"的先河。"中等教育职业化"方案由中央政府、邦政府和非政府组织实施。推行该方案的主要目的是提高个体的就业能力，降低技能型人才需求与供给之间的不匹配性，同时给予那些没有特定兴趣和目的而想要接受高等教育的学生以选择机会。1993年各邦政府推行"10＋2"职业教育方案的学校达6700所。在6大学科门类（农业、商业、工程技术、健康与医疗服务、家政科学与人文）中开设了150多门课程。国家人力资源开发部会同经济事务部、财政部、国有银行和信贷公司提供长期低息贷款帮助接受完职业教育的学生创办公司，还对那些在"教育职业化"作出开创性工作的非政府组织提供资助。

3. 职业训练提高计划

印度财政部长奇丹巴拉姆在2004—2005年度的财政预算报告中，明确提出了利用公私合营模式改革工业训练学校的建议，他说："工业训练学校传授的知识应与市场对人才的需求及新知识、新科技的发展保持一致。人才的素质决定了产品的质量和企业的效益。由此，为打造世界级的技术型人才，政府应该成立一个中央管理机构，在今后5年内，每年改造100个工业训练学校。无论是公立学校还是私立培训机构，都应该为国家工业的发展多做贡献。"在财政部长的提议下，印度政府于2007年5月提出了一项"职业训练提高计划"，目的是提高毕业生的就业能力，增强职业培训机构的市场应变能力。在这一"计划"中还明确制定了三个绩效指标："在未来 5 年内，将工业训练学校的学生毕业率提升 20%，由原来的 61% 提高到 73%；将毕业生毕业后一年内的就业率由原来的 35% 提高到 50%；使毕业生的月工资提升 25%，由原来的 2421 卢比提升到 3206 卢比。"①

4. 国家技能发展和创业政策

2015 年制定的综合性国家技能发展与创业政策是印度政府的一项使命，目标是到 2022 年培训 4 亿人口。为完成这一使命，已搭建起必要的制度框架：国家技能资格框架和行业技能标准委员会（33 个已开始工作），负责实施国家技能资格框架工作的国家技能发展局，负责培养和增强培训能力的国家技能发展公司，成立专门的技能开发和创业部协调各方工作。21 个中央政府部门参与实施技能发展计划，服务各自的目标群体。仅在 2014—2015 财政年度，这些部委和国家技能发展公司共同培训了约 860 万名青年。各邦政府也非常积极地实施技能发展计划，许多邦政府已建立分支机构，负责协调和实施计划。由国家技能开发公司孵化、支持和监管的私立培训机构已在全国形成网络，能够实施与岗位相关企业短期培训计划。有 267 个私立培训机构开办了 4000 多个培训中心，近五年已培训了大约 650 万人。

技能发展与创业部采取了许多措施来加强现有的工业培训学院并创建新的工业培训学院，并建议改善基础设施，提高教育质量，到 2022 年将现有的 185 万个学额增加一倍。2015 年国家技能发展与创业政策预计到 2022 年将全国 25% 的学校纳入国家技能发展计划。作为中等教育职业化倡议的参与者，人力资源发展部采取了以下措施：（1）根据中等教育普及计划，实施了通过邦政府和中央中等教育委员会向 9 年级及以上的学生传授技能的项目。与国家技能资格框架一至四级相对应的课程（一年学习约 200 小时）由邦教育部门与国家技能开发公司认定的培训中心在学校实

① 王义智、李大卫、董刚、张兴会主编：《中外职业技术教育》，天津大学出版社 2011 年版，第 712 页。

施。16 个邦 3000 所学校 15 万多名学生接受了该项目不同职业技能课程的培训。（2）根据普及中等教育计划实施的学校信息通信技术项目，在全国的初高中设立了大量拥有优质 IT 设施、互联网和备用电力的计算机实验室（约 80000 个），大多数是由公私营部门的专家团队建立和管理的。（3）人力资源发展部在技能发展方面的其他项目包括：大学拨款委员会设立的社区学院项目；选修课和必修课系统；以及全印技术教育委员会设置的职业教育本科专业。[①]

（二）职业教育政策法规的特点

1. 教育政策的连贯性与灵活性

印度的技术和职业教育政策能够始终保持着高度的连贯性，然而，印度技术和职业教育委员会所制定的教育政策并不是一成不变的，而总是根据时代的发展和社会的变迁适时地进行调整。

2. 教育立法的权力主要由邦掌握

在教育领域，联邦的教育立法权仅仅是督促性而非强制性的，它主要从教育事业发展方面起到保障社会公正公平、维护国家统一和根本利益的作用，而各邦的教育立法权却承担着主要的、大量具体的教育职责。

3. 制定教育政策主体的多元性

印度技术和职业教育之所以能取得较大的成绩，除了政府重视，并通过宪法保证了教育先行的原则外，关键是成立了专门的或者说是专业的教育委员会，专门负责调查教育现状，听取并汇集各方意见，制订教育政策，并监督实施。可以说，此乃印度技术和职业教育取得成功的一个最为关键的举措。

二、教育目标

印度 1992 年修订的《国家教育政策》强调：教育的目标是培养公民

---

① National Policy on Education 2016，Report of the Committee forEvolution of the New EducationPolicy.6.9.3.p.83.

的良好素质，使公民更加敏锐和智慧，加强民族团结，增强科学意识，最终实现印度宪法所规定的社会正义、宗教平等和民族目标，使教育满足经济的需求。对于技术和职业教育工作的目标，政策规定："职业教育是一种不同的方式，它的目的是为各种职业培养学生。职业教育课程一般要在中等教育阶段之后进行。"印度在国民经济发展需要的基础上建立灵活的技术和职业教育体系，为完成初等教育的学徒和青年、中途辍学者、从事某种工作的人员、失业人员、半失业人员服务。通过系统的、精心策划的职业教育，培养受教育者工作和生活的健康观点，培养每个学生自谋职业的能力和从事工作的能力、知识和兴趣，消除熟练人才的需求和供应之间的不平衡。

各级各类技术和职业教育学校都有着各自不同的培养目标，共同支撑起国家技术和职业教育的整体目标。

（一）初等技术和职业教育的培养目标

在初等教育阶段，技术和职业教育作为必不可少的因素被融入课程中，为学生提供前职业教育，也称为基于工作的教育，主要是为了培养学生的工作态度和价值观。

（二）中等技术和职业教育的培养目标

中等技术和职业学校主要集中在高中阶段，但并不意味着初中阶段的教育没有技术和职业教育内容。初中阶段的技术和职业教育主要为学生提供基础的技能训练，这些技能训练并不能称之为职业性的训练，主要为拓展学生对职业的认识，为学生在高中阶段的职业课程选择奠定基础。创办于20世纪80年代的专门培养半熟练和有一定技能的一般劳动力的初级技术学校，因职业教育的升格，正在消亡之中。高中阶段的技术和职业教育则由不同的学校机构来承担，为经济社会和技术发展培养中等层次的熟练工人。

1.工业训练学校的培养目标

工业训练学校通过某一职业领域的训练，使学生获得某一种特定专业的技术，从而通过国家职业资格认证，培养手艺工人和熟练工人。

2. 高级中学职业班的培养目标

高中职业班是与高中学术班并行的教育类型，其主要培养目标包括两个方面，一是增强毕业生的就业竞争力，使其能比较顺利地就业，满足未来职业的基本要求；二是为高等技术和职业教育培养后备人才，毕业生能进入更高一级的学校进行学习。印度各邦高中职业班的设置往往根据地域、地区和其他条件不同而区别设置，一般培养农业、商业、工业、家政、医务护理、教学辅助等领域的中级人才。

3. 工艺学校培养目标

同一所工艺学校一般分为初级和高级两个级别，初级属于中等技术和职业教育，目标是培养介于熟练工人和工程师之间的中间层次技术人员。高级属于高等技术教育范畴，为学生提供4年的高水平技术教育，旨在培养高水平的技师和高级技师。

除上述主要职业学校类型外，印度还有一部分按照具体行业举办的职业学校，如中等医科学校、兽医学校、商业学校、农业学校、林业学校、矿业学校、家政学校等，主要培养专业领域的技术人员。

（三）高等技术教育的培养目标

高等技术教育主要以技术或工程学院为主，培养目标主要为经济社会和技术发展培养职业工程师、高水平技师等高级人才。

（四）发展趋向

1. 各级技术和职业教育培养目标愈加细化与明确

印度近年来对初等、中等、高等技术和职业教育的培养目标作出明确的规定，特别是对中等职业教育类型多样的技术和职业教育学校的培养目标进行了区别，为各级各类技术和职业教育人才的培养制定了标准，使得培养目标趋于细化。

2. 国家的技术和职业教育整体目标满足职业需求

印度区分了从基础教育到高等教育的技术和职业教育所有层次的学校人才培养目标，形成能满足各级各类职业需求的人才培养体系，为实现国家发展目标，摆脱失业和贫困，促进个人前途等方面提供了教育保障，满足了经济发展对各个层次劳动力的需求。①

三、学校类型及入学人数

（一）印度学校系统内的职业教育

当今印度的职业教育，如同其他国家的职业教育一样，也可以从纵横两个方面来了解。

从纵向看，职业教育可分为：①职业预备教育，即对学生进行职业理想、职业兴趣、职业道德、职业知能等方面的有意识的引导。这种教育主要是通过普通学校中设计的劳动教育课进行的。②就业前职业教育。这类教育是由各级各类职业技术学校进行的。③就业后职业教育。这种教育的形式包括学徒训练方案、继续教育计划等。

从横向上看，职业教育又可分为学校系统内和学校系统外这两大系统。印度有的学者把这两大系统称作"以学校为基础"和"以工业为基础"的两类教育。

首先来了解一下"以学校为基础"的职业教育。

1. 初级技术学校

这是一种创办于 60 年代早期的学校，在有些地方又称作技术中学。主要招收 13—16 岁的学生入学，修业年限为 3 年。这种学校是为初级中等教育职业化而设计的，以使学生做好就业准备，因为对一部分家境贫寒的学生来说，初级中等教育已具有终结性的性质。

初级技术学校向学生提供中学毕业后充分就业所必需的基本技能和知识，主要培养半熟练工人和有一定技能的一般劳动力。它通过向劳动力市场提供受过一定培训的青年来加强工业与学校的合作并提高社会的生产力。初级技术学校在培养学生方面，主要的任务是除了传授必要的基本技能和知识外，还要增强学生的自信心，树立自我意识。

---

① 王义智、李大卫、董刚、张兴会主编：《中外职业技术教育》，天津大学出版社 2011 年版，第 711 页。

随着印度 10+2+3 学制的采用，教育职业化的重点开始从初级中等教育移向高级中等教育即"+2"阶段上，因此初级技术学校已逐步减少并有最终被全部取消的可能。但由于它们对一部分学生有着较大的吸引力，且它们的基础和其他设施仍可使用，因此有的人认为初级技术学校仍能同高级中等职业的职业教育一样服务于学生和社会。

2. 工业训练学校

该类学校一般招收通过 10 年级考试的学生，修业年限为 1—2 年，其中非工程专业通常培训 1 年，而工程专业一般培训 2 年。

工业训练学校隶属于国家职业行业培训委员会。早在 1979 年，分布在印度全国的工业训练学校就有 350 多所，它们每年共招收 15 万多的学生。在国家职业行业培训委员会的批准下，工业训练学校中共设置了 32 种工程专业和 21 种非工程专业。

3. 综合技术学校

综合技术学校又称技术员学校，主要培养介乎于熟练工人和工程师（或技术专家）之间的技术人员。该类学校招收的学生必须通过 10 年级考试。从理论上讲，毕业于初级技术学校的学生也可以进入该类学校继续学习。综合技术学校的学习年限从 2 年到 4 年不等，但一般为 3 年，有的学校在 3 年之后再提供一种 1 年制的专门化文凭课程，专门培养诸如质量控制、精密仪器之类专业较窄但技术要求较高的技术员。在 330 多所综合技术学校中，约有 60 多所实行半工半读制，其余的则为全日制学校。

在技术员教育这一级，理论和实践课程的设置，视修业计划的目的而定。那些旨在培训一批与技术专家密切配合从事设计、发展、测试、管理等工作的技术员的技术课程，比起目的在于培训一个接近手艺工人而在工作现场的技术员的技术课程来，就有较多的理论内容，而后者较之前者则有较多的实践内容。

在 1947 年印度独立之初，印度只有 50 多所综合技术学校，每年招收容量仅为 3500 名学生，但每年毕业的合格的技术员则更少，仅为 1500 人。到了 70 年代末，该类学校已发展到 300 多所，每年可招收 5 万多学生，但由于种种原因，其中能成为合格技术员的人员仍只占总数的 55%。

在这些综合技术学校中，有几十所学校是专门为妇女创办的，它们设有与妇女有关系的课程共 18 类，分别是：土木工程、无线电工程、室内装饰及展览、服装设计及服装制作、商业实践、商业艺术、建筑助手、图书馆科学、医疗实验室（化学厂）技术、化妆美容技术、药学、家政学、社会交往手段、伙食宴席供应或提供娱乐节目的技术、工业技术、整容术、数据处理、机械（设计及制图）。

4. 高等专业技术教育

高等专业技术教育属于高等教育性质，由各种高等专业学院实施。印度的高等专业教育主要划分为工程技术、农业和医学三大类。自独立以来，印度高等专业技术教育发展相当快。在 1951—1978 年间，提供工程技术学位课程的学校从 53 所增加到 156 所，招收的学生从 4800 人增加到 2.5 万人。在独立前夕，印度有 17 所农业学院，每年招生 1500 人，但到 1980 年，印度已建有 23 所农业大学，100 所农业学院，每年招生 1.5 万人。就医学教育而言，1946 年印度只有医学院 19 所，而到 1981 年则迅速增加到 108 所，毕业生从 1951 年的 2000 人增加到 1981 年的 1.2 万人。

5. 普通学校中的劳动和职业教育

印度的中等职业教育，不仅在专门的职业技术学校中实施，而且还在普通学校中进行。在印度现行采纳的 10＋2＋3 的学校教育模式中，前 10 年致力于普通教育，但同时把对社会有益的生产劳动这一成分结合进学校的课程计划；到了高中阶段，学校开始实行分流。除了前述的工业训练学校和综合技术学校外，一般学校设有两套课程：一套是准备让学生继续深造课程，另一套是准备让学生通过职业教育和训练以便走向劳动市场的道路。这一种安排是打算让 50% 的学生走上职业道路，因而被称作"高级中等教育职业化"或"高级中等职业教育"。这种教育目前在印度深受重视。①

---

① 梁忠义、李守福主编：《职业教育》，吉林教育出版社 2000 年版，第 231 页。

（二）印度学校系统外的职业继续教育

除了学校系统内的职业教育外，印度还拥有一套学校系统外的属于非正规教育的职业训练，这也是不可忽视的。

1.学徒训练方案

这是一种专为培训学徒而制定的一种计划，其目的主要是鼓励未受过职业训练却有兴趣提高自己的工人成为熟练工人。印度在1961年颁布了《学徒法》，规定一些特定行业的雇主某些专业方面必须雇佣一定比例的学徒。《学徒法》所指定的131种专业是遵照《印度国家职业分类表》规定的，每一种专业里学徒和工人（熟练工人除外）的比例都有规定。学徒培训期从6个月到4年不等，其中以3年最为普遍。工业界有责任规划和执行学徒培训计划，训练包括从基本训练到实地见习或现场训练，以有关的教学贯穿整个训练过程。目前在1.7万多个工业企业中约有12.7万名学徒参加学徒训练体制。

印度地方的学徒训练协会，通过它们主要建立在工业训练学校中的有关工业训练中心，训练那些来自企业的、被确认为有能力成为熟练工人和手艺人的工人。

1973年，《学徒法》予以修订，从而使参加学徒培训体制的不仅仅是只受过5—11年教育的学徒，大学毕业的工程师和技术毕业证书的持有者也被包括在内，这以后的学徒训练方案已具有继续教育的性质了。到1979年为止，学徒训练方案被指定为具有较高学历者所学习的工程技术科目，约有1.4万名大学生和技术员正在接受这种继续教育。

2.残疾人员的职业训练

为残疾人员和智力迟钝者专设的培训计划由政府的许多机构、私人慈善团体和企业托拉斯来实施。印度政府通过劳工部已创办了10个伤残恢复职业中心。这些中心首先测定聋哑盲人和畸形残疾人的适应能力和残余能力，然后提供矫正训练，帮助他们得到在职培训或自我经营的培训。国防部则为在武装部队中失去就业能力的士兵成立了一些伤残恢复单位和训练中心。社会福利部在中央和各邦也建立一些专门机构以便使身体或脑力残疾的儿童得到伤残恢复。

3. 继续教育计划

这是一种利用现有各级学校开展继续教育的计划，旨在为具有一定技术教育或训练水平的人员提供机会以使自己提高到更高一级的水平。持有国家专业证书或学徒证书的熟练工人可以修习技术员课程，从而取得文凭证书。同样，被证明有可能取得学术成就的人可以修习专门设计的学位课程。为了使在职人员能利用工余时间更新自己的知识，有些训练中心开设非全日制或夜校课程以供继续教育所用。有些综合技术学校为在职技术员开办非全日制的、夜校性质的文凭后课程，少数工程技术学院开设学位课程，招收技术员文凭持有者。印度政府也在积极考虑在选定的综合技术学校里推行高级技术员计划的建议。技术师范学院、中心训练学院和其他专门机构已经开始根据需要在各种领域里开办一些短期进修班和专业训练班。

然而，印度各种形式的教育迄今还是采取严格的入学和离校的做法，因而并不鼓励随意转学。因此，上述各种设施目前还只是在有限的范围内提供，并仅局限于文凭或学位课程的结构之中。

4. 职业指导和就业咨询

职业指导是帮助学生选择职业，为就业做准备的过程。从理论上讲，职业指导和就业咨询属于职业教育范围。印度设有联邦学业与职业方向指导总局，各邦也有学业与职业方向指导局。印度劳工部所管辖的261个就业介绍所内设有职业指导和就业咨询部门。此外，有66所大学拥有大学就业信息和指导所。这些机构帮助青年学生和求业人员计划他们的职业并提供职业咨询。它们搜集并整理各种职业信息，并通过职业谈话、小组讨论、职业展览和电影放映等形式或个别或集体地把这些信息传播给学生、教师、家长和求业人员。它们还在保证训练机会或学徒机会和提供部分时间和假期就业机会方面给申请者和学生以帮助。[①]

① 梁忠义、李守福主编：《职业教育》，吉林教育出版社2000年版，第381页。

四、印度职业教育的师资

办好职业教育的关键之一，就是实施该类教育的教师培养。在印度，虽然从事普通理论课的教师毕业于普通师范院校，但从事职业教育的专业教师必备的资格，由联邦技术教育审议会确定，而这些教师首先必须经过专门机构的培训。本节所述的是专业教师或实践课教师的培训。下面是印度培养职业教育师资的主要专门机构。

（一）集中训练学院

这类学院主要为培养工业培训学校和学徒训练机构的实践课教员而设立。在 1979 年，全印度共有 7 所集中训练学院，总招生容量为 1000 多人。实践课教员的培训期限为 1 年。每个集中训练学院附设一个与工业训练学校的组织结构相类似的示范训练学校。该类学院的课程计划包括教学技术、教育心理学、课程发展、实际操作等内容，主要目的在于：

1. 向受培训者提供一般的训练知识和基础教育学、教学技术以及课程发展领域内的各种知识，以利于他们将来组织和实施各自的教学活动。

2. 向受培训者提供为实施各种重要职能所需要的知识。这些职能包括以明晰的术语阐述教学目的、为具体的教学任务选择最合适的教具、为教学设计准备必要的程序设备。

3. 向受培训者提供理论的和事实的基础，以对教学的有效性和使用教学材料的有效性进行评价。

除此之外，这种集中训练学院还提供大量属于进修和转行培训的修业计划。为了提高女性实践课教员的水平，新德里的女子集中训练学院于 1977 年升格为国立女子职业训练学院。该学院设有与女性就业有关的如服装制造、绣花、针织、秘书工作等的专门训练设备，它由孟买和班加罗尔的两所地区性职业训练学院配合工作。

（二）技术教师训练学院

这是培养综合技术学校专业教师的学校。为了训练综合技术学校的教职人员，印度原教育和社会福利部在加尔各答、昌迪加尔、博帕尔和马德拉斯等 4 个地方成立了 4 所技术教师训练学院。这些学校设有长期和短期两种课程。长期课程的共同特征是通过把专业学科和教学方法同工业方向交织起来对未来的教师进行培训，而短期课程则主要是提高和更新各学科的知识。

(三) 中等学校职业教育的师资培训

印度高级中等教育职业化的措施始于 1977 年。但印度还没有专门培训中学职业教育教师的机构或体系，而其他培训机构则有各自的任务，因此，目前除了从其他各个领域挑选专业人员来兼职和起用一些退休的专业人员外，教授职业课程的教师绝大部分是从其他学科转行过来的。印度政府目前打算利用技术教师训练学院、集中训练学院的力量来培训该类职业课程教师。有的学者则建议成立一个独立的培训该类教师的系统，以满足中等教育职业化在师资方面的要求。

除上述机构或培训外，印度还有四个专门的中心学院或机构为工业单位或工业训练学校、集中训练学院等部门的教员提供补充训练，分别是设在加尔各答的职员集中和训练学院、设在坎普尔的视听教具和印刷机构、设在班加罗尔的班组长训练学院以及设在海德拉巴的电子及分班测试设备高级训练学院。这些机构除提供培训外，还进行科学研究、改进教学材料和演示教具，并就有关工业训练的事项向工业单位提供咨询服务。[①]

五、学科专业或教学内容

专业设置在印度称为专业划分与设置。印度学科专业划分与设置的情况特殊，到 2005 年为止，印度政府并没有一个专门、统一的组织或机构来审查、批准、干预技术和职业教育的专业设置，也没有一个刚性的专业分类目录。印度的学科专业管理体制不是政府主导型，也并非市场主导型，印度学科专业设置权利分配呈现均质化的趋势。

(一) 专业设置管理机构

影响印度技术和职业教育专业设置的力量来自多方面。

---

① 梁忠义、李守福主编：《职业教育》，吉林教育出版社 2000 年版，第 401 页。

1. 中央政府

中央政府对技术和职业教育的管理，主要通过人力资源开发部、农业部、卫生部与司法部等部委。文科、理科和商科的高等教育，在印度属于普通高等教育，文科、理科和商科的专业划分与设置由人力资源开发部下属的教育司与职业教育协会协商管理；医科、农科、法科等算是专业高等教育，它们的专业划分与设置由各对口部委通过各自的代理机构与职业教育协会进行协商管理。比如，农业高等教育由印度农业部通过"印度农业研究委员会"管理。医学教育由卫生部提供经费，具体事务由"全印医学委员会"和"印度医学研究委员会"共同办理。

2. 各专业委员会

印度的专业委员会有两种，一种有拨款与规范功能，如 AICTE（全印技术教育委员会）和 NCTE（教师教育委员会）；另一种专业委员会仅有规范功能，如 PCI（印度教学委员会）、DCI（印度牙医委员会）等。具有拨款与规范功能的委员会对职业教育专业设置的影响更大。如工程技术教育由中等和高等教育司直接领导，AICTE（全印技术教育委员会）负责评估工程技术教育方面的发展方案，对全印度的工程技术教育专业设置有很大的发言权。

3. 邦政府

邦政府往往根据本地的实际需求投入经费，进行专业设置和建设。例如锡亚尔科特是纺织业发达的地区，属于出口导向型，因此，锡亚尔科特政府在本邦内的大多数职业院校设置纺织专业。

4. 职业院校

职业院校是专业运营的实体，通过课程模块的组合和运营，最终形成不同的专业。职业院校专业设置的自主权得到法律的保护。

（二）专业设置特点

1. 协商对话式管理

在印度，对于大学的内部事务，政府一般来说是无权干涉的，政府发挥作用的方式主要是通过大学拨款委员会（UGC）与大学进行协商对话来进行。协商对话在两个层面上进行：一是通过颁布大学拨款委员会法案，收录学科专业名称，进行分类归纳与整理；二是要求大学在学位授予的名称、年限要求与资格方面与法案尽可能相符合。

2. 多中心治理类型

在专业设置的机构中，混合了国家、市场、地方政府、专业委员会、学校等多种力量，在国家与学院的关系上，国家既有自己的意志与战略重点，同时又尽一切可能与大学协商式地解决专业设置问题；此外，专业协作委员会等学术中介组织在专业设置与管理中发挥重要作用。作为非政府组织，专业协作委员会在专业设置上起协调、评估和质量监控的作用，缓冲了政府与学校之间的对立，使得政府对职业学校的管理不至于太过微观、太具体。

（三）发展趋向

体现多样性、综合性和适应性的特点，坚持专业设置权限的均质化特征。专业设置朝向综合化、现代化和结构布局合理化方向发展。①

（四）职业技术教育的课程

1. 授予技术员文凭的课程

技术员教育的总目的是传授技术：能理解和评价工艺程序和操作所需的有关科学基础知识，了解和应用关于设计建筑和生产的基本原则，以及获得所选修的工程和工艺领域里的有关实际技能，懂得管理的原则；语言和通信技能的培养，个人品格的培养。

总的说来，共有五类课程：土木工程、电机工程、机械工程的（一般）课程。电子、汽车工程等专门课程。皮革、印刷、渔业等技术的专门课程。服务和商业领域的课程，例如旅馆管理和伙食宴席供应、美容业、秘书工作、内部装饰等。医疗保健科学的课程，例如医疗实验技术、药剂学等。

---

① 王义智、李大卫、董刚、张兴会：《中外职业技术教育》，天津大学出版社 2011 年版，第 724 页。

2. 手艺工人训练课程

手艺工人（作者注：相当于我国的"技工"）训练课程的目的是：保证工业领域的各专业有一个稳定的熟练工人来源，通过对工人的有系统的训练提高工业生产的质量和数量；通过对知识青年养成合适的职业能力，从而降低知识青年的失业率。

根据手艺工人培训目标，课程的范围限于受训人行将受训的特定专业。课程的教材在于获得某一特定专业的技术。理论、绘图计算和科学在课程中相互关联，并和所要获得的实际技术结成一个整体。在课程中规定二年专业训练期限为104个星期。一年专业训练为52个星期。训练通常包含一个星期的入门学习。4—15周的基础或相关专业训练，其余时间为主要专业训练。①

3. 高中阶段的职业课程

高级中学教育职业化的主要目的：把相当大的一部分学生导向有意义的职业教育而不损失原有教育内容；为那些志愿从事企业内专业的学生培养某一特定职业领域里应有的一定程度的技能，避免盲目地挤入大学。

为职业科选定的职业类别应要有六类：农业、商业、工业、家事学、医护工作和杂项业务。课程的目的在于把技术提高到为用人单位所能接受的那种水平和质量。

4. 课程制订和职业领域的一致性

判断职业课程范围的方法是通过一个地方或者一个区域的职业调查，调查方法是通过通讯问答和实地访问。根据调查结果，判断雇佣的可能性、职业所需要的技术和知识，以及适合这些要求所必需的课程形式。依照分析结果制订教学大纲，确定培训目标，并按培训目标确定课程范围或课程组成部分。为了进行教学和评定成绩的目的，再进一步详细规定各个具体学科。

---

① 国家劳动总局培训局编：《日本、印度、苏联、西德、美国的职业技术教育概况》，劳动出版社1981年版，第75页。

5. 课程研制中心

印度已在昌的加尔、博帕尔、马德拉斯、加尔各答四个技术教员训练学院和阿挝哈巴德综合技术学校等成立五个课程研制中心。这些中心负责它们所在地区或邦技术员教学大纲中各种课程的设计或重新设计、制订和评价。

课程的研制过程分四个阶段：课程的设计和规划；课程的制订；课程的实施；课程的评价。这四个阶段是强调体制需要不断发展的反馈循环的组成成分。

课程设计包括职业的选定，列出为各种不同工作开设的课程所需要进行的活动，分析为进行这些活动所要求的知识和技术，系统地阐述并提出课程的目标，根据对活动的分析以及进入这个体制所应有的态度和约束，而确立课程的范围和各个课程的内容，课程的组织、评价方案，并计算出为实现方案所需的财力。

课程制订包括教员手册、学习项目、教具、条目编排、教科书、实验手册等有关教育和训练的教材教具的设计和研制，还包括教师的培养，所有这一切都以设计时期已确定了的目标和内容为中心。

在课程实施时期，也就是各个学校用先已研制出来的各种教学资料把教学付诸实施的时期。

在课程评价时期，根据从各种来源搜集的反馈，对全部课程、教学资料、教学过程给予评价，评价的结果用于下一步改进课程。

大多数技术教育教学大纲的课程设计都已经很好地完成了，这在技术教育和训练的过程里，已经在综合技术学校的全体教员、技术教育的管理人员和来自各工业的专家中间形成了一种共识，在课程的研制方面同样也做了不少工作。①

---

① 国家劳动总局培训局编：《日本、印度、苏联、西德、美国的职业技术教育概况》，劳动出版社 1981 年版，第 78 页。

（五）职业教育的投入体制和机制

印度阶段职业教育经费投入实行分担制。如 2002—2003 年度，共有 45l920 名学生参加技术和职业教育课程的学习。地方政府投入 l694 万卢比，中央政府投入 148 万卢比，总共 1842 万卢比，仅占整个高中阶段经费 1.61%，绝大多数为教师的工资。2004 年用于 IITS 费用为 3247.19 万卢比，生均费用为 20747 卢比，实际近 90% 用于教师的工资。

从财政支持上看，"九五"期间，"中央资助方案"对"中等教育职业化"计划提供的计划性费用为 10 亿卢比；在正规教育部分，由联邦政府在"＋2"阶段实施的计划包括大约 6700 所学校，提供 6 大主要学科（农业、商业、工程与科技、卫生与医疗服务、家政以及人文学科）的 150 门课程。在非正规部门，该方案对那些促进职业发展的非政府组织的新计划提供支持，共有 168 个非政府组织受到了财政上的资助。①

第三节　印度职业教育存在的问题

印度独立以来，其职业教育的发展应该说是迅速的，它所取得的成绩及其对印度社会经济的贡献也是明显的。然而，印度的职业教育中又确实存在不少的问题和困难。

对职业教育的轻视这是一个观念的问题。印度社会过去是按种姓——婆罗门、刹帝利、吠舍和首陀罗——来划分社会等级的，而各种姓所从事的社会工作又是严格区分的。虽然随着人民的斗争和印度的独立，作为封建礼仪的种姓制度已失去了它昔日的重要性，但传统的影响又往往是根深蒂固的。在教育上，重视人文工作而轻视体力劳动的观念又往往反映在对职业教育的轻视。印度一些学者把这称作"狭窄的世界观"或"错误的态度"或"缺乏适当的态度"。纵观印度职业教育发展的历史，尽管

---

① 王义智、李大卫、董刚、张兴会主编：《中外职业技术教育》，天津大学出版社 2011 年版，第 733 页。

有众多的教育委员会提出过实施或开展职业教育的建议或设想，但真正能得到实现或卓有成效地发展下去的却不多见。导致这一现象的因素固然是多方面的，但对体力劳动的轻视以至于对职业教育的认识不足不能不说是一个极为重要的因素。正因如此，印度学者呼吁政府和社会首先要形成重视体力劳动的风气，从认识上把它放到与脑力劳动同等重要的地位，此外还应从小学即开始对学生进行"劳动实践"的教育，培养他们尊重劳动的态度。

一、师资短缺

教师是一个学校或一种计划能否成功的关键因素。印度职业教育中的一个主要问题是专业教师的匮乏。专业教师短缺这一问题可以从几个方面得到解释。这里首先涉及教师，包括职业技术教师这一职业的地位问题。在印度，中小学教师这一工作未被当作是一种社会地位高的职业，而师资培训也未被视作是一种智力水平高或学术水平高的工作，加之中小学教师的工资低于其他部门的工资，因此一些有能力、有抱负的青年往往不愿就读师范院校。印度尽管有一些专门培养职业技术教师的培训机构，但这些院校所提供的教师又无法满足整个职业教育发展的需要。一些接受过高等技术教育的青年则更愿到企业部门工作以获得较高薪金。除此之外，现在任教于职业教育学院的许多教师是从其他学科转行而来的，他们不仅难于胜任专业技术科目的教学，而且往往还不能正确地看待其所教授的学科。

二、学生缺乏积极性

学生是学习活动的主体。学习的动机和动力对学生能否正确地看待他们的学习至关重要。印度职业教育发展中的另一主要问题，就是学生缺乏进入职业技术学校或普通学校的动力，或者说他们不愿意接受职业教育。究其原因，除了前述的认识问题外，造成这种现象的主要因素还来自于职业教育体系本身。

三、合作、管理及其他问题

工业和学校之间缺乏足够的配合协作，是印度职业教育中的又一重要问题，由此而产生的是学校难于在经费、设备、实习场所等方面争取到企业的支持和援助。印度的企业最近已开始认识到它们在职业教育中的作用。为了有效地编制和监督技术员和熟练工人培训的工业训练大纲，还成立了"学徒训练地区委员会"。印度职业教育中的课程陈旧而狭窄，在科学技术日益变化的条件下，印度现行的职业教育课程愈益不能满足现代生产的需求，难于引导学生成功地走向劳动市场，而且学生们在课程中难于学到有关生产过程中的人际关系和社会目标的知识，而这是他们在今后的工作中必不可少的。

四、规模不足

职业教育培训参与率低，女性尤为明显。职业教育在过去的 60 年中一直是印度中央政府、邦政府、劳动与雇佣部的盲点。印度职业教育培训总参与率低。据印度全国抽样调查办公室（NSSO）第 66 次调查显示，每 1000 个年龄在 15—19 岁的人群中接受职业教育培训的仅有 44 人，甚至这些人中还仅有 14 人是接受正规职业培训的，其余的都是非正规培训；15—59 岁年龄段的人群中仅有 2.2% 接受过正规职业培训。2012 年，仅有 5% 的工人（20—24 岁）通过正规培训机构接受培训，是世界上最低的国家之一。韩国工人培训高达 96%，日本占 80%，德国占 75%，英国占 68%，甚至发展中国家如墨西哥比印度高 28%，秘鲁比印度高 17%，尽管这是 2008—2009 年的数据，但印度技能工人的短缺情况从中可窥一斑。

一方面，印度高中层次的职业教育体系发展仍停滞不前，高中层次中仅有 3% 的人在职业教育领域（11 和 12 年级），而在中国有 43% 的青年在职业教育领域接受中等教育。世界银行（2013）报告中指出印度缺少大量的技术劳动者，出现这一瓶颈的可能是在中等教育这一层次，少于 10% 的劳动人群完成了中等及以上的教育。

另一方面，女性职业教育培训力度不够。女性作为职业教育培训的重要组成部分，增加女性劳动参与率可以促进印度职业教育的发展壮大，对印度经济的繁荣发展具有深远持久的影响。然而随着高等教育学习人数以及家庭经济收入的增加，女性劳动参与率反而较低，印度仅有 1/3 的女性有工作，而在巴西这一数字达到 2/3。印度 15—34 岁年龄段的劳动参与率下降，从 2004—2005 年的男性 79.6% 和女性 40.5% 下降到 2009—2010 年的男性 72.9% 和女性 29%，而劳动参与率中以女性劳动参与率下降为主。

五、质量堪忧

职业教育毕业生就业前景不理想，工资水平低。一方面，印度职业教育培训面临的主要问题是从职业教育院校毕业的学生不能较好地为劳动力市场所接受，即受训者就业率低（poor employability）。大约有 60% 的工业培训学校的毕业生在他们完成课程之后仍处于未就业状态，有些虽然找到工作却是从事与自己所培训领域毫不相关的行业。例如，印度西部马哈拉施特拉邦，虽然具有较完善的职业教育培训设备，然而其工业培训学校也仅有 35% 的毕业生能够找到有薪酬的工作或者自主创业，没有一个邦有超过 50% 的毕业生找到有薪酬的工作、自主创业或是继承家族产业。德里政府的经济调查报告（2014—2015）显示，2013 年不同岗位的拥有学位的印度失业年轻人数量达到 44943 人。这种情况在印度其他地区甚至更糟糕，由于他们所接受的是低质量的职业教育，这些年轻人既没有找到工作也没有进行自主创业。印度职业教育项目质量问题长期存在，有些邦尽管进行了一些创新性改革，但由于课程长达 20 年甚至更长时间未进行更新，因此，即使学生们完成了职业教育资格，仍然难以被现代企业所雇佣。

另一方面，职业教育院校毕业生工资水平不高。从总体上说，印度劳动者的工资水平是随着学历层次水平的提高而有大幅度增长，具有高等教育文凭的劳动者工资增长速度最快。而在 20 世纪 80 年代早期，具有中等教育的劳动者工资即使在工人有过剩的情况下仍不断增长，具有技能或职业技能的劳动者的工资却在减少（自 20 世纪 90 年代早期开始），这与具有技术或职业资格的劳动者的技能不能达到市场的要求（经常由于低质量的技能培训）密切相关。此外，人们难以在选择职业教育时看到在劳动力市场中的优势。

这里值得一提的是，尽管印度职业教育的发展还不充分，离 1966 年教育委员会制订的目标还相差甚远（在 1981—1982 年度毕业于高中的学生达 84 万，而就读于职业教育的仅 6 万人，仅占总数的 7%），但职业教育中的浪费现象还十分严重。这里以学生入学人数和毕业人数的比例来看：在培养技术员一级，每 100 个修读技术员课程的学生，最终只有 48 个可以成为合格的技术员，浪费率高达 52%；而在手艺工人训练一级，这一浪费率也达到 20%。印度学者认为，造成这种浪费的一些原因是：有的学生缺乏必要的能力、教学设备的不足和利用不足、教学效率不高、入学不经选择、城区与非城区学生的混合情况常有变化、缺乏充足的经费、就业机会不足，等等。因此，印度有识之士认为，减少这种浪费在当前职业教育发展还不很充分的情况下尤为重要。

印度职业教育中存在的主要问题已为印度政府和有识之士所认识。印度教育部于 1985 年发表了《教育的挑战——政策概观》一文。它在分析印度职业教育的存在问题时，强调指出"不论是物资设备，还是详尽的行动计划、充分的就业机会、所要求的多样化的实质、合适的课程和受过职业培训的教师，在当前都是不够充分的。此外，歧视即使是有技术的体力劳动的社会价值观同样阻碍着职业化"。[①]

六、中等教育职业化存在的问题

印度 2016 国家新教育政策推进委员会发现中等教育职业化面临若干挑战。其中一些关键问题包括：

---

① 梁忠义、李守福主编：《职业教育》，吉林教育出版社 2000 年版，第 416 页。

1.由于各种社会和经济的原因，职业教育并非学生、家长和社会"最渴望"的选择。

2.人力资源发展部目前在学校引入的职业教育课程项目，虽然有了良好开端，但在覆盖面和与正规学校教育的结合方面似乎不充分。

3.学校缺乏必要的车间和培训师，与能传授相关优质职业技能的企业没有联系。①

第四节　印度职业教育改革与发展趋势

一、印度职业教育改革

为了解决职业教育师资不足这一问题，印度不少有识之士纷纷献计献策。有人认为应该使教师这一职业富有吸引力，而这首先需要增加教师的工资；有人认为应该建立一套独立的职业教师的培训体系，并开展和加强职业教师的在职培训；也有人认为在发展和扩大职业教师培训机构方面中央政府和地方政府进行合作是皆为重要的，等等。

针对学生缺乏积极性这一问题，首先印度的职业教育是终结性的，它与高等教育一般是没有联系的。由于职业教育没有纵向上升或横向流动的可能，所以相对于普通教育而言，它对学生缺乏吸引力，因为人们一般认为，高等教育通过传授更多的知识和提高个人的能力，从而可以使他们在就业后获得更高的工资。因此有人建议要改革现有的职业教育体制，使它具有非终结性的特征。印度某些地方已在着手进行这方面的改革。例如，德里大学修改了入学章程，允许修习职业技术学程的学生参加大学学位课程的入学考试。又如，马哈拉施特拉邦中等和高级中等教育局允许高中生在修习2门自选职业学程的同时，修习包括1门语言和3门学术性课程在内的核心科目。前者可以使学生在毕业之际走向劳动力市场，而后者

---

① National Policy on Education 2016，Report of the Committee forEvolution of the New EducationPolicy.6.9.8，p.84

又可使他们能达到大学入学的标准。

其次是学生们发现他们所学的职业课程与劳动世界缺乏必要的联系。这可以从两点来说明：一是学校中的职业课程并不能反映哪些是有就业潜能的工作领域；二是职业课程并不足以使学生充分做好就业的准备。改变这一状况的当务之急是要进行职业调查，收集有益于设计和编制职业课程的资料和材料。这是 1985 年印度全国研讨会所提出的建议。

为克服合作、管理与其他问题，工业与学校开始在课程的设计、编制、执行和评价工作等方面进行合作，让有关的企业参加进去。根据印度政府发起的"质量改进方案"，各学校的技术教师有 3 个月要到各企业去接受训练并了解情况。一种"抚养综合技术学校"的观念已在各个企业中逐渐形成。在综合技术学校这一级，印度目前正在进行这样一种活动，即由学校任命企业的工程师为学校的副教授，学校的教员则到企业去接受"工业高级训练"。科学的管理对办好职业教育同样是必要的。尽管印度已有一些负责职业教育的机构和体系，但在一些邦中，职业教育只是由教育董事会兼管一下，缺乏一个独立的部门来专门处理职业教育中的特殊问题。为此，有人建议印度政府应专设一个职业教育局来统一负责全国职业教育。

印度职业教育的发展过程，实际上也就是一个不断产生问题并不断地进行改革的过程。在论述存在的问题时我们已经了解到一些改革的情况，我们还可以列举一些比较明显的改革情况。为了使全国的职业教育在质量上得到提高，印度政府加强了对一些所挑选的学校的直接控制并予以资助，以使它们成为可供其他学校仿效的高质量的中心。例如在这些所选学校中成立教学资源中心、视听中心、生产中心、课程发展中心、农村扩展计划等。

印度学校教育形式近年来在结构和功能上的变化本身，就是一项主要的革新。把教育和有出路的技术相结合，在高中阶段除了一般教育之外，同时开设一些（职业教育）课程，都是第一次在这个国家实验，那些在综合技术学校和工业训练学校提供的传统的职业课程都注意避免，而只选择一些如国家所需要的职业。另一个革新方面是教育事业把社区包括进去，做到学校和社会资源都充分利用起来为未来的人力需求做准备。

为了使修习职业教育的学生能在读书期间和就业期间得到在职培训，印度成立了一些地区学徒培训委员会，它们主要为学生们寻找接受培训的机会，并可利用《学徒法》的某些规定向企业施加压力以使它们为学生的培训提供设备和场所。此外，还在一些大型企业中设立培训部，以不时地对熟练工人和技术人员进行培训，从而使他们进一步获得生产技能并承担更多的职责。

实施农村发展方案和企业家培养方案也是近年来的革新项目。随着对农村发展问题的重视，印度已指定 35 所综合技术学校为"社区综合技术学校"。这些学校将负担起把工业技术传输到乡村去的工作，重新组织自己的教学大纲和活动以符合农村社会的需求。而企业家培养方案则是为了使技术员和熟练工人能获得必要的知识和技术去创办一些小型工业单位而设计的一种方案。目前，财政金融机构、小型工业组织、地方工业中心等都热心于促进这种把技术员和熟练工人向企业家方向发展的方案。

这里值得指出的是，印度近年来每年都新建立一些综合技术学校或在已有的综合技术学校中新设一些专业，每年都就职业教育召开一些有关的会议和举办各种讲习班。这一切都是为了更好地发展和改善印度的职业教育。这里以印度人力资源开发部（教育部）的机关刊物《教育季刊》1986年第 1—4 期的统计来说明，仅由全国教育研究与培训委员会教育职业化局主办的各种会议和讲习班就达 21 次之多。由人力资源开发部联合部长署同意新成立的综合技术学校就有 7 所，并规定了它们的专业设置和招生人数。其他革新计划如妇女职工训练学校的成立，高等职业训练体制的采用，为身心残废人员建立伤残重建职业中心，为尖端领域提供专门知识和辅助训练而建立专门的中心学院，进修教育方案、课程评价计划等等。

印度人力资源开发部于 1986 年公布的国家教育政策的第五部分——"各级教育的重建"中对印度职业教育的发展作了如下规划：

1. 在教育重建中引入系统而有计划的职业教育计划，并须严格予以实施这种引进将会提高个人的就业能力，减少技术人才供需之间的不平衡并为那些愿意尽早就业的青年提供选择的机会。可以在学校设计和引入有组织的干预措施为学生提供就业选择方面的咨询，提高他们对与职业技能有关的就业机会的认识。

2. 职业教育要自成体系。它一般在高级中等阶段后开始提供，但也可在8年级后即予以实施以满足一部分人的要求。

3. 在课程编制和设置方面，要努力以工业、农业、市场、保健、社会服务等为基础，以使职业教育课程与社会发展密切联系。要为修习职业教育的学生提供连接学程以使他们有机会转而修习普通教育和专业教育的课程，也要为修习普通高中课程的学生提供一些职业性学程。职业教育课程（工业培训学院开设的课程）也可以作为正式课程，与科学、数学和其他课程一起在学校从8年级开始开设，由相关教育委员会颁发证书。通过工业培训学院（全国职业培训学院课程）获得的职业技能资格可以颁发等同于10年级或12年级的同等学力证书，这需视情况而定，待有关学生在完成必要的过度课程以弥补语言和知识方面的不足后（如果有不足的话）才颁发。上述措施将使学到职业技能的学生获得教育委员会正式颁发的证书，从而获得升学的机会，同时也允许他们用学到的技能去挣钱或自主创业。这将更好地促进职业教育和普通教育的融合发展，使整个社会最终认同职业技能教育。

4. 进行职业教育、建立职业教育机构既是政府的职责，也是公立部门和私立部门雇主的职责。政府尤其要采取一些特殊的措施来满足妇女、农村学生和部落学生的需要，同时还要为残疾人员实施适当的职业教育修业计划。

5. 要采取步骤以确保接受该类教育的多数人将来受到雇佣或成为自我经营者，要对所提供的职业课程定期进行检查以确保它们与社会需要的相适应和职业教育的质量，并要检查政府的招生政策以鼓励中等教育的多样化。

二、印度职业教育的未来发展走向

考虑到目前实施的职业教育项目和面临的挑战，2016国家教育政策推进委员会建议采取了双管齐下的战略：1.增加国家技能资格框架相关技能项目的覆盖面；2.将职业教育融入正规学校教育主流，有助于中等职业教育化。具体建议如下：

1.人力资源部通过国家技能开发公司批准的私立培训机构在中学实施的国家技能资格框架相关技能项目需扩大规模覆盖更多的学生。该项目还需要复审和改进，确保更好的质量和可持续性。开设的课程也可以增加一些利用地方经济资源和满足创业机会的内容。

2.根据人力资源发展部学校信息通信技术计划，在学校设立的计算机实验室可在放学后与运营此类计算机实验室的机构合作，向学生和当地社区青年传授职业技能。

3.拥有充足土地和设施的学校可作为国家技能开发公司的培训合作伙伴，建成正规职业技能中心，提供适合学生和青年需求并与当地经济和行业相关的项目。这些中心可在课后时段开放，避免影响正常教学。这些中心提供的技能项目应满足国家技能资格框架的要求，并可得到政府资助的技能发展计划的支持，如《总理技能证书与奖励计划》和其他计划。

4.通过上述方式实施的所有技能发展课程都应由行业技能标准委员会正式颁发符合国家技能资格框架的证书，使学员能够获得相应职业资格，促进工作和职业发展。

5.上述措施不仅可以帮助在校学生以无缝链接方式优先学习技能发展课程，而且还可加强国家提供培训的能力，实现技能印度使命的宏伟目标。

6.职业教育课程（工业培训学院开设的课程）也可以作为正式课程，与科学、数学和其他课程一起在学校从8年级开始开设，由相关教育委员会颁发证书。

7.通过工业培训学院（全国职业培训学院课程）获得的职业技能资格可以颁发等同于10年级或12年级的同等学力证书，这需视情况而定，待有关学生在完成必要的过度课程以弥补语言和知识方面的不足后（如果有不足的话）才颁发。古吉拉特邦政府已建立起这样一种机制，技能发展与创业部已将其作为国家级公告提交给人力资源发展部。

8. 可以在学校设计和引入有组织的干预措施为学生提供就业选择方面的咨询，提高他们对与职业技能有关的就业机会的认识。

9. 上述措施将使学到职业技能的学生获得教育委员会正式颁发的证书，从而获得升学的机会，同时也允许他们用学到的技能去挣钱或自主创业。这将更好地促进职业教育和普通教育的融合发展，使整个社会最终认同职业技能教育。

第七章　印度教师教育

第一节　印度教师教育历史沿革

印度教师教育历史悠久，发展过程曲折而漫长。独立前后的印度教师教育发展经历了不同的阶段，既有经验也有教训，21世纪的教师教育就是在不断地吸取和总结过去经验教训的基础上向未来发展。印度的教师教育发展随着社会经济、政治、文化和宗教的变化而演变，经历了以导生制为主要形式的培训教师阶段、由教师培训学院简单培训教师阶段、独立后的教师教育逐步发展成熟阶段。

一、导生制时期

早在古代和中世纪时期，印度就有培训师资的现象。公元前8世纪，古印度出现了一种在家庭中举办的婆罗门学校，通称"古儒学校"，把学校中的教师称为"古儒"。在古儒学校的教学中，古儒先教年龄大的学生，然后由他们再教其他学生，这被认为是导生制的萌芽。[①] 佛教时期，释迦牟尼开启了传授佛教的活动，其弟子奉命四处传播佛教。穆斯林统治时期，统治者重视宗教传播和教育活动；教育附属于宗教，以寺庙办学为

---

① 周琴主编：《综合大学教师教育的国际比较——侧重综合大学教师教育发展的案例分析》，西南师范大学出版社2011年版，第166页。

主，有学问的婆罗门、佛教高僧和伊斯兰教学者也招收弟子，私人传授；尊重学者和教师是穆斯林的一贯主张，学者被分遣到各地城市，从事传教和教育事业；他们在所到之处建立学校招收学生，培养出来的人便成为再传弟子，从事教学活动。到殖民地初期，印度曾建立过一些私人训练教师的机构或协会，这些训练方式大多采取的是"导生制"，目的是为满足印度培训小学教师的需要。1802 年丹麦传教士威廉·加雷（William，Carey）在赛拉姆浦尔建立了第一所训练小学教师的师范学校。1820 年，孟买地方教育协会开始用贝尔—兰喀斯特制（导生制）培训教师。此后，类似的学校先后在马德拉斯、加尔各答等地建立起来。1819 年成立的加尔各答学校协会从 1825 年开始每月从董事会得到 500 卢比用于培训地方学校教师。由于小学数量的增加，1829 年在艾尔芬斯通开办了教师培训班。19 世纪 30 年代至 50 年代，印度逐步认识到了系统培训教师的重要性，为培训教师的学校多渠道募集资金，设立既培训教师又兼培训教育官员的师范学校，专门开设了培训女教师的学校，延长教师培训的时间，在师范学校附设实验学校。1854 年，由东印度公司委派的一个监督局主席伍德（Charles Wood）领导的委员会，调查印度的教育情况并制订了一个详尽的教育发展计划，即《伍德教育急件》，称："要扩大导生制，把那些有前途的'小先生'（pupil teacher）挑选出来送入师范学校培训并给他们颁发奖学金，在他们完成学业后由政府雇佣他们"，要求"印度每一个地区都建立师资培训学校"。这一时期师资训练的主要特点是在英国的殖民统治下，教师培训方式以"导生制"为主，强调教师的知识性和基本学术性。[1]

二、教师训练时期

1882 年印度成立了教育委员会，主席为亨特（William Hunter）。在

---

[1] 周琴主编：《综合大学教师教育的国际比较——侧重综合大学教师教育发展的案例分析》，西南师范大学出版社 2011 年版，第 166—167 页。

亨特的领导下，印度教育委员会调查了全印度包括师资培训在内的学校状况，并公布了委员会报告，指出："应设立教学原则和实践的考试。通过这类考试应作为任何一所中学聘用教师的首要条件。"1899 年孟买开始设立中等教育教师证书考试（S.T.C.），该考试内容包括教学理论和教学实践两部分。理论考试部分，应试者必须阅读规定的三本书；实践考试部分则要求应试者试讲，接受主管督学的检查。大学毕业生、大学入学考试合格者、中学毕业考试通过者都可被政府或学校聘用为教师。

1901—1902 年，印度共有 6 所中学教师培训学院，其中两所在马德拉斯的赛达佩特和拉合尔，另外 4 所分别在拉贾蒙德里、贾巴尔普尔、库尔赛昂和阿拉哈马德。1901—1902 年，这 6 所中学教师培训学院只有马德拉能授予"教育学位"，即教师证书。上述 6 所教师训练机关的人员数量情况如下：

表 7–1　1901—1902 年印度师资培训情况

教师训练机构名称	人员数量
赛达佩特	74
拉贾蒙德里	74
拉合尔	76
贾巴尔普尔	14
库尔赛昂	9
阿拉哈巴德	24

从以上这 6 所教师训练机关人员数量上不难看出，当时教师教育发展的规模还是十分有限的，难以满足教育发展的需要。[1]

1906 年，孟买创建了中学教师培训学院。1922 年该院与孟买大学合并，设立教学学士课程（B.T.）。1908 年 7 月在加尔各答开办了戴维·海尔培训学院，此学院开设一年制的教学学士课程（B.T.）或教师证书课程

---

[1]　王长纯主编：《印度教育》，吉林教育出版社 2000 年版，第 550 页。

（L.T.）。在这一阶段，印度的教师培训学院由 6 所增至 13 所，受过训练的教师在各省都有很大增加，教师训练开始成为一种职业工作了。[①]

到 19 世纪末期，构成师范教育特征的一些主要趋势已在印度出现，如 1904 年亨特（Hunter）委员会作出的有关教育政策的决定，指出"对大学毕业生只要求读一年的学位课程，学位由大学授予"，大学开始颁发师范教育的文凭，不同级别或层次的培训机构已分别建立，专业或教育学类课程已取代"普通教育"，示范课、分析课已在一些学科中形成。[②]

总的来说，印度自 1921 年以后师资训练有了一定的发展。1936—1973 年间在印度 478193 名中小学教师中有 206693 人未接受过师范训练，占 43.3%；1941—1942 年间，在 521255 名中小学教师中有 201981 人未接受过师范训练，占 38.7%；1946—1947 年间，在 566398 名中小学教师中有 217898 人未接受过师范训练，占 38.5%。这一时期教师训练机构及师范生人数如下表。[③]

表 7–2　独立前印度师资培训情况

教师教育机构　　　　年	1921	1926	1931	1936	1940	1946
教师教育机构（总）	22	27	32	37	41	47
培训学院	20	21	23	27	25	34
学生人数	1247	1257	1582	1779	2218	2493
师范或师资训练学校	1072	695	634	529	612	527
学生人数	26931	26274	28768	26206	31331	33947

这一时期，印度教师培训在数量上和质量上都已经初具规模。数量上，师范学校数量不断减少，师范学院数量不断增加，师范生人数也不断增加；质量上，教师培训证书种类增多，各级各类培训机构相继建立，师

---

① 王长纯主编：《印度教育》，吉林教育出版社 2000 年版，第 551—552 页。

② 周琴主编：《综合大学教师教育的国际比较——侧重综合大学教师教育发展的案例分析》，西南师范大学出版社 2011 年版，第 167 页。

③ 王长纯主编：《印度教育》，吉林教育出版社 2000 年版，第 552 页。

范教育课程日趋完善。但是，这一时期印度教师培训还没有成为真正意义上的"教师教育"，只停留在教师培训学院的简单意义上的"教师培训"，从课程设置到培养规模各方面都有所局限。[①]

三、教师教育时期

1947 年 8 月 14 日，印度摆脱了英国殖民者的长期统治，宣告独立。印度的教师教育进入了一个新的发展时期，这一时期教师教育的主要特点就是变以往的师资训练为教师教育。独立前教师训练或师资培训已显示出概念的陈旧，教师教育比师资培训包含的内容更加丰富和深刻，并且比师资培训更能体现出对教师的尊重，更能体现出教师培养工作的特点。因此，1952 年，在印度迈索尔举行的全印教师培训学院第二届会议通过一项决议：废止"教师培训（Teacher Training）"而采用"教师教育（Teacher Education）"。这充分说明印度对师范教育有了重新的认识和理解，预示着独立以后印度教师教育进入了一个更高的发展阶段。[②]

独立后，印度教师教育发展经历了发展、探索、改革与重建阶段。印度独立后，教育获得了迅速的发展，对教师的需求大量增加。为了扩充教师教育的规模，印度教育委员会加强了教师培养和在职教师继续教育工作，并将师范学校改办成基础培训学院。1952 年，在戈尔哈布建立了科尔冈卡尔乡村教育学院。不久，由美国福特基金会赞助，在比哈尔实施了一项师资培训的新计划。1952 年，印度中等教育委员会建议所有的培训学院都应并入大学以确保教学水平，并由大学颁发文凭。[③]

20 世纪 50 年代为印度教师教育的发展阶段，在这一时期印度教师培养机构数量增多，教师培训学院从1946年的47所增加到1960年的200所，

---

① 周琴主编：《综合大学教师教育的国际比较——侧重综合大学教师教育发展的案例分析》，西南师范大学出版社 2011 年版，第 168 页。

② 周琴主编：《综合大学教师教育的国际比较——侧重综合大学教师教育发展的案例分析》，西南师范大学出版社 2011 年版第 168 页。

③ 单中惠：《教师专业发展的国际比较》，教育科学出版社 2010 年版，第 149 页。

教师培训学校从 1946 年 527 所增加到 1960 年的 1138 所。虽然教师训练变成了教师教育，规模上也有了很大发展，但总的来看，其发展与印度独立初期经济与社会发展的要求仍相差甚远。①

从 20 世纪 60 年代初期开始印度教师教育进入了实验探索阶段，主要加强教师教育的研究，为此印度成立了一系列的委员会，它们出台了各种关于教师教育的政策文本和调查报告，对教师教育提出了各自的看法和建议。1961 年，印度教育部成立了全国教育研究与培训委员会，建立了国家教育研究院，探索提高教师职前培养与职后培训质量的途径与方法。1964 年，印度成立了国家教育委员会，负责全印度教育事业发展，强调教师职业培养的重要性，建议中央政府和各邦为教师教育提供必要的经费保证，建议把所有教师培训机构提高到大专水平，所有教师教育机构都必须置于大学之下，并建立大型的综合教育学院，以培养中小学师资和开展各级各类教育的研究。"该委员会为扭转教师教育机构脱离国民生活主流、脱离大学学术生活、脱离中小学实际的倾向作了有意义的探索与尝试。"②虽然印度在这一阶段做了不少的尝试与探索，但是因为缺乏政策支持，目标也不明确，最终也没有产生一套行之有效的方案。

从 20 世纪 70 年代起，印度教师教育进入了改革与重建阶段，此阶段主要探讨和制定教师教育发展的总体规划和目标，调整与完善教师教育体制。1972 年印度成立了全国教师教育委员会（The National Council for Teacher Education，简称 NCTE），作为全国性教师教育事务咨询机构，该委员会颁布了名为《教师教育课程：一种框架》（*Curriculum Framework for Teacher Education*）的报告，该报告确立了印度教师教育的内容、原则、地位、目标、途径和作用，被认为是"独立后印度教师教育发展的里程碑"。③ 1986 年，印度人力资源开发部制定的《国家教育政策》（*The National Policy on Education*）中指出："要重新制定教师招聘制度，以便

---

① 　梁忠义、罗正华主编：《教师教育》，吉林教育出版社 2000 年版，第 57 页。
② 　单中惠：《教师专业发展的国际比较》，教育科学出版社 2010 年版，第 149 页。
③ 　单中惠：《教师专业发展的国际比较》，教育科学出版社 2010 年版，第 150 页。

能够保证教师队伍的水平和工作的顺利完成，保证教师能够符合工作需要。制定保障教师的聘任和调动的切实计划，在明确同等评估和统计数字的基础上，建立一种为教师晋升提供适当机会的机制。教师培训是一个长期工作，它的前期服务和后期服务是不可分割的两部分。"1993 年，国家教师教育委员会成立，该委员会专门负责教师教育、对教师教育进行监督、对学校加以认可以及各种有关教师教育的问题进行指导和支持。2007 年，国家教师教育委员会颁布了《国家教师教育委员会有关（认可、标准及程序）的规定，2007》，为提高印度教师专业化水平提供了政策上的保证。[①] 2009 年全国教师教育委员会出台的《两年制初中教师教育计划》把基础教育阶段的教师教育课程分为"教育基础、课程与教学、学校实习 3 个领域，其中，教育基础包括学习者研究和教育研究，课程与教学包括课程研究、教学研究、学生评价"。

第二节　印度教师教育现状

一、政策与法规

1854 年，东印度公司制定的《伍德教育急件》开启了印度现代师范教育的先河。文件要求选拔优秀学生进入师范学校培训，壮大师资队伍；文件还要求印度每一个地区都建立师资培训学校。《伍德教育急件》公布以后，印度加大了教师培训的力度，陆续建立了各级师范学校。据统计，1881—1882 年，全印度已经有师范学校 106 所，培训中学教师的机构有 2 所。这一时期的教师培训强调教师的知识性和基本学术性，为印度之后的教师教育打下基础。

1882 年印度成立了以亨特为主席的教育委员会，调查了全国包括教师培训在内的学校状况后，1899 年在孟买设立中等教育教师证书考试，考试内容包括教学理论和教学实践两部分，由此确立了印度教师资格证书

---

① 单中惠：《教师专业发展的国际比较》，教育科学出版社 2010 年版，第 150 页。

考试制度。

1952 年，在印度迈索尔举行的全印教师培训学院第二届会议通过一项决议：废止"教师培训"（Teacher Training）而采用"教师教育"（Teacher Education）一词。这充分说明印度对教师教育有了重新的认识和理解，预示着独立以后印度教师教育进入了一个更高的发展阶段。

20 世纪 60 年代以后，印度成立了一系列的委员会，出台了各种关于教师教育的政策文本和调查报告，对教师教育提出了各自的看法和建议。1961 年，印度教育部成立了全国教育研究与培训委员会，建立了国家教育研究院，探索提高教师职前培训与职后培训质量的途径与方法。1964 年，印度成立了国家教育委员会，该委员会为改善教师职业的状况提出了改革建议，希望吸引富有才能的人员从事教师这一职业。该委员会认为，为了使教师在社会地位、经济状况和专业水平等方面都有所提高，必须对教师的资格审批、工资级别以及工作和服务条件进行根本性改革；为了维持教师的活力和现实主义态度，必须将它放在更为广阔的政治和社会经济的国情中加以考虑。印度政府 1968 年颁布的《国家教育政策》规定："在教育的影响和国家的发展中，教师无疑对印度的贡献最为突出。因此，与教育有关的所有成就都取决于教师的能力、品德、才干以及业务水平，所以要在全社会形成一个尊重教师的风气。为了提高教师的工作能力和责任心，必须提高教师的工资待遇，改善教师的工作条件。要适当强调教师的培训，特别是工作期间的培训。"

1972 年，印度成立了全国教师教育委员会，作为全国性教师教育事务咨询机构，该委员会颁布了名为《教师教育课程：一种框架》的报告，作为国家教师教育政策文件。这一报告指出："教师应该在课堂内外起到领导者的作用，并作为社会变革的代言人主动采取行动以改造社会，并因此帮助实现国家发展的目标。"报告确立了印度教师教育的内容、原则、地位、目标、途径和作用，被认为是"独立后印度教师教育发展的里程碑"。

1985 年，印度《全国教师委员会报告》指出："在新的教育制度中，教师必须起到促进者和指导者的作用，在提高教育质量方面，起到鼓励、激励和支持作用。教师的主要任务是形成个性，而且个性的形成服务于印度国家的四个目标：一个统一的、世俗的印度；一个现代的国家；一个创造性的民族；一个具有人道和人情的社会。"

1986 年颁布的《国家教育政策》中指出："要重新制定教师招聘制度，以便能够保证教师队伍的水平和工作的顺利完成，保证教师能够符合工作需要。制定保障教师的聘任和调动的切实计划，在明确同行评估和统计数字的基础上，建立一种为教师晋升提供适当机会的机制。教师培训是一个长期的工作，它的前期服务和后期服务是不可分割的两部分。"自 1986 年以后，印度中央政府的教师教育改革目标是：为学校教师提供职前和在职培训，使其具备教学能力；通过专门成立的师范院校，为正规、非正规学校系统以及成人教育提供有意义的学术指导。

在 2002 年通过的"十五"计划中，教师教育机构的发展和扩大、职前和在职教师教育质量的提高、教师教育职业化的发展，以及对学生的评估成为教师教育的重点推进领域，这些措施都是为了保证教师教育带动学校质量的提高。

印度全国教育研究与培训委员会 2006 年颁布了《教师教育课程框架》，要求在对教师的职前教育和在职培训中，使教师能够理解新课程理念并应用于教学工作中；发起了关于建构主义理论及其在基础教育中的应用的大讨论；要求教师、专家们共同参与、共同探讨新课程提出的教师、学生的角色定位问题等。

2007 年 12 月，印度批准 2007—2012 年《第十一个五年计划》。"十一五计划"是在教育领域的一个质量控制计划。在"十一五计划"期间，教师教育主要实施以下具体项目：(1) 通过三个方面强化教师教育：在公共领域创建教师教育信息基地；创建附加的支持系统；加大学术容量。(2) 延续与邦级教育研究培训委员会有关的现行计划。(3) 延续对高级教育研究机构和教师教育学院的支持。(4) 对包括校长在内的教育管理人员进行培训。(5) 采取代替和奖励机制来促进教师和教育管理人员提高他们的学历。(6) 延续对县级教育培训学院的支持。(7) 扩充表列种姓、表列部落及其他少数民族地区教师教育数量。(8) 通过培训项目使教师向专业化发展。(9) 通过更新课程和奖学金项目加强教师教育者的专业化发展。(10) 支持非政府组织的发展。(11) 加强教师教育的技术应用。(12) 将小学教师教育与高等教育结合。[①]

2012 年底，印度政府公布了 2012—2017 年《第十二个五年计划》的讨论稿，在十二五计划中明确指出了重视和发挥教师的作用。教师的能力和动机对改进质量很关键。这要求采取很多措施：(1) 解决教师短缺问题，尤其是通过采取新的而且严格的方法授予教学证书；(2) 改进职前教师教育；(3) 提高在职教师职业发展质量，关注他们的职业发展，在许多邦尤其要关注助理教师的职业发展；(4) 改善教师地位，加强教师上好课的动机和保证教学效果的责任心；(5) 提高教师教学质量。重要的是，要把所有进行中的培养教师潜能和技能的训练结合起来，实现教学的目标。[②]

《2016 国家新教育政策》推进委员会指出："在教师发展与管理中，要与邦政府联合制定一套透明而有价值的征聘教师的规范和准则；填补教师教育机构的空缺，配齐所有学校的校长和班主任；在国家层面设立一所教师教育大学，开展教师教育和师资发展方面的培训；每个邦都设立一个独立的教师教育干部队伍。以上这些措施都是为了解决教师短缺、教师缺勤问题，以及在教师招聘和调动、教师申诉、校长的作用、教师教育和培训、教师教育、分配和职业发展方面存在的问题，提高教育质量。"

二、教师教育目标

教师教育目标既决定教师培养的基本方向，规定教师课程的内容，限定教师教育教学的方法与手段，也是教师职业和教师教育机构招生的依

---

① 靳润成主编：《国际教育政策发展报告 2010》，天津人民出版社 2010 年版，第 333 页。
② 靳润成、王璟主编：《国际教育政策发展报告 2013》，天津人民出版社 2013 年版，第 287 页。

据，还是最终评价教师教育的出发点。根据不同类型的学校教师教育的特点与需要，教师教育目标可以分为三个层次。

第一层次：基础学校教师教育目标。

教师是实现普及教育的最关键因素，这是全社会的一个共识。基础教育阶段的普及教育是整个学校教育阶段最薄弱的环节，基础教育阶段的课程设置、学校组织机构和设备都有待完善，所以，基础学校的教师必须接受过系统、科学和完整的专门培训；熟悉儿童心理、情感、智力和身体成长的不同特征与规律，尊重学生的特性差异和独特性；具备社会敏感性和参与感，了解地方的各种社会和自然资源，普及科学技术知识和开展扫盲工作；能够运用有效的教学方法；充分了解人权、儿童的权利、社会的动力和地方或全国性的节日，把握社会发展的新趋势和动态。

一般来说，基础学校教师教育目标主要包含五点：

1. 专业技能的培训，包括教师教育的学术性培训和教学法培训。学术性培训就是把健康适宜的知识教给学生，随着知识的增长不断丰富学校课程，这就要求教师必须具有较高的普通教育水平。教学法培训，教师要学会使课堂生动有趣、富有成效，集中学生精神，激发学生兴趣。

2. 科学的儿童观和教育观的形成。教师必须具备三个条件：（1）教师必须具有儿童心理学知识。教师要了解儿童成长过程中的心理活动规律、基本需要、学习过程，以及人在各个方面的发展。这样既便于教师的管理，也利于儿童按照他们自己的特性有节奏地成长。（2）教师必须具备敏锐的洞察力。教师应该具备理解儿童表现出来的社会性行为的原因和类型的能力，具有组织教学和其他教学活动的实践经验。（3）教师必须有民主作风。教师应该使儿童视之为仁慈的父母，而不是令人生畏的独裁者。

3. 正确而明晰的教育目的观。一方面，教师必须具有符合社会发展、教育科学理论和学生健康成长的教育目的观，并用之指导自己的教学工作；另一方面，应该使未来教师了解如何把学生培养成为忠于民主社会制度的未来公民。

4. 全面的教育技能和态度。首先，教师必须具有客观、公正、无私的态度，能对儿童的学业或课外活动的表现作出正确的判断；其次，教师必须具有组织课外活动的能力，通过开展这些课外活动，使儿童在体质上、情感上、社会上和美学上得以成长；最后，教师必须掌握设计与改善教具、视听设备的技能，教师应具有动手操作能力，能把自己的想象变成现实，促进教学问题的解决。

5.积极参与社区生活、沟通学校与社会的能力。教师必须善于与家长、社区其他人员打交道，从一定意义上讲教师是社会文化在社区的代理人，也是社区的指导者。

教师教育应该是自由的、综合的。它是一个全面发展的概念，而不仅仅是一些单纯教学、教育技能的获得。在教育过程中，教师对学生的成长和发展产生着最重要、最直接的影响。而教师同样需要被教育，需要接受培养，以完成教育儿童的任务。事实上，教师教育是没有终结的，是一个通过自我教育和实践经验来进行的连续不断的过程。

第二个层次：中等学校教师教育目标。

印度中等学校教师教育的目标，是建立在上述基础学校教师教育目标之上的，同时又结合了中学教育和教学的特点，对教师培养提出了新的目标。中学教师不仅要掌握应有的知识结构，更应该了解青少年情感发展的变化和社会化的过程。中等学校教师教育的目标被有些印度学者具体归纳为三点要求：

1.教师应该成为学科专家。例如，数学教师、语文教师、英语教师、社会学教师、地理教师、历史教师能像专家一样在所有年级进行这些学科的教学。

2.专家要善于管理学生。掌握学生的心理构成和需要，了解学生在能力、兴趣等方面的差异，并可以对学生进行适当的帮助和指导。

3.中学教师应该具备对学生的教育问题、个人生活问题、职业选择进行指导和提供咨询的能力。

第三个层次：高等院校教师教育目标。

印度高等学校教师的目标，不同学校机构各有不同。一般主要包括两点：

1. 广泛的学科知识和能力。主要包含：了解大学或大专适用的教学技术及其意义；培养为在高校有效教学和学好高校教育学所需要的能力；认识控制、指导和形成学生学习模式的社会心理因素及条件；懂得学生的需要、希望和行为（它们的原因、控制和矫正），以便帮助提高他们的才能；学习从教学和行为变化的角度去分析学科课程，学习运用有关的言语与视听手段；熟悉高等教育发展、问题及现状。

2. 驾驭教学和教育的能力。主要包括：认识教学行为的意义和教师作用的能力；培养学生批判性思维的能力；鼓励学生独立工作的能力；帮助学生形成表达和评价他们自己想法的能力，帮助学生形成评价和分享他人意见的能力；从事教学法研究的能力；将研究成果运用于实践的能力；参加各种不同活动的组织和非正规教育课程的能力；组织计划学生参加社区和国家发展项目的能力；评价学生表现以及为使教学能有效而进行自我评价的能力等。①

三、教师教育机构及课程

印度教师教育有两种形式，即职前培养和在职培训。由于职前和在职教师教育的具体目标和形式不同，两者具体的实施过程也不同。

（一）职前教师教育机构及课程

印度职前教师教育分为学前教育、小学教育、中学教育几个阶段。学前教师培养主要由学前教师培养机构负责，小学教师由中等师范学校培养，中学教师由大学教育系或教育学院培养。

1. 学前教师培训机构

学前教师课程包括各种各样不同类型，有蒙台梭利式的、幼稚园型的、托儿所性质的、学前基础教育型及愉快教育型等。1972年，全印仅有80所被承认的学前教师培训中心。

---

① 单中惠：《教师专业发展的国际比较》，教育科学出版社2010年版，第155—158页。

　　印度的邦政府通常负责颁布证书或文凭的学前教师培训，而以蒙泰梭利方式培训学前教师是由蒙泰梭利国际学会组织的，学前基础教育型的师培机构主要为北方的印度基础教育委员会（Hindustani Talimi Wardha）所承认。

　　印度的学前教师教育主要培养从事学前班即托儿所和幼儿园教学的教师，学前教师分为教养员和保育员。培养教养员的机构主要是幼儿师范学校。进入学前教师教育计划的最低资格标准是通过初中或高中的考试（secondary or senior examination）。学前教育期限一般为 1 年。印度的学前教师教育计划，部分由邦政府所办机构负责，部分由接受政府补助金的私立机构来实施。各邦的入学资格和修业年限是依照培训计划而定的，培训计划不同，各邦的修业年限和入学资格也会有所区别。培养保育员的机构主要是学前教师短训班，主要招收高中毕业生，接受 3 个月左右的专业培训，考试合格者颁发有关证书。

　　印度全国教师教育委员会把学前教师教育的课程分为三大部分：第一部分是教育学理论，第二部分是与社区的合作，第三部分是教学方法与教学原则。教育学理论占整个课程的 20%，包括学前教育的哲学基础、儿童发展、语言与环境（自然科学与社会科学）、与社会的联系、健康、卫生与营养、创造性艺术、教学材料的准备、实践能力的培养、社区活动、两门学科的教学能力等。与社区的合作占 20%，主要让学生了解社区生活的实际。要让他们参与社区工作，帮助社区完成具体事务，如打扫卫生、缝制服装、庆祝节日，甚至参加农田活动。教学方法与教学原则是核心课程，占 60%，内容有写作、阅读、普通代数学、民间故事、情节歌曲、编剧、儿童保健、美术、音乐以及与教学实践相联系的工作体验。[①]

　　2. 小学教师培训机构及课程

　　印度 8 个五年计划开办了大量的这类学校。1946—1947 年仅有 649

---

① 周琴主编：《综合大学教师教育的国际比较——侧重综合大学教师教育发展的案例分析》，西南师范大学出版社 2011 年版，第 170 页。

所，而到 1984 年则增至 1056 所。在校人数增加了 4 倍，从 38773 人到 140000 人。

印度的初等学校为 1—8 年级，包括初小（1—5 年级）和高小（6—8 年级），印度培养小学教师的机构主要是中等师范学校，学习年限是 1—2 年。师范学校一般附设有附属小学供实习之用。

实施初等学校教师教育的学校大致有 3 种类型：公立机构、私立资助机构和私立非资助机构，由政府创办和管理的公立机构占据主要地位。有些邦的私立学校超过公立学校，如在马哈拉斯特拉邦的原 300 多所师范学校中，75.9% 的是私立学校，公立学校占 19.9%，余下的 4.2% 是其他类型的学校。① 中等师范学校一般修业 1—2 年。分别招收高级小学 8 年级毕业、初中毕业和高中毕业的学生。高级小学毕业者的修业年限一般为 1 年，毕业后可在初小阶段就业，即 1—5 年级；初中毕业或高中毕业者修业年限为 1 年，毕业后可执教 6—8 年级。

小学教师教育课程包括：理论学习、选修课、教学实习、手工艺、社区生活大纲、课外活动大纲等。这些课程大纲由教育部或中等教育委员会或教师教育局（如在马哈拉斯特拉邦）负责编制。理论课程各邦都一样，属于必考课程；选修课只有少数邦设立。理论课程包括教育原理（各邦关于教育原理课程内容不统一，有的邦与心理学结合，有的邦则与教育史或学校组织结合）；教育心理学；数学、理科、社会科学和语言教学的教学法；学校组织与管理；在一些邦还有不同的其他课程，如艺术理论、美术、手工艺、家政、商业等。教学实习时间长度各不相同，有的邦实习时间 2—3 个月，一周 2 次；有的邦一学期每周 3 次，还有的一周 1 次。在大多数实习学校各学科都要有示范课。一些邦的小学师资课程还包括手工工艺，如农业、木工、编织、印刷、裁剪、泥塑、雕塑、书籍装订、竹制工艺等等。②

---

① 赵中建等：《印度基础教育》，广东教育出版社 2007 年版，第 138 页。
② 梁忠义、罗正华主编：《教师教育》，吉林教育出版社 2000 年版，第 193—194 页。

表 7-3　印度初等教师教育阶段课程设置①

课程类型	包含学科	课程领域
基础课程	教育哲学、社会学、心理学	印度教育 小学：学生、学习过程和调整
阶段性的专门知识课程	专业课、教法课	语言教育、数学教学、环境生态保护教育、艺术教育、卫生教育、体育、教师能力、工作经验
实地工作或实习	将所学的理论应用于课堂教学以及其他与学生、家长和社区有关的实际活动	

印度培养小学师资的培训机构除了承担普及义务教育师资培训的任务之外，同时还需要承担对教师和初等教育督导人员的进一步培训，以及研究初等教育教学法和课程设置、评估学校教育状况的责任。②

3. 中等教育教师培训机构及课程

印度中学教师由大学教育系或教育学院、单独设置的师范学院、地区教育学院培养，培养方式可分为两类：一类是大学本科 3 年毕业后再修读 1 年教育专业，学生毕业既获得专业学位，又获得教育学士或教学学士学位，属于非定向型师范教育；另一类是高中毕业进入地区教育学院，修读四年制的整合课程，毕业后可同时获得专业学士（如文学士或理学士）和教育学士学位，属于定向型师范教育。③

印度培养中学教师的机构类型主要有：邦理科学院、邦英语学院、教师培训专科学校、地区教育学院、专业教师培训机构以及综合教育学院。

教师培训学院：一年制的教师培训学院招收大学毕业生，为高中培养教师，主要学习内容是教学原理与方法，毕业时获得教育学士学位。这种机构是 20 世纪后半叶印度中等学校教师教育的主要形式之一，从 1947 年

---

① 周琴主编：《综合大学教师教育的国际比较——侧重综合大学教师教育发展的案例分析》，西南师范大学出版社 2011 年版，第 172 页。

② 单中惠：《教师专业发展的国际比较》，教育科学出版社 2010 年版，第 159 页。

③ 单中惠：《教师专业发展的国际比较》，教育科学出版社 2010 年版，第 159 页。

的 42 所增加到 1987 年的 360 所，其人数也从 3095 人增加到 50000 人左右，① 其发展速度和规模都位于当时印度教师教育的前列，为中等教育培训了大量合格的师资。但是，教师培训学院为期一年的教育学士课程也受到了人们的批评。有的学者指责这种培训内容过于狭窄，偏重于理论灌输，不适应印度学校发展的需要，既没有达到大学学术性较高的目标水准，又脱离中等学校的日常教育实际，因此，建议将此类学院学制增至 2年，在增加学术课程的同时，保证有更多的时间实践，以适应教师教育的需要。②

综合教育学院：培养不同层次的教师。它拥有教师教育的全部课程，培养各级普通教育的师资，包括学前教师培训班、初级基础教育培训、教育学士课程、教育硕士课程等。这种机构有助于打破各种教师教育课程相互隔离的状态。

地区教育学院：这类学院的建立主要是为了满足综合学校对技术、商业、工艺、家庭、农业专业教育等方面师资的需要。印度于 1963—1964年先后在布巴内斯瓦尔、迈索尔、博帕尔和阿基米尔 4 个城市创办了地区教育学院，它们分别服务于东、南、西、北四个地区的邦，分别承担 4 个地区的综合学校师资培训任务，并由印度全国教育研究与培训委员会负责资助与管理。

地区教育学院的教育目的：(1) 为综合学校制定和提供教师教育大纲，培训技术学科，如雕塑、农业、商业、手工、家政的教师；(2) 为综合学校实践课教师提供在职培训；(3) 为该学院所在地区与综合学校有关的教师、行政人员、督学提供在职培训计划和场地；(4) 开办和发展示范性综合学校；(5) 举办地区中学在职教育的中心；(6) 承担并负责综合学校和普通中学的课程教学方法及教师教育的研究项目。

地区教育学院开办的课程类型：一年制农业教育学士课程；一年制商

---

① 梁忠义、罗正华主编：《教师教育》，吉林教育出版社 2000 年版，第 117 页。
② 单中惠：《教师专业发展的国际比较》，教育科学出版社 2010 年版，第 159 页。

业教育学士课程；一年制理科教育学士学位课程；一年制家政教育学士学位课程；一年制工艺教育学士学位课程；二年制工业职业教育证书课程；四年制技术、商业和农业教育综合课程；四年制学士综合课程；学士学位暑假学校和函授课程；一年制教育学硕士课程等。[①]

地区教育学院目标多样，既为综合学校培训各种专业要求的师资，同时还承担了为综合学校制定和提供教师教育大纲、开办和发展示范性综合学校、举办地区中学在职教育的中心等。师资培训课程也灵活多样，既有四年制的教师教育课程，又有一年制的各类学士学位课程，还有技术、商业、农业和综合四年制课程。

中学教师教育课程由理论课（分必修课和选修课）与教学实习组成。印度注重教育实际工作和理论课联系，将理论课与实际教学、工作体验、社区生活和课外活动相结合。

理论课包括：必修基础课；教学方课；必修课、选修课或应用课。理论课4—11种不等。巴洛达大学开设11门理论课，而在旁遮普、哈里亚纳、拉贾斯坦等大学有12门理论课，26所大学开设6门理论课。

印度中学教师教育必修基础课的数量、名称、内容都多有不同。

必修基础课包括：

（1）教育原理。该课程各大学都有开设，在一些大学该课程称为教育理论、教育哲学与社会学基础、教育原理与实践等；在另一些大学，该课程还要求与学校组织或一般教学法联系。据印度国家教育研究与培训委员会调查，有3所大学的必修基础课与教育心理学相结合，有1所大学的必修基础课与教育测量和教育史相结合。印度中学教师教育必修课如下表。

表7-4　印度教育学士（或同等学力）必修课设置情况

学科领域	开设该学科的大学数目
教学原理	33
教育心理学	32

---

① 梁忠义、罗正华主编：《教师教育》，吉林教育出版社2000年版，第118页。

续表

学科领域	开设该学科的大学数目
印度教育问题	17
学校组织与行政	18
教育史	9
一般教学法	5
学科教学法	33
测量与评价	1
教育艺术和教具	1

（2）教育心理学。有的大学单独开设；有的是教育心理学与健康教育一起开设；有的是教育和心理测量或评价一起开设；有的是教育心理学与教育指导一起开设；有的是把教育心理学与教育社会学一起开设。

（3）当代印度教育问题。有的大学单独开设，有的是与专门组织合作开设，有的是与教育思想史一起开设。

（4）教育史。有的大学独立开设，有的与其他内容一起开设，有的与教育问题或现实问题一起开设。

（5）教学法。各大学开设有语言教学法、理科教学法、数学教学法以及其他学科的教学法（如美术、小学课程、幼儿学校课程、农业、绘画、商业、艺术、统计、手工艺术、逻辑、心理学、商业方法、基础教育、测量和评价等学科的教学法等），各大学由于情况不同，在开设的门数和内容方面是不相同的。有些大学增加了健康教育、一般教学法等。在一些大学以下课程也是必修的，如，一般教学法，程序设计，教育趋势与评价，印度教育史，比较教育，基础教育等。

（6）学校组织与行政。

（7）实践课和手工艺课。一些大学把实践课作为科学、农业、教育心理学、家政、音乐理论课的一部分；一些实践课与教学实习结合，如儿童个案分析、视听教具制作、目标测验制定、图书分类等，一些大学对此还要评估打分。一些大学还设有手工艺课，如针织品编织、泥塑、皮制品、园艺和农业等。不同大学内容也不同，一些大学将上述手工艺作为业余爱好，另一些大学把它作为正式课程的一部分，进行考评。

（8）教学实习。各大学高中教师教学实习的课程和课时数量都不相同，需学习1至3门课程。①

除以上必修课以外，一些大学还开设了特殊的操作性课程或选修课，如，教育和职业指导、教育测量和评价、视听教育、学校图书管理、社会教育、基础教育和体育等，此外还有家政教育、印度及国外的学生公寓生活、农村建筑、教学历史、教育统计等也在一些大学作为选修课学习。另一些大学重视心理学的学习，开设心理学的不同分支课程，如落后生教育、残疾儿童教育、变态心理学、实验心理学、社会心理学、心理测试和天才儿童教育等。

（二）在职教师教育培训机构及课程

印度为了培养合格的教师，除了加强职前教师教育外，还非常重视教师的在职培训。印度教师教育委员会把在职教师教育解释为："教师的继续教育意味着更多地弥补准备阶段的缺陷，意味着继续提升教学能力、广泛了解人类发展和人类生活。"为此，印度教师教育委员会要求印度每位教师每五年必须接受两至三个月的在职培训，这些培训要经过调查分析，了解当前学校对教师的需求。在职教师培训机构至少要有一年的培训经验。地区教育与培训学院主要为教师提供在职培训。此外，教师教育学院、教育高级研修学院、邦教育研究和培训委员会也是教师在职培训的机构。印度教师在职培训的目的是为未受过正规培训的教师提供在职学习的机会，以提高他们的教学水平和学历，进一步提高受过教师教育训练的教师的教学水平。印度教师的在职培训有多种形式，如在教师培训机构进行不脱产的进修，边教学、边学习；在校内组织各种学习活动，交流经验等；组织教师到外地参观，扩大眼界，学习其他新的教育思想；学校之间相互交换教师；通过电视、广播等远距离教育手段接受函授教育等。

---

① 梁忠义、罗正华主编：《教师教育》，吉林教育出版社2000年版，第195—198页。

经过数十年的发展，印度已经形成一个从中央到地方的比较完整的教师在职培训网络，大规模的在职培训计划往往采取层层辐射的方式进行。在中央一级，全国教育研究与培训委员会负责组织对参与教师在职培训的骨干人员和工作人员的培训课程。在大区一级，全国教育研究与培训委员会所属的四个大区教育学院对邦、中央直辖区一级的在职培训骨干和工作人员进行培训。在邦、中央直辖区一级，邦教育研究与培训委员会、邦教育研究所为在职教师组织短期培训课程。近年来还建立了县教育和培训机构，此类机构的一个重要任务就是对本县的小学教师进行在职培训。此外，为发展在职教育，印度教师教育委员会还采取了三条措施：(1) 建立专题研究组。强调应用知识而不是积累知识，专题研究组为教师继续工作和找出解决他们每天面临的真正问题提供办法。(2) 激励教师。为使进修课程计划能真正获得成功，学校管理者以及政府教育部门应制定鼓励教师的规定，教师每4—5年可获得一次在大学进修的机会。另一个计划是，教师每服务五年后，可获准请假 6 个月在本校进修高级课程，或到其他大学进修高级课程，还可以获得相应的在职学历证。(3) 扩大假期进修课程。全国教师教育委员会指出：一项急需的改革是在高中和预科学院教师中推广假期进修课程。

1. 小学教师的在职培训

印度小学在职教师培训机构有十几种之多，其中包括扩大服务部、教师继续教育中心、地区教育学院、邦科学教育研究所、地区英语学院等有关机构；具体做法分面授和函授两种，面授主要是利用假期或业余时间进行，函授则不受时间限制。培训形式主要有在师范学校进行不脱产进修和利用电视、广播进行函授教育；参加校内的学习和交流活动，校际交流或去师范学校参观学习。为了做好小学教师的在职培训，全国教师教育委员会强调：在职培训有学分要求，应认真设计培训课程，内容要有一定深度，要不断充实具有时代特点的最新知识。自 1986 年起，印度政府开始实施一项"教师整体发展计划"，决定每年对 50 万教师进行为期 10 天的强化培训，旨在提高教师的专业能力，并使他们在学校教育内容和过程的改革中更有效地发挥作用。培训计划有 42 个单元的文字材料和一套录像辅助教材，内容涉及教育对教师要求的不同方面，侧重点包括教师在解决不断出现的教育问题上的作用、课程发展、考试改革、指导和非指导的教学方法等。1986—1989 年这三年间，共有 176 万教师接受了培训。全国教育研究与培训委员会和其他一些机构如大学教育系对"教师整体发展计划"进行了评估，并在此基础上对计划的设计进行了修订。印度人力资源开发部的报告认为："在增强教师对学校教育阶段的内容和过程的认识，提高教师各门学科的专业能力方面，该计划是成功的。"

2. 中学教师的在职培训

1986 年颁布的《国家教育政策》规定对全国中学教师进行在职培训。培训的目的一方面是提高教师的水平，另一方面是使受培训的教师对以下问题有清醒的认识：当前教育的难点、教学法、课堂行为研究、教师的角色与责任、对教学大纲的认识、新教材的使用等。培训期一般为 10 天。同时，教师可以通过电视、电影、网络等进行自修。1993 年印度政府实行"特别引导"培训计划，每年培训 45 万人次。此外，印度教育部门加大对骨干教师的培训，为各学校培养学术带头人。教育部门还对中学校长进行轮训，通过这种方式使校长不断更新知识，提高学术水平，增强管理能力。

近年，印度正在全国范围内实行一个规模庞大的在职教师培训计划。方法是先对各邦教育局长、邦教育研究与培训委员会主任、邦教育研究所或教育学院主任、培训学院院长进行培训，然后逐渐推广，培训骨干，随之大面积铺开，举办定向培训班。印度还利用卫星电视广播培训课程，扩大覆盖面。由于印度政府及各级教育部门的重视，培训中目标明确，课程有针对性，整个在职培训收到了良好的效果，大大提高了在职教师的业务素质。[①]

---

① 周琴主编：《综合大学教师教育的国际比较——侧重综合大学教师教育发展的案例分析》，西南师范大学出版社 2011 年版，第 173—175 页。

（三）教师资格认证与评估

印度教师教育由大学授予学位，邦教育局颁发文凭，邦教育局或全国教师教育委员会等有关中央和邦的机构负责教师资格证书的认可。教师资格证书有不同类型，如：永久的、临时的，应急的、最高标准的，等等。获得教师证书的新入职教师有两年试用期。在此期间，有关教师的课堂教学表现、对教学内容与教学法的把握、对儿童和教学的态度、教学能力、社区工作的兴趣与自觉性都将作为重要的考核内容。指导教师、校长、学校管理人员、其他教师、学生和社区对试用期中教师的反映是考核其合格程度的重要组成部分。如果试用教师的考核达到了标准，就可以最终授予教师许可证或教师证书，反之，试用期将被停止，不再被聘用为教师。教师证书的要求就是未来教师所应达到的标准。下表是印度基础教育教师的学历和专业标准及培训标准。

表7-5　印度基础教育教师资格标准及培训标准[①]

教育阶段	教师的学历资格	教师的专业资格		
		培训	期限	合格标准
学前教师	中等	护理培训	1 年	中等
小学低年级教师	中等	12 年普通教育毕业后接受两年专业训练	1—2 年	中等
小学高年级教师	文学或理学学士学位	12 年普通教育毕业后接受两年专业训练	1 年	文学或理学学士学位后接受一年专业训练
初中教师	文学或理学学士学位后接受一年专业训练	12 年普通教育毕业后接受两年专业训练	1 年	文学或理学学士学位后接受一年专业训练
高中教师	文学或理学硕士学位后接受一年专业训练	12 年普通教育毕业后接受两年专业训练	1 年	文学或理学硕士学位后接受一年专业训练

---

① 周琴主编：《综合大学教师教育的国际比较——侧重综合大学教师教育发展的案例分析》，西南师范大学出版社 2011 年版，第 175 页。

　　印度基础教育阶段的教师评估采用不同层次类型、形式多样的评估方式。包括教育委员会在内的政府各级部门对中小学均有监督的权力,各级管理人员以及所在区域官员均有监督学校教育的权力。目前,印度普通学校教师评估主要有两种形式:主管或相关部门的不定期评估和学校或教育部门的定期评估。

　　不定期评估:包括教育委员会在内的政府各级部门对中小学享有的监督权力,各级管理部门均有监督学校教育的权力,大多数邦的政府管理机构还保留着对学校教师教育活动的非正式监督,甚至有的邦直接赋予政府机构对学校的监督职责。这种评估往往是不定期的和局部的。

　　定期评估是指中小学或教育部门对教师的定期检查和督导。具体包括三个层次:第一个层次是教师自评。教师自评主要是教师本人依据学校的教学目标和责任,对自己是否达到教学目标进行评定。教师自评分为学年自评和日常自评。学年自评要求教师要填写年度自评表,内容包括一系列教学目标,主要有课外活动、与家长和社区的交流等。日常自评要求教师每天填写教学记录,检查是否达到所规定的目标,并将实际所完成的目标任务和预定的目标进行比较,记录存在的差距和原因。第二个层次是评判小组或社区进行的评估。在中学,这种评估主要是通过评判检查小组来进行。一般来说,评判小组每年在一个学校评估2—3天,评估的方式主要是查看教师的工作记录、听课、研究教师布置给学生的作业以及教师在检查后给予的指导。在小学,这种评估主要由乡村级委员会或社区来进行。第三个层次是地区进行的评估。这种评估主要是由地区领导人、被委任的负责检查的官员、教育官员、正副教育主任等上级领导进行的监督、定期检查和督导。这种评估主要检查教师的教学能力、对学校教育目标的承诺、学校评估的定期性和教师教学的有效性。针对评估的标准,印度教育界人士认为,现有的教师评估方式倾向于使用内部指数和操作指数作为评估的标准。内部指数主要依据是学生考试结果和教学效果,操作指数主要是检查教师利用教学设备和其他资源的情况。然而,教师的创新能力、社会承受力和交往的能力,诸如教师是否具备发表作品、开发教材、设计教学活动以及开发实验等能力没有得到重视。全国教师教育委员会1999年确定了一项评估教师工作的指数，具体包括十个方面的能力、五项承诺和五项成绩。十个方面的能力分别是：背景、概念、内容、交流、开发教与学的材料、评估、管理、与家长合作、与社区合作、与其他机构合作。五项承诺分别是：对学生、社区或社会、职业、知识或美德、价值观的承诺。五项成绩分别是：在课堂、学校、校外、与家长和与社区相关方面所取得的成绩。将这三方面有机结合起来，并配合合理的奖励制度，就形成了较为完善的教师评估。①

四、教师待遇

教师的地位不再是以前像神一样受人尊敬，不再是一个被偏爱的职业选择，选择教育特别是选择小学教育这个职业成为人们的无奈之举。在过去的几十年中，随着不同层次教育机构数目的不断增长，大量的教育工作可作为职业选择，事实上，一些职位仍处于空缺状态。

教师的聘任，师资队伍的稳定与教学很大程度上受到地位和待遇这些因素的影响，如收入、住房、教师和学生的比例、工作环境、年轻女教师的安全问题、交通设施、团体合作与参与。

印度小学教师普遍收入低、入行要求低、晋升机会少、工作条件差，并且每年有大量的教师调离（特别是女教师）；由于无住房、缺乏安全感、地点远、无便利交通工具、缺乏专业支持、同事间关系冷漠和不友好等，导致小学教师社会地位低下。

教师旷课在印度是一个严重的问题。根据世界银行最近作出的一份研究表明，大约40%的教师曾有过旷课的记录，究其原因是：1.人岗不相适；2.缺乏社会监督；3.财政和监管过度集权化；4.教师责任心缺乏。这也许可以通过教师培训来做到以下两点：1.像刚开业医生所立的誓约一

---

① 周琴主编：《综合大学教师教育的国际比较——侧重综合大学教师教育发展的案例分析》，西南师范大学出版社2011年版，第175—176页。

样让教师做"入职宣誓";2.让教师意识到如果疏忽职责他们就会失去这份工作。但教师工会也许应改变他们的策略并使其成员得到相应的专业发展。在各种层次的教师培训中,应培训这些内容。①

但印度的大学教授薪资却达到了中产阶级水平,成为就业市场上具有吸引力的职业。印度高校的职业生涯发展方案中,将教师生涯设定为三个等级(Levels)、六个阶段(stages),初级职称是助理教授,从第一阶段晋升到第三阶段;中级职称是副教授,从第四阶段晋升至第五阶段;高级职称是教授,从第五阶段晋升至第六阶段。

表7-6 高校教师学术职业生涯发展方案

	阶段	服务期	每月的学术岗位(阶段)薪资	
			卢比	美元
助理教授	第一阶段	初始层级(直接聘任)	6000	135
	第二阶段	持有博士学位,并在第一阶段工作4年;持有哲学硕士学位,并在第一阶段工作5年;持有硕士学位,并在第一阶段工作6年	7000	155
	第三阶段	在第二阶段工作5年	8000	175
副教授	第四阶段	在第三阶段或初始层级(直接聘任)工作3年	9000	200
教授	第五阶段	在第四阶段或初始层级(直接聘任)工作3年	10000	220
	第六阶段	在第五阶段工作10年	12000	265

教师的月收入由五部分构成:①在薪级工资中的薪酬;②学术岗位(阶段)薪资(grade pay);③交通补贴;④物价津贴(弥补通货膨胀的损失);⑤房租津贴。

---

① 周南照、赵丽、任友群主编:《教师教育改革与教师专业发展:国际视野与本土实践》,华东师范大学出版社2007年版,第194页。

表 7-7 教师薪资（2010 年 12 月 31 日）

月收入	学术职务等级					
	教授		副教授		助理教授	
	卢比	美元	卢比	美元	卢比	美元
高层						
薪级工资	67000	1490	67000	1490	39100	870
学术岗位（阶段）薪资	10000	220	9000	200	6000	135
交通补贴	3200	70	3200	70	3200	70
物价津贴	36090	800	35640	790	21735	485
房租津贴	23100	515	22800	505	11910	265
月收入总额	139390	3095	137640	3055	81945	1825
中层						
薪级工资	55000	1220	52200	1160	27350	610
学术岗位（阶段）薪资	10000	220	9000	200	6000	135
交通补贴	3200	70	3200	70	3200	70
物价津贴	30690	680	28980	645	16448	365
房租津贴	19500	435	18360	410	10005	220
月收入总额	118390	2625	111740	2485	63003	1400
底层						
薪级工资	43000	955	37400	830	15600	345
学术岗位（阶段）薪资	10000	220	9000	200	6000	135
交通补贴	3200	70	3200	70	3200	70
物价津贴	25290	560	22320	495	11160	250
房租津贴	15900	355	13920	310	6480	145
月收入总额	97390	2160	85840	1905	42440	945

注：（1）"职业生涯发展方案"下，候选人都要达到学术绩效指标规定的最低分数，该指标是根据绩效评价体系设计的。（2）美元数据是按照 1.00 美元 =50.00 卢比的汇率计算的。

数据来源：大学拨款委员会 2010 年的数据。

在公立大学中，如果不考虑教授所属的学术领域，他们的薪酬都差不多。但受中央资助的大学的教师所得的月收入相对高于由邦政府资助的大学的教师。国家重点院校的教师薪资（如印度理工学院和印度管理学院）也略高于其他大学的教师。

在所有的公立大学中，不考虑绩效，教师的基本工资每年可增长三个百分点（即薪级工资加上学术岗位薪资）。在纯私立的院校中，教师可与学校重新协商薪资问题；这种协商通常对管理有利。一般而言，教授的薪资和工作条件会基于政府委员会的提议，每十年进行一次修订。

印度大学教师的非薪资福利是由政府规定的。在公立大学中，教师有权获得退职金（按照他们连续工作的年限，一次性支付所有的福利）。

教师还享有多种带薪休假，但这些都并非权利。每位教师每学年享有8天的事假，该假期不能累积。教师还可获得11个工作日的带薪休假，该休假最多可以累积300天。一部分带薪休假可以在特定期限内或在养老／退休期间兑现。学术职业最具吸引力的部分是每年8周的完全带薪休假。

女性教师在其职业生涯期间最多可获得一年的产假，每次生育（不超过两个孩子）时，其配偶都可获得最多15天的产假。除了产假，女性教师还有权获得两年的育儿假，当所有的假期都用尽时，可以使用该假期。直到子女年满18周岁，该假期随时都能使用；如果有两个孩子，则可分两次使用。

教师借用节假日或请假外出旅行时，可以享受每两年一次的"度假旅行优惠"（自己及其亲属的来回路费）。离开家乡在外工作的教师可以利用"探亲优惠"回家探亲（这是他们刚参加工作就被告知享有的权利）。

教师及其家人都享有病假和医疗援助。他们可以使用中央政府或邦政府提供的医疗服务设施。或者，一些大学还扩充了教师医疗保险的覆盖面，或将报销的医疗费用提高到了特定的金额。为遏制医疗服务设施被滥用（包括被医院、保险公司和教师滥用），政府还精心设计了相关的管理规范。

占基本收入一定比例的房租津贴也是教师薪资的组成部分。对于能为教师提供住房的大学（尚且还没有能为教师提供住房的学院），它们将不再向教师发放住房津贴；这种情况下，教师需要缴纳一定数额的房屋保养费用。

为促进小型家庭规范的实施，男性或女性教师出示由医疗当局认证的绝育手术证明后，将可获得一定奖励。享有此项待遇的教师必须在特定的年龄范围内育有子女，但最多不得超过两个。

在公立大学或学院拥有永久性职位的教师不能从事第二职业。但是，获得机构的许可后，教师可以在短期内在其他大学／学院（在获得许可的一年内，他们可享有 30 天的"事假"）以访问／客座教师的身份从事教学工作。他们可以通过"特别离职"，在其他大学／学院承担长期教学聘任，但这段时间内，他们无权获得任何薪资或其他福利。教师可以用其积攒的休假来调整时间（但也不能超过 300 天）。只能在一所院校工作的限制不适用于兼职教师。纯私立的机构中，相关兼职工作的规定有可能成为合同的一部分。[1]

第三节　印度教师教育存在的问题

印度从 20 世纪六七十年代开始，建立了类型多样的教师教育机构。经过了多年的努力与发展，印度形成了多种类型、多种层次的教师教育机构系统，成为教师教育制度的一部分，也形成了具有一定规模及系统性的全国、邦和县级的印度教师教育机构体系。但由于印度在人口数量、种族、宗教、经济、文化等方面存在问题，使得教师教育机构在发展建设过程中仍存在诸多问题。

1. 教育经费延迟拨发，财政制度不灵活

印度的中央资助计划以分期付款的方式对教师教育机构下发资金，但是因为有些教师教育机构在办事程序上存在漏洞；加之印度政府在资金

---

[1]　［美］菲利普·阿特巴赫主编：《高校教师的薪酬：基于收入与合同的全球比较》，徐卉、王琪译，上海交通大学出版社 2014 年版，第 162—166 页。

批复上的延迟以及资金链过长等因素，使得政府的财政拨款并没有及时发挥应有的效果。现实中资金发放应以各级教师教育机构的实际需求来分配，各机构的财政拨款不应是统一标准，而是以实际需求为基准建立起来的财政拨款体制。而且资金拨款预案缺少变通性，有时甚至不能满足新增机构带来的资金增长。由此可知印度教师教育机构的资金预算缺口是十分大的，是教师教育机构长时间脱离印度现实需求，机构快速增长、集资方式较为单一的必然结果。所以，要想改变因财政紧缺导致印度教师教育质量不高的局面仍任重道远。

2. 各级教师教育机构之间缺少快速、有效的联系和交流机制

印度各邦之间依据的中央资助计划的基准不统一、财政下拨的资金预算延迟、目标定位不清晰及执行力度不强等因素，导致各教师教育机构间所履行的职责标准不一。许多邦行政部门与学术机构的职能在很大程度上是相同的，相互之间信息闭塞，甚至根本不沟通。各级机构慢慢变成相互独立、缺乏交流的组织，这样就引起了各机构间争夺权力的现象，并在很大程度上影响了印度的教师教育教学质量。

3. 教师招聘制度缺乏灵活性

印度各邦制定的教师招聘计划标准不同，不同部门但职称相同的教师工资待遇却不同。各部门负责相同工作内容的职员职称却不同。关于教师提升和调职的相关制度缺乏灵活性，调任的实施办法规定可以从行政岗转为学术岗，相反亦然。这就使跨部门之间的人事调动缺少相应的评价体系。这种机构或部门间的职位调换，不仅干扰了日常工作程序，还影响了员工的工作状态，甚至工作人员可能并没有这种能力胜任此项工作。

4. 教学环境差，基础设施利用率低

为了使计算机更广泛地应用于学习，一些邦的县教育学院使用电脑进行教学及行政，如古吉拉特邦。多数机构都拥有校园、微机房、图书馆以及用于科研、语言、心理学的实验室，但其中有些不符合资助计划的特殊要求：教学工具，设备、学习资源的可用性也较差。由于各部门协调性差，计算机实验室、图书馆、体育设施等的利用率也较低。

各机构员工的体制结构并不符合中央资助计划的要求。如县教育与培训学院的工作人员来自行政岗位和学校；该机构的研究和工作人员常被任命到邦教育研究与培训委员会，不仅增加了县教育与培训学院的人员紧缺，也导致了相关的县教育与培训学院的工作延误。令人震惊的是，许多邦不同层次的岗位人员缺口高达50%。此种工作环境不利于教师充分发挥其职能，影响教育质量的提高。①

第四节　印度教师教育改革与发展趋势

一、改革措施

1. 师范教育系统的灵活化和开放化

在提高中小学教师专业水平和教育能力的普遍要求下，中等师范学校的取缔，高等师范院校与综合大学的合并，修业年限的延长等仍然表现为师范教育发展的稳定趋向之一，成为越来越多的国家的现实。

作为发展中国家，印度政府将提高小学教师的程度作为繁荣教育的重要策略之一。鉴于过去小学教师普遍程度较低，1987年10月，联邦议会通过了"中央资助的师范教育重建计划"，主要内容包括：①每年给50万名教师在职进修；②创办400所县教育机构和培训学院；③加强250所师范教育学院的建设，并将其中50所建成高级教育研究机构；④建立和加强大学中的教育研究。过去印度小学教师有许多高小、初中毕业生，印度政府希望通过这一计划及其他措施改变这种状况。他们提出的具体目标是：小学教师争取在高中毕业后受训，中学教师则应当在高中毕业后受训4—5年。②

2. 突出职业化的教师发展理念

教师教育之前的一个主要任务就是形成自己的职业文化，体现出职

---

① 马俊红：《印度教师教育机构现状研究》，硕士学位论文，哈尔滨师范大学2011年，第34—35页。

② 张燕镜主编：《师范教育学》，福建教育出版社2013年版，第391页。

业的特点和定向，教师职业需要与其他有声望的职业达到相同的水平，然后才能赢得应有的地位和认可，社会地位是通过努力得来而不是理所应当归属于谁的。寻求教师的专业化发展，突出职业化的教师发展理念变得日益重要，然而只形成职业文化也是不够的，一个更深层次的方面是文化扩散，是指整个教学群体的所有成员有共同的职业水准。文化扩散极其微妙，不易被人发现，但是其行为表现却明显、清晰，像医生和军人那样能够展现出代表他们独特文化的一套职业行为和个人行为，人们想知道培训过的师范生能否在某种程度上展现其特定的职业文化。教学是一门技巧性较强的职业，对自身职业文化的认同有助于其地位的提高。因此，教师培训的一个主要目标就是要对每个师范生灌输有别于其他职业的价值观和态度，一个预先的要求就是在培训期间进行经验拓展，这会让师范生跨过他们特定的社会和地理背景局限去体会各种各样的经验，这些经验联合成一个单一的职业文化。

教师教育通过培养教师的职业能力不仅能够促进普通中小学教育质量的提高，而且可以搭建中小学和高等教育之间的桥梁，培养一大批专业化的学校教师，而教师不仅能在学校教书并且可以进一步发展为教师教育者。当前，印度一些职前教师教育培训项目的质量仍然很低，不能为教师提供反思型实践，加之某些邦政府在各类非正规中心聘用了大量未经培训的人员，因此，突出职业化的教师发展理念，强化教师的职业培训在现代社会显得更加重要。

对终生学习的强调是教师职业化发展的一个重点。一个价值观陈腐的国家更需要教师实现完全的职业化，且通过呈现一个基于价值观的模式来与学生们进行互动。信息高速路、网站和网络将要成为教师教育领域常用的工具，教师需要强壮的身体、活跃的精神来达到思维的全面开发，所以职业教育作为发展能力和技能、承担责任和价值的基础将会得到越来越多的关注。

3.合理规划教师教育者培养方案

教师教育的质量取决于教师教育者的质量，教师教育者在教师教育和教师专业发展中起着决定性作用。教师教育者培养对于课程大纲的制定乃至整个印度教育质量的提高都起着全局性作用，只有合理的教师教育者方案才能对实现教育发展目标产生积极影响。因此，未来印度政府将对教师教育者的培养方案进行重新制定和规划。未来印度政府将进一步完善教师教育者的培养方案，拟在以下几个方面进行大幅度的改革：如，在培养方案中提高教育研究的地位，促进教师教育者的专业发展；为教师教育者的专业发展提供全方位的、持久的安排；在所有高校和地区性教育研究院中开设教育学院，打破小学和中学教师教育相对孤立的状态并走向更高层次的发展；促进课程和教育研究多样化、专业化，比如下设数学、语言、社会科学和自然科学等专业，以供选择。

4. 开展有效的在职培训项目

在职培训的质量即有效性越来越受到印度学者的关注和研究。有学者在对印度北方邦城市法扎巴德的雅凡大学附属学院的教师培训项目的有效性调查中发现，教师培训学院不具备足够的教学大楼和设备；所有培训学院没有为女性学员提供住宿；有一小部分的教师教育者无法胜任所授学科的教学；所有培训学院没有发挥推广服务的作用；录取过程冗长，且需要两个月才能完成录取手续；培训课程的时限很短，仅有 118 个工作日；所有培训学院没有自己独立的教学实习学校；受教学实习学校数量的限制，为教学实习分配的时间太短；由于考官没有充分听课，因此教学实习科目考试形同虚设；大多数参与者对培训项目的效率表示不满。

印度独立后的几年，印度全国经历了教育全方位的一个膨胀时期，以至于人们在开启新领域的同时并没有意识到失去了什么。很明显，数量的膨胀是以牺牲质量为代价的，对教师需求的增加导致更多培训学院的成立，也导致了现存学院开设了适应所有人的低水平培训课程，教师培训项目的质量整体下降，由此 1964—1966 年印度教育委员会强调教师教育普遍缺乏质量，并意识到培训机构标准低下且课程贫乏，而且没有将自身同当代的需求和目标相联系；教师培训系统缺乏活力且与现实脱轨，该系统也没能吸引有能力的教师到培训机构工作。当时的秩序就是固定套路和死板练习。

　　相反，如果项目的策划具有一定的参与性、执行策略又具有交互性，教师在职教育和培训就会显得更加多产和高效，因此有学者认为所有对教师在职教育项目的需求都应该来自基层。例如，在中央资助的教师教育项目中，县教育与培训机构应该负责为教师组织培训，使每一位小学教师能够自己选择参与至少每五年一次的教师培训项目；又如邦教育研究与培训委员会这样的邦或州级的协调机构应该扮演一个提供便利、协调的角色，以确保在职培训项目顺利实施。在一些邦由于某些因素影响，未经过培训的不合格教师也被任用，因此，对这些不合格教师要尽快清理，这就需要对他们进行培训升级。

　　印度政府日前强调，无论何时，当教师由小学阶段晋升至初级中学，或由初级中学晋升到高级中学，都应该为其提供大量的有针对性的在职培训项目。同时，如果教师被授予新的职务，如被委任为中小学校长时，也需要接受相应的与其职务有关的在职培训。而培训的组织方开始由培训机构向学校和学校群体转移，众多机构，如，全国教育规划与管理研究所、英语和外国语中央研究院、地区教育机构、技术师资培训机构、邦教育研究与培训委员会、邦教育学院、中等教育委员会、大学教育部、县级继续教育中心等都在从事在职教师教育项目的规划与开展。邦教育研究与培训委员会、邦教育学院应该涵盖教师培训机构、普通高等院校、高中教师和教育部门的管理人员。同时也要提供一些非正式的校本教师在职培训项目，以教师教育者和管理者为导向的培训项目也是在职教师教育项目的一部分。此外，印度政府还会进一步加强教师的自我学习设施和资源建设，包括好的图书馆、刊物、手册以及其他资源，充分利用各种项目和硬件设施将会使在职教师教育的水平更上一个台阶。

　　5. 完善合理的评价认证机制

　　到目前为止，印度大学评估委员会（NAAC）已经认证了约 200 个教师教育机构。但是从总量来看评估速度仍显缓慢，截止到 2007 年 3 月印度仍有 4000 所大学或学院等待评估，还有多达 60% 的大学没有评估。除此以外，现行的评价机制还存在某些不足，部分学院在第一次认证有效期过后不得不面对再次评估，而相应的评估和认证准备并不充分。同时，印度政府已发现以指标体系为评价标准的方式太过于理论化。例如，以分数和百分比来评价受训者的教学表现能满足考试目的，但不能对受训者的发展能力作出分析性评述。因此，评估和认证模式的过度量化和单一意味只注重终结性评价而忽视过程评价，对评价机制的进一步改进和完善迫在眉睫。

如今越来越多的人开始对评价机制的各种问题产生怀疑和思考，教师教育质量的评价问题不仅是过分量化而且是在覆盖面上缺少全面性。有关人士和专家认为教师教育培训的内容要与孩子和社会政治背景、学校课程和课本、学习过程和知识、教师心理和职业技能发展、制度化安排的理解和政策远景以及基于学校方法的教育学研究发生深度联系，因此评价应该涵盖这些内容，着力考虑评价内容的全面性，并且对教师教育机构在养成教师教学态度、秉性、习惯和爱好这些无法量化的情感因素方面也给予评价，这样才能使评价更客观、更合理且更具人性化。[①]

二、发展趋势

1. 教师教育从侧重数量到追求质量

从 20 世纪中期以来，印度教育事业取得了很大的进步。普及义务教育的年限不断延长，教育规模前所未有地扩大，教师队伍初具规模。这种需求所导致的直接结果就是：许多未经过专业培训的人员进入教师队伍，教师的任职资格要求下降，客观上又不能淘汰不称职的教师。国家社会经济的迅速发展，也使得一定比例的合格教师离开教师队伍，从而加剧了教师队伍在数量与质量之间的矛盾。再者，教师队伍数量的扩展，并没有满足社会对教师的普遍要求，广大农村学校仍缺乏足够数量的教师。城乡之间、地区之间教师数量分布不均匀是影响发展中国家普及义务教育推行的

---

① 李英：《印度教师教育研究》，博士学位论文，西南大学 2013 年，第 142—146 页。

主要障碍。农村地区因工作条件、生活条件的限制，使得许多教师不愿意去那里任教，因而也造成了城镇学校规模的不断扩大，从教人员过剩，而农村学校却得不到足够的教师的局面。

随着经济与社会的不断发展，尤其是对教育作用的认识不断加深，在教师数量与质量之间，教师的质量显得更重要。因为教育的最终结果应是质量与效益，所以强调教师的质量已成为教师教育的一个重要问题。初等教育的任务基本完成，教师数量已有了一定基础，教师的质量便开始引起人们的广泛关注。提高中小学教师的任职资格已成为教育改革的举措之一。

2. 教师教育强调理论与实践的结合

强调专业知识的同时，特别重视教育教学的理论与实践，出现了以课程为本向以能力为本转变的趋势。

在教师教育方面要求具有广博的知识背景，包括人文知识、自然科学知识以及二者的交叉学科，以给未来的教师打下坚实的基础知识。在重视专业知识的同时突出强调教育教学的理论和实践，因为单一的学科知识难以适应教师职业的要求，要进行教学还必须具备与教师职业相关的能力结构。教育教学实际能力日益受到国家教师教育的重视，国家提高教育学科在学科分配中的比例，并加强教育理论与实践的结合。

3. 重视农村教师的发展，使教师教育地方化

印度是农业人口占主导的发展中国家。面对农村师资数量少和质量差的状况，许多发展中国家先后采取了多种措施。

首先，颇具启发意义的做法是加强城市和农村教师的交流，提高教师的社会地位和培养本地化的教师。短时间内还无法解决城乡之间的巨大差异，只能采取向农村教育倾斜的政策，从宏观上调控教育资源。

其次，培养本地化教师，这是解决农村教师问题的现实之路。发展中国家的教师教育大多是西方国家的舶来品，教育理念是根植于西方文化的，师范学校的课程还是国外的心理学理论。此外，发展中国家的教师教育模式单一，很少考虑学生的文化背景和社会背景。从教学内容、方法、

手段到教学理论都是以城市学校为目标的，忽视了大多数未来的教师在农村任教的事实。如，从师范学校毕业的农村教师根本不知道如何在只有一间房屋、没有任何教学设备、学生年龄参差不齐的教室里上课。为此印度教育界提出推动教师本地化的主张，具体内容包括：农村教师最好从本地青年中挑选；开发一种注重文化的教学方法，将教育学作为一种针对当地文化的知识纳入教师教育，使教学方法也具有多元性；建立反思性教师教育，使教师能够关注自身所处的环境，理解周围的社会和政治经济环境。

第八章　印度成人教育

第一节　印度成人教育的历史回顾

独立以前，印度是一个文盲大国，1947 年全国有 3 亿多文盲。独立后的第二年，印度便成立了一个隶属于中央教育咨询委员会的"成人（社会）教育委员会"，专事全国成人扫盲教育的研究和领导。独立后的印度继承了规模大、区域不平衡的教育体制。该体制有选择地给少数人教育机会，使受教育者和文盲之间出现巨大差距。印度的识字率在 1951 年仅为 18.32%，女性识字率更低到 8.86%。只有三分之一的孩子有机会上小学。而经济不平等、性别差距和严格的社会分层又加剧了教育不平等。

在 20 世纪 50—60 年代，根据扫盲应与社会教育相结合的要求，印度开展了以扫盲为主要内容的社会教育，使印度的识字人数占全国人口的比例从 1951 年的 17% 上升到 1961 年的 24%、1971 年的 29%。[1] 虽然扫盲工作取得了一定的成绩，但总体上来说，由于扫盲经费短缺，师资力量不足，有关措施不力，因而原有的文盲未能扫除，又产生了大量新的文盲，印度的文盲人数从独立时期的 3 亿人增加到 1981 年的 4.37 亿人[2]。因此，印度在 20 世纪 70 年代末和 80 年代对过去的扫盲工作进行检讨并提

---

[1]　刘新科：《外国教育史》，武汉大学出版社 2012 年版，第 218 页。

[2]　吴式颖、李明德：《外国教育史教程》（第三版），人民教育出版社 2015 年版，第 576—577 页。

出新的扫盲计划，将扫盲工作推向了新的阶段。1978年实施的《全国成人教育计划》，将扫盲教育定为重点工作，决定开展一场为期五年的全国性扫盲运动。要求政府和社会的各种机构都积极参与这一运动。据此，全国建立了近一万个成人识字中心，许多大、中学校也协助这些识字中心开展工作。1986年，推行了《功能性扫盲民众计划》。1988年开展了《国家扫盲使命》活动，通过全面扫盲运动在规定时间内对全国15—35岁的文盲培养实用读写能力。至1991年人口普查表明，整个印度的识字率上升为52.2%。

印度识字运动自2009年9月启动，旨在培养实用读写和计算能力，使新脱盲成人基本识字后能够继续学习，达到与正规教育相当的水平，促进其相关技能发展使其提高挣钱能力和生活条件，为新脱盲成人提供继续教育机会，促进学习型社会的建立。尽管扫盲成就令人瞩目，识字率上升到74%，但遗憾的是文盲问题依然存在。2011年人口普查数据显示，每10个家庭中就有1个家庭仍然没有一个人识字。文盲家庭主要是贱民、部落民和流动打工者家庭。北部地区的比哈尔邦、贾坎德邦、中央邦、拉贾斯坦邦和北方邦是印度文盲人数最多的邦。东北部的阿萨姆邦和梅加拉亚邦等的识字率也很低。男女识字差距有所下降，但仍高达16.3%。1/3的表列种姓和表列部落人口不能读写。在这一时刻，重要的是不让某些群体落在后面。印度面临的挑战就是承诺和坚持不懈地努力扫盲。如果社会经济发展的成果要惠及人民，那么必须缩小富人和穷人之间的差距。如果全国超过3亿人无法进入读写的世界，差距仍将存在。必须立刻制定行动策略，解决国家在创造全方位人力资本和社会资本这一重要领域所面临的迫切需求，使人民可以平等地参与分享印度不断增长的经济成就。从1947年独立至今，印度成人教育的发展可以划分为以下三个阶段。

1. 印度独立初期

1947年到20世纪70年代中期，印度成人教育主要为政治利益服务。这一时期印度刚刚独立，为摆脱殖民主义奴役教育的羁绊，政府致力于教育重建任务，扩大正规教育的规模，同时，政府提倡和发展成人教育在培养公民责任感等方面的作用。由于受经济发展水平的限制，政府对教育的重视主要反映在政策支持和加强指导等方面。1968年，印度议会正式通过《国家教育政策》，从而使印度教育有了一份具有法律依据的教育文件。该政策认为，成人扫盲教育不仅对促进政府机构的运转有必要，而且对加速实现生产计划尤其是农业生产计划也是必要的，而且对加快整个国家发展的速度也是必要的。国企、工业企业和其他行业的雇员应尽早具备实用的读写能力，国企应在这方面起带头作用。教师和学生应积极参与组织各种扫盲运动，尤其是参与作为社会和国家服务计划一部分的扫盲运动。后续又于1977年和1978年分别公布了《成人教育的政策声明》和《印度高等教育发展的政策框架》，提出成人扫盲教育的发展计划和高等教育的发展计划。

2. 确立时期

20世纪70年代中期到1986年，成人教育致力于为社会发展服务，1978年启动的"国家成人教育计划"将成人教育置于前所未有的高度。印度政府加强了对成人教育的推进力度，重视对成人教育政策的制定，并增加经费投入。印度的教育首次从高层次转向群众性教育，主张发展成人教育，消除文盲，使教育与劳动力市场和社会发展相适应。

3. 大发展时期

1986年至今，成人教育致力于为社会的全面发展服务，为了适应工业化的发展，1986年印度政府开始了大规模的教育改革，并颁布了成人教育发展的重要指导方针——《国家教育政策》。其目的是为工业化和培训人力资本做准备，在市场经济条件下，保护较低层次的基础教育，发展高层次的教育。由于有利于国民的卫生保健、妇女参政以及生产力的发展，成人教育得到了大力提倡。另外，印度政府通过远距离教育学院、开放大学、函授教育学院等各种机构，为早年错过高等教育机会的成人提供接受高等教育的机会，促进了高等教育的民主化。①

---

① 高文杰、王静：《印度现代成人教育简述》，《世界教育信息》2008年第8期。

第二节 印度成人教育类型

一、扫盲教育

印度的扫盲教育可追溯至 20 世纪初，1947 年印度独立后，扫盲教育进入新阶段，在 1948 年和 1978 年分别进行了两次声势浩大的全民性扫盲运动。

1905—1908 年，印度国大党致力于建立民族学院和民族中学，却忽视了初等教育和群众教育，所以扫盲教育发展较为迟缓，到 20 世纪 30 年代，印度开始了真正意义上的扫盲运动，一些由学生和教师组织的民间"扫盲班"，推广"一人教一人"的教学模式。但这样的扫盲运动转瞬即逝。除了第二次世界大战遗留的一些政治原因，还有更重要的原因就是，习得的知识文化与他们的生活实践经验无关，例如日常的柴米油盐与求证费尔马定理无关，并且毫无实用性。另外教育资源落后以及学习进度就像时钟，时快时慢甚至会停摆。这就导致很多脱盲后的人又复盲。

1948 年，印度开始出现正式的教育咨询委员会以及针对扫盲计划的专业研究小组和机构。相较于以往的扫盲活动，提出了更新的目标，强调接受教育是一个合格公民的社会意识。主要从三个方面开展：（1）灌输公民权利及责任感，为国家服务的社会精神；（2）对手工艺品的技能培训；（3）培养学习知识的兴趣，以及培养听说读写的能力。到 20 世纪 50 年代，扫盲工作开始纵向实施，中央指导，联邦政府实施。就社会教育而言，通过在扫盲中心、班级或者学校进行 4—6 个月的集中学习来达到扫盲目的，各联邦政府还可以采取更多新颖的教学方式来培养公民的学习兴趣。比较有影响力的是德里的"教育大篷车"（Educational Caravan）教学模式，由二三十个教师组成，到各个村庄传播知识和培养兴趣等教学活动，再换由本地教师持续开展。但是由于开展扫盲教育以来，印度财政逐年递减，再加上一些乡村教师资源稀缺，导致扫盲计划缺乏连贯性，扫盲效率低下。所以到了 60 年代和 70 年代前半期，印度虽然在进行着各类扫盲活动，但终未能完成目标。直到人民党政府于 1977 年发表了《成人教育——政策声明》，宣布印度成人教育应同初等教育普及化一起进行一场全民扫盲运动。《政策声明》不仅对时间做了安排，而且对扫盲的管理、领导、形式、对象等做了明确的规定。这一《政策声明》是迄今为止印度扫盲教育方面唯一的专门论述扫盲问题的文件。并且明确了扫盲对象是 15—35 岁的人群，15 岁以前是初等教育，如果帮助 15—35 岁这个年龄段的人群脱盲，再加上初等教育普及化，印度的文盲比例绝对会大幅减少，因此 1978 年印度开展的"全国成人计划"在印度教育史上意义重大。

扫盲为个人、家庭和社区带来广泛的利益。这些社会利益包括：能更好地了解、参与健康和计划生育计划，参加如免疫接种一类的预防性保健措施，带来个人生活和工作条件的改善，确保儿童按时上学等。扫盲对学校教育和婴儿死亡率的影响是巨大的。识字母亲和父母能明白送孩子上学的重要性。扫盲在许多方面已经在打破前进障碍。扫盲打破了社会障碍，例如深闺制度，使社会认同妇女参与基本识字和继续教育。扫盲促进了贱民、部落民和一些少数民族参与其中的社会共识。实际上，扫盲是促进社会与性别平等，向剥削和压迫开战的强大工具。

印度政府把扫盲教育当成一项长期战略任务来抓。独立后的印度最迫切的任务就是发展经济，摆脱贫困，从而在经济和政治上实现真正的独立。然而教育落后、成人文盲率高成为印度发展经济的严重阻碍。印度独立之初，全国的识字率仅为 14%，而女性的识字率就更低，仅为 8%。因此，印度政府在独立后马上以法令的形式确立了扫盲教育在国家的重要地位。

1988 年成立专门指导成人教育的国家教育机构——国家扫盲教育委员会，统一协调和组织各项扫盲计划。政府除了组织专业的扫盲人员进行各种专业扫盲行动，采取各种措施鼓励社会各界参与扫盲，其中各种志愿组织和社会团体在扫盲中发挥着特殊的作用。印度政府放宽了对志愿组织扫盲经费方面的资助，仅在 1989 年，就批准了 198 个志愿组织开展的 272 个扫盲教育项目。这些项目涉及 12615 个扫盲教育中心的扫盲活动。

推行大规模群众参与的地域式全面扫盲模式是印度扫盲教育的一大特点。这种活动针对特定的区域，通过动员该地区所有文化的公民和所有的成年文盲积极参与扫盲教育，其目的是彻底扫除这一地区的文盲。结合当地的地域特点和传统习俗，充分考虑对象人群的地方性特点和具体要求后准备了教学和学习的材料，并根据对不同部落的社会经济和文化环境的考察，致力于用各个部落自己的语言、方言或口语进行扫盲，以适应不同的地域特征。这一活动首先在安娜库林地区取得了成功，仅在一年时间就基本扫除了该地区的文盲。随后，这一活动在全国各地蓬勃开展。[①]

二、职业教育

为了提高就业率，也为了解决国家经济建设和工业发展迫切需要中等技术人才的问题，同时减轻高等教育的压力，政府对中等职业技术教育也给予重视。政府采取多种方法对为数较多的 14—25 岁未完成基础教育的青少年进行培训，使其掌握一定的专业知识，从而能成为中等技术人员。政府为他们提供由国家统一计划安排的 30 多个工程行业和 20 多个非工程行业的职业训练。印度还建立了众多的职业训练学校及工业训练学校，并设立了非脱产制和夜班制，训练半熟练与熟练工人，许多企业还开展企业内培训。不少青少年通过这些培训成为中等技术人才，从而减少了失业人员，扩充了国家人才队伍。[②] 同时为文盲、半文盲和辍学生开展针对学校所在地就业市场技能需求的职业培训。即开发职业性、常识性和生活丰富性的课程和培训模式；鼓励在有需求的地方建立人民教育学校；开设成人教育局、国家开放学校委员会和就业培训局设计的课程；提供培训人员、培训师、培训设施和设备；开展简单的测试和发放证书；与企业家和企业建立广泛联系，为受训者提供各种岗位。

---

① 关丽梅：《印度扫盲教育经验及其启示》，《继续教育研究》2008 年第 10 期。

② 高文杰、王静：《印度现代成人教育简述》，《世界教育信息》2008 年第 8 期。

三、开放大学

1969 年，英国率先建立起世界上第一所开放大学。不久，印度政府为提高全民族的整体文化素质，大力开拓教育思路，先后建立起具有印度特色的开放大学，如安德拉邦开放大学，英迪拉·甘地国立开放大学，科塔开放大学，那烂陀开放大学等。开放大学主要目标包括：扩大印度国民接受高等教育的机会，帮助失去高等教育机会的成年人，尤其是妇女和落后阶层学习先进科学文化知识，鼓励、推广全国范围的开放教育和远距离教育，以此促进知识在全国民众中的传播。

第一，开放大学的教学方法系统完全不同于常规大学，它采用了多样化的教学途径。以英迪拉·甘地国立开放大学为例，该校向全国 41 所分校和 721 个学习中心建立学生辅导网络。通过 721 个学习中心，每年为 50 万学生提供 79 个专业、80 门课程的教学服务。用多媒体方法自制音像节目，运用声像手段来播出教学内容，通过各种辅助设备传播，从而大大拓宽了教学辐射面，保持了较高的教学质量，对高等教育已经产生了影响，缩短了各种人才的培养周期。

第二，开设附属教育学院，实行短期课程制度。实行弹性学期制和学分制。为了坚持开放教育的原则，提供了必要的弹性学期制以鼓励学生开展学习。6 个月的学习内容可在 2 年完成；1 年的专业知识学习可以用 4 年完成；3 年的学士学位的课程可用 8 年完成。学校在弹性学期制的基础上建立学分制，学生参加教学活动满 30 小时就取得一个学分，学校通过这种形式使学生自己安排学完一门课程的大致时间，并制定专业水平和质量评估指标以评估学习效果。

第三，在一些地区开设硕士和博士学位专业课程。设有图书馆与信息科学、商业管理、高等教育、计算机应用和人力资源开发等等。

第四，灵活的学习方法与师生的双向交流。教师在演播室上课，通过学校自己的发射台，将教师讲课内容直接传递到全国几百个学习中心，各学习中心组织学生收听收看，学生在收听收看中有问题可立即打电话提问，学校值班人员将各地询问内容及时汇编整理，然后反馈给讲课教师在课堂讨论予以解答。学生打电话提问不收费。

第五，开放大学得到印度政府在财政上的大力支持，政府提供的经费用于大学的发展和经常性开支。另外还有一部分资金作为计划外资金。到目前为止。印度政府还在研究筹资政策，争取为成人教育提供更多的经费。①

第三节　印度成人教育制度、政策与法规

独立后，扫盲成为国家的一个主要工作，制定了一些重要计划消除成人文盲。

一、国家成人教育计划

该计划于 1978 年 10 月 2 日启动。这是印度第一个通过项目方法消除文盲的宏观计划。这一群众性的扫盲计划旨在五年内教育 15—35 岁年龄段的 1 亿成年文盲。

二、国家扫盲使命

国家扫盲使命于 1988 年 5 月 5 日启动，通过全面扫盲运动在规定时间内对全国 15—35 岁的文盲培养实用读写能力。计划 7 年内在全国分阶段帮助 8000 万 13—35 岁年龄组的文盲成为脱盲者，即到 1990 年扫除 3000 万文盲（已完成），到 1995 年前再扫除 5000 万文盲。计划要实现的目标（8000 万）是在现有的 1.2 亿 15—35 岁的文盲中占到 67%，占全部文盲（4.37 亿）的 18.3%。②

三、2000 年印度人民教育学校计划

人民教育学校计划的目的主要是为文盲、半文盲和辍学学生开展的

---

① 赵琳：《开放大学是印度成人教育的新创举》，《河北成人教育》1999 年第 4 期。

② 周瑞山：《印度扫盲教育的特点》，《成人教育》1991 年第 Z2 期。

针对学校所在地就业市场技能需求的职业培训。人民教育学校的职责是：开发职业性、常识性和生活丰富性的课程和培训模式；鼓励在有需求的地方建立人民教育学校；开设成人教育局、国家开放学校委员会和就业培训局设计的课程；提供培训人员、培训师、培训设施和设备；开展简单的测试和发放证书；与企业家和企业建立广泛联系为受训者提供各种岗位。人民教育学校分为三类，类型不同，资助额度不同。由人力资源发展部成人教育局和全国扫盲使命运动负责对人民教育学校的工作实施监管和评价。

人民教育学校的前身是 1967 年在孟买为流动人口开展职业培训的成人教育学校，2000 年更名为人民教育学校。该学校开设 225 种培训项目，深受欢迎。这类学校优先培训文盲和半文盲、表列种姓和表列部落、妇女和女孩、受压迫者、流动人口、贫民窟和人行道安家者以及童工。

四、2002 年印度十一五规划中的识字教育计划

印度十一五规划的教育计划分别从基础教育和识字、成人教育和扫盲、中等教育和职业教育、高等教育和技术教育四个方面阐述了国家层面的教育发展规划，同时阐明了各级教育的桥接、社会和性别差距等内容，其中包括实现 80% 的识字率，将识字方面的性别差距缩小到 10%；与此同时，成人教育特别关注的领域是表列部落、表列种姓、少数民族和农村妇女以及低识字率的邦或部落地区、其他弱势群体和青少年。

五、2009 年印度新的国家扫盲使命

2009 年印度国家扫盲使命的目标是覆盖 27 个邦和直辖区妇女识字率低于 50% 的 410 个县。对 7000 万 15 岁以上文盲（全面覆盖 6000 万不识字妇女）开展读写算功能性扫盲，包含 1400 万表列种姓、800 万表列部落、1200 万穆斯林以及 3600 万其他群体。

新的国家教育使命于 2009 年由印度政府总理发起，目标不仅仅是开展读写算扫盲，还包括提高人们的社会差异意识和被剥夺意识，增进人们的总体福利。目标是全国的识字率达到 80%，重点在提高妇女识字率，

把男女识字率的差距缩小到 10% 以下。使命有四个广泛的目标：开展读写算功能性扫盲；取得与正规教育相当的学历；开展相关技能培训；通过继续教育建设学习型社会。

国家扫盲教育使命最早始于 1988 年，目标是在规定时间内对 15—35 岁文盲开展功能性扫盲，计划持续到 2007 年。全民扫盲运动覆盖了 597 个县，扫盲后计划覆盖了 485 个县，继续教育计划覆盖了 328 个县，最终累计脱盲 12745 万人（妇女占 60%），其中，23% 的脱盲者为表列种姓，12% 的脱盲者为表列部落。尽管成绩显著，但根据 2001 年的人口普查，全国仍有 25952 万 15 岁以上人口未脱盲，84% 的文盲生活在农村。表列种姓占全国人口的 15%，表列部落占 8%，穆斯林占 20%，但表列种姓占文盲人口的 20.5%，表列部落占 12%，穆斯林占了文盲人口的很大比例。为实施好扫盲工作，建立了 17 万个乡村成人教育中心，为参加不同项目的扫盲者提供培训资料和数额不等的补贴。

第四节　成人教育的成就与不足

独立以来，消除文盲一直是政府关注的主要问题。为此，政府采取许多措施，从而使该国的总体识字率得到了提高。

2007 年相关数据显示，印度人口识字率达到 75%，但成人文盲仍高达 3 亿，居世界之首。印度在全国 600 个行政区中的 589 个推广扫盲计划，力争在"十一五"结束时识字率达到 85%。根据 2011 年的人口普查，该国的总体识字率从刚独立时的 12% 提高到了 74%。尽管如此，印度仍然是世界上文盲人数最多的国家（3 亿）。每 10 个家庭中就有一个家庭仍然没有一个人识字。文盲家庭主要是贱民、部落民和流动打工者家庭。北部地区的比哈尔邦、贾坎德邦、中央邦、拉贾斯坦邦和北方邦是印度文盲人数最多的邦。东北部的阿萨姆邦和梅加拉亚邦的识字率也很低。男女识字差距有所下降，但仍高达 16.3%。1/3 的表列种姓和表列部落人口不能读写。主要原因有：

一、政府经费投入不足

印度的宪法第 15、16 条提到妇女和男子享有平等的权利，这为妇女教育、特别是扫除女性文盲铺平了道路。但是，除此而外，宪法对成人教育的其他方面并没有涉及。1968 年的《国家教育政策》第 14 条提到扫盲和成人教育，认为"群众性的扫盲不仅对促进参与民主机构的运转及加速生产计划，尤其是农业生产计划的实现是必要的，而且对加快整个国家发展的速度也是必要的。"主张各个企业和行业都应在这些方面起带头作用，教师和学生也应投身于扫盲运动中。1979 年的《国家教育政策》中也提到"成人教育的目的不仅在于消除文盲，而且还在于使成人意识到他们日常生活的问题。"但是，总的来说，印度对成人教育重视不够，中央政府既不为成人文盲的教育承担宪法责任，也不在普通教育体系内强调成人教育在扫盲、职业教育和培训中的重要地位。另外，印度政府对成人教育的经费投入较少。在第一个五年计划至第六个五年计划中，成人教育的经费投入极少。在第一个五年计划中，成人教育的经费还不足总的教育经费的3%；第三个五年计划中则仅有 2%；到第六个五年计划中，成人教育的经费也仅占 5%。相对而言，国家对高等教育的投入却较多，三个五年计划时期分别是：8.8%、15% 和 18.5%。这种较少的成人教育经费的投入势必影响成人教育的发展。

二、区域差距大，管理缺少协调

印度是一个联邦制国家。1976 年以前，印度宪法规定教育主要是邦的职责，中央的作用仅仅是督促性的。直到 1976 年的第 42 修正案中，印度才对其宪法作了较大的修改，把一直由各邦控制的教育事务划归《并行条目》，使中央和各邦政府在制订教育政策时享有同等的权利，这样便保证了中央对教育的有效领导以及教育资源和机会的均等。尽管如此，印度法令规定各邦提供 70% 的教育经费，但由于各邦经济发展的不平衡，各邦提供教育经费的实力也不同。比较贫困的比哈尔邦、中央邦、北方邦较之富裕的喀拉拉邦、旁遮普邦的教育条件要差得多，如 1982—1983 年度，人均教育经费在北方邦只有 40.5 卢比，中央邦为 49.4 卢比，而在旁遮普邦为 100 卢比，全印平均为 68.2 卢比。由于印度经济正在发展中，中央政府不可能提供充足的财政补贴，以扶持教育落后的邦发展教育。因此，各邦之间成人教育发展水平存在较大的差异。另外，印度的成人教育机构很多，有英迪拉·甘地国立开放大学、各邦开放大学、正规学院的函授部、开放学校以及扫盲学校，其中有政府创办的，也有许多是非政府组织创办的。由于各部门之间缺乏统一协调和管理，在课程设置、人员分配以及资金方面存在许多问题，由于管理不善浪费了许多的教育资源。

三、成人教育自身的局限性

印度成人教育的主要任务是扫盲，即识字运动，然而识字获得的知识是很有限的。虽然国家识字目标是使每一个村镇委员会形成识字后的学习制度化，然而未能得到充分实施，所以相当多已识字的人又重新变成文盲。识字教育是一种极有限的学习形式，它既与职业技能没有充分的联系，又未能与低水平的初等教育相关。正如著名的比较教育学家埃德蒙·金所指出："根据印度的情况，有效地学会一些有关计划生育、保健、营养以及如何获得丰产方面的知识比识字更有直接意义。学会了读书认字的人，倘若无书可读，或者没有时间，或者缺少精力读书，是会很快忘记的；但是有关卫生和公共保健技能方面的基础教育则可能不会忘掉。这种基础教育很可能会结出累累硕果。"事实上，正是因为成人教育的内容既与当前的需求不甚相关，又没有未来所需的学习技能和新知识，才导致其效益不高。[1]

第五节　成人教育的改革及发展趋势

印度新教育政策推进委员会在其提交的《国家教育政策 2016》报告中重申应通过全国扫盲委员会扫除文盲。印度政府已经下决心采取各种措

---

[1]　黄怀焕：《印度的成人教育》，《广西师范大学学报》（哲学社会科学版）2002 年第 S3 期。

施扫除文盲，对全民扫盲运动给予特别重视，尤其是 15—35 岁年龄段的文盲。中央和各邦政府、各政党及群众组织、媒体和教育机构、教师、学生、青年、民办机构、社会活动团体以及雇主，必须为大众扫盲运动作出自己的贡献。大众扫盲运动包括识字和功能性的知识与技能学习，包括学习者对社会经济现实的认识以及对改变这种现实的可能性的认识。

扫盲工作融合进了一些全国性目标，如消除贫困、民族团结、环境保护、遵守小家庭标准、促进妇女平等、普及初等教育、基本的健康关怀等等。全国扫盲委员会还将加强人民的文化创新并使他们能积极参加到发展的进程之中。

要向新识字的人和已经接受过初级小学教育的年轻人提供识字后和继续教育的综合性计划，旨在使他们保持并提高识字的技能，利用识字这件事来改善他们的生活和工作条件。这些计划将包括：

（1）建立多样性的继续教育中心，使得成年人能够根据自己的选择继续接受教育；

（2）通过雇主、工会和政府向工人提供教育；

（3）更大范围地促进图书出版和图书馆及阅览室的建设；

（4）利用广播、电视和电影，作为群众和小组的学习媒介；

（5）创立学习者的团体和组织；

（6）制定远程学习计划。

推进委员会重申，政府应承诺所有 15 岁以上文盲能基本识字、有继续教育及终身学习的机会，提供从基础识字到继续教育的无缝链接。取消扫盲工作的阶段性，过去的扫盲工作是在基础识字、继续教育和终身教育分阶段进行的，现在应三个阶段的工作在每个县同时进行，这将减少因必须完成一阶段工作再开始另一阶段工作造成的延误。

实施区域项目：非政府组织、政府、学校、学院和其他教育机构等应选择明确的地理区域。首先对所有文盲的教育状况开展细致的入户调查，努力消除选定地区的文盲，同时满足人们的继续教育需求，并创造声势开展后续活动。识字率低，尤其是女性识字率低的县应立即公之于众。

动员青年和妇女：新的群众动员和群众活动指导很大程度取决于少年、青年和妇女的参与，他们是扫盲运动最重要和最有前途的先锋。可用许多方法激励他们，鼓励自助会开展扫盲活动，成立村、自治村和乡镇妇女组织，创建目标导向的妇女组织等。

确立与正规教育和技能发展相当的同等学力：建议成人教育的内容和课程应相当于 5 年级、8 年级、10 年级学生的学力。

恢复各邦资源中心和人民教育学校：恢复邦资源中心和人民教育学校的民间社会组织地位，它们有能力评估本地的学习需求与制定相应的计划，同时坚守扫盲总目标和宪法赋予的价值观。鉴于全国文盲众多，国家新教育政策推进委员会建议应高度优先开展成人扫盲教育。

第九章　印度弱势群体教育

印度弱势群体问题不仅仅是贫困的问题，还涉及在其他国家不是很突出的歧视、剥夺、排斥、暴力等问题。印度弱势群体种类复杂多样，按照印度政府社会公正与合法权益保护部以及印度妇女和儿童保护部界定和给予政策照顾的对象，印度弱势群体包括表列种姓（贱民）、表列部落（部落民）、其他落后阶层、残疾人、老年人、街头流浪儿童、毒品受害者以及地位低下妇女等处境不利、处于社会边缘的人群。而这些弱势群体与贫困、地位低下、种姓制度与不可接触制度、社会排斥与歧视等问题交织在一起，而且这些弱势群体几乎都与表列种姓和表列部落有关。表列种姓和表列部落占印度人口的1/4，是印度宪法中确认的弱势群体中的最弱势的群体，是政府重点保护和扶助的主要对象。印度弱势群体是历史上由于各种原因形成的，他们在过去乃至现在遭受种种偏见、歧视、排斥、剥夺、欺压和暴力伤害。

种姓制度和不可接触制度是导致表列种姓产生的原因，它根据人种与职业的等级和"污洁"程度，把人分成四个等级的种姓，即婆罗门、刹帝利、吠舍和首陀罗（奴隶、被征服者）。表列种姓是因为违反种姓法规成了失去种姓的不可接触者或贱民，地位猪狗不如，只配从事与杀生有关、污秽不洁的职业，如清除动物尸体、剥皮制革、清扫粪便以及耕种庄稼等；基于瓦尔纳、职业和等级的"污染与纯洁"观念，使高级种姓的人对他们唯恐避之不及。贱民们只能住在村外或河流下游处，不得使用村里的水井等。不可接触制度也由此而产生。

表列部落原是印度土著部落民，因为侵略者的到来，一些人成为首陀罗，一些人被迫躲进偏僻的深山老林中，过着刀耕火种、与世隔绝的生活，从此被剥夺了各种发展的机会和权利。表列种姓和表列部落是印度政府对不可接触者和土著部落的称谓。

独立后，印度政府为提高弱势群体的社会、政治、经济地位和教育水平，一是为他们制定了保留政策，即为表列种姓和表列部落在议会、政府机构、教育机构和国有企业分别保留15%和7.5%的配额，以提高他们的社会地位；二是对他们进行立法保护，消除不可接触制度，保障他们的各种合法权益；三是为他们制定专门的经济发展计划，提高他们的经济地位；四是为他们制定各种教育发展计划、培训计划和奖助学金政策，以提高他们的受教育水平。这一切是为了让他们尽快跟上社会发展的步伐，能够与其他群体一样享受民主、公正、平等的社会生活与发展机会，实现社会的和谐与大同。经过半个多世纪的努力，弱势群体的政治经济地位和教育水平得到很大提高，议会、政府机关、学校、医院和国有企业都能见到他们的身影。

第一节　印度弱势群体教育发展回顾

印度学者米西拉从大量的历史文献中，按年代顺序编排和梳理出了表列种姓开始享受教育权力以及受压迫者解放活动的重要教育事件和成就。[①]

从1852年贱民最早的社会革命家圣雄普尔为不可接触者子女开办了第一间学校开始，到印度独立前的1946年安贝卡博士建立西达特学院90多年的时间里，印度贱民活动家、慈善家、绅士、英国军官、安贝卡创办

---

① N.Mishra. *Scheduled Castes Education*（*Issues and Aspects*）. Delhi：Kalpaz Publications. c2001，pp.7-16.

的贱民教育者协会以及圣雄甘地创办的哈里真追随者协会总计为贱民子女开办了300多所学校，3所女子学校、3所学院和3所学生公寓。在此期间，发生了一些对不可接触者教育发展意义重大的教育事件，简述如下：

1856年6月，在当时的孟买省达瓦德市，一个属于不可接触者的马哈尔男孩因为不可接触制度的原因，被拒绝入学。为此，孟买政府不得不颁布法令要求所有接受政府资助的学校都应该向所有学生开放，无论其种姓和信仰如何。这条法令是在1858年发布的。

1882年10月19日，圣雄迦提劳·普尔向亨特先生领导的孟买市教委提交了一份备忘录，普尔在备忘录中恳请政府为不可接触者子女举办初等义务教育，还进一步倡导为他们开办独立学校。因为种姓偏见的原因，没有种姓的不可接触者子女是不允许同种姓印度教徒子女坐在一起听课的。

1907年10月4日，沙胡·马哈拉吉在科尔哈布为Chambhar（皮革工）和Dhor（制革工）的女孩子开办了第一所女子学校。

1923年雅利安梵社在加德布为淘粪工（Bhangi，贱民中地位最低的等级）的子女开办了第一所学校。

1928年6月14日，巴巴萨合布·安贝卡博士创建了受压迫者教育协会，在不可接触者中间传播教育。

1932年，根据《普纳公约》，政府同意拨专款为每个邦的表列种姓提供教育设施。

从1936—1937年度开始，圣雄甘地创办的哈里真追随者协会（Harijan Sevak Sangh）开始给受压迫者阶级发放奖学金，当年就给94名学生发放了奖学金。

1939年，印英政府在阿格拉建立了第一所不可接触者高等院校——加塔乌男子教育学院，下设5所男子学校，1所女子学校。

1944年在印英政府的财政预算中，第一次为表列种姓学生发放奖学金制定了特别条款。1948年这一规定也开始在表列部落中实施。

1945年7月8日，巴巴萨合布·安倍卡博士在孟买成立了人民教育协会。这个协会于 1946 年 6 月 20 日在孟买建立了它的第一个学院——西达特学院。

1947 年，印度独立后，政府逐步为提高表列种姓整体受教育水平制定了一系列的方针、政策和计划，表列种姓的受教育情况逐步得到改善。

印度部落地区最早的现代教育起始于英国殖民统治时期，德国传教士为了传教的需要，1852 年在比哈尔邦 Chotanagpur 县办起了现代意义的学校。① 与被剥夺了受教育权利的表列种姓不同的是，部落民有自己的传统教育方式和内容，虽然没有文字记载，但却通过口头交流世代相传。他们的教育通常是通过家庭教育和伙伴间的交流和模仿进行。伙伴间的交流是一种很重要的教育活动，由年龄大的男孩向年龄小的男孩传授部落社会规范、传统文化、礼仪、行为方式、社会规训和伦理、宗教、图腾和禁忌。还有专门的活动场所提供这种学徒式的教育，业余时间讲故事、唱歌和跳舞，通过这些方式传授交流技能、性知识和复杂的概念和生存本领等。年龄小的男孩要给年龄大的男孩按摩、捶背、搓脚以及当听差等。在比哈尔邦兰契县的部落村寨里，这种活动场所或学校称作 Dhumkuria 或 Gitiora（sleeping house）。男孩 11—12 岁就要去这种学校学习，三年一期，直到结婚为止。②

安德拉邦部落地区是部落民接触现代教育比较晚的地区，1943 年以前这些地方的部落民全是文盲，之后政府才在这些地区开办学校，逐步有了一些部落民的子女上学，但教师全是非部落民，不懂他们的语言，教学效果可想而知。到了 20 世纪 70 年代，这种状况才有所好转，政府修建了寄宿学校、培训了部落教师，但部落民的识字率没有超过 4%，仍然有不少村庄全村人没有一个识字的。他们的辍学率非常高，如果 1 年级时教室里有 50 个学生，到了 2 年级就只剩下 5 个学生了，能够读到大学的部落

---

① Ambasht，N.K.，1970.*A Critical Study of Tribal Education*（*with special reference to Ranch district*）. New Delhi：S.Chand & Co. p.43.

② Ambasht，N.K.，1970.*A Critical Study of Tribal Education*（*with special reference to Ranch district*）. New Delhi：S.Chand & Co. pp.35-36.

子女凤毛麟角。大学毕业后由于竞争不过非部落的学生，能进入政府机关、企业、学校和医院就业的人屈指可数。原因是他们大学前所受的教育远远不如非部落民的子女好。辍学率高的原因主要是：家里的农活需要劳动力、教学条件和教育质量差（外来教师一是不懂部落语言、二是经常请假缺课）、学校离家很远、家长和学生对这种没有前途的教育失去了信心和兴趣。[①]

部落民由于世代生活在口头交流的环境中，习惯于相信口头陈述，而现代对于他们社会生活影响很大的书面语言和各种文件，常常把他们弄得晕头转向；由于目不识丁、不懂主流语言，他们甚至连官员们开的收据也看不懂，还不得不在各种文件上盖手印，因而常常遭到外来文化人的欺骗，落入他们设计的圈套。部落民遭受政府官员、商人、高利贷者和代理商剥削和欺诈的原因主要是他们目不识丁和对外部世界的一无所知，并不是他们智商比非部落民低，只要回到他们生活的环境中，他们表现得很敏锐、很有生存技能，具有与非部落民一样的智慧。

在独立前，英印政府就认识到改善社会弱势群体教育状况的重要性，通过立法对弱势群体（即今天的表列种姓和表列部落）给予保护和照顾。独立后，印度在移植殖民地宪法的同时，也移植了教育保护条款。宪法对于表列种姓和表列部落，传统上是指一些少数民族或部族，予以特别的关注，因为他们是印度最贫弱、处境最悲惨的群体，他们分别占全国人口的16.5% 和 8.5% 左右。1950 年 1 月 26 日开始生效的新宪法第 29 条第 1 款规定："无论是宗教、种族、种姓、语言或其中任何一个原因，任何国家开办的教育机构都不得拒绝任何一个公民入学，任何公民都可获得国家资助。"

一、表列种姓与表列部落的宪法教育条款

宪法中有关表列种姓和表列部落的教育保护条款有：第 29 条第 1 款、

---

① VonFürer-Haimendorf, Christoph. *TribesofIndia*：*The Struggle for Survival*，Berkeley：University of California Press，c1982，pp.127-145.

第 15 条第 4 款、第 46 条和第 350A 条。在这些条款中，第 15 条第 4 款和第 46 条是迄今为止有关弱势群体教育发展条款中最重要的。

宪法第 46 条规定："国家应特别注意增进弱势群体的教育利益和经济利益，尤其是表列种姓和表列部落人民的教育利益和经济利益，并应保护他们不受社会的不公正待遇和各种形式的剥削。"但这一条款并没有赋予政府任何权力来采取特别措施促进表列种姓和表列部落人民的教育发展。因此，1951 年宪法第一修正案对第 15 条进行了修改，在第 15 条中增加了第 4 款，授权政府为表列种姓和表列部落的教育发展制定特别补充条例。第 350A 条规定各邦及各邦的地方政府应尽力为少数语种民族的儿童提供在小学阶段进行母语教育的方便条件。总统认为在必要和适当的时候，可以向各邦发出指示以保障提供这种方便。

二、大学弱势群体教育保留政策

1951 年印度宪法第一次修正案在第 15 条中增加了第 4 款，要求政府为了社会和教育落后的群体、表列种姓和表列部落的进步制定特别措施。因为教育，无论是普通教育还是技术教育，对于这些弱势群体的发展，是一种很有潜力的工具。印度政府认为应采取各种措施保证表列种姓和表列部落的学生都能进入学校。

教育部 1954 年致函各邦首席部长，建议为表列种姓和表列部落保留 20% 的名额，在最低录取分数上降低 5% 录取。1964 年教育部致函各邦政府和大学，建议在所有技术学院中为他们保留 20% 的名额，表列种姓 15%，表列部落 5%（1982 年调整到 7.5%），在他们当中保留比例可互换，录取分数降低 5%，如果有年龄上限，可放宽 3 岁。

1972 年，健康与家庭福利部致函给有附属医学院的大学副校长，敦促各大学考虑在医学和牙科学研究生专业上给表列种姓保留 15% 的名额，给表列部落保留 5% 的名额，还建议在最低录取分数线上再降低 5% 的录取分数，以利于招收这些学生，如果 20% 的指标没有用完，可进一步降低分数录取，直到录满为止。可是健康和家庭福利部发现各邦政府、大学和医学院并没有在医学和牙科学的研究生专业上给予应有的照顾，因此，再次恳请它们对表列群体给予上述照顾。

印度大学拨款委员会是政府管理高等教育的重要机构，它强调，各大学应遵守教育和社会福利部关于在大学为表列群体保留名额所做的指导原则。根据大学拨款委员会的指示，各大学在所有专业都给表列群体保留了 20% 的名额，还降低 5% 的录取分数。后来发现尽管有了这些照顾措施，保留的配额仍然没有用完，因为缺少合格成绩的表列群体生源。为了把配额用完，只有进一步降低分数，在表列群体考生中从高分到低分录取，录满为止。现在所有大学都为表列种姓和表列部落分别保留 15% 和 7.5% 的配额。大学拨款委员会在包括中央直属大学在内的 109 所大学里建立了表列群体工作处，以确保保留政策的实施。大学拨款委员会还建立了一个常务委员会来检查保留政策的实施情况。

三、弱势群体基础教育政策

1. 1986 年国家教育政策

印度《1986 年国家教育政策》特别强调，要通过关注那些长期受到不公正待遇的弱势群体的特殊需求来消除教育差距和实现教育机会的平等。1986 年国家教育政策对教育上处于不利地位的群体，尤其是对表列种姓和表列部落基础教育的发展制定了政策指导。

表列种姓部分：在中小学所有年级，所有教育层次，所有地区、农村男女、城市男女当中，最关键的是表列种姓和非表列种姓的教育发展必须平等。为实现这一目标应采取的措施如下：

（1）激励贫困家庭按规定把孩子送到学校上学，直到他们年满 14 岁为止。

（2）对于靠人畜排泄物清理、牲畜剥皮和鞣皮为生的家庭的孩子，从小学一年级起可获得高中以下层次的助学金，无论他们家庭收入多少，这一类家庭的孩子都应包含在这一助学金计划内，针对这类家庭的定期照顾项目将予以保证。

（3）制定长期不变的细致规划和切实措施以保证表列种姓学生的入学率、巩固率和毕业率不在任何一个阶段下降；为使他们有好的前途、能够进一步接受教育和就业，提供补习课程。

（4）从表列种姓中聘用教师。

（5）分阶段在县一级的学生公寓中给表列种姓学生提供住宿设施。校舍、幼儿园和成人教育中心的选址要以方便所有表列种姓学生的入学为目的。

（6）利用全国农村就业计划和农村劳动力就业保证计划的资源，使表列种姓获得基本的教育设施。

（7）进行持续不断的改革，发现并推广新的方法以提高表列种姓学生的入学率。

表列部落部分：为尽快使表列部落的教育与其他社会群体保持同等水平，印度政府提出应采取如下紧急措施：

（1）对部落地区开办小学实行优惠。常规教育基金、全国农村就业计划、农村劳动力就业保证计划和部落福利计划等，对在这些地区修建校舍都要给予优惠和优先权。

（2）表列部落的社会文化环境有其自身的特点，许多部落都有自己的语言，因此必须在启蒙阶段用部落语言制定课程和编辑教材，同时做好过渡到地区通用语言的安排。

（3）鼓励和培训受过教育并且有发展前途的表列部落青年在部落地区从事教学工作。

（4）大规模修建寄宿制学校。

（5）为表列部落制定激励计划，考虑他们的特殊需求和生活方式。高等教育奖学金主要用于技术、专业和专业辅助等学科。提供特殊补习课程和消除社会心理障碍的课程以提高他们各种学科的成绩。

（6）在表列部落聚居区开办学前教育机构、非正规教育中心和成人教育中心要给予政策优惠。

（7）设计好各阶段的课程使他们认识到自己丰富的部落文化身份以

及巨大的创造才能。

2. 1992 年行动纲领

1992 年国家教育政策进行了修改，出台了《1992 年行动纲领》，为国家教育政策与目标制定了详细的策略。《1992 年行动纲领》用了整整一章（第二章）对表列种姓和表列部落以及其他落后阶层的基础教育发展规划做了具体说明。关于表列群体的内容如下：

（1）为满足表列种姓聚居区和小村落的需要而开办的初级小学和高级小学应给予政策优惠；在八五计划结束之前为每个表列部落聚居区修建一所小学。

（2）在表列部落地区全方位地实施教育计划，把学前教育、非正规教育、基础教育和成人教育作为一个整体来保证取得全部人口识字率的提高。把成人教育作为所有部落地区微观教育规划的组成部分。在表列种姓儿童不能进入正规学校的地方建立非正规教育和远程教育中心。在表列种姓和表列部落地区建立邮局和扫盲中心。把表列种姓和表列部落纳入全国扫盲运动中来，以提高全国人口的识字率。

（3）在两年内让操作黑板计划覆盖所有部落地区和哈里真地区（贱民聚居区）。

（4）为表列种姓和表列部落贫困家庭的儿童尤其是女子学校的儿童提供适当的物质刺激，如助学金，免费的服装、文具和中餐等。在初中和高中为表列种姓和表列部落的女孩子提供额外的助学金。

（5）在小学的启蒙阶段对部落民的儿童用其母语进行教学，尤其是要在地区通用语言和部落方言不同的地方提供通用的教学和培训材料。

（6）保证达到小学规定的最基本识字水平。组织辅导班、培训班和补习班提高学生学业成绩。

（7）在所有教育机构中切实完成学生入学和教师招聘的保留名额计划。鼓励表列种姓和表列部落的学生当教师，为确保教师的素质，启动应急培训计划。农村成绩优秀学生寄宿学校的入学保留名额，要么执行国家规定，要么按所在地表列种姓和表列部落人口比例执行，就高不就低。提高表列种姓和表列部落学生的公寓住宿标准。

（8）在表列种姓和表列部落人口聚居区建立从小学到高中的示范学校，提供优质教育。

（9）在学校课程中增设贱民领袖安贝卡的哲学思想课程。

第二节　印度弱势群体教育发展计划

为完成宪法赋予的使命，实现国家教育政策和行动纲领制定的目标，切实普及弱势群体基础教育，提高其入学率、巩固率和毕业率，提高表列群体的整体识字水平，保证表列群体大学生在学习上跟得上普通群体的学生，印度政府制定并资助一系列的发展计划和奖助学金政策来实现其使命和目标。这些计划覆盖了所有教育阶段。

一、各类发展计划

独立后，印度政府采取一系列措施夯实表列种姓和表列部落的教育基础。在他们的主要聚居区建立教育机构，为学生提供免费教育，免费的交通车、午餐、服装、书籍和文具，在教育机构中保留名额，降低高校的录取标准，提供补习辅导，提供公寓住宿，给工程和医学专业的学生开办"书籍库"等等。这些措施极大地提高了他们的教育水平。

1. 免费教育（Freeship）计划

宪法第 45 条规定为所有儿童提供他们直至 14 岁为止的免费义务教育是政府的职责。为实现宪法规定的目标，教育部采取许多措施来普及基础教育。这些措施中还包括针对表列种姓和表列部落的特殊措施。保证入学是普及基础教育的主要措施。为提高表列种姓和表列部落儿童的小学入学率，过去，通常只在人口达 300 人的村庄开办步行 1 公里就可到达的小学，现在这个标准降低了，只要人口达到 200 人的村庄，就可开办步行 1 公里就可到达的小学。在印度各邦的公立学校中都取消了 1—8 年级（义务教育阶段）的学费。旁遮普邦和昌迪加尔中央直辖区免费教育延长到 10 年级；有 5 个邦实行 12 年的免费教育；有 9 个邦免费教育延长到大学入学考试阶段；1 个邦延长到中间学院阶段；1 个邦延长到学位教育阶段；1 个邦延长到研究生阶段；9 个邦所有阶段都免费；除了教育免费之外，有 21 个邦还免去了考试费；3 个邦免考试费到 10 年级；6 个邦免考试费到 12 年级；1 个邦免考试费到大学入学考试；7 个邦免考试费到所有阶段；1 个邦免全国统一考试费；4 个邦免行业考试费；在大多数邦，地方团体办的学校和私立学校，教育也是免费的。①

2. 免费服装计划

大多数邦除了给经济落后的阶层、表列种姓和表列部落提供免费的教科书、书包、交通运输外，还提供免费的服装。1986 年第五次全印教育调查报告显示，在全国 735771 所中小学中，有 308201 所（占学校总数的 41.89%）学校给学生提供了免费的服装。在初小（1—5 年级）和高小（6—8 年级）阶段有 14636266 名学生获得免费的服装，占所有基础教育阶段学生的 12%。其中，33.04% 属于表列种姓，11.50% 属于表列部落。女孩子占 49.98%。受益学生中，77.44% 来自农村地区。

3. 免费午餐计划（Mid—day meal）

由中央政府直接负责的免费午餐计划是在 1995 年才开始的，目的是吸引千百万儿童进入课堂，以实现普及（1—5 年级）初级小学教育的目标。凡是就读于政府、地方团体举办的学校和政府资助的私立学校的儿童均可享受免费午餐。计划初期只是给上学的学童每天 100 克的粮食，现在有 14 个邦和中央直辖区（有 3 个邦专门针对部落地区、表列地区和教育落后地区）给学童提供免费午餐。在全国 1.026 亿小学生中，约 1/3 的学生可获得免费的午餐。

给学校儿童提供免费午餐的计划，不仅对儿童的营养有积极作用，而且对提高入学率也有积极作用。泰米尔纳杜邦政府 1982 年率先发起的

---

① Dr. Sanjay Paswan, Dr. Pramanshi Jaideva. *Encyclopaedia of Dalits in India* (*In 11 Volumes*) *Emancipation and Empowerment* (*Volume 8*). Delhi. Kalpaz Publications. 2002. pp.259-260.

城乡贫困儿童营养试点计划，不仅赢得联合国儿基会、世界银行等国际机构的赞赏，也推动其他邦开展同样的计划来吸引孩子入学，提高巩固率。1986 年第五次全印教育调查显示，在全国 735771 所中小学中，有 187016 所（占总数的 25.42%）为学生提供免费午餐。根据调查结果，在 22553505 名受益者中，78.41% 在农村读书，59.02% 是男生，40.98% 是女生。表列种姓受益者为 20.05%，表列群体总计 32.86%，超出其人口比例。

第八个五年计划期间，表列种姓发展与福利工作小组建议，免费午餐计划应该成为学校强制性的工作，确保表列种姓儿童，尤其是女童全部入学，巩固在学率。由于高度重视初等教育，印度政府决定从 1995—1996 年度开始分阶段拓展这项计划，提高小学生的入学率、出勤率和巩固率。中央政府资助的第一个免费午餐计划就是社会福利计划之一的全国初等教育营养援助计划。该计划在 1995—1996 年度投入 61 亿卢比；1996—1997 年度投入 147.4 亿卢比；1997—1998 年度投入 222.6 亿卢比。[①]

4. 免费教科书计划

给学生提供免费的教材、文具和书包是印度各地方政府吸引孩子上学，提高巩固率的一个重要激励手段。1984—1985 年度，除了克拉拉邦、北方邦、曼尼普尔邦和德里之外，各地方政府都实施了向包括表列种姓在内的中小学学生提供免费教材和文具的计划。1986 年第五次全印教育调查显示，全印有 416730 所中小学（占全国的 56.54%）向学生提供了免费的教材，有 33524125 名中小学生受益于这个计划。受益者中，77.16% 是农村学校的学生，41.27% 是女生。表列种姓学生（24.82%）和表列部落学生占全部受益者的 36.53%。

5. 操作黑板计划（Operational Blackboard）

该计划是 1987 年根据《1986 年国家教育政策》启动的，它有三个目

---

① Dr. Sanjay Paswan. Dr. Pramanshi Jaideva. *Encyclopaedia of Dalits in India*（*In 11 Volumes*）*Emancipation and Empowerment*（*Volume 8*）. Delhi. Kalpaz Publications.2002. pp.276-277.

标：（1）每个小学至少配备 2 名教师；（2）保证每个学校都有基本的教学材料；（3）每所学校至少有 2 间全天候的教室。到 1995 年，已完成 12.8 亿卢比的投资；已建好 15 万间教室；522902 所小学获得了教学材料；增设了 15 万个教师新岗位，其中 12.5 万个岗位已有教师上岗，大约一半的岗位上是女教师。预计在八五计划后期，操作黑板计划将覆盖所有小学。这将意味着所有表列种姓和表列部落地区的小学将受惠于操作黑板计划。这项计划正在扩充为每所小学提供 3 名教师和 3 间教室，并且延伸到高小阶段（5—8 年级）。印度中央政府要求各邦政府在操作黑板计划的投资上，给表列种姓和表列部落人口聚居区提供优惠。2002—2003 年度，此项计划共招聘了 30 多万名 1—8 年级的基础教育教师，有 66 万所学校获得了购置教学设备的经费，新建了 18.6 万间教室。①

6. 人民教育学校计划（Jan Shikshan Sansthans）

该计划是实施继续教育的重要计划，目的是给城乡社会经济落后、教育落后的弱势群体，尤其是脱盲者、半文盲、表列种姓、表列部落、妇女和女童、贫民窟居住者、打工者等提供教育培训服务，促进他们在教育上、职业上和专业上的发展。2001 年全国有 108 个此类继续教育中心，这个机构的数量未来还会增加（2004 年已增加到 157 个）。这类机构提供一系列时间长短不一的各类职业技能培训。目前，提供的课程与培训活动超过了 250 种。每年大约有 20 万人获得培训，其中 75% 是妇女。②

7. 县初等教育计划（District Primary Education Plan）

教育部根据 1991 年全国人口普查结果，把女性识字率低于全国平均水平的县和全国扫盲运动成就斐然而对普及基础教育热情高的县作为试点县。这个计划的目标是在八五期间分阶段覆盖 110 个县。2002 年已有 18 个邦的 273 个县实施了这个计划，仅中央邦就有 9 个部落民聚居的县实施了这个计划。县初等教育计划特别为部落县制定发展战略，提供实施

---

① Department of Education，Government of India. *Annual Report 2002-2003*，p.13.

② MHRD.Government of India. *Annual Report 2002-03*，p.17.

计划和经费以提高表列部落的初等教育水平，在相关的试点县中按照部落人口的比例把项目资源分配给部落学生。人力资源开发委员会在 7 个邦 15 个部落县对县初等教育计划进行调研和评估，以进一步确定部落县的特殊需要以改进部落特殊发展计划。[①] 根据印度国家教育规划与行政学院（NIEPA）2004—2005 年度的调研，目前所有项目县的 74811 所学校中，60% 以上的学生来自弱势群体。[②]

8. 部落县教育特殊发展计划

这个计划主要包含在部落聚居区建立新学校和修建寄宿学校；引入中央和邦的儿童发展综合服务项目和托儿所项目，为女孩子照料她们的兄弟姊妹，以便她们能无后顾之忧地去上学；聘用部落教师，加强说部落语言的教师培训，强化教师的部落感和教育管理；编辑部落地区特殊课本，提供部落语言编写的教学材料，采用双语初级读物（部落语和印地语）进行教学；实现中央和邦管理结构的合理化。过去这些学校都是由部落福利部门和学校教育部门共同管理的，现在部落县的学校均由部落福利部门管理，其他县的学校由学校教育部门管理。各邦教育研究培训委员会负责教师的学术活动与培训。

这个计划的突出之处是各邦必须根据部落人口在各县的人口比例，把项目资源分配给部落学生。比如，在中央邦项目县总经费的 45.479 亿卢比中，有 19.763 亿卢比分配给部落县，占总经费的 40%，高于部落人口的比例。[③]

9. 人民行动计划（Lok Jumbish）

这个计划的目标是指拉贾斯坦邦到 2000 年时实现人人受教育的计划。这个项目旨在提高基础教育阶段的入学率，特别重视社会弱势群体的儿童

---

① MHRD. Government of India. *The National Commission for Scheduled Castes and Scheduled Tribes*. 1996. p.13.

② MHRD.Governmentof India. *Annual Report 2004-05*，p.37.

③ MHRD. Government of India. *The National Commission for Scheduled Castes and Scheduled Tribes*. 1996. p.59.

教育。这是村级微观计划的子计划，目的是制定特殊策略帮助表列种姓和表列部落儿童。这个计划还向他们分发了免费的校服和教材，为表列种姓和表列部落家庭的孩子建立低费用的公寓和寄宿学校。该计划已覆盖 9 个表列种姓和表列部落聚居区。①

10. 示范学校计划（Navodaya Vidyalayas）

为了给农村地区成绩优秀的学生提供现代优质教育，印度政府在 1985 年启动了建立 6—12 年级的农村成绩优秀儿童寄宿学校（示范学校）的计划，平均每县一所。2002 年已建立了 480 所此类学校，每年招收 25000 名学生，现有学生 14 万名，75% 的学生来自农村地区，为表列种姓和表列部落学生保留 22.5%—50% 的名额。此外为女学生保留三分之一的名额。2002 年，表列种姓和表列部落学生在此类学校中所占的比例分别为 24% 和 15%。② 表列种姓和表列部落儿童的保留名额是根据他们在其居住县所占人口比例来制定的。任何一所学校的保留名额都不得低于全国平均水平。在教师聘用上，印度政府为表列种姓和表列部落制定了保留职位政策，各县政府和学校都在执行。

11. 中央学校计划（Kendriya Vidyalayas）

这类学校是从 1965 年开始兴建的，主要是满足频繁调动工作的政府官员和军官子女的就学需要。因为这些孩子由于父母亲经常从一个语言区调到另一个语言区，学习课程经常变换，学业受到影响。这类学校完全由中央政府出资举办，办学条件非常好，免收学费，学生可从幼儿园一直读到高中毕业；学校采用双语教学、通用课程和通用教材，是印度中央中学委员会的成员学校，大学升学率极高。

直到 1976—1977 年度，在中央学校都没有为表列群体保留名额。因此，中央学校协会决定从 1976—1977 年度开始在中央学校为表列种姓和

① Ministry of Human Resource Development，Government of India. *Annual Report 2002-2003*，p.9.

② Ministry of Human Resource Development，Government of India. *Annual Report 2002-2003*，p.19.

表列部落分别保留 15% 和 7.5% 的配额。保留配额是针对全校新生的，而不是针对某一个班的新生。1978 年 8 月中央学校协会作出新的决定，要求尽可能用完配额；为此，对父母调动的规定可以放宽，如果有必要，非调动表列群体雇员的孩子也可录取到中央学校；如果中央学校举行入学考试，可对表列群体的子女降低 5% 的分数录取，此规定从 1979 年开始执行。

到 2002 年，这类学校有 843 所，学生约 72 万名，均分别为表列种姓和表列部落保留了 15% 和 7.5% 的新生入学名额，如果有必要还可以为他们放宽录取标准。1994 年，在此类学校中有表列种姓学生 70096 名，表列部落学生 16622 名，分别占学生总数的 10.30% 和 2.44%。在此类学校中，招聘教师也执行 15% 和 7.5% 的名额保留政策。此外，还对表列群体的教师候选人给予特别优惠：（1）对表列种姓和表列部落候选人申请当教师免收申请费；（2）尽管降分后，申请者人数增多，符合条件者都可参加面试；（3）年龄放宽 5 岁；（4）在降低标准的情况下进行单独面试；（5）面试委员会给表列种姓和表列部落申请者 5 分的照顾分；（6）如有必要，可面向全国通过广告招聘符合条件者填补空缺岗位；（7）在教师选拔委员会成员中给表列种姓和表列部落各保留一个名额。[1]

12. 女生公寓计划（Girl's Hostel）

表列种姓和表列部落女学生的教育远远落后于男学生。第三个五年计划期间（1961—1965），中央资助建设女生公寓计划的目的是让表列种姓和表列部落女学生能够在远离家乡的地方接受中等教育和高等教育，因为如果没有食宿条件，她们是难以如愿以偿的。最初这个计划只是修建和扩建公寓，后来在第五个五年计划期间（1974—1979），这个计划扩展为修建公寓、提供助学金和公寓维持费来满足表列种姓女学生读中学和大学的特殊需要。新的综合计划目的是把公寓建设成为多功能的机构，可让

---

[1] MHRD. Government of India. *Educational Development of Scheduled Castes and Scheduled Tribes 1996*. p.15.

表列群体女学生在公寓里学习艺术、工艺、技巧、游戏、家政等课程。在一个能容纳 100 个住校生的公寓里为非表列群体的女学生保留 10% 的名额。第五个五年计划投入了 1950 万卢比修建公寓；第六个五年计划投入 1.3 亿卢比修建表列种姓和表列部落女生公寓；第七个五年计划投入 3.195 亿卢比；第八个五年计划投入 2.6 亿卢比。然而在很多地方，公寓修在离校距离远且不方便的地方。如果想提高入住率，修建女生公寓的选址非常重要。大量修建女生公寓还将有助于降低表列种姓和表列部落女性的高辍学率。

从 1979—1980 年度起，中央和地方各负担一半的经费。如果志愿者组织、非政府组织和私营机构愿意承担 10% 的建设费，中央和地方政府拨付给他们剩余的 90% 的经费，中央和地方各负担一半经费。到 1989—1990 年度，共修建了约 1900 座女生公寓，有 9 万多名表列种姓和表列部落女学生受益。[①] 政府为提高农村地区和社会弱势群体女青年学生的入学率，2001—2002 年度给志愿者组织一定比例的财政资助来实施加强和改善女学生公寓食宿条件的计划，对教育落后的表列群体以及其他少数民族聚居县给予优惠和照顾。

13. 男生公寓计划（Boy's Hostel）

表列种姓教育发展缓慢的一个重要原因就是缺少足够的公寓。表列种姓福利与发展委员会建议在第七个五年计划期间（1985—1990）应按照女生公寓的模式修建男生公寓，每县至少修建 2 座。印度政府从 1989—1990 年度开始资助这个项目，也按照上述女生公寓的修建模式施行。八五期间投入了 4.12 亿卢比，修建了几百所公寓，入住男生近 3 万名。1993—1994 年度拨款 6500 万卢比给各邦和直辖区修建表列种姓男生公寓 101 栋，入住 7020 人。印度政府要求表列种姓识字率很低的中央邦和拉贾斯坦邦充分利用好这个项目。1993—1994 年度拨款 2700 万卢比修

---

① 　Dr. Sanjay Paswan. Dr. Pramanshi Jaideva. *Encyclopaedia of Dalits in India* (*In 11 Volumes*) *Emancipation and Empowerment* (*Volume 8*) . Delhi. Kalpaz Publications.2002，pp.238-239.

建表列部落男生公寓 53 幢，供 2631 名学生食宿。一些邦很努力地执行了这个计划，而表列种姓人口多、识字率低的中央邦却对修建学生公寓没有丝毫兴趣。①

14. 部落寄宿学校计划（Ashram）

部落地区开办的寄宿学校给交通不便的山区和林区的部落孩子提供免费教育和食宿。除了普通教育之外，寄宿学校还开设培训课程，如农业和手工艺（铁匠、木匠、男孩编织和女孩裁缝）。印度中央政府和各邦政府双方各出资一半修建寄宿学校的教学楼、学生公寓和教师住宅，维护费用由各邦和直辖区政府负担。中央拨给直辖区政府的建设经费是 100%。这个计划包括修建小学、初中和高中。1993—1994 年度，印度政府给安德拉等 7 个邦拨款 2.52 亿卢比，实施 64 个工程，含 41 个二期工程。这是迄今为止表列部落中小学教育发展中最有效的计划。②

15. 女子寄宿学校计划（Kasturba Gandhi Swatantrata Vidyalaya）

这是为了纪念圣雄甘地的夫人 Kasturba Gandhi 而设立的女子寄宿学校计划。该计划的宗旨就是提高表列群体、其他落后阶层和少数民族妇女的识字率。2001—2002 年度计划在妇女识字率不超过 10% 的县修建 500 所寄宿学校。建校初期的学制要达到 5 年级，后期学制逐步延长。对于妇女识字率低的 146 个县，中央要求邦和直辖区政府密切关注并认真实施这个计划。③2004 年，又启动了一个新的女子寄宿学校计划（Kasturba Gandhi Balika Vidyalaya），计划在教育落后的区（指乡镇）修建 750 所此类寄宿学校。这些教育落后区的妇女识字率低于全国平均数，识字率性别差距高于全国平均数，部落人口集中，失学女童多。已有 662 所学校获准修建，修建经费达 13.785 亿卢比。每所学校招收 50—100 名女学生，

① MHRD. Government of India. *The National Commission for Scheduled Castes and Scheduled Tribes*. 1996. p.20.

② MHRD. Government of India. *The National Commission for Scheduled Castes and Scheduled Tribes*. 1996. p.20.

③ MHRD. Government of India. *Annual Report 2002-2003*，pp.34-36.

75%来自上述几个群体，25%留给生活在贫困线下的群体。进入此类学校学生的一切费用全部由政府提供（包括食宿费、学费、书本费、考试费、活动费、医疗费和零用钱，人月均1000卢比，约合人民币200元）。①

16.表列种姓半文盲女孩特殊教育发展计划

该计划始于1996—1997年度，一些地区由于传统和环境不利因素而导致的表列种姓妇女识字率很低，因此这些地区的表列种姓女子寄宿学校获得了大量的教育投入。这些学校利用现有设施来开展识字教育和巩固识字率，促进文盲地区第一代表列种姓女孩文化素质的提高。这个计划由相关的县政府实施。这些学校都是在租借的场地办学。这些租借的场地必须有足够的空间来容纳教室、公寓、厨房、教员住宅等。根据计划，一切费用都要拨给县政府，每个一年级学生每年11340卢比，分两个部分拨付（4900卢比直接拨给学生，6440卢比用于基础设施、其他管理费用，包括教师的工资）。不许向学生收取任何费用，包括学费、杂费和捐款。每个学校1年级每班25个学生。根据乡村综合发展计划，从确定为贫困线之下的家庭中招收女学生，她们须是家庭中的第一代学生。优先招收最贫困表列种姓家庭的女孩子，尤其是清洁工、剥皮匠和制革匠的孩子。根据1981年的人口普查，在比哈尔邦、中央邦、拉贾斯坦邦和北方邦的48个县里，表列种姓女性的识字率不到2%。这个计划只覆盖这48个县。1996—1997年度计划修建21所寄宿学校，在中央邦的8个县修建14所，北方邦的3个县修建3所。截至1996年12月31日，投入经费总额为198.4万卢比。政府认为，由于经费充足，如果认真实施的话，这个计划的效果将会很好，而且可能会推广到其他表列种姓识字率低于全国平均水平的邦。②

---

① MHRD.Government of India. *Guidelines for Implementation of Kasturba Gandhi Balika Vidyalaya*. 2004. p.5.

② Dr. Sanjay Paswan. Dr. Pramanshi Jaideva. *Encyclopaedia of Dalits in India* (*In 11 Volumes*) *Emancipation and Empowerment* (*Volume 8*). Delhi. Kalpaz Publications.2002，pp.248-249.

17. 特别辅导计划

为了克服表列群体学生在早期教育阶段存在的学习障碍，提高他们在学校的学习成绩以及他们在大学，尤其是医学院、工程学院和其他专业性学院的学习成绩，印度人力资源开发委员会1987—1988年度启动了由中央直接资助的提高表列群体学生学习成绩计划。几乎所有的邦和直辖区都为8年级、10年级和12年级的学生补习理科、数学和英语。为提高大学各学科表列群体学生的学术能力、语言水平和理解能力，为他们提供了补习课程和特别辅导。在学院层次开展的补习活动主要是在医学院和工学院。有些学院还给来自非英语学校的学生教授英语口语。[①] 印度理工学院还专门为入学考试成绩差的表列群体学生提供了一年的预科课程，一年后考试合格的学生可进入专业阶段的学习。

18. 大学生书籍库计划（Book Bank）

表列种姓学生通常来自经济贫寒的群体，根本没钱买价格昂贵的医学和工程方面的书籍。根据大学拨款委员会最高权力（high power）委员会和内务部的建议，从1978—1979年度开始，在几所医学和工程院校建立书籍库，向这些专业的表列种姓学生出借图书资料。

目前，医学院、工程学院、兽医学院、农学院、工艺学院以及印度医学和顺势疗法（homeopathy）学院都建立了书籍库。起初，每四个学生共用一套书，现在每两个学生共用一套书。

从1979—1980年度起，该计划由地方政府执行，经费中央和地方政府各负担一半。1985—1986年度，表列种姓受益者为16822人，1990年上升到21000人。1991—1992年度中央拨款562.6万卢比，受益学生24245人。八五期间（1992—1996）拨款1.617亿卢比，受益学生108946人。[②]

---

① Dr. Sanjay Paswan. Dr. Pramanshi Jaideva. *Encyclopaedia of Dalits in India*（*In 11 Volumes*）*Emancipation and Empowerment*（*Volume 8*）. Delhi. Kalpaz Publications.2002，pp.269-273.

② Dr. Sanjay Paswan. *Encyclopaedia of Dalits in India*（*In 11 Volumes*）*Emancipation and Empowerment*（*Volume 8*）. Delhi. Kalpaz Publications.2002，pp.273-274.

从 1986 年的印度《国家教育政策》到 1992 年的《行动纲领》以及之后人力资源开发部各年度的《年度报告》中，都可以发现，印度政府始终围绕着为新建表列群体小学提供优惠、放宽条件，在农村地区开办非正规教育中心和"操作黑板"学校，为普及基础教育服务；采取各种措施，开展扫盲教育，进一步加强妇女扫盲的力度，提高全部人口的整体识字率；大力新建寄宿学校、学生公寓、开设补习课程；提高弱势群体学生尤其是女学生的入学率和学习成绩，为他们进一步的深造打基础；给表列群体学生提供奖助学金，免费服装、书籍、文具、书包和午餐，免除学费等激励措施以提高入学率、巩固率和毕业率；在重点大中小学给表列群体学生保留配额，为他们提供优质教育，并对保留政策的执行情况予以检查评估；招聘表列群体优秀青年当教师，并给予培训；在部落地区进行双语教学、编写部落语言教材，弘扬部落文化；在为表列种姓学生开设的课程中增加安贝卡的哲学思想；放宽表列群体候选人的教师任职资格和条件等等。这些表明了印度政府为促进弱势群体教育发展所下的决心及其政策制定的稳定性、一致性和连续性。

二、中央政府的奖学金计划

为发展表列种姓和表列部落的教育，印度中央和地方政府还制定了许多资助计划，如授予各种奖学金和助学金。印度政府专门为表列种姓和表列部落制定了一些重要的资助项目：如，大学生奖学金，为父母亲从事清扫厕所、制革等所谓"不洁"职业的学生提供的中小学生奖学金等。印度政府人力资源开发委员会、劳动部、农业部和大学拨款委员会都制定了长期的相关奖助学金项目。除了国家留学生奖学金之外，所有奖助学金计划的经费中央和各邦各负担 50%。

1. 人力资源开发部农村天才奖学金

该计划自 1971—1972 年度开始实施，目的是给 8—12 年级有发展潜力的农村学生提供好的学习条件，使他们的教育机会尽可能公平，能够继续接受更高层次的教育。目前该计划每年的奖学金数目为 43000 个，其中，有13000个奖学金是保留给表列种姓和表列部落学生的，占总数的1/3以上，体现了印度政府对表列群体学生的关怀和政策倾斜。无论学生是否住校，每生每月的奖学金数额30—100卢比，年级不同，数额不同。

2. 大学拨款委员会奖学金

大学拨款委员会奖学金项目有《初级研究奖学金》《研究生奖学金》《工程和技术奖学金》《教师奖学金》，均为弱势群体学生和教师保留配额。

3. 国家教育研究和培训委员会（NCERT）奖学金

委员会的《国家天才奖学金》《地区教育学院奖学金》《教育与职业指导专业奖学金》也为弱势群体学生保留配额。

4. 劳动部颁发的奖助学金

劳动部的《工业培训学院奖学金》《学徒培训助学金》《农业和兽医专业奖学金》《印度农业研究委员会奖学金》同样为弱势群体学生保留配额。

5. 中央政府的资助项目

（1）高中层次以上（Post-matric）助学金

这是中央资助的一个很重要的计划，是由落后阶层委员会向全印得到认证的教育机构学习的表列种姓和表列部落学生授予助学金的计划。高中层次以上助学金是"表列种姓教育发展中覆盖面最广、意义最深远的计划"。这个计划的目的就是向表列种姓高中生和大学生提供资助，使他们能够上大学接受高等教育以及通过函授教育、远程教育和继续教育接受高等教育。这个计划始于1944年，助学金只颁发给表列种姓学生。1948—1949年度，这个计划开始向表列部落学生发放。

高中生以上助学金计划包含生活费、盲人学生读物费、必修课学费、批准的游学经费、硕博论文费、函授生书籍费等。该助学金只颁发给一个家庭中的头两个孩子，第三个以后的孩子无权享受。但从1995年10月1日起，放宽了条件，第三个孩子如果是女孩，也可获得助学金。

读函授、远程和继续教育的学生除了报销必修课学费外，每年还可得到500卢比的书籍费。

该计划包含每年的游学费 500 卢比，论文打印费 600 卢比，A、B、C、D、E 五类课程的盲人学生读物费每个月分别是 100 卢比、75 卢比和 50 卢比。

1985—1997 年，总共有近 1700 万名表列种姓和表列部落学生获得了该项助学金，其中表列部落学生约 340 万名。

1944—1997 年，将近 2500 万名表列群体学生受益于这个助学金计划，其中表列部落学生为 470 万人。①

（2）高中层次以下（Pre-Matric）助学金

中央资助的高中生以下助学金计划是针对从事所谓"不洁"职业，如清扫粪便工、制革工和剥皮工等家庭子女的，无论其宗教信仰如何，都要给他们提供良好的学校教育，该计划从 1977 年开始实施。值得注意的是，从事此类职业的人对社会作出了巨大的贡献，但他们的孩子辍学率却非常高，导致他们继续落后。根据这个计划，每年颁发 1000 个助学金给寄宿学校 6—8 年级属于此类家庭的学生。这个计划的目的就是给从事不洁职业者的子女提供良好的教育，使他们远离父辈居住的肮脏和不卫生的生活环境。1986—1987 年度对此计划做了适当的修改，传统上与清扫粪便有关的职业，如清道夫的子女也开始享受这个助学金。1985—1986 年度，这项计划的经费预算是 2500 万卢比，但实际发生的费用才 250 万卢比，受益学生只有 9286 人。1986—1987 年度对这个计划做了修改，受益学生覆盖面小的情况按理应得到改善，但到了 1988—1989 年度，只有 12820 个学生受益于这个计划。

由于这个计划只照顾住校生，不管走读生，在第八个五年计划期间（1990—1995），表列种姓发展与福利工作小组建议适当修改计划，给走读生每月发助学金。修改后的计划吸引了大量的学生。获得该助学金的学生人数 1991—1992 年度达到 90912 人、1992—1993 年度 99254 人、

---

① Dr. Sanjay Paswan. Dr. Pramanshi Jaideva, *Encyclopaedia of Dalits in India* (*In 11 Volumes*) *Emancipation and Empowerment* (*Volume 8*). Delhi. Kalpaz Publications.2002，pp.230-235.

1993—1994 年度 130715 人、1994—1995 年度 176253 人、1995—1996 年度 240628 人、1996—1997 年度 250000 人。①

从照顾社会地位最低群体的目标取向来说，该助学金计划所起的作用超过了高中生以上助学金计划。但是这项计划的覆盖面太小，拨款很少。此外，还应根据物价上涨指数的变化对助学金额度及时进行调整，才不会使该助学金失去应有的作用。

（3）国外高级研修奖学金

早在 1954—1955 年度印度政府就启动了国家留学奖学金计划，专门授予到国外攻读高级学位和进行博士后研修的表列种姓、表列部落、原犯罪部落（denotified）和游牧半游牧部落、皈依其他宗教的表列种姓、无地农民、传统手工艺人的子女。攻读工程技术、医学、农学和理科的学生优先照顾（weightage）。奖学金包含学费、生活费和旅行费。奖学金和其他津贴包含：生活津贴，学士学位每年 5940 美元、研究生每年 6600 美元、博士后每年 7700 美元；应急费每月 385 美元；设备费 1100 美元；人头税（poll tax）150 美元；大学所有必须交的费用，如学费、录取费以及健康医疗保险费（premium，如果需要的话）；最短距离的经济舱往返机票费用；从家庭所在地到机场的二等火车票费用。

奖学金数额一开始只有 6 个，这个计划自 1954—1955 年度实施以来，共有 735 个申请者获得了该项奖学金。②

除了上述项目之外，2006 年印度社会公正和权益部与部落事务部联合推出了专门为表列群体学生服务的《拉吉夫·甘地全国研究生奖学金计划》（Rajiv Gandhi National Fellowship Scheme），该计划由大学拨款委员会负责实施。专门资助攻读科学、工程技术、人文社会科学哲学硕士和哲

---

① Dr. Sanjay Paswan. Dr. Pramanshi Jaideva. *Encyclopaedia of Dalits in India*（*In 11 Volumes*）*Emancipation and Empowerment*（*Volume 8*）. Delhi. Kalpaz Publications.2002，pp.235-238.

② Dr. Sanjay Paswan. Dr. Pramanshi Jaideva. *Encyclopaedia of Dalits in India*（*In 11 Volumes*）*Emancipation and Empowerment*（*Volume 8*）. Delhi. Kalpaz Publications.2002，pp.246-248.

学博士学位的表列群体学生。奖学金期限三年，额度很高，每月的生活费8000到9000卢比，应急费每年10000—25000卢比，肢体残疾学生和盲人学生还有每月1000卢比的护送费和盲人读物费。该研究基金还给每个学生所在院系每年资助3000卢比的基础设施费。

此外还有20多个外国政府提供的奖学金、富布赖特奖学金、非印地语学生学习印地语奖学金等，也面向表列群体学生。①

（4）女孩子出勤奖

在所有的全印教育调查中（包括1993年的第六次全印教育调查），女生的入学率比男生低得多。一些邦给女学生发奖学金的目的是把适龄女童吸引到学校里来，并且能留得住她们。1986年，全国735771所学校中，只有47111所学校（占6.4%）给女学生发出勤奖。

在所有教育阶段，只有375979名女学生受益于这个奖励计划。在这些受益者中，70.44%的女学生在农村学校读书，其中，57.70%的女学生属于表列种姓，16.05%的女学生属于表列部落，合计占全部农村女学生的73.75%。这个项目主要是针对农村学校的。各教育阶段受益者详情见下表。②

表9-1　全印女学生出勤奖一览

学校	学校数量	受益者数量	
		表列种姓	其他
初级小学	24563（4.65%）	97071（64.45%）	29 562（19.63%）
高级小学	15053（10.83%）	80533（54.20%）	42816（28.81%）
初级中学	5599（10.65%）	25228（50.78%）	17372（34.97%）
高级中学	1896（12.26%）	14107（52.07%）	8963（33.09%）

① Department of Secondary and Higher Education. MHRD.Government of India. *Scholars*. http://education.nic.in/scho.asp，2006-04-03.

② Dr. Sanjay Paswan. Dr. Pramanshi Jaideva. *Encyclopaedia of Dalits in India*（*In 11 Volumes*）*Emancipation and Empowerment*（*Volume 8*）. Delhi. Kalpaz Publications.2002. p.257.

（5）无息贷款计划

在喜马查尔邦，父母年收入不超过 2000 卢比的表列群体学生可获得 2000 卢比的无息贷款。贷款从发放之日起的 4 年后分 20 次还清。在泰米尔纳杜邦，无息贷款只提供给攻读学士学位和硕士学位的表列群体住校生，每年的贷款额度 500—970 卢比不等。

2000 年 6 月，印度财政部长会同全印 26 家银行协商，推出了给成绩优秀但家庭贫困的大学生财政资助的综合教育贷款计划。国外学习可获减息贷款 150 万卢比，国内学习可获减息贷款 75 万卢比。贷款不超过 20 万卢比的，无须抵押和交纳保证金。贷款在学生毕业后 5—7 年开始分期偿还。① 这对弱势群体学生无疑是一个福音，但对于生活在社会最底层的贫困表列群体家庭帮助不大，因为他们中的许多人到不了这个阶段就辍学了。

第三节　印度弱势群体教育成就与存在的问题

一、弱势群体教育成就

表列种姓和表列部落在小学阶段的入学人数增长相当迅速，小学入学人数与其人口的比例大致相当，但辍学率仍很高。性别差距和区域差距仍很大。印度政府在所有教育规划中都精心制定了有利于表列种姓和表列部落发展的政策，以努力缩小这一差距。

1. 识字率

识字率是衡量任何社会组织或国家一般教育水平的基本指标。而教育是生产或发展的重要因素，接受或获得教育决定了一个人改变自己身心环境的能力。从这一前提出发，我们将进一步分析表列种姓和表列部落在获得小学、中学、大学以及相关学习能力、接受能力和学习成绩的社会经

---

① 　Ministry of Human Resource Development.Government of India. *Education Support in India. Education Loans*. http：//educationsupport.nic.in/bank.asp？ bankid=13，2006-04-03.

济状况。

根据 1983 年的印度全国统计调查，全国有 1.005 亿户农村家庭，表列种姓和表列部落分别占 34.94% 和 13.35%，将近占农村家庭的一半。在表列种姓家庭中，86.54% 的家庭属于没有或只有一点点土地的农业工人家庭。同样，在全部表列部落家庭中，88.21% 的家庭属于农业工人家庭。这就是这两类群体的社会经济状况。①

表列种姓和表列部落与其他社会阶层在识字率上的差距很容易从表列种姓和表列部落的社会经济状况说清楚。由于大多数表列种姓和表列部落都是无地农民、部分有地农民和有点边角土地的农民，因此，他们的识字水平最能反映他们的赤贫状态（充分反映了他们被彻底地剥夺各种权利的情况）。随着其人口的增长，要消除文盲，提高他们的识字水平，还有很长的路要走。

在印度人力资源发展委员会 2002—2003 年度报告中，表列群体的识字率发生了一些新的变化。表列种姓的识字率从 1961 年的 10.27% 上升到 1991 年的 37.41%。表列部落的识字率从 1961 年的 8.54% 上升到 1991 年的 29.60%。同期全国普通种性的识字率分别为 27.86% 和 57.40%。表列种姓和表列部落女性的识字率很低，1991 年全国普通种性的女性识字率为 44.96%，同期表列种姓和表列部落女性的识字率仅分别为 23.76% 和 18.19%。最新数据表明，2001 年表列种姓和表列部落的识字率分别提高到 53% 和 49%，而 2001 年的全国平均识字率为 65.4%。差距正在缩小，印度政府付出的努力终于有了回报。此外，2002 年脱盲的 9669 万人当中，表列种姓和表列部落分别占 22% 和 12%，超过了各自的人口比例。② 这也从另一个角度说明印度文盲人口最多的当属这两个群体。

---

① M.M.Rehman, *Society Economy and Education of the Deprived*, Anupama Publications, Delhi, 1992, p.239.

② Department of Education. Government of India. *Annual Report 2002-2003*, p.93.

2. 入学率

（1）基础教育阶段

1980—1981 年度，高小阶段表列种姓和表列部落的入学低于初小阶段。相比其他阶层的入学率，他们在初小阶段的入学率就不是很高，因此，他们在高小阶段的入学率与其他阶层相比差距自然就较大。1981 年，与其他社会阶层 44.2% 的入学率相比，他们的入学率分别只是 29.1% 和 17.8%。而与其他阶层女性 31.1% 的入学率相比，表列种姓女性的入学率才 16.2%，表列部落女性的入学率只有 10.1%。

1988—1989 年度，表列种姓和表列部落在初等教育阶段的学生入学人数大幅度增长。表列种姓 1—5 年级学生的入学人数从 1981 年的 1100 万增长到 1993 年的 1740 万，占全国总入学率的 16.47%。表列部落的 1—5 年级学生入学人数从 1981 年的 466 万增长到 1993 年的 836.4 万人，占全国 1—5 年级学生总入学人数的 7.94%。[1] 但是，随着教育阶段的提高，入学人数明显下降。只有初小阶段的入学率与人口比例是相称的，其他阶段的入学率则与人口比例有较大差距，这一点从高小阶段的入学率可看出。

表 9-2　2002—2003 年度表列种姓学生、表列部落学生和所有群体学生入学率对比

	表列种姓学生		表列部落学生		其他群体学生	
	女生	男女合计	女生	男女合计	女生	男女合计
初小（1—5 年级）	89.35	95.61	92.25	98.67	93.07	95.39
高小（6—8 年级）	48.60	56.28	40.78	48.19	79.33	82.51

Source：Government of India，Ministry of Human Resource Development，*Annual Report* 2004-05.

从以上表格可看出，初小阶段各阶层学生的入学率差异已很小，甚

---

[1]　Department of Education. Government of India. *Educational Development ofScheduled Castes and ScheduledTribes*，*Status and Programs*. p.2.

至出现了较为严重的复读现象，但高小阶段的差距，尤其是女学生之间的差距依然很大。

（2）中等教育阶段

表 9-3　1980—1981 年度中等教育阶段（9—12 年级）弱势群体与其他社会阶层入学率

社会阶层	总入学人数		入学率	
	总计	女性	总计	女性
表列种姓	1151896	245964	68.56	21.35
表列部落	318111	78720	75.25	24.74
其他社会阶层	8021849	2517480	78.61	31.38

Source：Government of India，Ministry of Education，*State-wise Information on Education of Scheduled Castes and Scheduled Tribes*，1985.

　　从表格中可发现一个有趣的现象，表列部落女学生的入学率要比表列种姓女学生高，这说明部落社会男女较为平等。小学阶段的入学率一直显示出上升的趋势，然而，中学的入学率却差强人意。没有人会否认识字对人一生所产生的影响。事实上，识字正是享受权利的开始，是一个人努力走向"觉悟"的开始。然而，这一过程却受到了阻碍，因为只让所有适龄儿童读到 11 岁是不能解决这个问题的。印度义务教育年限为 8 年，这种强迫性的受教育年限应该更长一些，最好不要低于 10 年。因为只有到了这个阶段一个人才懂得如何运用学到的知识技能保护自己不被愚昧所吞没。到了 1997—1998 年度，表列种姓 9—12 年级中学生占所有学生的 12.5%，表列部落中学生的比例不到 5%；而表列种姓和表列部落女生占全体女生的比例分别只有 11% 和 4.4%，均达不到 15% 和 7.5% 的保留配额比例或 16.5% 和 8.5% 的人口比例。[①]

　　（3）高等教育阶段

　　本科生入学率。考虑到表列种姓和表列部落的极度贫困和他们所遭

————————

① Department of Education. Government of India.Annual Report 1998-99，pp.136-140.

受的可怕的社会歧视和经济剥夺，印度宪法为他们制定了保留职位配额和教育配额的措施。为贯彻执行好这一政策，大学拨款委员会要求所有大专院校为表列种姓保留 15% 的录取配额，为表列部落保留 5% 的录取配额（1982 年 8 月表列部落的录取配额调整为 7.5%）。

1979—1980 年度表列种姓和表列部落学生接受高等教育的情况见下表。预期指标和实际达到的指标之间的差距非常突出，各个层次实际完成的配额远低于应该达到的配额数。

表 9-4　1979—1980 年度表列种姓和表列部落学生接受高等教育的情况

层次	总计	SC	%	CE	ST	%	CE	SC/ST	%	CE
本科生	2310001	167528	7.27	0.48	43180	1.87	0.25	210708	9.14	0.41
研究生	265908	22139	8.34	0.55	4751	1.79	0.25	26890	10.23	0.45
总计	2575909	189667	7.38	0.49	47931	1.87	0.25	237598	9.25	0.41

Source：University Grants Commission. *Facilities to Scheduled Castes and Scheduled Tribes in Universities and Colleges*. New Delhi：1990.

注：SC 表示表列种姓，ST 表示表列部落，CE 表示公平系数（1 为公平值，低于 1 意味着不公平）。

$$公平系数 = \frac{表列种姓和表列部落入学人数与总入学人数的百分比}{表列种姓和表列部落人口数与总人口数的百分比}$$

1979—1980 年度表列种姓和表列部落大学生在大学附属学院中的实际入学率分别是 7.49% 和 1.85%，而给他们的配额是 15% 和 5%。两者的公平系数分别只有 0.50 和 0.25，远远低于保留的配额数。这说明了他们的经济状况非常差、受教育条件差以及在启蒙阶段就很落后。需要进一步指出的是，由于这两个群体遭受剥削的经济结构以及极度的易受伤害性，给予他们接受高等教育的努力以及诸如奖学金、免费食宿一类的经济救济等是不够的。政府应该做的是传授他们生产技能和方法，帮助他们摆脱对政府的过度依赖。另一方面，要让保留政策和各类资助真正能惠及生活在最底层的弱势群体。

表 9–5　1979—1980 年度表列种姓和表列部落大学生在各类院系中的比例

类型	百分比			公平系数		
	SC	ST	SC/ST	SC	ST	SC/ST
附属学院	7.49	1.85	9.35	0.50	0.25	0.41
大学直属院系	5.57	2.02	7.60	0.37	0.28	0.34
全印度	7.27	1.87	9.14	0.48	0.25	0.41

Source：University Grants Commission，*Facilities to Scheduled Castes and Scheduled Tribes in Universities and Colleges*，New Delhi，1990.

　　这两类群体在大学直属院系中的比例是不够的，公平系数也低于附属学院或全国平均水平。大学的直属院系通常都是公立的，办学条件好，师资力量强，而附属学院通常都是私立的，办学条件和师资都较差。一些附属学院实际上就是一栋小楼、几间教室和一个图书室。

表 9–6　1979—1980 年度本科生阶段弱势群体学生在全印各院系的比例

	院系附属学院			直属院系			全印各院系		
	SC	ST	SC&ST	SC	ST	SC&ST	SC	ST	SC&ST
文科	10.13	2.60	12.73	6.86	3.92	10.79	9.84	2.72	12.56
理科	4.90	0.74	5.64	2.66	1.05	3.71	4.65	0.77	5.42
商科	4.98	1.50	6.48	3.90	0.77	4.67	4.92	1.46	6.37
教育	7.09	1.39	8.48	7.48	2.21	9.70	7.12	1.46	8.59
工程 /技术	6.15	1.52	7.67	6.66	1.22	7.88	6.30	1.43	7.73
医科	8.97	1.86	10.83	6.11	2.75	8.86	8.78	1.92	10.22
农科	8.05	0.06	8.11	7.55	1.92	9.47	7.74	1.19	8.93
兽医	—无条件招生—			7.87	1.68	9.55	7.87	1.68	9.55
法律	7.15	2.35	9.50	5.54	0.90	6.44	6.79	2.02	8.81

Source：University Grants Commission，*Facilities to Scheduled Castes and Scheduled Tribes in Universities and Colleges*，New Delhi，1990.
注释：SC = 表列种姓　　ST = 表列部落

　　这些表格的数据分析揭示了一个重要的问题：与本科生阶段附属学院

的入学率相比，表列种姓和表列部落在大学直属院系的入学率是很低的，因为大多数大学的直属院系均位于都市或大城镇，并且为"精英"所控制。只有极少数的表列种姓和表列部落的学生有机会在那儿学习，因为他们中的大多数都生活在相对落后的城市贫民区或农村偏僻地区，也就是附属学院所在之处。

表 9–7　1988—1989 年度弱势群体大学生各学科入学人数和百分比

	表列种姓所有学生	表列部落所有学生	表列种姓女学生	表列部落女学生
文科 / 人文 / 社会（%）	163212（9.87）	46117（2.79）	35294（2.13）	13252（0.80）
理科（%）	42215（5.71）	5916（0.80）	11914（1.61）	1388（0.19）
商科（%）	47150（4.55）	10193（0.98）	6915（0.67）	1463（0.14）
教育（%）	6979（7.67）	1944（2.14）	2196（2.41）	588（0.65）
医学（%）	7170（8.94）	2101（2.62）	2529（3.15）	526（0.66）
工程 / 建筑（%）	12080（5.88）	2711（1.32）	797（0.39）	526（0.80）
各学科研究生（%）	914（2.91）	187（0.60）	182（0.60）	60（0.19）

Sources：Suma Chitnis，Philip G.Altbach. *Higher Education Reform in India*：*Experience and Perspectives*. New Delhi/London：Sage Publication.1993，p.136.

　　10 年之后，表列群体学生所占的比例，无论是哪个专业和层次都未达到印度政府规定的保留配额比例，表列部落女学生所占的比例微乎其微，几乎可以忽略不计。需要指出的是表列种姓的比例明显比表列部落高得多，因为"表列种姓比表列部落更城市化、在政治上更强大，他们比表列部落更早地争取获得教育……他们取得的进步整体上明显优于表列部落。"印度著名的孟买 SNDT 女子大学副校长，孟买塔塔社会科学学院教育社会学系教授、系主任 Suma Chitnis 女士如是说。[①]

　　2002 年，表列种姓和表列部落大学生的比例分别为 11.2% 和 3.3%，

① 　Suma Chitnis，Philip G.Altbach. Higher Education Reform in India：Experience and Perspectives. New Delhi/London：Sage Publications.1993，pp.135-136.

其中女大学生的比例分别为 3.2% 和 1.05%，[1] 而其他群体女大学生的比例就达到 35.7%。与 1989 年相比，表列群体大学生的比例有所增长，取得了些许进步。2009 年，印度大学生总数达到 3330 万，在大学生总数中，表列种姓占 13.9%，表列部落占 4.9%，比 2002 年又有提高。然而，从保留配额政策的制定到现在半个世纪过去了，表列群体大学生的数量仍难以达到规定的比例。为何会达不到？

表 9-8　1980—1981 年度印度理工学院弱势群体大学生申请人数、配额数和实际录取数

序号	理工学院名称	申请人数		保留配额数		实际录取人数	
		SC	ST	SC	ST	SC	ST
1	孟买理工学院	338	70	51	18	8	—
2	德里理工学院	352	56	40	11	11	1
3	坎布尔理工学院	576	42	51	17	5	1
4	卡拉格布理工学院	465	42	69	24	17	2
5	马德拉斯理工学院	600	232	42	15	4	3
	总计	2331	445	254	85	45	7

Source：M.M.Rehman，*Society Economy and Education of the Deprived*，Anupama Publications，Delhi，1992，p.254.

上表表明，在声望最高的印度理工学院表列种姓和表列部落的比例太低，令人难以置信。1980—1981 年度给表列种姓保留 254 个配额，实际只录取了 45 个；给表列部落保留的 85 个配额，实际只录取 7 个。这说明表列种姓和表列部落在起始阶段，即基础教育阶段的学生人数本身就不多，享受优质教育的机会就不平等，因此，能够进入这类知名院校的学生比例与其他群体相比就更低了。

研究生入学率。1979—1980 年度表列种姓和表列部落在附属学院研

---

① Ministry of Human Resources Development，Government of India. *Annual Report 2004-2005*，p.140.

究生阶段的入学率分别只有 10.70% 和 1.51%。[①] 表列种姓的公平系数在附属学院、大学直属院系以及全印各类院系分别为 0.71、0.38 和 0.55。表列部落的入学率比表列种姓还低。他们在三类院系的入学率分别只有 1.51%、2.11% 和 1.79%。公平系数分比为 0.21、0.28 和 0.25。这一切表明两类群体在研究生阶段的入学率很低。尽管印度政府做了很多努力，但结果却不尽如人意。因此，这种局面改善恐怕要从起点做起，改善农村基础教育的办学条件。

表 9-9　1979—1980 年度弱势群体在研究生阶段的入学比例（百分比）

类型	表列种姓	表列部落	表列种姓和表列部落
附属学院	10.70 (0.71)	1.51 (0.21)	12.21 (0.54)
大学直属院系	5.66 (0.38)	2.11 (0.28)	7.77 (0.34)
全印各类院系	8.34 (0.55)	1.79 (0.25)	10.13 (0.45)

Source：University Grants Commission，*Facilities to Scheduled Castes and Scheduled Tribes in Universities and Colleges*，New Delhi，1990. 括号内的数据为公平系数。

表 9-10　1979—1980 年度研究生阶段弱势群体学生分专业入学率

专业	附属学院			大学直属院系		
	SC	ST	SC&ST	SC	ST	SC&ST
文科	15.19	2.07	17.66	7.38	2.83	10.21
理科	4.05	0.31	4.35	3.26	1.61	4.87
商科	6.84	1.53	8.37	4.77	1.14	5.91
教育	2.52	0.73	3.24	4.41	3.78	8.19
工程技术	0.48	—	0.48	2.43	0.03	2.45
医学	5.19	0.76	5.95	1.58	0.32	1.90
农学	2.52	—	2.52	4.52	0.68	5.20
兽医学	—	—	—	1.69	—	1.69

① 印度研究生阶段的修业年限通常为 2 年，主要是课程学位，也可申请论文学位。毕业时根据学生成绩是否优秀和合格，颁发荣誉学位（Honor Degree）和普通学位（Pass Degree）。

续表

专业	附属学院			大学直属院系		
	SC	ST	SC&ST	SC	ST	SC&ST
法学	6.35	1.35	7.70	4.85	1.29	6.14
其他	5.82	1.38	7.20	4.34	0.76	5.10

Source：University Grants Commission，*Facilities to Scheduled Castes and Scheduled Tribes inUniversities and Colleges*，New Delhi，1990.
注：SC 表示表列种姓　ST 表示表列部落　SC&ST 表示表列种姓和表列部落。

上表数据显示了表列种姓和表列部落学生在研究生各专业的入学分布情况。1979—1980 年度在附属学院中表列种姓学生读文科的比例达到15.59%，超过了 15% 的配额；表列部落学生读文科的比例仅为 2.07%，低于 5% 的配额。他们在工程技术专业中的比例最低，他们在容易就业专业中的比例也很低，原因很简单，他们在中小学阶段受教育水平差，尽管有配额规定，也很难考上。

大学直属院系中，除了某些专业外，表列种姓和表列部落在各专业的比例要比附属学院的低。在各个专业中两个群体的合计比例在 1.69%和 10.21% 之间，远低于 20% 的合计保留配额，说明能进入大学直属院系的表列群体学生不多。印度大学直属学院的教学设施和教学质量远远高于附属学院，招生条件和要求自然要高于附属学院，很多表列群体学生因此被挡在门外。

1979—1980 年度全印各类院系中表列群体的入学比例中，就文科而言，他们的合计入学率为 14.20%，低于 20% 的保留配额。理科的合计入学率只有 4.64%，商科的比例同样很低，只有 7.15%。在其他学科的比例更低。

表 9–11　1995—1996 年度表列种姓的研究生人数及所占比例

专业	人数	所占比例
文学硕士	36302	13.47%

续表

专业	人数	所占比例
理学硕士	7066	7.13%
商学硕士	5987	7.57%
哲学博士	1514	3.66%

数据来源：转引自安双宏《印度高等教育：问题与动态》，黑龙江教育出版社2001年版，第132页。

从上表可看出，过了15年之后，文科的比例基本上接近保留配额，理科的比例有所上升。

3. 辍学率

在印度，辍学问题是一个十分严重的问题，因为辍学问题是家庭极度贫穷的结果。毛入学率是对弱势群体教育问题的一个统计学意义上的描述。许多表列群体的学生还没有进入任何教育阶段，比如，小学初中阶段就辍学了。入学数据实际上掩盖了这一真相，只有辍学率才能反映学生受教育的实际情况。

表9-12　1985—1986年度和1986—1987年度弱势群体学生的辍学率

年级	表列种姓[*]	表列部落	全印度[**]
1—5年级	50.79	66.12	47.61
1—8年级	69.15	80.15	64.42

Sources：Government of India，Ministry of Human Resource Development，*Annual Report*：*Part-I*，1990.
注释：* 1986—1987年度表列种姓和表列部落的数据。** 1985—1986年度全印度的数据。

上表显示初小阶段表列种姓的辍学率高达50.79%，而表列部落的辍学率更高，达到66.12%。在高小阶段这一比例更高，表列部落的辍学率高达80.15%。

表 9-13　1993 年 1—10 年级弱势群体学生辍学率

年级	表列种姓	表列部落
1—5 年级	49.62	64.53
1—8 年级	67.78	78.08
1—10 年级	79.88	86.72

Sources：Education for All in Indian Scenario，*Ministry of Human Resource Development*，Government of India，New Delhi，1993.

　　表列种姓学生 1 年级时 100 个，到 10 年级时，就剩下 20 个学生了；表列部落学生到 10 年级时，只剩下 13 个学生了。近年来，印度政府为表列种姓和表列部落提供了大量的教育援助。尽管如此，他们的现状仍然如故。辍学率高这一事实表明给表列群体学生的经济援助既没有达到一个适当的水平，也不足以支付他们的学习费用。不是所有家庭都能得到资助，不少家庭因其收入刚刚超过资助线而失去资助。大多数情况下，贫困家庭的孩子早早开始工作来养活自己，或给家里增加点微薄的收入，也正是因为受剥削和压迫导致的赤贫使他们大量辍学。

　　4. 从教率

　　表列种姓和表列部落教师的从教状况给我们提供了另一组重要的数据，这些数据一方面反映了他们在独立后受益于保留政策而提升了的社会地位；另一方面也清楚地表明，与其他群体相比，他们在过去遭受教育剥夺而失去良好教育机会的情况。我们将在这里分别讨论他们在中小学和大专院校的从教情况。

　　（1）中小学

　　1979—1980 年度，在中小学工作的表列种姓教师约 20.6 万人，占全国中小学教师总数的 6.88%；表列部落教师的人数更少，总共只有 10.5 万多人，占全国中小学教师总数的 3.52%。

表 9-14　1979—1980 年度全国表列种姓和表列部落中小学教师从教人数与百分比

社会阶层	人数	百分比
表列种姓	205830	6.88
表列部落	105499	3.52
其他阶层	2682372	89.60

Sources：Government of India，Ministry of Education，*State-wise Information on Education of Scheduled Castes and Scheduled Tribes*，1985.

1986 年全印教育调查统计资料显示，在初小、高小、初中和高中的教师中，表列种姓教师的从教比例有所提高，分别达到了 11.2%、8.6%、5.84% 和 4.82%；表列部落教师的比例分别达到 5.99%、4.61%、2.51% 和 1.32%，但仍未达到 15% 和 7.5% 的配额规定。①

（2）高等学校

表列种姓和表列部落学生在高等学校中的比例要远远低于他们相应的人口比例，这意味着他们中小学的辍学率要比其他群体高，这必将导致他们在高等教育中的比例会更低。教学工作是学校教育中最重要的组成部分。在高等学校中教学需要很高的学历。表列种姓和表列部落教学人员在教育领域，尤其是高等教育领域从教的状况再一次反映了他们极度落后的社会经济和教育水平。

表 9-15　1979—1980 年度印度高等院校各类院系中表列种姓和表列部落教师数

社会阶层	总人数	占总人数的比分比	公平系数
表列种姓	2861	1.49	0.16
表列部落	974	0.51	0.07
表列种姓和表列部落	3835	2.00	0.09
全印度	191443		

Sources：Government of India，Ministry of Education，*State-wise Information on Education of Scheduled Castes and Scheduled Tribes*，1985.

---

① 赵中建：《战后印度教育研究》，江西教育出版社 1992 年版，第 253 页。

在印度高等院校各类院系的 19.1 万多名教师中，表列种姓的教师只有 2816 人，占总数的 1.49%，而表列部落教师只有 974 人，只占总数的 0.51%。就公平系数而言，表列种姓教师只有 0.10，表列部落教师更低，只有 0.07。

表 9–16　1979—1980 年度全印各类院系中表列群体教师的职务和职称情况

职务 / 职称	总人数	表列种姓			表列部落			合计		
		SC	总数的 %	CE	ST	总数的 %	CE	SC& ST	总数的 %	CE
学院院长	4278	25	0.58	0.04	18	0.42	0.06	43	1.01	0.04
教授	10492	70	0.67	0.04	25	0.24	0.03	95	1.91	0.04
副教授 / 高级讲师	11769	94	0.80	0.05	27	0.23	0.3	121	1.03	0.05
助理教授 / 讲师	142696	2296	1.61	0.16	857	0.60	0.04	3153	2.21	0.10
初级讲师	5948	128	2.15	0.14	5	0.05	0.01	133	2.24	0.10
辅导员 / 实验教师	12617	195	1.55	0.10	34	0.27	0.04	229	1.82	0.08
其他教师	3643	53	1.45	0.10	6	0.16	0.02	59	1.62	0.07

Sources：Government of India，Ministry of Education，*State-wise Information on Education of Scheduled Castes and Scheduled Tribes*，1985. 注释：SC = 表列种姓　ST = 表列部落　CE = 公平系数

1979—1980 年度在全国 4278 个学院院长中，只有 25 个是表列种姓的，18 个是表列部落的，分别占总数的 0.58% 和 0.42%。公平系数分别都是 0.04。在教学等级中第二重要的职位就是教授。1979—1980 年度，在全印 10492 个教授中，表列种姓和表列部落的教授分别只有 70 个和 25 个。两者的教授总数合计只占教授总数的 0.91。他们的公平系数分别只是 0.04 和 0.03。在全国 11769 个副教授和高级讲师中，表列种姓和表列部落只占总数的 0.84% 和 0.23%。公平系数要比教授的高 0.01。随着教学行业中等级结构的降低，表列种姓和表列部落所占的比例逐步提高。在所有职

位中，表列种姓所占比例最高的是初级讲师，而表列部落所占比例最高的是助理教授和讲师。

表 9-17　1987 年 41 所大学中表列种姓教学人员所占的比例

等级 / 类型	总计	表列种姓	百分比
教师类别			
教授	2133	13	0.67
副教授	3261	34	1.04
讲师	5341	169	3.16
研究助理	674	71	10.53
行政人员类别			
A 级	3525	118	3.35
B 级	4833	221	4.57
C 级	19811	2628	8.51
D 级	17607	1628	14.97

Source：Government of India（1987—1988）.

1987—1988 年度，在 41 所大学中，教师系列的教授、副教授和讲师所占的比例以及行政系列 A 级、B 级和 C 级职员所占的比例都十分低，同 7 年前相比，教授和副教授的比例几乎没有什么变化，只有讲师和教学辅助人员的比例有所提高，行政人员中的 D 级（主要是清洁工）勉强达到了 15% 的保留指标。

2009 年，印度高校教师总数超过 151 万，教授占 9.6%，副教授占 11.5%，讲师占 66.4%，实验师和助教占 5.1%，临聘教师占 7.4%。普通社会群体教师占 65%，其他落后阶层占 25.4%，表列种姓和表列部落分别占 7.5% 和 2.1%，穆斯林民族占 3.4%，其他民族占 3.3%。表列种姓和表列部落教师的比例比 1980 年提高不少，但仍未达到其人口比例。

不可否认的是，尽管保留政策在实施过程中存在局限和不足，但保留政策的确有助于表列群体改善他们的社会经济、政治、教育和文化地位，一定程度上消除他们所遭受的种种屈辱。"正是保留政策帮助他们砸碎了契约劳工的枷锁，形成了一个由政府官员、律师、教授、工程师和医生组成的小中产阶级，他们提高了的经济地位不仅加快了社会流动的步伐，也从整体上给表列群体以信心和某种精神安慰（mental stability）。"①

二、弱势群体教育问题分析

弱势群体的教育究竟存在什么问题？有了宪法和法规做保障、教育政策做基础、各种教育发展计划和资助政策作为手段，为什么他们在各方面与其他群体还存在较大的差距呢？与其他群体相比，他们入学率低而辍学率高；虽然有保留政策的保护，他们却用不完重点大学和优质中小学（中央学校和示范学校）给他们保留的配额，他们任中小学教师和大学教师的比例异常低，原因何在？除了他们自身的政治、经济和文化背景之外，恐怕教育政策、教育发展计划和资助项目本身在实施过程中也存在局限和不足。

1. 大学保留政策执行情况分析

印度大学拨款委员会是根据《1956年大学拨款委员会法》成立的一个法律主体，负责采取自认为适当的措施，与大学和其他团体协商促进和协调大学教育。印度政府通过大学拨款委员会与大学打交道。为把表列种姓和表列部落学生带入主流生活，确保他们在各种专业的高等教育中占有一定的比例，印度大学拨款委员会长期以来通过制定特别计划和常规计划来保证社会公正和促进这两个弱势群体的教育发展。

各邦公立大学根据表列种姓和表列部落在该邦人口中的比例为他们制定不同比例的保留名额，总的原则是表列种姓和表列部落的保留名额比例不能低于人口比例。中央大学的保留名额比例必须是表列种姓15%，表列部落7.5%。

那么，实际执行情况怎么样呢？印度大学拨款委员会经过努力收集

---

① Michael，S.M. *Untouchable*：*Dalits in Modern India*. London：Lynne Rienner Publishers，Inc. 1999. p.137.

到了一些表列种姓和表列部落学生在大学各个学科的实际比例的资料。资料涉及 1992—1993 年度的 6 个学科：人文社会学科、自然科学（含农业科学）、工程技术、医学、专业学科（不含医学和工程技术）和其他学科。表列种姓学生在各个学科的比例从 2.60% 到 9.92%，而表列部落学生的比例则是从 0.09% 到 6.41% 不等。[①] 他们的比例无论在哪一个学科都没有达到大学拨款委员会规定的 15% 和 7.5% 的比例。

印度大学拨款委员会、人力资源开发部和有关大学都在努力调查原因。结果发现，达不到保留比例的原因主要是生源不足、质量不高。因此，建议加强中小学教育，努力保证提高他们在中小学层次的入学率，同时降低辍学率和留级率，挑选那些有前途的学生，送入公立学校中，给他们补课，从基础开始，以便他们能跟上其他学生，最终提高他们在大学不同专业中的比例。此外，还要求有关大学应保证给表列种姓和表列部落学生开设的补习课程一如既往地继续进行下去。

1975 年 8 月，大学拨款委员会致函大学副校长，要求他们招聘讲师时，给表列种姓和表列部落分别保留 15% 和 7.5% 配额；随后，在 1982 年 8 月又要求各大学在非教学职位的招聘以及讲师和副教授职位的招聘上执行这个比例的保留政策。

然而，政策的实际贯彻情况也同样达不到保留政策的规定。中央直属大学教学岗位上表列种姓和表列部落的人数微不足道，甚至连讲师所占的比例也很少。邦立大学各级教学岗位上表列种姓和表列部落的人数也同样少得可怜。1993 年，在中央直属大学的 1155 个教授中，表列种姓和表列部落的教授分别只有 2 个和 6 个，在 1774 个副教授中分别只有 6 个和 16 个，在 1491 个讲师中分别为 35 个和 48 个，在 257 个研究助理、辅导员和实验员中分别只有 3 个和 2 个。即使在分为 ABCD 四个等级的 21917 个非教学人员中，他们的人数分别为 2857 个和 1316 个，占总数的

① Department of Education. Government of India. *The National Commission for Scheduled Castes and Scheduled Tribes*. 1996. p.23.

13.04% 和 6%。①

　　除了像打扫卫生一类的低级非教学岗位外，表列种姓和表列部落在教学和非教学岗位上的比例少得可怜。这主要是人力资源开发部教育司的工作积极性不高，没有从法律上强制大学执行印度政府的保留名额政策。

　　由于没有具体的法定实施细则，在表列种姓和表列部落中又没有合适的人选，因此，中央直属大学借口教学岗位不能长期空缺而拒绝执行讲师职位保留政策。比如，在1984年、1985年和1986年三年中，贝拿纳斯印度教大学招聘了220个讲师，却没有一个是表列种姓和表列部落的人。② 由于没有实行未用完指标继续保留制度，给表列种姓和表列部落造成了巨大的不公正。

　　实际上，各大学没有认真执行职位保留政策的真正原因是，大学教师与清洁工不同，它要求高素质、高学历的人才能胜任大学教师的工作。保留指标的多少、执行力度的大小、有没有详细的法规细则，这些都不是决定因素，决定因素是教师的素质是否达到要求。学生保留配额政策也面临同样的问题。

　　1992年和1993年，人力资源开发部、大学拨款委员会和中央各直属大学副校长、注册主任召开的联席会议上，讨论了照顾表列种姓和表列部落学生和教师保留配额政策的实施方案，要求各大学招生时，应明确有多少名额是保留给表列种姓和表列部落候选人的，绝对禁止取消表列种姓和表列部落学生配额保留政策，未用完的指标必须保留到下一学年。无论何种情况，未用完指标都不能由普通种姓的候选人占用。未用完指标可继续保留，直到具有大学拨款委员会规定的最基本资格的表列种姓和表列部落候选人补满为止。大学教师和行政人员的职位保留政策也照此执行，还可在全国各报刊、就业新闻、大学新闻刊登这方面的广告，也可以通过广播

---

① Department of Education. Government of India. *The National Commission for Scheduled Castes and Scheduled Tribes*.1996. p.104.

② Department of Education. Government of India. *The National Commission for Scheduled Castes and Scheduled Tribes*.1996. p.105.

电台或国家电视台进行招聘宣传。

尽管印度中央和邦一级政府为加快表列种姓和表列部落教育的发展，在宪法上和其他方面制定了许多保护条例，但是有关大学却没有认真执行保留配额政策，违反保护条例的情况不少。印度表列种姓和表列部落委员会 1993—1994 年度就收到了来自个人、协会或组织关于大学违反教育保护条例的申诉案 110 件，其中，大学和普通专业学院拒绝招收表列种姓和表列部落学生的申诉状 17 件；医学和工程等专业学院拒绝招收表列种姓和表列部落学生的申诉状 24 件，没有发放助学金和奖学金的申诉状 6 件。①

实际上，对于以上问题，各高校也有自己的苦衷，主要是符合最低录取条件的表列群体考生生源不足，无法完成配额计划。碍于政府的干预和表列群体压力，一些高校规定，表列群体考生只要达到最低录取分数线的 2/3，即可被录取。有一年，马德拉斯印度理工学院机械工程系一般考生的最低录取分数线是 62 分，而表列群体考生只考 18 分就录取了。虽然，学院为他们开设了一年的补习课程，但仍有 25% 的学生跟不上教学进度，只好被劝退。另外，为他们保留的配额还有 5% 未用完，因为能达到为他们专门设置的最低分数线生源不足。对于表列群体学生跟不上教学进度问题，国会中的表列种姓问题议员指责理工学院的标准太高，在教学中用的是国际标准而不是印度标准。②1973 年，根据政府保留政策的规定，孟买印度理工学院为表列群体保留的配额为 54 个，但最后只招收到 15 个表列群体学生。然而这 15 个学生到 1974 年就剩下 10 个，到最后一年 1977 年只剩下 5 个。孟买理工学院成绩考核采用 10 分制，5.5 分为及格。如果达不到及格分数，就要受警告处分，让其试读一年，如果试读期内仍然考不及格，只好劝其退学。这 15 个学生被警告和劝退的次数就达到了

---

① Department of Education. Government of India. *The National Commission for Scheduled Castes and Scheduled Tribes*. 1996，p.151.

② Suma Chitnis，Philip G.Altbach. *Higher Education Reform in India*：*Experience and Perspectives*. New Delhi/London：Sage Publications.1993，pp.357-358.

16 次。①

印度政府制定法律和政策来保障表列种姓和表列部落受教育的权利，促进他们的教育发展，提高他们的教育水平，愿望是美好的，但在具体的法律和政策的执行中，愿望和实际出现了很大的反差。看来要使愿望和实际相吻合，还需继续作出更大的努力，尤其从最基础的教育抓起，尽可能给广大的农村学校提供优质教育。让印度全社会都真正地关心弱势群体的各种利益和发展，消除种姓制度的社会排斥和歧视现象，也十分重要。

2. 教育计划存在的问题分析

据不完全统计，印度独立后为表列群体专门制定的发展计划以及涉及表列群体的发展计划 20 多项。发展计划涉及普通学校、寄宿学校、男女生公寓建设，提供免费午餐、服装、教材，建立大学生书库，实施适应农村地区普及基础教育的非正规教育中心和操作黑板计划，开设补习课程，在优质学校中为表列群体保留配额等等。各类奖助学金 20 多项，其中，最重要的是覆盖面很宽、受益者众多的高中以上助学金计划和高中以下助学金计划。这些由印度中央政府和地方政府制定和资助的计划，主要目的是为弱势群体建立一个舒适的学习环境，使他们获得与其他群体一样的教育机会；奖助学金计划的目的是减轻表列群体家庭负担，吸引他们的子女到学校上学。涉及表列群体发展计划和资助计划确实不少，但要使所有表列群体都享受到计划的益处，似乎不太可能。而且，这些计划本身和实施方法存在着缺陷，比如，奖学金、助学金、书费、服装和午餐等，经费和物资明显不足，而且还不能按期发放；颁发奖助学金程序十分烦琐和官僚化，从领取表格、填表，到奖助学金发到手里要经历一个漫长的过程；寄宿学校和公寓设施很简陋，最主要的问题是缺少维持经费，有些公寓管理员由于拿不出维修费而逃跑躲债。就连给外国学生住的公寓设施也同样因缺少维持费用而破烂不堪，经常停电停水。

---

① Suma Chitnis. *Education and Social Stratification-An Illustration from a Metropolitan City in Education and the Process of change edited by Ratna Ghosh and Mathew Zachariah*. New Delhi/Newbury Park/London：Sage Publications，pp.96-98.

在印度所有的奖助学金和贷款计划中，大部分计划的数额都比较少或者不公布数额。2006 年由印度政府社会公正与合法权益保护部出台的《拉·甘地研究生奖学金》就没有公布奖学金的数额，只公布了专业研究方向和奖学金额度，奖学金额度之高足可让获奖者养家糊口了，但覆盖面不会很大，因为能进入工程技术、计算机、医学等高科技专业的表列群体大学生本身就不多。相比较而言，只有专门针对表列群体的《高中层次以上助学金》和《高中层次以下助学金》覆盖面最宽、针对性最强、影响最大、效果最好。当然，这两个助学金计划也存在不少问题。首先是没有对奖学金的实施效果进行评估。在专门为表列种姓中地位最低的皮革匠和粪便清扫工子女制定的《高中层次以下助学金》计划里，是不是所有符合规定的这两个种姓的子女都受益于这个计划了，没有答案。仅比哈尔邦和北方邦的皮革匠种姓的农村人口就多达 500 多万。[1] 虽然，各地方政府在不同的计划中，给表列种姓的学生提供了高中层次以下的助学金，给从事不洁职业家庭的孩子和表列种姓贫困家庭的女孩提供特别助学金，但是这个阶段的助学金数量严重不足，所以覆盖面也不够。就高中层次以上奖学金而言，奖学金有时候到学期中间，有时候到期末结束时才发下来。结果，只有那些家里有钱或得到志愿者组织帮助的人，才得以继续学业。而那些没有及时得到助学金的学生，尽管符合上大学的条件，只好放弃上学了。对于贫困家庭的表列群体学生而言，拿不到助学金就难以完成学业。虽然，在印度所有公立中小学教育是免费的，但并不是所有贫困学生都能获得免费的教材、文具和服装，有些地方免费教材发到学生手中时，学校已经快放假了，不少学生只好到书店去买教材。免费服装不是质量有问题，就是不合身。1986 年全印教育调查报告显示，在初小（1—5 年级）和高小（6—8 年级）阶段有 14636266 名学生获得免费的服装，占所有基础教育阶段学生的 12%。其中，33.04% 属于表列种姓，11.50% 属于表列部

---

[1] Dr. Sanjay Paswan. Dr. Pramanshi Jaideva. *Encyclopaedia of Dalits in India* (*In 11 Volumes*) *Emancipation and Empowerment* (*Volume 8*). Delhi. Kalpaz Publications. p.323 & p.419.

落。① 约 600 万表列群体学生获得了免费服装，但他们只占该阶段表列群体学生的一小部分。很多贫困家庭，由于孩子较多，购买教材、文具、练习簿和服装对他们来说是一笔不小的负担。高中生以上助学金虽然是面对所有表列群体学生的，但他们只是表列群体学生中的一小部分，因为大部分孩子读完 8 年级就辍学了。"这也就是表列群体学生爬不上教育梯子的原因。那些爬过中小学这道坎儿的人可以继续轻松往上爬，那些没有爬过去的人，这辈子就完了。这就是现实。在助学金计划中，对于 6—11 岁年龄组学生的教育问题，印度政府应给予严肃认真的考虑，这是一个关键的年龄段，需要更多的激励措施来补偿这一机会成本，达到吸引他们上学的目的。如果宪法中给所有 14 岁以前儿童提供免费义务教育的规定得以小心翼翼地执行，那么到这个时候不仅消除了文盲，而且其他相伴而来的有利因素，如，降低人口增长率、富裕的生活条件等也同样得以实现，国家也富足了。印度学者普遍认为，助学金计划没有达到帮助表列群体中最贫困群体的预期目的。"②

助学金和其他物质奖励更多地被表列群体中的特权阶层所攫取，而最贫困和最需要得到帮助的群体却沾不了多少光，因为助学金的数量很少充足到能够让"真正的穷人"获得教育。免除学费对于大多数表列群体来说并不意味着免费教育，因为穷人受教育的机会成本远高于富人。仅仅是提供教育设施、教育经费和其他激励措施，就能够保证弱势群体教育利益的自动实现，值得深究。"各种研究表明，这些利益主要为表列群体中的'精英'群体所获得。这些利益没有流到真正需要它们的穷苦大众手里，他们甚至不知道他们有权利获得这些利益。"③ 真正的问题在于如何使这一巨大的遭受剥夺的群体获得教育，确保他们享受同样的利益，如果他们不

①　Department of Education. Government of India. *The National Commission for Scheduled Castes and Scheduled Tribes*.1995，pp.7-8.

②　Dr. Sanjay Paswan. Dr. Pramanshi Jaideva. *Encyclopaedia of Dalits in India*（*In 11 Volumes*）*Emancipation and Empowerment*（*Volume 8*）. Delhi. Kalpaz Publications，p.279.

③　Ibid，p.280.

能得到更多的利益，至少给他们的教育机会应该保留给他们。

　　虽然入学机会得到大规模的扩充，但是对农村学校的投入和管理还有许多需要改善的地方。投入的不足和管理的不善是导致城乡差距和区域不平等的原因。印度政府应采取一切措施保证农村教育质量达到城市学校的水平，让那些入学的学生不需复读就能够完成规定的教育年限。教育浪费在印度农村很普遍，从目前小学阶段高达 130% 和 140% 的毛入学率来看，就可以明白这个道理。

　　从特别辅导计划的受益学生人数来看，这个项目进展是缓慢的，原因是付给补习教师和专家的酬劳太低，因为他们的酬金还是 1987—1988 年度计划启动时制定的标准。另外，这些拨款现在也满足不了学生书籍、文具、食宿费和零花钱的需要。如果印度不加大力度增加拨款，表列群体学生在专业性强和技术性强的教育中的比例是难以提高的。

　　免费午餐计划确实吸引了很多贱民和部落学生来上学，但也存在不少问题。很多学校由于没有经费雇佣专门的厨师，教师只好担当厨师的角色，影响了正常的教学。贱民地区的学校，高级种姓的家长坚决反对雇佣贱民当厨师。此外，由于天天都吃同样的东西，不少学生不愿再吃，午餐计划的吸引力逐步丧失，一些家长宁可花钱送孩子到教学质量高的私立学校。

　　操作黑板计划由于各邦经费紧张，往往只有教师，没有教室、黑板、桌椅板凳、挂图、粉笔等教学设施。一个教室往往由几个班级共同使用，有些教室就是一些简易的帐篷。事实上，教师也严重缺乏。①

　　非正规教育中心是普及贱民和部落民文化教育比较成功的机构，但由于部落民居住分散，有些村落只有几个学生，没法建立教育中心；此外，贫困、上课不正常、家长的消极态度、童婚（不少女孩因为传统观念和贫困等因素，十二三岁就结婚）、举家迁移等原因，导致大量儿童辍学。

---

① Dyer.Caroline., *Operation Blackboard*；*policy implementation in Indian elementary education*. U.K.：Symposium Books，2000，pp.72-75.

此外，同伴的早婚也会导致其他女孩子辍学在家。①

如同上述情况一样，很多计划和项目虽然很好，但由于覆盖面小，难以达到切实提高表列群体整体教育水平的目标。

3. 弱势群体学生公寓计划利弊分析

表列种姓和表列部落学生家里通常都没有必要的学习条件。大多数表列群体的学生都是第一代学生，父母亲无法辅导他们。还有住在公寓还可安心学习，不被家务和农活干扰。公寓既能提供学习环境，又能提供辅导和指导，在促进表列群体学生教育发展方面发挥了巨大的作用。1978年4月，在卡纳塔卡邦开展的一项住校生高中毕业考试成绩的研究中，发现住校生的考试成绩比走读生的成绩好得多。在表列种姓学生中，走读生的及格率只有35%，而住校生的及格率达到53.5%。在表列部落学生中，走读生的及格率为37.2%，而住校生的及格率为68%。研究表明，提供免费的食宿、教材和文具以及特别辅导的公寓，就是住在公寓里的学生成绩比走读生好得多的主要原因。② 此外，政府管理或资助的公寓都给学生提供免费的家具、被褥和床单、教材、文具、图书、报刊、室内外活动器械、理发、乘车卡、服装和肥皂等等。食宿免费，饭菜按照营养标准搭配。但各邦提供的公寓设施和条件不一样。

然而，印度政府为表列种姓和表列部落修建的公寓数量在许多邦远远满足不了需求。1973年12月，全印教育研究与培训理事会对表列种姓学生公寓所做的第三次全印教育调查显示，全国各地的公寓数都不足。只有安德拉邦是全印表列种姓学生公寓数量最多的邦，安德拉邦的表列种姓人口占全邦人口的14.51%，公寓数比例全国最高，有1036所公寓，占全国的26.46%。表列种姓人口最多的北方邦所拥有的公寓数的比例很低，

---

① Guttman，Cynthia and Kosonen Kimmo. *Within reach：the story of PROPEL*，*a non-formal education project for rural children in India*. [*foreign government document*]，Paris：United Nations Educational，Scientific and Cultural Organization，c1994，p.24.

② Dr. Sanjay Paswan. Dr. Pramanshi Jaideva. *Encyclopaedia of Dalits in India* (*In 11 Volumes*) *Emancipation and Empowerment* (*Volume 8*). Delhi. Kalpaz Publications，pp.260-261.

只占公寓总数的 3.2%，全印排名第八。表列种姓人口比例高达 18.88% 的哈里亚那邦只有 2 所表列种姓学生公寓。这种状况 10 年后依然如此。①

公寓数不足是一个问题，管理不善又是另一个问题。在一些地方，公寓过于拥挤，超过了额定人数；而另一些地方的公寓由于表列群体学生不多，一直空着或用作教室、教师住宅和办公室等等。在很多地方，女生公寓建在距离学校很远且交通不便的地方，如果想提高表列群体女学生入住率，降低她们的辍学率，女生公寓的选址非常重要，应尽可能不把女生公寓建在荒无人烟的地方；公寓四周应修围墙，宿管员的住宅也应建在公寓里。

尽管对公寓计划投入很大，但对公寓条件满意的入住者却不多。主要原因是一些公寓完全不适合居住，周围环境很差，居住条件实在难以令人满意。这也反映了公寓维护费用严重不足，捉襟见肘。公寓投入确实很大，但分配到每一个公寓后，却是杯水车薪，因为公寓一切都是免费的。另外，公寓管理者对公寓管理缺少热情，对住宿学生也缺少关心。此外，有些表列种姓学生穷得连买车票进城去公寓提交入住申请的钱都没有，缺少入住公寓的基本经济条件保障。

1991 年 2 月 11 日，安德拉邦落后阶层福利部长在卡麻孟县（Khammam）视察了 4 所政府为落后阶层和表列种姓开办的公寓之后说，学生们住在不是人住的地方，没有盘子或托盘，食物就放在地上。许多孩子在用塑料杯子吃饭或者用聚乙烯塑料袋（polythene sachets）吃饭的同时，还不得不时时驱赶猪狗。大多数孩子没有衬衫和短裤，总是穿着宽大的衣服裤子。至少有 50 个孩子患有各种皮肤病和其他疾病，至少有 20—30 个孩子脸上和身上长满了丑陋的疥疮。孩子们告诉他医生有好几个月没有来过了，他们向宿管员反映了多次，但没有任何结果。厕所粪便外溢，公寓里弥漫着难闻的气味。更糟糕的是，他发现没有人在学习，失去

---

① 　Dr. Sanjay Paswan. Dr. Pramanshi Jaideva. *Encyclopaedia of Dalits in India* (*In 11 Volumes*) *Emancipation and Empowerment* (*Volume 8*). Delhi. Kalpaz Publications，p.263.

了孩子们入住公寓的目的。在宿管员躲债（Absconded）的几个月里，孩子们从来没有碰过书本。[①] 公寓数量最多、最受政府重视的安德拉邦的公寓情况尚且如此，可以想象印度其他并不重视公寓建设、投入和管理的地方会是一个什么样的光景。

第四节　印度弱势群体教育政策评价

在印度弱势群体教育发展中，一个至关重要的教育政策就是印度人称为在全世界福利范围最广泛的"保留政策"（Reservation Policy or Affirmative Action）。这个在英国人统治印度时期就开始实行的保留政策，在独立后的印度得以发扬光大。保留政策在中央和地方政府机构、国有企业和教育机构（主要是重点大学和中小学），给表列种姓 15%、表列部落 7.5% 和其他落后阶层 27% 的保留配额。

印度的保留政策不是独立后才有的，最早可追溯到 1880 年，当时的英印政府把一些文盲和土著阶层列入一份落后阶层名单，给他们的子女就读基础学校发放津贴。1895 年在马德拉斯辖区还建立了落后阶层（包含大部分不可接触者种姓）补助学校，迈索尔政府还给落后阶层保留一定的职位。1925 年在孟买政府的一份决议中，确定落后阶层是"除了婆罗门、普拉布人、马瓦利人、帕西人、巴尼亚人和基督教徒之外的阶层。"[②] 1928 年，哈托克（Hartog）委员会把落后阶层界定为教育落后的种姓和阶层，包括受压迫者阶层、土著、山区部落和犯罪部落。1929 年联邦印度教落后阶层联盟制定了一份包含 115 个落后种姓（指非再生族、颓废阶层或首陀罗阶层）的名单。1936 年《表列种姓法》把 429 个种姓和部落确定为

---

① Dr. Sanjay Paswan. Dr. Pramanshi Jaideva. *Encyclopaedia of Dalits in India*（*In 11 Volumes*）*Emancipation and Empowerment*（*Volume 8*）. Delhi. Kalpaz Publications，pp.268-269.

② 普拉布人（Prabhus）：古吉拉特邦刹帝利种姓，种植并销售花果菜的富农；马瓦利人（Marwaris）：拉贾斯坦邦吠舍大商人种姓，印度大财团总裁比尔拉就是马瓦利种姓；帕西人（Parsis）：很富有的波斯拜火教徒；巴尼亚人（Banias）：很富有的吠舍商人种姓。

不可接触者。1946 年尼赫鲁提议在宪法中给其他落后阶层制定适当的保护条款。根据 1950 年印度政府《（表列种姓）宪法条例》和《（表列部落）宪法条例》，宣布了 1086 个表列种姓和 443 个表列部落名单，对这两个群体实行特殊的政策保护。而各邦政府建立的落后阶层委员会不定期在不同时段界定并公布社会落后、经济落后和教育落后的种姓或阶层名单。①

　　研究印度的弱势群体问题，如果避开其他落后阶层的问题，难以反映印度弱势群体问题的全貌。在印度，其他落后阶层问题和表列种姓、表列部落的问题是交织在一起的，其他落后阶层问题实际上比表列种姓和表列部落的问题还要复杂。这个阶层包括低级种姓、部分婆罗门穷人、穆斯林、由表列部落和表列种姓皈依的基督教徒和佛教徒等"少数民族"以及一些低贱职业者。当然这个阶层中大部分属于首陀罗低级种姓，其社会地位比表列种姓略高，但在种姓制度中他们不是再生种姓，仍受到高种姓的歧视。事实上，对表列种姓和表列部落的认定和照顾本身争议不大，但是占印度人口近 52% 的其他落后阶层的保留政策引起了很大的争议和暴力冲突。随着印度首陀罗阶层的崛起、发展和壮大，他们开始向政府施加压力，争取获得配额，在政府中获得权力，甚至能左右政府政策导向和选举。政府迫于压力不得不给他们适当的配额。

　　1951 年，以印度总理尼赫鲁为首的印度宪法特别委员会 22 人小组（司法部长安贝卡博士也是重要成员之一）经过三天的激励争论，确定那些教育上、社会上和经济上落后的群体属于"其他落后阶层"。②1953 年印度政府根据宪法第 15 条第 4 款和第 340 条第 1 款，任命了第一届全印落后阶层委员会，调查是否对他们实行保护的问题，Kaka Kalelkar 出任

---

① 　Dr.Shish Ram Sharma：*Protective Discrimination*；*Other Backward Classes in India*. Delhi：Raj Publications. 2002. pp.1-7. 印度政府为了实施好保留政策，1985 年开始在全国范围内对种姓和阶层进行大规模的调查。一个叫作《印度人民计划》的"印度人种学普查"，确定了 4693 个阶层、12 大语族和 325 种语言、24 种字体和 91 个文化带。这是印度历史上最全面的人口群普查，涉及社会、经济、文化、语言和生态的多样性。

② 　Dr. Sanjay Paswan. Dr. Pramanshi Jaideva. *Encyclopediaof Dalits in India*（*In 11 Volumes*）. *Reservation*.（*Volume 5*）. Delhi. Kalpaz Publications，pp.179-248.

主席。① 委员会把下列标准用来界定社会落后（social backward 主要是指其他人或政府认为他们落后，盛行童婚、生存靠体力劳动、非正式工作、工作条件差、缺少基本设施如厕所、生活环境不卫生等等）、经济落后和教育落后的阶层：在印度教社会传统等级中社会地位低；一个种姓或群体中大部分人缺少教育；在政府部门中的人数少或没有；很少有人从事贸易、商业和产业。Kaka Kalelkar 委员会在全国范围内拟定了一份有 2399 个落后种姓或阶层的名单，其中 837 个为最落后的阶层。主席坚持不以种姓作为界定标准，而以家庭年收入低于 800 卢比为标准，而不管他是什么种姓。但因对划分落后阶层的标准有争议，直到 1979 年都没有采取有意义的措施和行动。

1979 年根据宪法第 340 条，成立了第二届全印落后阶层委员会，又叫作"曼达尔委员会"，中央政府要求委员会制定一个全面科学的标准来确定社会和教育落后的阶层。1980 年委员会提交了报告，从社会、教育和经济三个大类中分出 11 个指标。

社会：被其他人认为落后的种姓和阶层；主要靠体力劳动为生；农村至少 25% 的男性和 10% 的女性在 17 岁以前结婚；女性务工比例至少超过全国平均比例 25%。

教育：5—15 岁孩子从未上过学的比例超过全国平均比例 25%；5—15 岁学生辍学率至少超过全国平均比例 25%；高中生比例至少低于全国平均比例 25%。

经济：家庭财产价值低于全国平均值至少 25%；住毛草房（kuccha）的家庭高于全国平均数 25%；饮用水源超过半公里的比例超过 50%；贷款消费家庭数超过全国平均数 25%。②

标准出台后，引来很多批评意见。首先是根据种姓来确定落后阶层

---

①　Dr.Shish Ram Sharma：*Protective Discrimination：Other Backward Classes in India*. Delhi：Raj Publications. 2002. p.15.

②　Dr.Shish Ram Sharma：*Protective Discrimination：Other Backward Classes in India*. Delhi：Raj Publications. 2002. p.31.

遭到批评。早婚不只是低种姓的专利，高种姓也如此。体力劳动没有分清楚是出卖劳动还是为自己干活。妇女务工不具体，没有说明是什么样的劳动，如家务、出卖劳动力，还是别的体力劳动。仅以高中生比例作为衡量标准是不足够的，还应包括大学生、研究生和工科学生。有些地方饮用水源很远，不光是低种姓、高种姓也面临同样的问题。25% 的界限也不合理，那些低于 25% 的种姓成了落后阶层，刚好超过一点的种姓成了先进（富裕）阶层，最后的结果是许多真正落后的阶层或种姓没有进入"社会教育落后阶层"名单，而一些先进的阶层却进入了"社会教育落后阶层"名单。这届委员会共提交了 3743 个落后阶层的名单，需要政府给予政策保护和照顾，考虑到问题的复杂性，怕引起种姓冲突和社会动乱，一直到维·普·辛格当总理后才开始执行。由于多达 49.5% 的照顾面，有些邦政府出于各种目的，照顾范围还超出这个比例，使得一些高级种姓青年失去了进入政府部门工作或进入好专业上学的机会，损害了他们的利益，带来了新的不公。冲突不可避免地发生了，这届政府也因此而下台。

根据最高法院的指示，印度政府 1993 年颁布全国落后阶层法，建立了第三届全国落后阶层委员会，负责审查进入中央落后阶层名单中的落后阶层的要求，听取未进入名单中落后阶层的意见。印度的社会情况异常复杂，虽然都是以职业是否"洁净"为标准，在一个邦是贱民的群体，在另一个邦却不是；一些其他落后阶层进入了表列群体的名单，一些贱民却进了其他落后阶层的名单。这届委员会还公布了低贱不洁职业名单，如捕鱼、打猎、捕鸟、农工、泥工、石匠、盐工、烧石灰、烤酒、养牲畜、屠夫、理发、洗衣、渡船、拾荒、磨刀、烘粮、歌舞、杂耍、耍蛇、表演、乞讨或做托钵僧（mendicancy）等。① 直到 2001 年，这届委员会才最终在全国 22 个邦和 4 个直辖区确定了 2278 个种姓和阶层进入中央的"其他落后阶层"名单。

---

① Dr.Shish Ram Sharma：*Protective Discrimination*：*Other Backward Classes in India*. Delhi：Raj Publications. 2002. p.45.

1993 年印度最高法院的指示，中央和各邦政府给表列种姓（15%）、表列部落（7.5%）和其他落后阶层（27%）的保留配额合计不超过 50%。但实际上，许多邦给其他落后阶层的配额超过 27%，而给表列群体的比例低于 22.5%。如泰米尔纳杜邦为其他落后阶层保留 50% 的配额，给表列种姓和表列部落保留 18% 的配额。卡纳塔卡邦给其他落后阶层 48%，给表列种姓和表列部落 18% 的配额。[①]

一、印度不同种姓群体的观点与评价

对于给表列种姓、表列部落和其他落后阶层的学生名额保留问题，印度不同阶层或种姓的人有不同的看法。有一点是明确的，无论是尼赫鲁、英·甘地和拉·甘地领导的国大党执政，还是其他政党执政，对于表列种姓和表列部落的保留政策是没有争议的，是一如既往地执行的。问题是出在其他落后阶层的保留政策上。印度国内不同阶层、不同学者和学生对保留政策的观点和评价如下：

1. 弱势群体应该享受保留政策且范围还应扩大

第一种意见认为，弱势群体应该享受保留政策，而且保留政策的范围和比例还应该扩大，因为弱势群体在印度遭受几千年的剥夺、压迫、歧视和排斥，应给予他们特殊政策保护和待遇，这样才能达到与其他群体一样的平等地位。印度政府与广大的弱势群体就持这种观点。贱民出生的达亚尔·辛格学院政治学助教拉吉库马说："如果没有配额制，我至今仍在地里干活，给高种姓的地主当奴隶。""我在政府学校读书时，老师们经常说，教育被浪费在你们这些剥皮匠身上了。你们应当去扫大街，去割草喂牛。"贱民的孩子在教室里只能坐在最后，时常因为一些小分歧挨揍，他们中很少有人能坚持到上大学。[②] 拉吉库马是一个例外。他的名字是个单

---

① Dr.Shish Ram Sharma：*Protective Discrimination*：*Other Backward Classes in India*. Delhi：Raj Publications. 2002. p.74.

② Matha Ann Overland. *In India*，*Almost Everyone Wants to Be Special* in The Chronicle of Higher Education. February 13，2004. p.A40.

名，目的是隐瞒其真实身份。因为不知道他的身份，到目前为止还没有哪个高种姓的人与他握手后回去洗手的。他虽然已拥有了住房和轿车，过着印度人梦寐以求的生活，但他认为目前的政策几乎不可能克服几千年来形成的经济社会歧视问题。

印度全国表列种姓和表列部落委员会主席夏斯特里（Bizay Sonkar Shastri）认为，人们根本不明白为"经济落后群体"保留配额的政策对不可接触者意味着什么。他说委员会每天都要收到一百多封来自贱民和部落民的诉状，控诉他们所遭遇的暴行。他列举了贱民妇女遭轮奸、不服从高种姓领导的村民遭受暴行的典型案件。在一件最令人吃惊的案件中，有人造谣说5个贱民在剥牛皮。牛是印度教的圣物，因此，愤怒的高种姓人们毒打这几个人并把他们吊死在警察局门外。这几个受害者就是像拉吉库马一样的剥皮匠。"不可接触制已经被废除50多年了，我们依然是地位最低的，挣扎在死亡线上，死亡率最高，遭到其他种姓的仇视。这不仅仅是提高经济地位就能解决的问题，而是我们的社会公正与合法权益应得到保护的问题。"①

贱民领袖之一的尼赫鲁大学经济学教授托拉特（Thorat）指出，市场失败时，政府会出面干预，阻止不公平垄断、创造就业机会和保证公平贸易。而社会坍塌时，政府也应该干预，最好的办法就是通过保留政策给他们提供保护、促进他们的发展。如果多数民族因为肤色、种性和宗教而排斥少数民族，政府就应该干预，反对这种歧视行为。保留政策的起因是什么？就是多数民族的歧视性排斥行为。正是歧视导致社会剥夺，而不是贫困本身。②

这些贱民活动家和领袖用充分的证据说明，正是他们遭受了长期的歧视和剥夺，不仅要对弱势群体实行保留政策，而且要消除不可接触制度，保护他们的合法权益，实现真正意义上的平等。但要消除社会歧视和

---

① 　Matha Ann Overland. In India，*Almost Everyone Wants to Be Special* in The Chronicle of Higher Education. February 13，2004. p. A42.

② 　Ibid. p.A41.

偏见以及由此引发的暴力冲突和流血事件，不是一朝一夕能解决的问题。印度独立已经 70 多年了，对贱民的歧视和暴力伤害依然存在。

2. 保留政策违背了效率优先的原则

第二种意见认为，保留政策违反了"成绩"（merit）和"效率"（efficiency）的原则，违反了宪法面前人人平等的原则，带来了新的不公正和不平等。一部分成绩差而享受保留指标的学生把另一部分成绩优秀而没有享受保留政策待遇的学生挤出了高等教育，使他们失去了获得优质高等教育的机会。印度许多高种姓学者和学生就持这种观点。他们常常争论说，保留政策给被剥夺者以社会公正，但却是以牺牲效率和成绩为代价的。关于效率和成绩的争论很大程度上暗示被剥夺者能力很差。那些被挡在医学、工程技术和计算机等好专业门外的优秀高种姓学生不得不为祖先过去对被剥夺者的不公正付出代价。

关于"社会公正"有不同的解释，有人认为，现在的学生不该为过去的不公正负责，因为他们不可能永远都直接或间接地受益于过去的不公正。[①]1983 年，马德拉斯印度理工学院院长在全校教职工大会上作报告时说："社会公正是否意味着印度不应该有按分数录取考生的学校？是否意味着社会底层的人享有某些特权而优秀学生就不该有自己的权利？这是一些辩论双方都有很多话要说的问题。不幸的是，认为不应该公开辩论这些问题的观点占了上风——这是学术自由与政府权威发生冲突的一个典型事例。大学需要有三项基本自由：决定教什么的自由，决定教谁的自由，决定谁教的自由。我们今天目睹的正是这些自由权利遭到侵蚀。不幸的是，大学像朵花一样，很柔弱，易受摧残，完全依赖于人们的良好愿望才能生存。不久以前，阿拉哈巴德大学和加尔各答大学还像现在的印度理工学院一样，是印度最好的大学并且在世界上享有盛誉。看看它们现在的下场。我们不能不担心我们自己的未来。"[②] 有些印度学者悲观地估计，印度理工

---

① Dr. Sanjay Paswan. Dr. Pramanshi Jaideva. *Encyclopediaof Dalits in India*（*In 11 Volumes*）. *Reservation.*（*Volume5*）. Delhi. Kalpaz Publications，pp.152-154.

② Suma Chitnis，Philip G.Altbach. *Higher Education Reform in India*：*Experience and*

学院按成绩录取的学生数有可能被削减到50%以下。几乎可以肯定的是，假设印度理工学院不是在20世纪50年代建立的，而是在当前这种政治氛围下去创办，印度可能永远不会有如此高水平的教育机构。

3. 人人都应该享受保留政策

第三种意见是人人都应该享受保留政策的照顾，无论他们属于什么种姓或阶层，只要他们是教育落后、经济落后的群体。德里大学一位婆罗门种姓出身的女大学生波密克说，她和她的同学申请了30多个学院都被拒绝了，因为这些学院或专业都有自己的录取标准、配额和申请要求，想申请读自己喜欢专业的希望越来越渺茫，给他们剩下的只有绝望了。有些专业给普通种性的配额就只有3个。她认为这一切荒唐透顶。而另一所大学的低种姓学生乌玛坚持认为，保留政策是必要的，因为贱民和部落民遭到的歧视仍然是恶意的和普遍的，还应给贱民们增加配额。这些年来，在中央的表列种姓和表列部落表册中添加了不少新的贱民种性和部落，但配额比例还是22.5%。[①]印度学者拉达克里希南20世纪80年代在中央邦和比哈尔邦表列种姓青年大学生所做的问卷调查表明，大部分学生认为保留政策的确提高了他们的地位，没有保留政策，他们想取得今天的地位，简直是不可想象的，因此，希望继续实行保留政策，给他们的比例最好能提高到35%。他们认为不应该给表列种姓中既得利益者家庭（如国会议员、立法院议员和地主）的孩子提供保留配额。相反，63%的表列种姓学生同意高种姓中穷人的孩子也应该享受保留政策。[②]

尽管人们抱怨配额制，但没有形成终止配额制的潮流，因为涉及的群体太广泛，简单地终止保留政策的建议只能导致政治上的自杀。取而代之的是人们要求扩充保留政策。正在德里大学经济学院攻读硕士学位的女

Perspectives. New Delhi/London：Sage Publications.1993，pp.358-359.

① Matha Ann Overland. In India, *Almost Everyone Wants to Be Special in The Chronicle of Higher Education*. February 13，2004. p.A41.

② S.Radhakrishnan，Ranjana Kumari. *Impact of Education on Scheduled Caste Youth in India：A Study of Social 1. Transformation in Bihar and Madhya Pradesh*. New Delhi：Radiant Publishers.c1989，pp.100-102.

学生阿努认为，"我们也应该获得配额。"她是拉吉普特人（属于刹帝利种姓），祖先曾统治印度北方大部分地区。由于没有给他们高种姓的人配额，她认为配额制不公平。"低种姓的人轻易地得到所有的东西，我们什么照顾也没有，而我们是很有潜力的人。"① 她虽抱怨配额制，但不主张废除配额制，只是希望自己也得到配额。

4. 保留政策惠及了少数人却强化了种姓意识

还有一种意见认为，保留政策更多的是一种施舍行为，弱势群体中只有少数人享受到了保留政策的利益。一位印度学者对国大党政府几十年来贱民政策实施的结果作了这样的总结："尽管有了这些伟人的热情和努力以及宪法条款保障，不可接触制在传统习惯上仍占主导地位，宪法中的保留工作岗位、席位制只有利于贱民极少的一部分人，而数千万的贱民仍生活在贫民窟中；人们的种姓观念并没改变，分配土地，提倡不同种姓结婚，给予教育帮助等措施，更多的是一些慈善行为，而不是在不可接触者与可接触者之间导致剧烈的变革，不可接触者仍在日常生活中饱受歧视。"对此，已去世的英·甘地总理曾哀叹说："至今为止，我们还一直不能平等地对待贱民，这主要是政府的失败，也是全体印度人民的失败。"②

此外，印度各政党为了自己的利益，继续保持保留政策，目的就是拉选票，因为表列种姓和表列部落以及其他落后阶层占印度人口的 2/3 以上。德里大学英语系获得荣誉学位的学生达斯古普塔认为，配额制度使阶层分化合法化，配额制成了各政党玩的政治游戏，政治家们正用它作为拉取选票的筹码。如果印度想成为一个没有阶级的社会，就只有取缔配额制，用择优录取和奖学金制度代替保留政策，从根本上取消阶级分层。③ 维·普·辛格就是利用低种姓穷人的选票才坐上总理宝座的。1980 年，

①　Matha Ann Overland. In India，Almost Everyone Wants to Be Special. in *The Chronicle of Higher Education*.. February 13，2004. p.A41.

②　陈峰君：《印度社会述论》，中国社会科学出版社 1991 年版，第 381 页。

③　Matha Ann Overland. In India，Almost Everyone Wants to Be Special. in *The Chronicle of Higher Education*. February 13，2004. p.A40.

英·甘地东山再起时，就宣称要把穷人最需要的礼物送给穷人。新世纪，英·甘地儿媳索尼亚·甘地领导的国大党就是声称国大党是低种姓穷人的政党而获得多数选票上台的。实际上，这种利用种姓集团作为选票库的行为，只会强化老百姓的种姓意识，使种姓制度更加难以消除。

二、中国学者的观点与评价

1. 保留政策树立了表列群体的自尊和自信

北京大学教授林承杰指出，保留政策使这两个最突出的社会弱势群体第一次享受到担任、参与国家管理的政治权力，一大批有能力的人走上各种公共岗位，改变了社会对这两个群体的看法，也大大提高了他们的自尊心和自信心。[①]

然而，表列种姓长期处在社会最底层，其地位的改善决非几条法令和措施就能解决的。社会上世代形成的种姓偏见也非一朝一夕所能革除。尽管政府利用舆论努力消除传统的偏见和弊端，歧视贱民仍然是普遍现象，迫害事件多有发生。部落民大部分居住在山区和森林地带，务农者居多，经济文化一般都很落后。政府对部落民的政策主要是通过积极帮助、扶植，把他们整合到印度主流社会中，逐渐跟上主流，同时又能保持自己的文化特色。尼赫鲁强调，部落地区必须得到发展，而发展要靠部落民自己，不能由外界力量强加给他们。

由于保留政策的作用和贱民自己的努力，贱民的政治地位不断在提高，一些邦还成立了自己的政党，北方邦的贱民和落后阶层组成的大众社会党还几次在该邦执政。高级种姓中的一些人看到贱民和自己平起平坐，特别是受到国家扶植，心里很不舒服，因而采取非法迫害的手段以发泄愤恨情绪，或公开反对政府在官员职位上对表列种姓实行保留配额政策。

2. 保留政策成了各政党争夺选票的筹码

保留政策成为各政党向弱势群体拉选票的诱饵。这种把不同种姓作

---

① 林承节：《印度史》，人民出版社 2004 年版，第 437 页。

为"选票库"的行为，从另一个角度强化了种姓制度。1990 年接替拉·甘地当总理的维·普·辛格，想以保留政策巩固自己的地位，结果在年末就因保留政策而下台。辛格曾说："为建设我们的社会，就必须消灭顽固的不公正和不平等…如果我们中的一些人贫弱或被剥削，必须帮助他们前进。我们的部落民生活在远离德里的森林里和荒地上，已成为我们社会遗忘的贫穷者，这些人的声音必须在德里听到。"辛格政府保证每年为弱势群体提供 55000 个政府工作的机会，保证实行一系列的措施，使人们普遍意识到"普通人也是国家的主人"，等等。劳工部长帕斯万把辛格政府决定给予落后阶级新的保留配额的目的讲得很清楚，"这是一个福利政府，如果把表列种姓、表列部落、其他落后阶层、少数民族如穆斯林等加起来，一共可达到全国人口的 89%。"

辛格政府想以平等的名义，以保留为手段，分别给各种人以配额，笼络大多数人，以达到"分而治之"的目的。当保留比例高达 49.5% 的曼达尔报告宣布执行时，以学生为主体的抗议集会、罢课、示威游行、阻断交通、烧毁车辆、冲击政府机关等事件愈演愈烈，学生与警察发生冲突，死伤达千人。骚乱中，63 名青年自杀，159 名青年自杀未遂，辛格政府为此不得不下台。80 年代末，大学生和研究生就业登记的人数与当年中央政府所能提供的职位空缺的比例大约为 100∶6。[①] 人人都把政府机关的职位看作是难得的肥缺，为落后阶层保留高达 49.5% 的比例，对于高种姓学生来说无异于断绝了寻求体面工作的机会和门路，再加上国大党（英）的操纵，冲突在所难免。

3. 保留政策带来新的种姓冲突

保留政策的效果如何呢？许多人指出，以保留政策作为一个带领受压迫者进入全民生活主流的手段失败了。首先，独立以来的实践表明，保留政策的好处仅限于那些已经享有特权的小部分人。在那些有可能成为新的保留政策的受益人中，大部分是经济富裕并在地方上占统治地位的人。

---

① 孙士海：《印度的发展及其对外战略》，中国社会科学出版社 2000 年版，第 73 页。

几十年来的保留政策，几乎没有给弱势群体中的贫苦大众带来多少社会正义，那些占有好处的小部分人在实现社会地位向上流动的同时，也向外流动，脱离了自己的人民，形成了一个新的阶层和对立。而弱势群体中的大多数人仍像以前一样落后，"扫地的人仍头顶粪土，不可接触者仍不可接触，表列部落因为非部落民的占领和政府征地正逐渐被同化"。①

北京大学教授尚会鹏认为，种姓冲突是种姓对立的进一步表现。在这个层次上，人们不再仅仅固守种姓隔离的规定、相互瞧不起和争论，而是开始采取对抗行动。他把种姓冲突划分为两个层次。第一个层次称为种姓紧张。其表现形式为：高种姓对低种姓的惩罚（如公开羞辱、罚款、请吃酒席等）和低种姓的抗议（如不为高种姓家干活、故意破坏种姓法规等）、相互攻击辱骂、种姓宣传、针对某一种姓集团利益采取不正当手段等。在现代印度一些新的条件下，种姓紧张有了新内容，采取了新形式，有了更大规模和影响。种姓冲突的第二个层次是种姓暴力，这是种姓冲突的最极端形式。在这个层次上，有种姓歧视的人采取暴力手段迫害甚至从肉体上消灭所歧视的人。种姓暴力多是高种姓对低种姓施暴，贱民对高种姓施暴则较少见。②

不可接触者成为种姓暴力的最大受害者，是同他们极端低下的社会地位一致的。一个人无论种姓高低，都是社会秩序的一部分，故而是不可或缺的。首陀罗虽然地位低下，但出身高种姓的富豪显贵不能不用奴仆。而不可接触者在种姓阶梯上没有位置，被认为是从"解脱"道路上滑落下来的人，这些人的存在本身就是一种罪恶。他们不仅是"不可接触者"，甚至是"不可看见者"和"不可想到者"。社会习俗对于他们到了如此严酷的程度，对他们使用暴力就没有什么奇怪了。所以，在种姓社会里，人们可能会谴责打死苍蝇和臭虫的行为，却不会同情受暴力迫害的贱民。

如果说以前的种姓暴力是对不遵守种姓法规的贱民施以惩罚的话，

---

① 邱永辉：《现代印度的种姓制度》，四川人民出版社1996年版，第172页。

② 尚会鹏：《种姓与印度教社会》，北京大学出版社2001年版，第170—172页。

那么，近代以来的种姓暴力冲突有了新的变化，增加了新的内容——保留政策。随着贱民的觉醒，贱民反歧视、反迫害的斗争有了较明确的目标和较大的规模，种姓暴力冲突也就出现了规模化和组织化的趋势。人们所说的"种姓战争"就反映了这个趋势。1977 年遍及马哈拉斯特拉邦的"种姓战争"，1980 年底至 1981 年初席卷古吉拉特邦的"种姓战争"和 1990年因实施"曼达尔方案"而引起的"种姓战争"等，都说明了种姓暴力冲突正朝着有组织、大规模的方向发展。

北京大学教授林良光认为，独立后几十年的发展，其他落后阶层中的许多人利用新的机会获得了财富，增强了经济实力，开始争夺政治权利和为他们的子女争取教育和工作权利。当他们雄心勃勃为自己争取地盘时，却发现不论是政府机构、党的组织或是教育机构中多数职位已为高种姓占据着。另一方面，其他落后阶层由于没有享受到表列种姓那样的照顾，引起了他们的强烈不满，加剧了他们同其他种姓的矛盾和冲突。随着其他落后阶层力量的日益强大，20 世纪 70 年代南方一些邦的政党，尤其是其他落后阶层占优势的政党，纷纷规定在政府机构和学校为落后阶层保留配额，政府也就越来越不能无视他们的要求。根据宪法第 340 条，印度政府于 1977 年任命了第二个落后阶层委员会，通常称为"曼达尔委员会"，研究为落后阶层保留配额的问题。该委员于 1980 年 12 月 31 日提交了报告，确定全国有 3743 个落后阶层需要保护和照顾，提出为他们保留27% 的中央政府和公营企业的职位。考虑到问题复杂，可能会引起种姓之间的冲突和骚乱，政府没有执行。直到 1990 年 8 月，政府才公布了政府备忘录，宣布实行向教育和社会落后的阶层实施保留配额的政策。[①]

自实施保留配额政策以来，一直就有两种对立的观点。支持者说，弱小阶层（表列种姓、表列部落、其他落后阶层）历来受剥夺，他们同富有而强大的阶层不是站在一条起跑线上，要使他们享有平等的权利就必须对其实行特殊保护；反对者说，保留政策不利于择优录取人才，会引起国

---

① 林良光：《印度政治制度研究》，北京大学出版社 1995 年版，第 270—271 页。

家管理人员素质低下，效率下降。对表列种姓和表列部落的保留政策，高种姓虽然有意见，但因保留的数目少，对高种姓威胁不大，虽也引起冲突，但还不算严重。暴力冲突很大一部分是由于高级种姓对其他落后阶层享受到保留政策利益的不满而引起的。

古吉拉特邦素有"反保留骚乱的温床"之称。高种姓占该邦人口的31%，落后阶层（或种姓）占人口的35.5%，由于落后阶层的经济实力逐步强大，他们要求在政治上分享权力，同高种姓的冲突日益突出。1985年因邦政府决定为落后阶层实施保留政策，该邦发生了大规模的种姓骚乱，骚乱持续了5个月，造成200多人死亡，1万多人无家可归，财产损失无数，邦政府被迫辞职，保留政策也被迫取消。

1990年8月，印度政府宣布实施《曼达尔报告》以后，首先引起高校学生尤其是高种姓学生的抗议活动，抗议活动遂发展成骚乱，蔓延到北方各邦，学生不断自焚，共有63名学生自杀身亡，159名自杀未遂，还有不少人死于冲突。鉴于事态严重，印度最高法院判决延缓执行曼达尔报告。这届政府因受到多方面的抨击不得不下台。[①]

在此次抗议活动中，英地拉·索尼等人向最高法院提交了反对政府决议的正式抗议书。1992年11月16日，印度最高法院对这一关于保留名额政策的抗议作出了意义十分深远的裁决。主要内容是：确定其他落后阶层的标准不再以种姓为基准，而是以经济落后和教育落后为尺度。坚决剔出落后种姓中的"奶酪阶层"（Creamy Layer），这部分人虽然是落后种姓，但他们已经富裕起来，教育上已经不落后了。1993年新上台的政府开始实施这个包括其他落后阶层在内的保留政策，表列种姓15%和表列部落7.5%的保留配额仍然不变，其他落后群体保留27%的配额，总计达49.5%，可以说是全世界保留范围最广泛的照顾政策。不过在实施过程中，一些邦的保留指标超过49.5%，一些邦达不到49.5%。

2006年5月18日，印度总理辛格宣布成立一个由4名部长组成的委

---

① 林良光：《印度政治制度研究》，北京大学出版社1995年版，第274—275页。

员会，重新讨论此前推出的高校"低种姓保留配额"政策，试图平息持续一周多、波及全国各大中城市的示威游行活动。然而辛格总理的表态未能达到预期效果，在首都新德里，学生和医生再次举行大规模游行并与警察发生冲突，部分静坐绝食的学生健康状况也进一步恶化。示威游行活动起因于2006年4月印度人力资源开发部部长阿穷·辛格宣布在印度理工学院、印度管理学院和全印医学院3所印度最知名的院校将为低种姓学生保留的配额从22.5%提高到49.5%。政策宣布后，立即遭到高种姓学生的强烈反对，医学界的反对声浪最为高涨，几百名来自不同医学院的学生于5月初组织了示威游行活动，随后各医院的医生也加入示威行列，造成了医院瘫痪多日，病人无人救治。绝食学生萨迦尼·辛格说："我们强烈反对，我们认为，录取学生应根据成绩，而不是出身。我不知道学校里谁是什么种姓，但政治家们希望给我们贴上标签，并以此作为进入大学的决定性因素。"① 据分析，此次大幅度提高低种姓保留配额，是国大党与左翼政党妥协的结果。国大党2004年赢得大选后宣布了《最低共同纲领》，表示将重点保护弱势群体的利益，但两年来左翼政党一直批评国大党没有履行承诺。2006年5月左翼政党在地方选举中大获全胜，不可能不对国大党兑现诺言形成强有力的刺激。

4. 保留政策还带来意想不到的结果

北京大学学者林良光认为，表列部落保留政策的实施带来了一些意想不到的后果。首先，经济和教育上优待部落的政策引起了部落社会内部的竞争和分化，加剧了部落内部的相互仇视和斗争。其次，印度的部落教育政策培养了一批具有现代科学文化知识和世界观的部落知识分子。他们中的一些人有较强的民族意识，成为部落利益的宣传者和捍卫者。在他们的影响下，部落人民日益强调自己社会和文化的特殊性，为争取保护自己特殊利益、争取民族自治而斗争。部落保护政策本来是一种临时措施。按

① 陈继辉：《种姓改革又在印度闹翻天——给低种姓教育优惠触动最敏感社会神经》，《环球时报》2005年5月19日。

照制定这一政策的人们的设想，随着部落社会地位的提高和部落文化被同化，这一政策将被取消。但部落政策的实施似乎带来了相反的结果：部落民民族意识增强了，取消保护政策变得越来越困难。[①] 实际上，印度政府在促进部落社会发展经济和教育的同时，应尊重他们文化和社会的多样性，给他们以更大的自主权，把这几者结合起来，乃是解决这个问题的根本途径，而不是简单地对他们进行同化或主流社会化。

三、其他国家学者的观点与评价

斯图尔特·科布瑞吉（Stuart Corbridge）关于印度东部地区的政治、经济、民主和发展的著述颇丰。[②]1980 年、1983 年和 1993 年，他三次长住印度比哈尔邦的贾坎德部落地区兰契县，对霍人（Ho）村、蒙达人（Munda）村和奥朗人（Oraon）村等三个部落村的保留政策受益者作了入户访谈和工作场所访谈；1981 年、1986 年、1994 年、1996 年和 1997 年又对贾坎德地区进行短期的访问。他先后 8 次一共访谈了 204 个对象，收集了大量的数据。2000 年他发表在《亚洲研究》的论文《竞争不平等：印度贾坎德地区表列部落和保留制度》[③] 就是关于 20 世纪 80 年代和 90 年代比哈尔邦贾坎德地区表列部落保留政策进行的系统深入研究的成果。他指出，由于早期（20 世纪 40—60 年代）工业化的进程，这个地区的部落民中产生了一个中产阶级，这部分人是保留政策的主要受益者。然而，正是保留政策使部落民觉醒了，他们要求自治的愿望越来越强烈。贾坎德地区的部落民经过长期的贾坎德运动，终于在 2000 年从比哈尔邦分割出来，单独组建了一个部落邦。

这个案例主要介绍印度比哈尔邦贾坎德部落地区为表列部落成员保

---

① 　林良光：《印度政治制度研究》，北京大学出版社 1995 年版，第 271 页。

② 　斯图尔特·科布瑞吉：2001 年以前是美国迈阿密大学国际关系学教授，后为伦敦大学经济政治学系人文地理学教授，研究方向为：东部印度的政治、治理、政策和权利，发展理论等；主要教授印度民族主义、民主和发展，地理思想史和发展理论。

③ 　Stuart Corbridge. *Competing inequalities：the scheduled tribes and the reservations system in India's Jharkand.* The Journal of Asian Studies 59，no.1（Feb 2000）：62-85.

留政府部门和公共部门职位所带来的政治经济效应。这个案例涉及三个问题。首先是对职位保留制度以及学校配额制度所做的实证调查研究，这一研究与表列部落地位的变化相关。其次，保留政策是怎么样和为什么会刺激部落中产阶级的形成。再次，他认为发展与反发展理论（Anti-Development）适用于印度部落群体。斯图尔特虽然驳斥了对印度"部落身份"静态的、一成不变的、陈腐的描述，但他既不赞同部落的分类是完全虚构的，或者说是官员们鉴别出来的产物，也不认为政府资助的发展政策完全有利于部落家庭。① 比哈尔邦的证据表明不少部落穷人受益于补偿性区别对待政策，获得了公共部门的职位，积累了文化资本。同时，保留政策也是产生部落精英阶层或小资产阶级阶层的重要因素。

然而，保留制度的初衷实现了吗？保留制度应该的受益者现在怎么样了？表列群体成员享受到保留制度赋予他们的权力了吗？保留制度与那些特殊的表列群体为进一步追求更大的利益而形成的各种政治派别有没有瓜葛？有学者认为在旁遮普邦和北方邦崛起的大众社会党（Bahujan Samaj Party）与表列种姓中形成的官员阶层有联系，② 保留制度或者说肯定性行动为这部分人获得政治权利铺平了道路。

印度独立后通过经济干预和立法干预，力图改变这两个落后"边缘"群体（表列种姓和表列部落）的地位，却创造了一个新的"现代落后"阶层。美国芝加哥大学印度史学教授罗纳德·因登认为，"现代印度"的标准化声音是一种统一的、口径一致的声音，结果对印度许多边缘群体造成了危害。③

斯图尔特根据 20 世纪 80 年代和 90 年代在贾坎德地区（比哈尔邦南部）所收集到的实地调查数据，试图回答两个方面的问题。首先，如何证

---

① Ibid. p.74. 许多欧美学者到印度一些部落村寨实地考察时，发现同一地区的部落村民和非部落村民没什么两样，因此就怀疑部落是印度政府杜撰出来的，要么就已经被印度主流文化给同化掉了。

② Chandra，Kanchan. 2000. "Rising Scheduled Castes：Explaining the Success of the Bahujan Samaj Party." *Journal of Asian Studies 59*，no.1（Feb 2000）. p.26.

③ Inden，Ronald. *Imaging India*. Oxford：Blackwell. 1990，pp.61-65.

明政府部门和公营企业保留职位的制度是有利于表列部落家庭的？如果这种利益得到了保障，凭什么手段？谁享受到这种利益？保留职位制度的利益有没有被表列部落中的特殊群体所垄断？如果情况属实，关于"表列部落"的鉴别以及部落社会是一个平等无差别的经济社会的观点，又有何意义？其次，保留职位制度在"部落"政治身份、政治抱负和政治活动方面导致的政治结果是什么？如果有的话，这种情况完全同罗纳德·因登的描述一致吗？即，印度所谓的土著人或部落民是因为印度政府所做的鉴别和保留制度所创造的，他们成了哀求国家救济和帮助的人，这种制度是否伤害了这些群体？

斯图尔特把贾坎德部落地区作为案例，对表列部落保留政策的实施和结果进行了分析研究，作出如下评价：

1. 竞争不平等

首先，保留政策作为一种区别对待政策，是想使落后阶层借助于保留政策实现与其他阶层一样的平等地位，结果却带来新的不平等。"竞争不平等"是指在法律面前人人平等与印度社会各群体中现实的不平等之间所做的平衡和取舍。在保留制度的捍卫者们无视该制度存在缺陷的情况下，用自由的话语和罗尔斯①的话语捍卫保留制度。印度的补偿性区别对待政策在其支持者中再生产了一些新的不平等。但这需要对受益者与非受益者之间基于不平等竞争的保留制度所带来的直接效果（就业）和间接效

---

① 约翰·罗尔斯（John Rawls，1921—2002）是20世纪美国乃至西方思想界最重要的政治哲学家之一，哈佛等多所著名大学教授。其代表作有《正义论》《政治自由主义》等。罗尔斯关心的主要问题是如果一个社会要成为公正的社会，它应该具备什么条件？罗尔斯认为，一个公正社会的决定性标准在于社会中处境最差的那些人的位置如何。由此，他引入了在公民中进行利益分配的一些原则。首先，必须保障所有人平等的政治与公民的权利、提供公平同等的机会。每个具有一定才能和职业准备的人都应该享有同等机会进入社会的不同公职。在经济分配方面，罗尔斯既反对那种纯粹市场自由主义式的全然自由，也反对同等报酬模式的完全平等。他的原则是，体制应该保障人们平等的生活收入，无论其社会地位如何。只有一种例外的情况可以接受，那就是某种不平等的分配可以激励那些能够扩大社会共同财富的人们工作，使那些处境最差的人们得以改善境况。

果（政治身份）作出判断和平衡。打破平衡是件不易的事情，高级种姓群体对保留制度日益高涨的抗议活动就说明了问题。

在印度，人人都向往政府机关、学校等机构稳定的白领工作，国有企业的工作也是很有保障的，也是很多高种姓男女青年所追求的。比如，国营钢铁厂长期给工人们发奖金、病假工资、休假工资；国有银行也是如此（英迪拉·甘地夫人 1971 年已把印度的银行国有化了）。而私营企业就没有这诸多好处了，塔塔钢铁厂成了"没有哪家父母会喜欢的企业"。①因此，"曼德尔委员会"和辛格政府的决议威胁到了高种姓的人们，增加了他们竞争政府部门职位和大学配额的难度，他们的竞争对手主要来自比表列种姓和表列部落势力强大的其他落后阶层——印度农村首陀罗群体。80 年代和 90 年代，随着代表其他落后阶层利益政党权力的上升，印度政府的政治蓝图发生了变化，另有 27% 的工作职位保留给其他落后阶层。在印度北方这一现象最为明显，但这种现象并不仅局限于讲印地语的印度腹地。事实上，印度南方从 60 年代起就为其他落后阶层保留职位。北方邦在 1948 年就给其他落后阶层给予教育上的照顾，比哈尔邦 1951 年就确定了其他落后阶层的名单。②

其次，印度政府认为部落社会是一个平等主义的、无差别的社会。它的区别补偿政策就是基于这一观点制定的。虽然，保留政策让贫穷的部落民获得了利益，积累了文化资本，但更多的利益被早先因为工业化而富起来的中产阶级所攫取。这部分人要么居住在城市，要么是农村中拥有很多土地的富农，而且大部分是男性。在部落社会大男子主义没有印度教社会那么强，女子地位比较高，她们读大学的比例与男生差不多，但是在就业上却比男生少多了，原因是招聘者们是印度教的大男子主义者。她们在部落社会遭受的偏见远远低于工作社会的招聘者们对她们的偏见。斯图尔

---

① Stuart Corbridge. *Competing inequalities：The scheduled tribes and the reservations system in India's Jharkand*. The Journal of Asian Studies 59，no.1（Feb 2000）：62-85，p.63.

② Stuart Corbridge. *Competing inequalities：The scheduled tribes and the reservations system in India's Jharkand*. The Journal of Asian Studies 59，no.1（Feb 2000）：62-85，p.62.

特在贾坎德部落地区 204 个因职位保留制度而获得工作的部落访谈对象中，只有 36 个是妇女，占总数的 17.6%。[①] 印度保留职位的计划和配额等都是通过广告宣布的，在偏僻的乡村难以得到这方面的消息。事实上，保留制度并没有带来一个部落中产阶级，而是保留制度的利益为过去存在的部落精英阶层所攫取，而这一阶层是印度宪法的缔造者们不愿意承认的。这一精英阶层正在通过自身的努力在国家教育机构中获得金饭碗，从而赚取了皮埃尔·布迪厄所说的文化资本。保留制度只是扩大了部落中产阶级的规模，这一规模的形成，主要是起源于职位与学历的相关性，而不是与社会背景的相关性。

最后，尽管比哈尔邦大量的部落民通过保留制度获得合理的报酬和稳定的工作，但职位保留制度仍然不能按照宪法制定者设计的方式把一类职位和二类职位按人口比例保留给表列部落，虽然从 70 年代中后期以来已有了一定的改进。

保留制度使得政府官员们更注重宣传补偿政策的思想，通过制定工作招聘计划和工作分配名册（即，每一种工作都有一个序列号），表明这种工作是为某一特定群体保留的。尽管一些用人单位利用效率原则把一部分人挡在门外，但工作职位仍然保留着，直到相应的候选人补上为止。来自农村受过教育的部落民通过保留职位制度取得了进步，而且还在取得进步。部落男女还是能够从四类职位上升到三类职位的，况且还有有效的表列制度做保障。

保留制度在比哈尔邦的实践比评论家的预料要成功得多。斯图尔特的本意不是想证明有大量的表列部落民因为获得了保留的职位，从而基本上改变了比哈尔邦贾坎德地区的劳动力市场的性质和社群的关系。实际上并非如此：每 10 万个部落民求职者中只有 1000 个获得保留职位。但问题的关键并不在这里。对于被排除在私营企业或非正规就业部门的部落民而

---

① Stuart Corbridge.*Competing inequalities*：*The scheduled tribes and the reservations system in India's Jharkand*. The Journal of Asian Studies 59，no.1（Feb 2000）：62-85，p.76.

言（90 年代以后国营企业大不如从前了），保留制度不是万能药。在印度人们热切追逐的是公营部门的工作，与保留制度的批评者的想象不同的是，比哈尔邦较多的部落民正在获得公营企业和政府部门所保留的工作。来自非精英阶层的部落民获得正规教育之后，也获得了大量的此类职位。斯图尔特把他在比哈尔邦的研究结果与简·布莱曼在古吉拉特邦的研究结果做了有趣的对比。古吉拉特邦部落无产者的地方就业机会被雇佣者全面冻结了，雇佣者们热心于把外来劳动力引入这个地区。当然，也有些部落半无产者生活相当富裕，他们用保留的土地权利为孩子争取到了教育机会和保留的职位。布莱曼认为保留政策的一个目的就是为帮助部落民摆脱他们的社会落后状况而在公共部门中保留职位。在过去几十年里，在保留政策框架内为表列种姓和表列部落制定了一系列的措施，使得年轻的部落民能够向上流动即提高社会地位。他们进步的前提必须是受过几年教育，毕业证书使得他们能够成为低级政府官员、教学人员、银行职员、铁路员工和邮政局员工，教育也使得部落民有资格在本地兴起的大型企业永久就业。① 有趣的是，贾坎德一些非部落的成员，如纳亚克人，偶尔会冒充为"部落民"，以争取得到保留职位。

2. 标准化他人②

罗纳德·因登 1995 年撰文指出，印度在 50 年代致力于国家建设所使用的话语是一种高度现代主义的话语，结果没能与其帝国发展和宗教进程早期的概念保持相似性。因登对印度独立后"发展"的概念做了基本的评论，并驳斥和否定了这个概念。因登认为，理解独立后印度的关键是其现代化思想。50 年代的印度努力把自己创造成一个新的国家，一个不同于十年前被推向饥馑、分裂或难产的那个社会，其重点在于创造新的神话，即社会主义、世俗主义、联邦主义和民主主义的神话。印度抛弃了传统和

---

① Bremen Jan. *Footloose Labor*：*Working in India's Informal Economy*. Cambridge University Press. 1996. p.179.

② 在印度，"标准化他人"是指用主流文化替代非主流文化；"发展与反发展"是指同化与反同化。

帝国主义的枷锁，拥抱理性和现代化（包括工业化、教育、时间观念、城市化以及计划生育等），这一切已世人皆知。但是因登否定了这一观点，因为"新印度"想用理性和规划取代宗教和帝国发展进程，结果却以宗教模仿和帝国发展的方式结束。①

罗纳德·因登和克里斯品·贝茨② 对印度独立后的现代化理想和标准化理想进行了批评。就"部落的印度"而言，因登认为印度着迷于超验的发展观念，完全践踏了法律的声音和印度受压迫者的抱负和理想。表列部落被迫离开自己的家园，为虚构的发展神、为尼赫鲁的工厂和水坝腾出了地方（至少在贾坎德地区是如此），国家的各种机构设法使表列部落温驯地进入印度的主流生活中。斯图尔特认为，贝茨不是十分了解印度部落，他不太注意印度政府的标准化本性，而是过多地关注印度政府发明"部落社会"的能力，和借此继续保证他们在忽视部落生活方式的不切实际的实践中的统治地位。贝茨认为，对于所谓的部落民族而言，解构"部落"或"去部落化"是保证他们同其他社会群体一样获得真实的自由和平等。

因登强化了部落社会是不可分化的，是与现代苦乐观不相关的现有观点。在这一话语解释系统内，国家不可避免地被视为一个破坏机构；国家破坏了印度土著的单一性和整体性，用一种表面上没有给土著带来任何改变的发展模式欺骗土著。这个模式对贾坎德这类地区部落中产阶级的形成熟视无睹。而事实否定了因登的观点。贾坎德地区中产阶级的形成主要起因于早先开矿和工业化的结果，在这一进程中，没有预料到的是许多部落家庭愿意获得由公营企业和私营企业提供的机会。当然，这并不是说，部落民们愿意看到自己的土地被用来筑坝建厂，而且该地区大多数非部落民也不愿意。

---

① I nden，Ronald.Imperial Progresses to National Progresses in India. *Economy and Society* 1995. (24) . 245-78.

② 克里斯品·贝茨（Dr. Crispin Bates）为英国爱丁堡大学现代南亚史高级讲师，研究方向广泛，涉及印度邦县档案，农民、部落民社会经济史、甘地与印度独立运动、东方主义、殖民话语、当代印度社会、经济和政治运动。

保留政策甚至使部落民身份意识明晰化，承认许多部落群体遭到剥削以及被边缘化，部落民们也因此要求从政府那儿得到补偿。要求设立单独的贾坎德邦的鼓吹者们在某种程度上利用了这种部落身份，或许补偿政策有意无意地在部落群体的扩充上起了积极的作用。这一令人不愉快的意外结局是贾坎德地区部落民拒绝了宪法缔造者们提出的各种政治一体化和文化一体化的方案造成的。部落民们强调的是保持政治和文化的差异性并对其加以保护，而不需要政治和文化的一体化或标准化。[①]

3、保留政策觉醒了部落民受教育者

1943 年英印政府首先为表列种姓的利益颁布了法规；表列部落的相应法规 1950 年印度独立后才通过。原打算这一补偿性的区别对待政策持续到 1960 年结束，不再延长。独立印度的领导人认为到那时候，国家提高最贫穷最落后群体经济地位的工作将会完成，一个在法律面前人人平等的国家将会随着传统印度现代化的实现而到来。但事与愿违，印度政治家们的远景规划并没有刺激私有财产向表列群体转移。另一方面，这些群体通过保留政策获得良好的教育，逐步觉醒了。因此，这些群体向历届政府施压，迫使他们重新制定积极的区别对待政策。在 50 年代、60 年代、70 年代和 80 年代末期，政府适时地重新颁布了向表列群体授予权利的法规。此外，印度的主要政党（包括国大党）为了自己的目的也热心于垄断表列群体的选票。

有趣的是，正是这些因为保留政策而受到良好教育的部落精英阶层成为把贾坎德地区从比哈尔邦独立出来、单独建立一个贾坎德部落邦的骨干力量。斯图尔特对 204 个保留政策受益者和 100 个非受益者做了一个对比问卷调查，发现支持并参与贾坎德自治运动的政策受益者的比例（61%）明显要高于非受益者（40%）。一位部落访谈对象说了这样一段话："我很高兴有一份三类工作。塔塔集团是不会雇用我们这些部落民的，

---

① Stuart Corbridge. *Competing inequalities*：*The scheduled tribes and the reservations system in India's Jharkand*. The Journal of Asian Studies 59，no.1（Feb 2000）：62-85，p.65.

除非是去当清洁工。因此，我很愿意为政府工作，政府照顾我。政府给我休假。但那不是我的政府，它是外人的政府。在政府机关工作不应该只是我唯一的选择。这是我的土地，提供工作的应该是部落民本身。这就是我为什么参与贾坎德自治运动的原因。政府欠我们财富，不只是工作。"[1] 斯图尔特在访谈部落村民时，他们总是先说自己是蒙达人、奥朗人或霍人，然后才说自己是表列部落或部落民。他们不只是想成为获得国家慷慨赠予的受益者，他们非常清楚私营企业的高薪工作是不会给他们的，贾坎德的实权掌握在非部落民手中。贾坎德的部落民们不仅仅要成立一个邦，他们还想成立并控制一个直辖区，以获得更多的权利。

4. 保留政策造就了贱民精英阶层

20 世纪 70 年代以来，贱民们努力寻求正规教育和白领工作，像早期定居城市的低种姓群体一样努力通过社会流动来提高社会地位，此外，他们还渴望模仿高种姓的生活方式（一种被称为梵化的过程）来提高地位。当然，关于社会流动这一占主导地位的观点也与大众社会党作为一个重要的政治力量的兴起密切相关。大众社会党产生于一个代表受过教育的政府雇员的工会，该党不停地鼓吹贱民通过正规教育进入公务员部门工作以提升其社会地位的向上流动观点。该党还通过资助贱民教育机构，提高贱民在政府部门就业的保留比例来宣传这个观点。大众社会党的运动围绕赞美贱民英雄安贝卡博士（Dr. Bhim Rao Ambedkar）的生平和哲学思想来展开，安贝卡博士把正规教育视为获得权力的基础。该党通过开展广泛的象征活动来传播安贝卡的思想，活动集中在纪念安贝卡的公园、学校、医院、道路和纪念碑，组织缅怀安贝卡的集会、游行和文化活动。分布在北方邦的许多安贝卡的雕像——典型形象是西装、领带、公文包和精心梳理的发式——突显了贱民男性的伟大形象。

有研究表明，政府部门为贱民保留的职位让一部分人继续从中获益，

---

[1] Stuart Corbridge. *Competing inequalities：The scheduled tribes and the reservations system in India's Jharkand*. The Journal of Asian Studies 59，no.1（Feb 2000）：62-85，p.79.

尤其是贱民中的皮革匠种姓可能从政府部门的保留职位中获益，即使政府部门的职位数量在缩减。皮革匠是北方邦人口最多的贱民亚种姓，是大众社会党政治纲领的主要受益者。一些学者描述了北方邦农村出现了新一代皮革匠男青年阶层，他们通过获取学历，与大众社会党结成联盟反抗过去被排除在白领工作和地方权力机构之外的传统。帕伊（Pai）在对北方邦西部4个村庄做了研究之后，认为出现了一个新的皮革匠青年白领阶层——一个向高种姓传统统治地位挑战、充当大众社会党与贫苦农村贱民桥梁的"知识分子"阶层。帕伊还对北方邦东部城市进行了研究，用事实证明出现了一个富有政治智慧的年轻皮革匠知识分子阶层，他们成功地获得了政府部门的职位。这就是大众社会党理想化的社会流动模式。他认为，学校教育给当地村庄引入了新的道德评价标准。皮革匠们认为教育可以使他们摆脱种姓等级中被歧视的命运、创造一个消除耻辱文盲身份的新未来。[1] 这些研究表明原不可接触者社会流动的加剧使他们成为"地位上升"的孤立群体。人们普遍认为新一代贱民青年是推进农业社会结构转型的急先锋，正进行一场"无声无息的""未完成的"革命。这场革命是建立在其正规教育的发展和他们在政府里政治代言人数量的增加上。

第五节　印度弱势群体教育发展走向

一、成就与不足

独立后，印度政府把表列种姓的教育和就业视为自己的责任。在第一、第二和第三个五年计划中，各种奖学金总数达到517511个。第一个五年计划的奖学金总额是1580万卢比，第三个五年计划的奖学金总额就达到1.421亿卢比。从1969年到1973年，政府投入3.538亿卢比作为奖学金，颁发给662000名表列种姓的学生。此外，还给18个表列种姓的学

---

[1] Pai，Sudha. *Dalit assertion and the unfinished democratic revolution*：*The Bahujan Samaj Party in Uttar Pradesh*. New Delhi：Sage. 2002，pp.21-27.

生颁发了出国留学的奖学金。第六个五年计划期间，1150 万个表列群体的学生获得了助学金和奖学金，另有 1130 万个表列群体的学生免交学费、获得免费服装、免费文具和书籍等。全国有 90 万表列种姓和表列部落大学生获得奖学金，修建了 300 座学生公寓和 900 所寄宿学校。① 然而，在印度的各种奖学金中，像拉·甘地奖学金这样的项目太少了，而且奖学金数目也不多，申请难度很大。

可以说，印度已经建立起十分完备的法律保障体系、政策保护与扶持体系以及有针对性的政治、经济和教育发展的规划体系。这一切对于改善两个群体的生存状况起了很大的推动作用，这两个群体的识字率已经很接近普通种性的识字率，毛入学率甚至超过了其他群体，但是要达到印度宪法中规定的社会、经济与政治上的公正和在地位和机会方面的平等，还有较大的差距。两个群体在政府机关和国有企业以及教育机构中只能占据较大比例的低级职位，而在高级职位上的比例很低，就可见一斑。

在大学里，这两个群体的学生大部分集中在文、理、商三个学科，在工程技术、医学、法学、农学和教育等专业学科上的比例就达不到规定的保留比例。原因是他们的起步晚、起点低、教育落后、贫困以及社会对他们有形无形的歧视，使他们无法完全享受到法律和政策给他们带来的好处。成品油代理权、大学教师高级职位的保留名额无法用完，就说明了这一点。还有不少学生进入重点大学（比如印度理工学院）之后，有 25% 的学生由于学习跟不上，中途退学，另外，还有 5% 的保留指标浪费，因为他们连降分后的录取线都达不到，尽管他们在理工学院的比例分别才 4.3% 和 0.8%。教育层次、水平越高，两个群体学生的比例就越低。1988—1989 年度，在博士生中，表列种姓学生的比例为 2.91%，表列部落的比例仅为 0.6%。②

事实上，印度对于表列种姓和表列部落的保留职位政策提高了这两

---

① 　Dr. Sanjay Paswan. *Encyclopaedia of Dalits in India* (*In 11 Volumes*)：*Emancipation and Empowerment* (*Volume 8*). Delhi. Kalpaz Publications.2002，pp.210-211.

② 　安双宏：《印度高等教育：问题与动态》，黑龙江教育出版社 2001 年版，第 131 页。

个群体在议会和政府机关的人员比例，对于提高他们的社会地位起了一定的积极作用。1997年就任印度第10任总统的纳拉亚南就是出身贱民阶层的总统，这在独立以前是不可想象的。值得一提的是，印度全国表列种姓和表列部落委员会在为两类群体谋利益和保护他们的合法权益上做了大量具体而复杂的工作，发挥了应有的作用，履行了宪法赋予他们的司法、调查取证、督促、协调、建议、上传下达的权力和职责。

印度虽然是一个贫穷的发展中大国，为促进基础教育的普及和发展，制定了一系列的免费项目，如庞大的奖助学金计划、免费教育计划、免费午餐计划、免费乘车计划、免费服装计划、免费教科书计划、免费辅导计划、免费公寓计划等来扶持、帮助和促进弱势群体的教育进步，中央政府投入了大量的人力和物力，从这个意义上来讲，印度政府不仅追求社会公正和平等，也在努力使印度成为一个福利大国，其每年的教育经费比例基本上都维持在4%以上。但是，由于印度的高等教育和基础教育基本上由政府出资，这些年来使得政府在经费投入上显得捉襟见肘、力不从心、难以为继。印度政府也曾考虑提高学生学费来弥补教育投入之不足，但每次计划刚出台，就遭到学生的强烈抗议，诸如示威游行、绝食静坐等等。就连公共汽车学生月票调价的问题，都会遭到此类抗议，最后不了了之。印度自诩为全球最大的民主和自由的国家，民众的民主意识是很强烈的，各个阶层的人只要觉得政府的政策没有照顾到或剥夺了他们的利益，抗议活动马上就开始了。新世纪初瓦杰帕依政府的下台，就是因为没有很好地顾及大多数穷人的利益。

二、保留政策的困境

长时期以来，"公平与效率"问题一直是印度国内各阶层争论的焦点。考虑到弱势群体几千年来所遭受的歧视、压迫和剥夺，为他们在政府部门、学校和国有企业按人口比例保留职位配额，是公平的，也是理所当然的。然而，若根据宪法中的机会均等原则和社会发展竞争中的效率（efficiency）优先和能力（merit）优先原则来说，这似乎又是不公平的。

因为这么做是违反公平竞争和机会平等原则的。对他们的照顾反过来又剥夺了其他群体（主要是高种姓群体）的机会，损害了这些人的利益，带来了新的不公。这是困境一。印度人性格慢吞吞、办事效率低、时间观念淡薄早已闻名于世。如果把政府办事效率低归咎于政府部门中弱势群体能力低下，是有失公允的。因为他们大多数都是低级职员和清洁工，在决策要害部门的比例是很低的。事实上，对保留政策利益的争夺主要发生在高种姓群体和弱势群体中的部分既得利益群体（这些人就是城市中的精英，如国会议员、教授、工程师、医生和律师等；还有就是农村中的贾特① 们）中，弱势群体中最底层的贫民是不具备资格和能力去争取这些利益的。保留政策的"光辉"早已被这些既得利益群体遮蔽住，据为己有了。现在印度政府关于保留政策应该做的事情是如何让保留政策的利益流向那些最急需、最应该获得这些利益的群体，即，教育最落后、经济最贫困的群体——主要是那些没有土地的农民（皮革匠种姓）。恐怕要唤醒沉睡在既得利益者心灵深处的良知和人性（关爱和同情心）比较困难。政府能做的事情就是保证起点的平等，就是为那些最贫困、教育最落后的群体提供优质教育和继续加大投入，实施好儿童营养计划（免费午餐计划），为他们进入未来竞争激烈的生活环境打好基础。因为美好的生活不是等来的，是通过竞争和努力奋斗获得的。

另一方面，政府想通过保留政策，改善弱势群体的社会地位，把他们带入主流生活中，与其他群体一样能够充分享受到民主的、公正的、平等的、世俗的、福利的社会生活。出乎意料的是，觉悟了的不可接触者要求得到更多的权利，希望保留政策继续实施下去。觉醒的部落民族不仅要捍卫自己的民族文化，反对主流化、一体化、标准化的文化同化，而且也要求更多的权利，如自主和自治。这是保留政策给政府带来的另一个困境。

---

① 　Jat 或 Jati，通常称为"副种姓"，或"亚种姓"，表示世代从事某项工作的家族；随着家族扩大，他们就成为了一个社会团体，这样的团体在印度语言中被称为"贾特"。

三、种姓制度的制约

表列种姓和表列部落是印度宪法中确认的弱势群体中的弱势群体，他们是政府立法保护和扶助的主要对象。弱势群体的产生首先是起因于雅利安人的入侵和征服以及雅利安人创立的种姓制度；其次是白种雅利安人基于其人种优越性而实行的种姓内部通婚制度、基于"污染与纯洁"（Pollution and Purity）观念的职业高低贵贱划分法、婆罗门教中基于瓦尔纳的种姓等级起源说。在印度古代婆罗门教的创世说里，人以腰脐为界，以上部为洁，以下部为污。婆罗门生于创世主的口，刹帝利生于双臂，吠舍生于大腿，而首陀罗生于脚，是不洁的。

种姓内部通婚制度、职业的污洁划分和人的种姓等级制也是导致印度种姓制度和不可接触制度产生的原因。印度古代社会中形成的"污染与纯洁"观念是造成种姓隔离和种姓歧视的本质原因。由种姓优越性、"污洁"观念和职业等级分类构成的种姓意识或社会意识是导致社会歧视、偏见和排斥长期存在的原因，或者说是种姓制度长期存在的原因。安贝卡博士曾尖锐指出，在缺乏有助于不可接触者提高社会地位的社会意识的情况下，建立和制定表列种姓扶助机构和计划以及有效地实施计划等，效果都会受到限制。

各政党为争取执政而建立的基于种姓和阶层的选票库，表列种姓、表列部落以及其他社会落后阶层因教育水平提高而觉醒的权利意识，或者说他们的觉悟使他们清楚地意识到他们的身份。这些也是种姓制度难以淡化直至消除的原因。

弱势群体的觉醒，使他们明白了作为人的基本权利，懂得如何为争取权利而斗争。2001 年在南非德班召开的联合国反种族主义大会上，印度的不可接触者活动分子与非政府组织同西方国家一些人权组织一起，极力要求将种姓问题纳入联合国反种族主义大会的日程就是印度弱势群体觉醒的例子。"种姓制度是不是种族主义"，这个问题在印度朝野上下争论不休。一种意见认为，印度的种姓问题是数千年历史所形成的，不是现实制度强加的，不同于南非当年实行的人为的种族隔离。另外，种姓问题源于社会，是社会意义上的歧视；而种族主义源于人种，是人种意义上的歧视。因此，种姓不能混同于种族，不能拿到反种族主义的大会上去讨论。印度政府支持上述意见，一再重申反对在联合国大会上讨论种姓问题。他们认为这是印度"内部"的事情，解决需要时间。对此，印度"已经有足够的宪法的、立法的和司法的文件和手段"。另一种意见认为，种族主义和种姓制度都存在隔离和歧视，它侵犯了人的一切权利和践踏了人的起码的尊严，而且它至今仍然每日每时地在侵犯低种姓的人民。这种意见甚至认为，现在的"种姓制度更隐蔽"，因此，"它比种族主义更坏"。他们说，既然印度政府无力解决这个问题，人们就有权利将它拿到联合国去讨论，使这个在印度已经很复杂的问题变得更加复杂和棘手。印度的事情应该由印度人民自己去解决。当然，国际社会的舆论压力不会不对印度政府产生推动作用和促进作用，使其积极努力、采取各种措施去解决种姓制度所带来的问题。

在印度广大农村地区，没有土地的农民或者说是雇农、苦力或临时工，大部分都是表列种姓，生活在都市贫民窟里的人大部分也是表列种姓的人。他们越贫穷，就越受到排斥和歧视，就越难以抬起头。由于难以获得良好的教育、他们所接受的那点可怜的教育对于提高他们作为一个"人"的觉悟，唤醒他们的人格尊严、人权和平等意识没有多大的用处，不少人读了几年书之后又回到土地上去劳作，刚脱盲很快又成为文盲或半文盲。表列部落虽然有少量土地，但由于长期生活在与外界隔绝的封闭的环境里，生产技术落后，过着刀耕火种的日子，更由于教育落后，他们在某种程度上比表列种姓地位还要低，他们除了受剥夺、排斥和歧视之外，还遭受种种欺骗。由于部落地区的就业机会少，他们中的多数人与表列种姓的人一样，读了几年书之后就辍学回家干农活，很快又成为文盲或半文盲。少数通过努力奋斗读完大学的贱民和部落民，虽然过上了千百万印度穷人梦寐以求的生活，他们在政府机关、学校或工厂，依然受到无形的歧视。尽管他们处处模仿上等人、向上等人看齐，但还是难以溶进上等人的圈子里。美国学者杰克·唐纳利指出，在印度农村通过迁居来实现个人种姓地位的提高几乎是不可能的。即使他迁居到一个无人知晓其来历的村子，企图在掩盖种姓身份上"蒙混过关"，但是，即使他消除了村民对外来户的最初猜疑，也有可能在安排子女婚姻时露出马脚，因为要成为婚姻伙伴，必须要有家谱，你不可能成功地编纂家谱。有一个巴拉（Palla，不可接触者）在20世纪50年代初"蒙混过关"，伪装了4年的帕达雅契（Padayachi，高级种姓），但后来还是被发现了。他在遭到一顿痛打之后被迫逃离该村，连属于自己的大部分东西也丢下不要了。①

种姓制度仍然以各种方式顽固地实行着，广大低种姓者和贱民们仍然没有土地、被迫在有辱人格的条件下工作，并且不断受到高种姓人甚至警察的虐待。翻开每天的报纸，几乎都有有关种姓暴力的报道，或因种姓不同通婚而自杀、被杀、被烧、被裸体游街的，或因不同种姓间的世仇而血腥残杀的事件等等。至于低种姓群众在各种场合被歧视、隔离、虐待、排挤等现象，更是屡见不鲜。

印度有上万个种姓和亚种姓，印度人的种姓姓氏不仅是一种符号，更含有职业与等级的意思。取消印度的种姓如同取消中国人的宗族姓氏一样，是不可想象的。印度人可以没有国家意识和民族意识，但不可以没有种姓意识。有学者坦言，取消了印度种姓制度，印度社会也就不复存在了。比较好的、合理的方法是取消或淡化种姓中所固有的职业贵贱、洁净与玷污的规定性，给贱民们改变姓氏的自由、提供职业自由变动和社会迁移的机会。这的确是一场剧烈的观念和社会变革。印度政府的确在这方面做过努力和尝试，在第六个五年计划期间，一项由中央政府资助的计划在大中小城市铺开，通过把干式厕所改装成水冲式厕所，把地位最低贱的清扫粪便工从低贱的工作中解放出来。这是一项覆盖14个邦的37个城镇的试点计划，目标是使865万地位低贱的表列种姓越过贫困线。到1984—1985年度，有871万表列种姓家庭受益。当然，要使所有受益的家庭都

---

① ［美］杰克·唐纳利：《普遍人权的理论与实践》，王浦劬等译，中国社会科学出版社2001年版，第166页。

能越过贫困线是不现实的。第七个五年计划期间，一些在第六个五年计划期间受益的家庭继续获得资助，目的是使他们能够永远越过贫困线。

尽管受过现代文明教育的部分高种姓的人也认识到"不可接触制度"的弊端，但以是否"洁净"、职业是否"贵贱"为标准的种姓等级意识不消除，他们对不可接触者的同情也只是表面的，不是真正发自内心的，确切地说，不是一种自觉的行为。在印度存在了几千年的种姓制度是以人的肤色和职业来划分等级的社会排斥、剥夺和歧视的制度，渗透进人们骨髓之中的"洁净和污秽"观念或心理意识，难以在短期内清除。来生愿做哈里真的甘地和开国总理尼赫鲁等人虽然痛恨种姓制度、愿意消除贱民制度，但在他们的内心深处又愿意维系统治了印度几千年的种姓制度。

四、路在何方

印度从 1950 年 1 月 26 日建立共和国开始，作为一个致力于保证全体公民社会公正、经济公平和政治平等的自由、民主国家已走过 70 年的历程。这 70 年来印度一直在努力通过立法的、行政的和发展的措施把庄严载入印度宪法中的最高理想变为现实。毫无疑问，这些措施带来了变化，更重要的是唤醒了被压迫民众——表列种姓、表列部落和其他落后阶层的意识。他们自远古时代起就一直是被忽视的社会阶层，他们的悲惨遭遇超乎人们的想象。然而他们今天已开始争取获得权力了。宪法由于有一系列措施做后盾，在一定程度上也给他们提供了坚实的权利保障。他们还要求在不同层次的国家事务管理中扮演更重要的角色。虽然要达到令人满意的程度还有很长的路要走，但印度 70 年来所做的努力，已经开始取得成效，令世人刮目。

今日世界变化异常迅速。过去要几十年才能办到的事今天在几周内，甚至几天内就办成了。新闻和信息从世界的一端传到另一端只需几秒钟，外国文化尤其是西方文化正深深地渗透到印度社会的最深处。近 20 年来，印度的方方面面发生迅速的变化，经济正经历着一个重要的转型。工商业的自由化与私有化、私营企业的适度对外开放这两个重要的政策转型是最显著的变化，这一变化必将产生深远的影响。人们对现代科技更加重视，因为没有高科技，国家将在国际竞争中掉队。这一新的政策转向毫无疑问会出现支持和反对的论战。印度表列种姓和表列部落委员会认为，他们可以不关注这些纯粹的经济论战，但如果不关注表列种姓和表列部落的现实、他们对未来的希望和担忧，这将是委员会的失职。[①] 然而对这一新的政策转型作出准确的判断还为时过早。但面对私有化进程，印度政府应尽力及时采取相应的对策，保护表列种姓和表列部落的合法权益。那些既得利益者们很可能已磨刀霍霍、摩拳擦掌时刻准备着在新的分配格局中攫取新的利益。因此，有必要采取特别措施建立更完善的、更行之有效的保障体系来帮助那些过去被剥夺机会、又失去援助的人们，从根本上消除几千年来形成的社会歧视现象，也只有如此，才有利于解决印度弱势群体的问题。

1998 年印度裔经济学家阿马蒂亚·森获得诺贝尔经济学奖时，[②] 整个印度沸腾了。当时的总理瓦杰帕依邀请阿马蒂亚·森访问印度，向他寻求发展经济、消除贫困的良策。阿马蒂亚·森在其著作《以自由看待发展》中系统阐述了他的人类自由发展观。他指出，只有经济增长的发展是一种畸形的发展，而没有经济增长的发展却根本不能称为发展。他主张把国民生产总值和人类发展指数（HDI）一起作为发展的衡量指标。他断言，发展的最高价值是自由，其核心内容是增进人们享有真实的自由，发展的中心目标就是克服和消除那些与富裕并存的各种矛盾和问题。经济发展最终归结到人们能够做什么和不能做什么，如人们是否长寿、健康，能否读书写字、相互沟通等。这些清楚表明，自由发展观的出发点在人，它始终关注着人类的自由与全面发展。发展并非终结目标，它只是扩展人们享有的

① MHRD，Government of India. *The National Commission for Schedule Caste and ScheduleTribes 1996*，pp.2-3.

② 阿马蒂亚·森（Amartya Sen）的学术思想继承了从亚里士多德到亚当·斯密等古典思想家的遗产，他对全世界各地遭受苦难的人们深切关心，享有"经济学的良心"的美誉。他的思想已经产生了重大影响，联合国出版的《人类发展报告》就是按照他的理论框架设计的。

真实自由的一个过程。经济发展并不能自然而然地给全体社会成员带来生活质量的改善，评价生活质量应有一定的前提：平等、消除贫困、扩大人的自由和选择的权利、维护生态平衡和实现公众参与决策，而其中扩大人的自由和选择权利是发展的关键。他强调人们要获得实质自由的根本就是必须消除贫困、人身束缚、各种歧视压迫、社会剥夺、缺乏法治权利和社会保障的状况，以提高按照自己的意愿来生活的能力。

印度政府在提高弱势群体社会地位和教育水平方面，制定了相关法规、各种扶助计划和保留政策，并努力付诸实施，取得了较大的成就。2006年印度通过了《中央大学（保留录取配额）法》，紧接着2009年又通过了《儿童免费与义务教育法》，用法律的形式确立了弱势群体的教育保留配额，足见印度政府和社会各界的决心。可以这么说，印度目前是世界上最大的福利国家，其庞大的公立教育系统和医疗卫生系统几乎是免费的，这为广大的印度平民，尤其是弱势群体提供了一种质量不高但是有数量保证的社会保障。这个保障体系尽管不是很令人满意，对于贫困的印度政府来说已是一个了不起的壮举。然而，种姓制度与低贱种姓人民按自己意愿来生活是水火不容的，贫困交加的贱民们和部落民们很难按自己的意愿自由自在地生活。此外，印度政府在如何消除几千年前由于白种雅利安人的到来，对当地黑种达罗毗荼人和原始部落民进行军事上的剥夺，进而到经济上的剥夺，最后到社会地位的剥夺、排斥和歧视所形成的种姓制度，似乎没有找到良策。这就不难想象为何有人要把印度的种姓歧视问题提交到联合国反种族主义大会上去讨论的原因了。

种姓制度的确是一种不道德、不人道、非人性化的等级制度，高种姓的压迫者在使不可接触者非人性化的同时，自己也变得非人性化。因此，觉醒了的不可接触者应通过自己的努力奋斗，使千百万低种姓的人们觉醒，认识到自己今天遭受社会排斥和歧视的原因，争取各种各样的合法权利，通过采取平等的对话方式，也使高种姓的人们觉醒，唤醒他们的人性和良知，使双方同时走向人性化，成为真正平等、自由和完整的人。印度人的事情应由印度人自己来解决，但仅仅只靠一部分觉醒了的处于统治地位的高种姓人士来解决种姓制度带来的问题，是不现实的。要消除高种姓人们的排斥和歧视意识、根除人们心中的"污染与纯洁"的心魔，只有靠表列种姓和表列部落自己，也就是通过开展适切的教育活动，提高自己的教育水平，唤醒和提高千百万贱民和部落民的权利意识、平等意识、自由意识等等，认识到自己今天的悲惨遭遇是什么导致的，通过团结所有受压迫者努力奋斗，自己解放自己，通过解放自己和解放高种姓的人们，使他们从陈旧的传统观念中解放出来，从而实现真正意义的平等和自由。

第十章　印度与中国教育合作的背景、基础、趋向与挑战

第一节　印中两国交流合作的背景

众所周知，中印两国都位于亚洲，都是人口大国，也都是历史悠久的文明古国，都在人类历史文明的进程中做出过卓越的贡献，同样都是后劲十足的发展中国家，自古以来就是友好的邻邦。谈到中印两国的交往至少可以追溯到两千多年前，当时，大量的茶叶、丝绸、皮革、朱砂、樟脑和水果从中国流往印度，印度的佛教也传入了中国。佛教将中国和印度两个国家联系在了一起，印度的佛教传法僧是通过文化纽带联结两国人民的最积极因素，尽管古老的宗教信仰已经消失，但这一文化纽带依然牢不可破，中印两国间的联系自首次交往直至11世纪，基本上都是以这个强大的宗教为核心，而且佛教为中国艺术的发展注入了新的活力，印度与中国之间交流往来的路线，虽然从本质上讲是贸易路线，但在我们看来也是佛教传播的路线，通过这条路线，文化的各个方面从一个国家传到了另一个国家。

其实，在大约7世纪，就有许多的中国僧人和官方使团前往印度，当时中国佛教徒心中有一股热忱的愿望，希望前往印度，并到当时印度佛教最高学府那烂陀大学学习佛教和佛教文献。他们还同样致力于在印度搜索梵语抄本带回国内，内容也不仅局限佛教文献，还包括其他文物。同时，

他们还对印度思想的其他分支，比如婆罗门教哲学、医学、数学、天文学等表现出了兴趣。值得一提的是，我国唐代的朝圣者——玄奘，他前往并在印度驻留了 16 年，以拜访圣地、深入学习佛教文献，同一时期前往印度的朝圣者还有义净和王玄策。他们的足迹都在不同程度上促进了中印两国教育、文化的交流与合作。除此之外，中国音乐学、建筑学、绘画也都受到印度文化的影响。

那么，如何看待中印关系的历史与现状呢？从历史进程角度来说，有学者将公元 1 世纪之前至 2000 年的中印关系发展概述为七个时期，指出"中印两大文明之间的关系超越了人类所有文明之间的关系，其交汇融合以及相互影响是人类其他不同文明所不可及的"。[1] 笔者认为，我们可以将新中国成立之后的中印关系分为两大时期，即中印关系曲折发展期（1950—1988）、中印关系稳定发展期（1988 年至今）。其中，1950 年4 月 1 日中印正式建交，1959 年印度对西藏叛乱的支持，严重破坏了中印关系，使中印关系从友好转为冲突和对峙。1962 年 10 月至 11 月，中印边境发生大规模武装冲突。1976 年双方恢复互派大使后，两国关系逐步改善。1988 年，拉·甘地访华，被称为"破冰之旅"，标志着中印之间正常关系的全面恢复，同年 5 月 28 日中华人民共和国政府和印度共和国政府文化合作协定签订，其中协定第三条缔约双方在关于教育方面进行交流和合作的事项有了明确的条例，这个条例内容在中印教育合作基础会有所体现。经过双方的共同努力，2003 年，两国发表《中华人民共和国和印度共和国关系原则和全面合作的宣言》，宣言表示"双方同意充分挖掘巨大潜力，抓住有利机遇，深化互利合作"，进一步推动长期建设性合作伙伴关系的发展，在此基础上建立新型关系。[2]

中国改革开放后以经济建设为中心，印度也在 20 世纪 90 年代开始推进市场化改革，进入 21 世纪，两国都迅速崛起，中印关系也开始朝向

① 姜景奎：《论中印关系的分期问题》，《广东外语外贸大学学报》2012 年第 3 期。
② 吕昭义：《印度蓝皮书：印度国情报告（2012—2013）》，社会科学文献出版社 2014 年版，第 337 页。

一个全新的阶段。在全球化、信息化、知识化的今天，作为最大的两个发展中国家，教育国际化程度的提高和双方教育方面的合作与交流将日益密切。2013 年，印度与中国的战略合作在各个领域继续向前发展。5 月 19日至 22 日，李克强总理在印度世界事务委员会发表题为《把握中印战略合作新机遇》的演讲。双方达成的共识中提到要扩大人文交流，增进相互了解。同年 10 月 22 日至 24 日，印度总理辛格对中国进行了正式访问，两国总理就新时期推进中印关系全面快速发展达成共识。中方愿意与印度共同努力打造人文交流亮点，增进教育合作与创新，将中印关系同振兴东西方文明相结合。辛格在此次会谈中，两国还签署了交通、能源、防务、文化、教育、地方交往等 9 项合作协议和文件。① 2014 年 2 月 11 日，国务委员杨洁篪到印度访问，在与印度总理辛格会晤之后，与印度副总统安萨里共同出席在新德里举行的"中印友好交流年"启动仪式。

　　现阶段，中国进入新时期，中印两国关于教育领域的合作与发展也将进入新的阶段；同时，中国和印度作为金砖国家的成员之一，应该继续加大今后教育的国际化力度，中印两国之间理应加强教育交流与合作，比如在招生、专业设置、国际学生收费等方面的合作。

　　首先，就印度高等教育国际竞争力而言，目前印度的高等教育体系，包括技术与职业教育培训仍然发展不足。印度公立职业教育和培训体系内的院校较多，但各院校的规模、课程、资金和激励措施发展乏力，不足以培养出符合全球化快速发展和技术进步要求的年轻劳动者。印度人力资源部的一份报告显示，目前印度公立大学缺乏高质量师资，一些学校教师缺勤情况严重。大学生辍学率高，每年数百万大学毕业生没有掌握基本就业技能就进入就业市场。学生能力弱，企业或雇主很难聘用到合适的人才。印度私立高等教育机构发展很快，但课程设置上并不十分吻合社会需求。目前印度近 60% 的大学生都在私立大学就读，其中许多学校滥用宽松的

---

① 习近平：《推动中印战略合作伙伴关系迈上新台阶》，《人民日报》2013 年 10 月 24 日
　　1 版。

监管政策，随意开设学位课程。

2005 年英国 QS 世界大学排名（QS World University Rankings）全球教育集团开始发布世界一流大学排名，至今印度尚未有一所大学进入前100 名行列。在 2016 年的排名中，只有印度理工德里分校和印度科学院班加罗尔大学进入前 200 名，但排名非常靠后。英国《泰晤士报高等教育》世界大学 2016—2017 年排名中，印度大学没有进入前 200 名的。

有关中国高等教育国际竞争力，就大学声誉而言，我国大学正在加快建设世界一流大学，在 2018QS 排名中，我国内地有 6 所高校进入 100强。其中，清华大学整体排名稳居全球第 25，超过了加州大学伯克利分校（27 名）和东京大学（28 名）。北京大学整体排名并列全球第 38 名，其中学术声誉排名全球第 14，雇主声誉排名全球第 12，这两项排名在中国大学（含港澳台地区大学）中均为第一。在学术声誉上，北大的全球排名超过了美国康奈尔大学（20 名）；在雇主声誉上，北大超过了美国耶鲁大学（13 名）。在可以预见的未来，我国内地高校在各大世界排行榜上都会有更优秀的表现。

就学术研究而言，我国大学近年来都特别重视学术研究，而且强调对教师发表论文的考核，因此，各高校师生发表论文数量都大幅增加，进而大学排名也显著提高。由于过分在乎教师发表论文，我国高校出现重学术研究、轻人才培养的问题。针对教师考核评价中存在的"唯论文"论问题，我国教育部门已经要求高校改革对教师的评价体系，关注人才培养。但是，为追求短期的办学政绩，大学很难调整对教师的考核评价体系，包括留学生教育，考核指标也主要是留学生规模，而非质量。也就是说，不仅留学生教育存在质量问题，我国整体大学教育都存在质量问题。

就国际化而言，我国大学的海外留学生比例较低。以招收留学生较多的清华大学为例，截至 2017 年 12 月 31 日，国际生比例为 6%。具体来讲，在校学生数 47762 人，本科国际学生为 1227 人，硕士国际学生为1249 人，博士国际学生只有 389 人。根据 OECD（经济合作与发展组织）的统计，国际留学生占高等教育总在校生人数的比重，发达国家普遍在

8% 以上，澳大利亚、英国等甚至高于 10%，而我国目前攻读学位的国际学生的比例却只为 0.4% 左右。

一、中国的留学生教育情况

2017 年共有 48.92 万名外国留学生在我国高等院校学习，规模增速连续两年保持在 10% 以上，其中学历生 24.15 万人，占总数的 49.38%，同比增幅 15.04%。2017 年，共有来自 180 个国家的 5.86 万名中国政府奖学金留学生在华学习，占总数的 11.97%。其中学历生 5.16 万人，占奖学金生总数的 88.02%，硕博研究生合计 4.08 万人，占奖学金生总数的 69.57%，比 2016 年增加了 20.06%。2017 年，共有来自 204 个国家和地区的各类外国留学人员在全国 31 个省、自治区、直辖市的 935 所高等院校学习，其中硕士和博士研究生共计约 7.58 万人，比 2016 年增加 18.62%。来华留学规模持续扩大，我国已是亚洲最大留学目的国。与 2016 年相比，前 10 位生源国稳中有变，依次为韩国、泰国、巴基斯坦、美国、印度、俄罗斯、日本、印度尼西亚、哈萨克斯坦和老挝。"一带一路"沿线国家留学生 31.72 万人，占总人数的 64.85%，增幅达 11.58%，高于各国平均增速。学习文科类专业的学生数量仍排名首位，占总人数的 48.45%；学习工科、管理、理科、艺术、农学的学生数量增长明显，同比增幅均超过 20%。

2016 年共有来自 205 个国家和地区的 442773 名各类外国留学人员在 31 个省、自治区、直辖市的 829 所高等学校、科研院所和其他教学机构中学习，比 2015 年增加 45138 人，增长比例为 11.35%（以上数据均不含港、澳、台地区），按国别排序前 15 名：韩国 70540 人，美国 23838 人，泰国 23044 人，巴基斯坦 18626 人，印度 18717 人，俄罗斯 17971 人，印度尼西亚 14714 人，哈萨克斯坦 13996 人，日本 13595 人，越南 10639 人，法国 10414 人，老挝 9907 人，蒙古 8508 人，德国 8145 人，马来西亚 6880 人。按学生类别统计：接受学历教育的外国留学生总计 209966 人，占来华生总数的 47.42%，比 2015 年增加 25167 人，同比增加 13.62%；硕士和博士研究生共计 63867 人，比 2015 年增加 19.22%，其中，硕士研究生 45816 人，博士研究生 18051 人。2016 年，非学历留学生 232807 人。[1]

2016 年，有 18171 名印度学生在华留学，而在英国这一数字为 18015 名。自 2010 年以来就有大量印度留学生到中国学习医学，印度专家认为这一最新转变是因为印度医学院校录取标准的变化。新录取标准让很多人猝不及防，与其奋力争取全国录取考试，不如赴华学习。留学专家帕蒂巴说，中国是高性价比的留学目的国，其医学学位被印度医学委员会承认，又是英文授课。近年来，也有不少的印度学生到中国学习工程专业和计算机科学。2015 年，在中国的印度留学生超过 13500 名，印度跻身赴华留学人数前十名的国家。越来越多的中国大学开始在世界大学排名中占有一席之地，也表明中国具有全球化的教育质量。

二、印度的留学生教育情况

第六次全印高等教育调查报告显示，在印度的外国留学生为 45424 名，来自 165 个国家，留学生人数最多的 10 个国家占留学生总数的 62%。邻近国家留学生最多的国家是尼泊尔，占留学生总数的 21%，其次是阿富汗，占 10%，不丹占 6%，尼日利亚和苏丹各占 5%。2014 年印度高等教育国际竞争力报告显示，在来印留学生中，76% 的属于本科生，18% 的属于硕士研究生，其余的属于博士研究生；大部分博士研究生来自伊朗（39%）和伊拉克（5%）。尼泊尔的本科留学生在印度占比最高，但其博士留学生仅占 3%。外国留学生在印度学习的专业主要集中在工程技术、计算机和软件、医学、工商管理等专业。根据印度大学协会 2015 年的统计，中国在印留学生总共有 815 名，其中来自西藏自治区的学生 532 名，通过印度外交部计划进入印度的中国留学生 100 名左右。

相比之下，近 30 万名印度学生出国留学，主要是读硕士和博士，每

---

[1] 《聚焦十九大：中国已成世界第三、亚洲最大留学目的地国》，http：//epaper.gmw.cn/lx/html/2017—11/05/nw.D110000lx_20171105_1-02.htm。

年花费约 6000 亿卢比。印度人每年出国留学的开支是中央高等教育预算的两倍，接近印度高校研究经费总额的 20 倍。他们多数是印度教育系统中最优秀的学生。2014 年印度高等教育国际竞争力报告披露，在 2012 年的 189472 名印度出国留学生中，超过 85% 以上的学生留学去向地集中在 6 个国家：美国（51%）、英国（16%）、澳大利亚（6%）、加拿大（4%）、阿拉伯联合酋长国（4%）和新西兰（4%）。

印度一方面希望建立具有同等质量的高校和研究机构，毕业生能获得相应的就业机会，减少优秀学生到外国留学；希望能吸引高水平的国外大学和教育机构，最好是世界排名前 200 的大学与印度高校合作办学，在印度成立分校，前提是国外大学应能够为在印度学习的印度学生提供本校的学位，而且学位在原籍国同样有效。印度 2016 年国家新教育政策推进委员会认为，不加区分地向国外大学开放印度教育领域将适得其反，风险在于外国的学位商店（不在少数）会利用印度对高等教育的需求和外国学位的渴望牟利。

该委员会认为现在是印度在国际教育舞台上扮演重要角色的时机。为实现这一目标，应利用高水平学生和专业、重点院校和研究机构以及最新技术，吸引印度学生在本国进行学习和研究，吸引外国学生来印度学习。应利用这一机会实现印度高等教育全球化，而不必损害印度学生的入学、公平和质量等基本需求。从中印两国的留学生教育来看，两国合作的空间还很大。

第二节 印中两国教育合作的基础

中印是山水相连的邻邦，两国交往的历史非常悠久，两国人民之间的友谊自然也很深厚。中国和印度同为东方世界的文明古国，曾经为人类的繁荣进步作出过杰出的贡献。在近代，两国人民在反帝反殖、争取民族独立和国家解放的过程中彼此同情，相互支持，又分别走上了建设现代国家的道路。那么，关于中印两国教育领域的合作与交流在不同历史时期有着不同的合作基础。

在 1988 年 5 月 28 日中华人民共和国政府和印度共和国政府文化合作协定签订，于 1988 年 8 月 21 日生效，中华人民共和国政府和印度共和国政府（以下简称"缔约双方"），[①] 出自建立和发展更密切关系的共同愿望，以及愿以一切可能的方式促进和发展两国在文化艺术、教育、社会科学、体育、卫生、新闻出版、广播、电影和电视领域内的关系和了解，同意缔结本协定。其中协定第三条缔约双方同意在教育方面按下列方式进行交流和合作：

1. 缔约双方根据需要和可能，为对方国家的学生到本国的高等院校学习和研究提供奖学金和方便。

2. 互派教授、专家到对方国家进行讲学、考察以及举办讲座。

3. 鼓励对方的学者和专家参加在本国召开的国际学术会议，并尽可能为此提供便利。

4. 相互交换教育方面的图书资料及其他出版物。

5. 根据需要与可能交换教育代表团。

事实上，中印在高等教育体制上都是和基本国情相适应的。从表面看，我国逐步建立的高等教育办学体制、投资体制和管理体制同印度过去、现在实行的体制很相似。而实质上它们有很大的不同，从根本上讲，中国中央政府有强有力的调控机制，中央政府的决策能得到很好的贯彻和执行。印度是联邦制国家，中央的决策各邦政府常常唱反调。"中国和印度的高等教育已经成为全球的主要力量，已接近国际高等教育标准"，经过多年的体制改革和调整，高等教育出现了新趋势：大众化、高端化、私有化和国际化的趋势。[②]

在 2012 年 8 月份，我国天津召开了第三届中印教育论坛，是中国和印度互相展开文化交流的一项重要活动。在论坛中指出，中国和印度都是

---

① 王宏伟：《当代中印关系述评》，辽宁科学技术出版社 2009 年版，第 298 页。

② 雷鸣、杨文武：《中国和印度高等教育体制比较》，《南亚研究季刊》2010 年第 2 期。

发展中国家，两国都拥有知识储备非常丰富的人才，双方应该在"一带一路"倡议指引下，展开文化和教育交流与合作关系，增进互相的了解程度，促进双方的教育发展。并且中国和印度的教育合作应该将重点放在双方学制教育形式上。同时，中国和印度都是共和国性质的国家，在教育制度方面必定有很多的相似之处。所以，双方在教育合作上就要把重点放在改革旧的教育体制上。中国在十一届三中全会以后，教育体制有了很大的改革，可是印度的教育体制相对于我国而言，改革得比较晚，但是有一个共同点就是，双方的教育体制改革都是为经济发展而服务的。"一带一路"倡议与印度的"跨印度洋海上航路与文化景观"有很大的相通之处，这就说明两者在教育合作上有着非常雄厚的文化基础，因此，在"一带一路"倡议框架下，双方就要把教育合作的方向转为教育体制的改革，实现两国教育体制和教育内容多方面的互补和共同发展，更好地适应"一带一路"各国之间加强文化交流的要求。

在中华人民共和国和印度共和国联合声明中，关于人文交流，提到以下几条[①]：

1.2015 年 5 月 15 日，李克强总理和莫迪总理在北京共同出席"太极瑜伽相会"活动，双方同意 2015 年 6 月 21 日共同组织国际瑜伽日相关活动，两国领导人欢迎云南民族大学与印度文化关系委员会开展合作。

2.两国领导人注意到加强教育机构交流将为两国社会经济发展发挥积极作用，欢迎双方相关部门签署教育交流计划。

3. 双方对"中国—印度文化交流计划"取得的进展感到满意，双方将于 2015 年下半年各派 200 名青年互访。

4. 双方欢迎四川省和卡纳塔卡邦缔结友好省邦关系，重庆市和金奈市、青岛市和海德拉巴市、敦煌市和奥兰加巴德市缔结友好城市关系。

5. 为进一步加强对话、增进相互了解，双方决定设立"中印智库论

---

① 《中华人民共和国和印度共和国联合声明》，中国新闻网，http：//mil.chinanews.com/gn/2015/05—15/7279692.shtml。

坛"，每年召开一次，在两国轮流举办；双方同意将媒体高峰论坛机制化，由中国国务院新闻办公室和印度外交部负责，每年一次，轮流在两国举办；两国领导人欢迎上海复旦大学设立甘地印度研究中心。

另外还提出在新的合作领域的交流与合作，两国领导人欢迎双方拓展新的合作领域，不断充实中印的发展伙伴关系。两国领导人欢迎双方在以下领域开展和扩大合作，并指示相关部门切实推进有关项目：

1. 加强职业培训和技能发展合作，包括签署关于在古吉拉特邦甘地那加艾哈迈达巴德建立圣雄甘地国家技能开发和创业学院的合作行动计划。

2. 启动智慧城市合作，指定印度古吉拉特邦国际金融科技城和中国深圳为试点，开展联合示范项目。

3. 在和平利用外层空间与和平利用核能领域开展合作。

4. 在公共卫生、医学教育和传统医药领域开展合作。

5. 双方欢迎两国航天部门成立合作机制，并签署《2015—2020 年中华人民共和国国家航天局与印度共和国空间研究组织航天合作大纲》，同意加强两国在卫星遥感、天基气象学、空间科学、月球及深空探测、卫星导航、宇航元器件、搭载发射服务、教育培训等领域的合作。

首先，结合目前中国"一带一路"倡议，我们应该认识到，中印双方的教育合作现状并不乐观，根据有关数据显示，2013 年中国和印度双方文化交流的人员并没有超过 100 万人次，在我国的印度留学生人数大致有 1 万人以上，在印度的中国留学生在 3000 人左右，这与两国的经贸发展合作状况不相匹配，但是这个数据相比 5 年前的统计，人数明显上升起来。①

其次，中国和印度的教育合作应该遵循以下策略：（1）选择恰当的中印教育合作目标。中国和印度的教育合作是两国实现良好合作关系的基

---

① 林明辉、刘晔：《我国"一带一路"战略下的中印教育合作发展态势研究》，《教育》2015 年第 10 期。

础。应该仅仅抓住时代发展的机会，始终围绕"一带一路"倡议在"文化、旅游、经济、贸易、交通建设、基础设施建设"等几个方面的内容，承担起促进两国经济交流和文化建设的历史使命，不但要做好科学研究工作，以进一步提高两国教育合作的理论水平和技术支持，还要做好双方人才培养的工作，以可以为双方的教育合作培养专业技能强、文化素质高的人才。同时，双方还要履行先进文化传播、国际教育合作、社会服务等方面的职责，促进中国和印度在教育上的深度合作，保证有充足的智力支持、人力支持和物力支持。（2）设计中印教育合作的战略。具体战略设计为下面的方式：第一，运用集中发展的战略。第二，运用同心化发展战略。第三，运用复合多样化发展战略。（3）完成中印教育合作的战略任务。具体途径有：建立和完善中印教育合作机制，中印教育合作要展开个性化的教育合作方式。①

最后，我国与印度在高等教育领域的合作，应该考虑以高校合作为主，自下而上推进与印度高校的合作，并采取对普通高校和重点院校不同的合作模式。第一，应该着重强调与印度的基本国情相适应，发展职业教育和技术培训。可以考虑针对印度劳动人口受训不足的状况，率先向印度输出我国优质的职业教育，选派一批在职业教育领域的先导高校与印度高等教育机构开展合作，为其培养学以致用的专门人才，同时也有利于扩大我国对印度劳动力人口的影响力。第二，由于印度拥有世界大学排名前列的理工学院，应充分利用其优势，与我国重点理工科院校进行合作，共同开展国际科研项目，并申请国际科学研究基金的支持，以提高双方的科学研究水平，共同建立中印两国联合科研力量在国际学术界的话语权。第三，鉴于每年印度均有大量留学生赴国外留学，其中以赴美国留学最多，目前印度学生已成为美国最大留学生人群。因此，应该考虑吸引印度留学生到中国留学。近年来，印度留学生赴我国学习人数逐年

---

① 林明辉、刘晔：《我国"一带一路"战略下的中印教育合作发展态势研究》，《教育》2015 年第 10 期。

增长，学科专业也逐渐多元化。可以考虑针对印度学生设立本科层次和研究生层次的奖学金，遴选优秀留学生到我国高校进行学习，以期形成示范效应，吸引更多学生赴中国留学。另外，也可通过"2＋2""3＋1"项目等合作办学模式，鼓励印度交换生到我国进行为期1—2年的学习；也可采取暑期班、短期留学等多种模式，包括学位学习和非学位学习的形式，培养一批知华友华的印度人士，为两国关系未来的良好发展打下坚实的基础。第四，可以考虑鼓励我国一些靠近南亚的省份，如西南三省高校走出去办学，在印度设立海外分校，输出我国优质的高等教育资源。① 目前，云南省已经有数所高校在东南亚各国建立了海外教育合作项目或海外分校，但对于具有巨大潜力的南亚教育市场的开发仍然不足。应该鼓励包括云南省在内的边疆省份高校，特别是已经与印度开展教育合作的高校进一步深化合作。在原有的合作基础之上，依托印度高校在其国内的资源优势和硬件条件，以知识产权投入的形式，向印度高校输出我国的师资、教学和科研。特别是应该打造一批针对印度学生需求的，有中国特色的有关中国企业管理、中国文化、中国市场和经济现状等课程以供印度学生选择，满足对中国文化和中国市场具有浓厚兴趣的印度学生的需求，有的放矢地提供针对性的国际化高等教育，提升中国软实力。

与此同时，孔子学院建设快速发展，已成为世界各国人民学习汉语和了解中华文化的园地、中外文化交流的平台以及与世界各国合作的桥梁。孔子学院和孔子课堂是向世界输出我国优秀文化传统的有益尝试，已经初具规模并获得一定成功。在很多国家，孔子学院的兴起已经掀起了学习中文和中国文化的浪潮，并培养了大量懂中文、了解中国文化的外国友人。国家汉办的最新统计数据表明，截至2020年8月，全球已有162个国家（地区）设立了541所孔子学院和1170个孔子课堂。其中，亚洲39国（地区）设立了孔子学院135所，孔子课堂115个；非洲46国设立了

① 和览：《孟中印缅地区教育合作与互通互联建设》，《印度洋经济体研究》2015年第1期。

孔子学院 61 所，孔子课堂 48 个；欧洲 43 国（地区）设立了孔子学院 187
所，孔子课堂 346 个；美洲 27 国设立了孔子学院 138 所，孔子课堂 560 个；
大洋洲 7 国设立了孔子学院 20 所，孔子课堂 101 个。在印度有 4 所孔子
学院，分别是韦洛尔科技大学孔子学院（和郑州大学合作）、孟买大学孔
子学院（和天津理工大学合作）、拉夫里科技大学（与宜春学院合作）和
金德尔全球大学（与上海政法学院合作）；3 所孔子课堂，分别是加尔各
答中文学校孔子课堂、印度巴拉蒂大学广播孔子课堂和曼格拉姆大学汉语
教学中心。① 这些机构的建立，为中印两国教育合作与交流提供了基础。
印度大文豪泰戈尔 1921 年用诺贝尔奖学金在其家乡西孟加拉邦的叁蒂尼
各登创办了一所世界与印度交流的国际大学，并于 1937 年与中国湖南学
者谭云山共同创办了中国学院，研究和传播中国文化。1951 年该校升格
为中央大学，1968 年起开始招收中文专业的本科生、研究生和博士生。
此外，印度不少大学，比如德里大学有 9 所学院就开设有中文专业；此外，
在德里地区还有几所学校开设有中文专业。孟买也有 6 个机构开设有孔子
学院或中文课程。

　　为很好地推广中国文化和语言，我们在印度可以依据印度的有关法
规，开展为印度民众能接受的孔子、老子、释迦牟尼、甘地、泰戈尔思想
比较研究，在印度有需求的高校同时开办中文专业和孔子学院。印度在
2010 年颁布了《外国教育机构（入境与办学管理）法》，该法案对外国教
育机构的认证、举办者的身份、审批机制和处罚条例等作出了规定。只有
在得到印度相关机构（如大学拨款委员会）认定的外国教育提供者才能在
印度开办教育机构、开展招生、收取费用和授予学位和文凭。外国教育机
构在印度开展教育活动，必须经高等教育认证委员会或大学质量管理局等
"认证机构"批准、认可或授权，才能依法设立或注册；同时要求外国教
育机构必须具备至少 20 年教育服务的资历，外国教育机构在印度提供的
教育服务是指提供学位、文凭、证书或任何其他形式的专业教育，而非远

---

① 　孔子学院—关于孔院 http://www.hanban.org/confuciousinstitutes/node_10961.htm。

程教育，包括本科、研究生、博士或博士后层次上授予学位、文凭或其他同等学力证书的教育。在教育质量方面，该法规定了外国教育机构应确保其在印度提供的教育符合印度当局规定的标准，并且在课程、教育方法及教职员的能力水平方面，与其隶属国主校区注册学生所获的教育服务水平相当。在保障机制方面，外国教育机构必须保持不少于 5 亿卢比的本金，或由中央政府实时与法定机构协商的金额，同时要求外国教育机构从其营业收入中用于机构发展的经费不得超过 75%，剩余收入应存入营业收入本金。在处罚机制上，该法规定了对于那些可能利用各种不当做法招生、虚假宣传或审批程序不完善等违反印度相关法律的外国教育机构，可处以不少于 100 万到 500 万卢比的罚款。

第三节　印中两国教育合作的趋向

中印关系在过去的 50 年里经过一个曲折艰难的历程，进入 21 世纪的今天，中印关系面临着新的发展机遇，也存在着不稳定的因素。如果双方能顺应形势需要，加强合作，携手共进，在回顾过去中探索前进的方向，中印关系必将有一个新的突破。在新的世纪，中国要在 21 世纪中期使人民的生活提高到中等发达国家的水平，基本实现现代化。印度要在 21 世纪成为一个现代化的有生气的国家。在完成这一伟大而艰巨的历史任务过程中，中印两国不仅比任何时候都需要互相学习和相互支持，而且需要密切合作，扩大合作领域。印度是亚洲第二大人口国，同时也是亚洲除中国之外最大的发展中国家，它正努力向世界强国迈进。随着印度与中国关系的改善，双方经济保持着强劲发展的态式，于是，两国都需要优秀的人才来改变国家。随着两国经贸合作的加深，了解对方国情成为必要，两国经济发展模式和教育都有自己的独特之处，所以加强两国的教育交流与合作迫在眉睫。正确处理双边关系，加强两国文化、教育交流的合作对未来两国发展具有重要作用，中印两国开展合作将出现前所未有的机遇。

2007年，印度内阁提出一项议案——外国高等院校法①，主要鼓励国外高校进入印度开办分校，并使印度中下阶层的子女上得起学。与国外高校联合办学或建立合作伙伴关系已是大势所趋，很多国外高校，特别是欧美发达国家高校已经进入印度高等教育市场，通过向学生颁发双文凭构建一种互惠互利的伙伴关系。在涉外办学领域，印度于2000年允许100%的外商直接投资于高等教育领域，但外国投资仅限于投资高中以后的教育。根据印度国家教育计划与管理研究所（NIEPA）进行的研究，2006年印度共有131个与印度高等教育机构联合举办的涉外办学项目，其中107个提供职业课程，19个提供技术课程，仅有5个提供普通教育课程。因此，印度涉外办学发展迅速，有广阔的合作前景和机遇。目前进入印度涉外办学市场的外国高校以来自美国的高校为最，有66家；其次是来自英国的，有59家。中国应当加大力度投入印度涉外办学市场，展开多种模式的高等教育合作。

在2013年，印度总理辛格应邀访华，与中国国家主席习近平、国务院总理李克强等政要会面，并且在中央党校进行了演讲，提出以下愿景及原则：（1）我们应该重申坚定不移地拥护和平共处五项原则，并本着相互尊重、互谅互让、尊重彼此利益和主权以及相互同等安全的原则推进两国关系。（2）保持印中边境地区和平安宁一直是发展两国关系的基石。这一点对于建立互信和进一步发展两国关系至关重要，印中应避免破坏当前局面。（3）要加强在跨境河流和贸易不平衡等复杂问题上的磋商与合作，以加强印中战略合作伙伴关系。（4）我们应该保持高层战略沟通和协商，本着透明的精神在地区和周边问题上消除印中之间的误解并积累积极合作的经验。（5）印中共同面对诸多全球性问题，应增进两国在地区及全球事务上的政策协调及在政治、经济和安全领域等多边场合中的合作。

---

① 为规范外国教育机构的入境和经营，印度议会正式颁布了《2010年外国教育机构（入境与办学管理）法》（*The Foreign Eductional Institutions（Degudation of Entry and Operations）Bill，2010*），主要对外国教育机构的办学资格、招生、教学、证书、保证金和处罚等几个方面做出规定。

（6）印中应充分发掘两国在经济等各领域的合作潜力。（7）印中应通过增进两国人民之间的交往与相互熟悉，推动两国关系取得更大成功。① 在中国和印度两国交往中，释放"合作"信号十分重要。李克强总理访印期间，中印发表联合声明，特别提到了加强战略沟通、增进政治互信的重要性。声明内容涵盖经贸、科技、人文、区域、教育、防务等各个领域，既有具体目标，也有合作方式，内容丰富，操作性强。从国际合作角度讲，中印同属"金砖国家"成员，对外联合发声有助于提升新兴经济体的话语权。

由于传统上我国较为重视与欧美等发达国家发展教育合作交流，与印度的教育交流较少，合作层次较低，与印度近年来才开展为数不多的高校师生互换项目。基于我国高等教育供给十分充足的现状，应该考虑向印度重点输出我国高等教育。措施上，可以采取从简到繁，从易到难的形式，由一些试点性的合作项目开始，例如交换生项目、暑期游学项目等模式，并逐渐过渡到合作办学，建立海外分校等更深入、更实质的合作形式。对于我国一些有强烈"走出去"发展意愿，并有优势学科建设的普通高等院校以及职业技术学校，也应该鼓励其与上述国家较为优质的高校进行合作。因印度国家教育发展水平普遍低于我国，我国普通高等院校及职业技术学院与印度此类院校合作仍然有很大的发展空间和潜力，并有利于形成我国进入上述国家教育市场的良好态势和对其高等教育的巨大影响力。

另外，在成人教育及继续教育领域，我国高校应注重向该国提供成人所需的各类培训，如工程、科技、农学、经管等方面的在职培训。根据以往经验，印度对此类在职培训需求较大。

最后，中印两国唯一通用的语言目前仅有英语，我国精通印地语的人才可以说是凤毛麟角，这对于我国与印度开展合作和互通互联建设

---

① ［印度］辛格：《新时代的印度与中国》，《学习时报》2013 年 11 月 18 日。（本文系印度总理辛格 2013 年 10 月 24 日在中共中央党校的演讲）

已经造成了障碍，并且不利于形成文化和传统上的认同感。因此，未来可以在我国高校中加强印地语的学习，同时也可开设印地语加特定专业的复合型学科供学生选择。另外，也应该向国内大量引进印度的文化产品，以增强我国人民对上述国家的了解，加深与这些国家人民之间的友谊。

如今，中国进入新时代，两国正在加强合作中向"新型大国关系"迈出坚实步伐。辛格在中共中央党校发表演讲时表示，欢迎中国国家主席习近平提出的建立"新型大国关系"的理念，认为这是周恩来、尼赫鲁等老一辈领导人共同开启的"和平共处五项原则"在新时代下的发展，对于两国增强互信与进一步发展关系非常重要。同时，辛格还勾勒出了未来印中关系的蓝图，提出未来发展双边关系的 7 项原则，列举了 8 项最具有合作潜力的领域。从中不难看出，辛格所强调的"尊重彼此主权和利益"、"保持高层次战略沟通"等原则恰恰与"新型大国关系"的政治内涵——"互相尊重、平等友好"相呼应，所列举的"欢迎中国投资推动印度的基础设施现代化""联手获取能源和开发可再生能源"等合作领域也正是"新型大国关系"的目标诉求——"互利共赢"。特别值得一提的是，辛格在访问期间明确表示，结盟和遏制的旧理论已经过时，印度和中国不会被遏制，也不应寻求遏制别国，加强人文、教育合作交流有利于两国关系向着更好的方向发展。

第四节　印中两国教育合作面临的挑战

第一，双边缺乏相互深入的了解。由于历史的原因，中印之间的教育交流合作比较薄弱，相互间缺乏广泛和深入的了解，更缺乏相互开展广泛教育合作的实施经验，双边的教育交流与教育合作尚处于较低的水平，很难适应新形势下双边的交流；从比较历史的角度来看，中国的历史脉络是清晰可循、连续不断的，这是由于有专业的史官以客观的态度记载中国的历史，力图使后人能够客观地看待历史，而印度历史体系却断断续续，可信度差，因为印度人极喜爱神话和诗歌的表现形式，喜欢把现实理想化、把历史人物神化，缺乏可信的历史记录。印度的历史著作也主要以神话的方式表达，使人难于分辨哪些是历史事实，哪些属于历史想象。从两个国家对待历史的态度也可以了解印度人的思维方式与中国人不同，即不充分认识现实与想象、事实与空想之间的差别，也不在通过直觉得到的东西与通过推理了解的东西之间做严格区分。[1]

第二，教育体制机制有较大差异。教育体系和教育管理体制的不一致影响了中国与印度留学生交流时在课程、学位选择及时间的安排。在这样的状态下推进中印的教育合作，就更需要克服由于管理运行机制不一致所造成的种种障碍。有资料显示，印度政府自 1964 年成立了教育委员会开始，就以前瞻性的战略眼光聘请了 5 名来自其他国家（美国、苏联、英国、法国和日本）的专家成员，这就表明印度很早就将发展教育的目标瞄准了发达国家的教育市场，至少是很近距离地了解了发达国家的教育行情，因此印度的教育就其体制而言，始终是与欧美发达国家的教育体制接轨，而我国的教育体制与苏联教育体制类似，所以在教育体制尤其是与欧美发达国家的交流上来说，的确有很多不同之处。[2]

第三，中国中西部教育国际化水平不高。西部教育国际化仍处于起步阶段，还存在着开放不够、领域不宽、影响不广、合作不深、发展不平衡等方面的问题，尤其是高等教育在学科布局、学位点建设方面，较突出的问题是教育内容的国际化水平有待提高，而这也就表明我国高等教育的质量还有较大发展空间。在地区比较上，东部地区发展突出。因此我国应建立高等教育质量认证制度，并且各地区应制定高等教育质量标准细则，构建具有区域特色的高等教育质量保证体系，在微观层面上，高等院校要重视教育质量的产出性评价，完善学校内部教育质量监控体系。此外，教育质量评估体制应逐步以政府为主体转向以社会为主体，让社会参与监督

---

[1]　陈昀：《中国与印度教育之比较：以比较历史法的视角》，《煤炭高等教育》2005 年第 1 期。

[2]　陶晓辉：《印度教育的成就、问题及对中国的启示》，《世界教育信息》2003 年第 12 期。

和评估教学质量，这样有助于教育适应社会的需求，同时也有助于质量评估的公正和科学性，达到教育质量水平与国际接轨，最终有利于人才在国际之间的交流与合作。①

① 　易红郡、王晨曦：《印度高等教育发展中的问题、对策及启示》，《清华大学教育研究》2002 年第 5 期。

后　记

　　历时近 3 年，在杨洪教授的带领和课题组成员的共同努力下，我们以学制为脉络，全面梳理了印度学前教育、中小学教育、高等教育、职业教育、教师教育、成人教育、弱势群体教育的有关制度，从其历史沿革、教育现状、存在的问题以及教育改革与发展趋势四个维度进行探究，重点关注了印度弱势群体教育，管窥印度教育制度改革的演进逻辑，展现印度各学段教育规制的特殊性，以期对当前我国教育改革和实践提供有益借鉴。

　　作为世界上拥有 10 亿级人口的超级大国，中国和印度在文化和教育方面有诸多相似之处，比如，同为世界文明古国，同属大河流域发端的文明体系，同受西方殖民者入侵并于 20 世纪中叶宣布独立，同样重视教育在国家发展中的作用等等。随着知识经济时代的到来，人力资本在经济发展中的作用日益凸显，人才资源成为国家和地区发展的核心竞争力，如何从人口大国向人力资源大国迈进，是印度和中国共同面临的问题。通过本课题的研究发现，印度也在不断借鉴中国教育改革的成果，尤其是中小学教育、扫盲教育等。然而，一个国家的教育制度和政策是根植于该国的文化传统和文明基因的，只有建基于文化本源和社会现状的制度变革才具有法理性和适切性。印度作为多民族、多宗教信仰、多语言、种姓制的国家，在社会经济和教育文化方面呈现出区域经济发展极不平衡、社会等级区隔明显、教育的可获得性不一致、优质教育资源分布不均衡等特点，因此，印度的教育改革面临更复杂的社会因素，需要在民族、种姓、中央和邦政府、各不同阶层人群的博弈下，缓步推行。

在印度的教育改革中，有两个点值得同人们继续深究和关注：一是关注"保留政策"的改革效用，这是印度政府为提高弱势群体的社会、政治、经济地位和教育水平，为表列种姓和表列部落在教育机构保留15%和7.5%的配额，并进行立法保护，消除不可接触制度，保障他们的合法权益，这一制度对改善印度弱势群体的经济和社会地位起到至关重要的作用，在人类减贫事业上功不可没，可进一步从制度效用的持续发挥上进行探析。二是关注高等教育大众化改革方向，印度是战后高等教育跨越式发展的典型，历届政府都将高等教育作为教育发展的重心，高等教育体系庞大，在校生规模位居世界第二，私立高等教育蓬勃发展，理工科教育尤其IT人才培养成效显著，但是，印度高等教育存在生师比过高、各阶层受教育机会不均等、教育结构失调、经费紧张等亟待解决的问题。2013年，印度高等教育委员会发布了《印度高等教育：2030年的愿景》，预期到2030年，印度高等教育适龄人口将有1.4亿，届时世界上每4名大学毕业生中将有1名印度高等教育系统培养的毕业生，若实现2030愿景，印度将成为全球主要的经济体，并拥有能满足其社会发展需要的高质量的高等教育，那时，人口红利将得到最大程度彰显。这一愿景与我国"双一流"建设的发展战略不谋而合，也是实现从人口大国向人力资源强国迈进的教育使命，值得我们持续关注和比较。

首夏犹清和，芳草亦未歇。学术之路亦如这个美好的时节，路犹远且长。由于作者的水平有限，在一手文献的选取上，在中英文译介上，在语词的表述上，多有不足之处，敬请教育同人批评指正。

车金恒

2020年6月·贵阳花溪大学城

责任编辑:宫 共

封面设计:源 源

图书在版编目(CIP)数据

印度教育制度与政策研究/杨洪,车金恒 著. —北京:人民出版社,2020.11
("一带一路"不同类型国家教育制度与政策研究/顾明远主编)
ISBN 978-7-01-022550-0

Ⅰ.①印… Ⅱ.①杨… ②车… Ⅲ.①教育制度-研究-印度②教育政策-
研究-印度 Ⅳ.①G535.1

中国版本图书馆 CIP 数据核字(2020)第 195717 号

印度教育制度与政策研究

YINDU JIAOYU ZHIDU YU ZHENGCE YANJIU

杨 洪 车金恒 著

人民出版社 出版发行

(100706 北京市东城区隆福寺街 99 号)

北京佳未印刷科技有限公司印刷 新华书店经销

2020 年 11 月第 1 版 2020 年 11 月北京第 1 次印刷

开本:710 毫米×1000 毫米 1/16 印张:24.5 字数:363 千字

ISBN 978-7-01-022550-0 定价:74.00 元

邮购地址 100706 北京市东城区隆福寺街 99 号
人民东方图书销售中心 电话 (010)65250042 65289539